Roland Burkart/Walter Hömberg (Hg.)

KOMMUNIKATIONSTHEORIEN

Studienbücher zur Publizistik- und Kommunikationswissenschaft
Herausgegeben von Wolfgang R. Langenbucher
Band 8

Roland Burkart / Walter Hömberg (Hg.)

Kommunikationstheorien

Ein Textbuch zur Einführung

Bibliografische Information Der Deutschen Nationalbibliothek

Die Deutsche Nationalbibliothek verzeichnet diese Publikation in der Deutschen Nationalbibliografie; detaillierte bibliografische Daten sind im Internet über http://dnb.dnb.de abrufbar.

Alle Rechte, insbesondere das Recht der Vervielfältigung und Verbreitung sowie der Übersetzung, vorbehalten. Kein Teil des Werkes darf in irgendeiner Form (durch Fotokopie, Mikrofilm oder ein anderes Verfahren) ohne schriftliche Genehmigung des Verlages reproduziert und unter Verwendung elektronischer Systeme gespeichert, verarbeitet, vervielfältigt oder verbreitet werden.

8., durchgesehene und aktualisierte Auflage

© 2015 by new academic press
Vienna

ISBN 978-3-7003-1943-6

Druck: Prime Rate, Budapest

Inhalt

Vorwort VII

Roland Burkart/Walter Hömberg
Einleitung 1

Allgemeine Literatur 9

I. Das Erkenntnisobjekt „Kommunikation" – Eine fachbezogene Auswahl universaler Kommunikationstheorien

Roland Burkart/Walter Hömberg
Einführung zum Teil I 11

1.1. Kommunikation als Prozess der Signalübertragung

Bernhard Badura
Mathematische und soziologische Theorie der Kommunikation 16

1.2. Kommunikation als interaktiver Vorgang

Herbert Blumer
Der methodologische Standort des Symbolischen Interaktionismus 24

Roland Burkart/Alfred Lang
Die Theorie des kommunikativen Handelns von Jürgen Habermas –
Eine kommentierte Textcollage 42

1.3. Kommunikation als umweltabhängiges Phänomen

Horst Holzer
Medienkommunikation aus historisch-materialistischer Perspektive 72

Ulrich Saxer
Systemtheorie und Kommunikationswissenschaft 85

Weiterführende Literatur zu Teil I 111

II. Zum theoretischen Status kommunikationswissenschaftlicher Teildisziplinen – Eine Auswahl gegenständlicher Kommunikationstheorien

Roland Burkart/Walter Hömberg
Einführung zum Teil II 115

2.1. Journalismus

Manfred Rühl
Theorie des Journalismus 117

2.2. Public Relations

Benno Signitzer
Theorie der Public Relations. 141

2.3. Werbung

Holger Rust
Theorie der Werbung 174

2.4. Medienpädagogik

Dieter Baacke
Theorie der Medienpädagogik 198

2.5. Kommunikationspolitik

Franz Ronneberger
Theorie der Kommunikationspolitik. 220

2.6. Kommunikationsgeschichte

Michael Schmolke
Theorie der Kommunikationsgeschichte 234

2.7. Neue Kommunikationsräume

Roland Burkart/Walter Hömberg
Elektronisch mediatisierte Gemeinschaftskommunikation 258

Weiterführende Literatur zu Teil II. 270

Die Autoren. 281

Vorwort

Der erste Band der „Studienbücher zur Publizistik- und Kommunikationswissenschaft" ist vor gut zweieinhalb Jahrzehnten erschienen. Damals gab es ein Problem der Fülle und ein Problem des Mangels: Einerseits der große Ansturm auf ein Fach, das im deutschen Sprachraum zwar erst an wenigen Universitäten vertreten war, sich bei den Studierenden aber wachsender Beliebtheit erfreute. Andererseits der Mangel an Lehrmaterial, an Überblickswerken, an Einführungen in Teilgebiete und an Textsammlungen. So wurde die vorliegende Buchreihe gut angenommen. Zwölf Bände sind bisher erschienen, und einige davon haben mehrere Auflagen erlebt.

Gegenwärtig gibt es ein doppeltes Problem der Fülle: Weiterhin ein Riesenandrang von Studierenden zu einer Disziplin, die inzwischen an immer mehr Universitäten und neuerdings auch Fachhochschulen mit immer stärker differenzierten Studiengängen etabliert ist. Die Zahl der einschlägigen Publikationen hat sich allerdings ebenfalls stark vermehrt: Neue Fachverlage wurden gegründet, neue Buchreihen herausgebracht – und die Zahl der Veröffentlichungen ist kaum noch überschaubar.

Der Band „Kommunikationstheorien" erschien 1992 zum ersten Mal und wurde bereits drei Jahre später in einer leicht aktualisierten Fassung neu aufgelegt. Im Unterschied zu anderen Bänden der Reihe, die zentrale Texte aus Fachzeitschriften, Monographien und Sammelbänden nachgedruckt haben, überwiegt hier die Zahl der Originalbeiträge. Das inhaltliche Konzept hat sich bewährt.

Die kommunikationstheoretische Diskussion und Reflexion ist im letzten Jahrzehnt – zum Teil mit neuen Akzenten – weitergegangen. Davon zeugt auch die dritte Auflage unseres Bandes, die im Jahre 2004 herausgekommen ist: Einige Beiträge wurden ausgewechselt, andere neu verfasst oder fortgeschrieben. Nähere Hinweise dazu finden sich in den jeweiligen Einführungskapiteln und zum Teil auch in den Anmerkungen. Die weiterführenden Literaturangaben sind durchgängig um neuere Veröffentlichungen ergänzt.

Das Fach Kommunikationswissenschaft ist auf Expansionskurs, und die Nachfrage hat hier das Angebot stimuliert. Aber auch die Medienwelt hat sich im vergangenen Jahrzehnt rasant verändert: „Computerisierung", „Multimedia" und „Digitalisierung" mögen als Stichworte für eine Entwicklung genügen, die mit guten Gründen als Kommunikationsrevolution bezeichnet wird. In einem neu aufgenommenen Beitrag wird die elektronisch mediatisierte Gemeinschaftskommunikation als Herausforderung für die kommunikationswissenschaftliche Modellbildung interpretiert. Insgesamt verfolgt die Neubearbeitung dieses Buches das Ziel, das bewährte Konzept in erweiterter Form zu präsentieren.

Für die vierte Auflage, erschienen 2007, die fünfte Auflage, erschienen 2011, die sechste Auflage, erschienen 2012, sowie die siebte Auflage von 2014 wurde der Text um aktuelle Literaturangaben ergänzt. Auch diesmal hat der Band bei Leserinnen und Lesern ein gutes Echo gefunden, sodass nach nur gut einem Jahr eine neue Auflage erscheinen kann. Dazu wurde der Text erneut durchgesehen und aktualisiert. Hinweise unserer Leserinnen und Leser sind auch diesmal wieder willkommen.

Wien und München, im August 2015 *Roland Burkart/Walter Hömberg*

Roland Burkart/Walter Hömberg

Einleitung

Das Wort „Kommunikation" ist vom einstmals modischen Etikett längst zum gängigen Teil der Alltagssprache geworden. Die Selbstverständlichkeit der Begriffverwendung täuscht jedoch über die Komplexität des damit gemeinten Prozesses hinweg, die erst bei näherer Betrachtung erkennbar wird.[1] Denn nach wie vor ist Kommunikation ein Erkenntnisobjekt verschiedener wissenschaftlicher Disziplinen, die jeweils unterschiedliche Aspekte des allgemeinen Phänomens in den Vordergrund heben.[2] Und keines dieser Fächer kann für sich in Anspruch nehmen, dem Gegenstand seiner Analyse in all seinen Bezügen gerecht zu werden.

Dies gilt auch für die Publizistik- und Kommunikationswissenschaft. Das Problem, mit dem man hier zusätzlich konfrontiert ist, besteht in dem Umstand, dass von einer eindeutigen, allgemein akzeptierten Schwerpunktsetzung eigentlich nicht gesprochen werden kann. Mehr noch: Seit der Existenz des Faches als eigenständige universitäre Disziplin[3] gibt es eine in unregelmäßigen Abständen immer wieder aufflackernde Diskussion um sein Selbstverständnis[4], und man kann der Diagnose, Kommunikationswissenschaft hätte „das Syndrom der ‚Nabelbespiegelung' internalisiert"[5], eigentlich kaum widersprechen. Dabei geht es in der Regel um die Ab- bzw. Begrenzung des Forschungsgegenstandes: So werden einerseits unter Rekurs auf die zeitungswissenschaftliche Tradition des Faches die „Grenzen der Publizistikwissenschaft"[6] eingeklagt, die sich nicht so sehr um den allgemeinen Kommunikationsprozess, sondern vielmehr um ihr eigentliches Materialobjekt – nämlich: die Medien – kümmern solle.[7] Auf der anderen Seite wird unter Verweis auf die Überwindung eben dieser Tradition argumentiert, Kommunikationswissenschaft dürfe ihre Problemstellungen nicht auf Massenkommunikation reduzieren, wenngleich damit keineswegs der Anspruch verbunden sein kann, für jedwede Problematik aus dem Bereich der Humankommunikation zuständig zu sein.[8]

Es kann hier nicht darum gehen, diese Diskussion aufzunehmen. Der Hinweis auf das uneinheitliche Selbstverständnis des Faches soll vielmehr die Schwierigkeiten verdeutlichen, die mit der Konzeption des vorliegenden Readers verbunden sind. Denn die Darstellung von Theorien, also von verallgemeinerbaren Aussagen zu einem Erkenntnisobjekt, setzt voraus, dass relativ klare Vorstellungen von eben diesem Gegenstand existieren, über den es zu theoretisieren gilt. Dem vorliegenden Textbuch soll daher ein Selbstverständnis von Publizistik- und Kommunikationswissenschaft zugrunde gelegt werden, das mit dem Status quo fachspezifischer Differenzierungen weitgehend vereinbar ist.

In Anlehnung an die Tradition des Faches und auch vor dem Hintergrund des Mainstreams aktueller Forschungsaktivitäten kann als zentraler Erkenntnisgegenstand zweifellos „massenmedial vermittelte" und damit „öffentliche Kommunikation" gelten. Ähnlich weit verbreitet ist die Auffassung, dass man diesen Massenkommunikationsprozess aber nur dann angemessen begreifen kann, wenn man menschliche Kommunikation grundsätzlich ins Auge fasst, also auch relevante Aspekte der Individualkommunikation beachtet.[9] Einmal, weil Parallelen bzw. Entsprechungen zwischen beiden Realitäten existieren[10], zum anderen, weil Wechselbeziehungen evident sind und in der Fachgeschichte auch stets eine Rolle gespielt haben.[11]

Der vorliegende Reader versucht nun, dieser Gegenstandsbestimmung auf zweifache Weise zu entsprechen:

Einerseits sollen ganz elementare Theorien über menschliche Kommunikation die unterschiedlichen Sichtweisen auf das Erkenntnisobjekt vor Augen führen, die für die Publizistik- und Kommunikationswissenschaft relevant erscheinen. Für die Auswahl dieser kommunikationstheoretischen Positionen war entscheidend, dass sie in der engeren Fachgeschichte auch entsprechende Spuren hinterlassen haben. Dies ist der erste Teil des Buches.

Andererseits wird dem gegenwärtigen Differenzierungsgrad der Disziplin Rechnung getragen, indem zentrale Teilgebiete des Fachs auf ihren theoretischen Entwicklungsstand geprüft werden. Es sind dies: Journalismus, Public Relations, Werbung, Medienpädagogik, Kommunikationspolitik und Kommunikationsgeschichte. Was insbesondere diesen zweiten Teil des Buches betrifft, so haben wir hier mit der Tradition der bisherigen Bände der „Studienbücher zur Publizistik- und Kommunikationswissenschaft", bereits einmal veröffentlichte Texte wiederabzudrucken, gebrochen: Um den aktuellen Diskussionsstand zu dokumentieren, handelt es sich hierbei ausschließlich um Originalbeiträge.

Die Systematik, nach der die Texte angeordnet wurden, erwächst aus einem Theorieverständnis, auf das kurz eingegangen werden soll. Unter einer „Theorie" versteht man zunächst ganz allgemein eine „systematisch geordnete Menge von Aussagen bzw. Aussagesätzen über einen Bereich der objektiven Realität oder des Bewusstseins".[12] Eine Theorie erfüllt stets eine explikative sowie eine prognostische Funktion, d.h. sie „muß in der Lage sein, sowohl die Sachverhalte ihres Objektbereichs zu erklären, als auch neue, bis dahin unbekannte Sachverhalte vorauszusagen".[13] Die Reichweite einer Theorie, also gleichsam die Anzahl der Sachverhalte, die sie zu erklären und vorherzusagen vermag, hängt vom Allgemeinheitsgrad des Objektbereiches ab, den sie zu erfassen sucht.[14] So gibt es einmal Theorien, die „Kommunikation" schlechthin zum Gegenstand haben. Sie stellen jeweils bestimmte Besonderheiten menschlicher Kommunikation (ihre Kennzeichen und Ziele) in den Vordergrund und erheben Anspruch auf den höchsten Allgemeinheitsgrad bzw. die größte Reichweite; ihre Aussagen sollen überall dort Gültigkeit besitzen, wo Menschen miteinander in kommunikative Verbindung treten. Sodann gibt es Theorien, die konkrete kommunikative Phänomene (wie Journalismus, Öffentlichkeitsarbeit, Kommunikationspolitik etc.) zum Gegenstand haben. Sie lassen sich zwar in der Regel auf Theorien des höheren Niveaus zurückführen, ihre Reichweite ist aber wesentlich enger, sie wollen nur mehr für den jeweils ausgewählten Bereich der kommunikativen Wirklichkeit zuständig sein.[15]

Vor dem Hintergrund dieses Theorieverständnisses können kommunikationstheoretische Ansätze folgenden drei allgemeinen Dimensionen zugeordnet werden:

1. *einer grundlegenden („universalen") Dimension nach der Sichtweise des Erkenntnisobjektes*
   Ansätze, die hier zuzuordnen sind, rücken jeweils voneinander unterscheidbare Aspekte des allgemeinen Phänomens „Kommunikation" in den Vordergrund. Sie beantworten die Frage nach den elementaren Kennzeichen von Kommunikation

auf jeweils unterschiedliche Weise. Sie betonen entweder den Aspekt der *Übertragung* kommunikativ vermittelter Zeichen, den Aspekt der *Wechselseitigkeit* aller kommunikativen Prozesse, das Faktum der *Umweltbezogenheit,* oder sie stellen den Tatbestand der *Wirklichkeitskonstruktion* kommunikativen Geschehens in den Mittelpunkt.

2. *einer zweckorientierten ("funktionalen") Dimension nach dem Kommunikationsinteresse*
Ansätze, die hier zuzuordnen sind, rücken jeweils voneinander unterscheidbare Ziele des allgemeinen Phänomens „Kommunikation" in den Vordergrund. Sie beantworten die Frage nach dem – von Fall zu Fall unterscheidbaren – Verwendungszweck von Kommunikation auf jeweils unterschiedliche Weise. Unter Bezugnahme auf die Problembereiche, die von der jeweiligen Position aus ins Auge gefasst werden, kann man zwischen dem Ziel der *Beeinflussung*, der *Emanzipation* und der *Therapie* unterscheiden.

3. *einer konkreten ("gegenständlichen") Dimension nach der Wahl des kommunikativen Realitätsbereiches*
Ansätze, die hier zuzuordnen sind, rücken jeweils voneinander unterscheidbare Ausschnitte der kommunikativen Wirklichkeit in den Vordergrund (z.B. interpersonale Kommunikation, Gruppenkommunikation, Kommunikation in der Familie, Kommunikation zwischen Institutionen, Organisationen, Unternehmen u.ä.). Für die Publizistik- und Kommunikationswissenschaft ist dieser Ausschnitt, wie bereits erwähnt, vornehmlich die *öffentliche, massenmedial vermittelte Kommunikation.*

Diese scheinbar so trennscharfe Dimensionierung soll nicht darüber hinwegtäuschen, dass die Zuordnung der einzelnen Ansätze nicht immer ganz eindeutig ist und bisweilen schwerpunktartig erfolgen muss. Unschärfen liegen dabei in der Natur der Sache, denn jede kommunikationstheoretische Position behandelt ihren Erkenntnisgegenstand auf mehr oder weniger komplexe Weise und berührt damit notgedrungen verschiedene Dimensionen von Kommunikation. So gesehen stellt die Klassifikation, wie sie hier vorgenommen wird, stets eine Gewichtung dar, die aber dazu beiträgt, zweifellos vorhandene unterschiedliche Zugangsweisen zum Erkenntnisgegenstand „Kommunikation" deutlicher hervortreten zu lassen.

Die Texte, die hier versammelt sind, wurden jedenfalls vorrangig entweder der universalen oder der gegenständlichen Dimension zugeordnet. Kommunikationstheoretische Ansätze, welche die Ziele und damit auch mögliche Wirkungen von Kommunikation in den Vordergrund rücken (die also der funktionalen Dimension zuzuordnen wären), sind hier nicht vertreten. Unter dem Titel „Wirkungen der Massenkommunikation" waren derartige Konzepte bereits Gegenstand von Band 5 der vorliegenden Studienbuchreihe.[16] Die Frage nach der Wirkung von (massenmedial verbreiteten) Aussagen entspringt in der Regel der Absicht des Kommunikators, auf das Denken und Handeln der erreichten Rezipienten Einfluss zu nehmen. Die Problembereiche, die von den dort präsentierten Texten angesprochen werden, sind daher in erster Linie dem Kommunikationsziel „Beeinflussung" zuzuordnen.

Was das Kommunikationsziel „Emanzipation" betrifft, so sind damit, neben gesellschaftsbezogenen Ansätzen, primär jene Überlegungen gemeint, die sich mit dem Kommunikationsprozess aus pädagogischer Perspektive auseinandersetzen. Die Vertreter dieser Position sehen in einer „Erziehung zur Kommunikationsfähigkeit" eine wesentliche Voraussetzung zur Selbstwerdung des Menschen, denn der Sinn und Zweck allen pädagogischen Tuns ist ja ganz allgemein darauf ausgerichtet, die Entfaltung der menschlichen Persönlichkeit zu unterstützen. Emanzipation, verstanden als „Selbstverfügung des Individuums", gerinnt im Horizont einer pädagogischen Kommunikationstheorie folgerichtig zur Fähigkeit, mit Informationen rational und selbstständig umgehen sowie Meinungen und Standpunkte argumentativ vertreten zu können. Realitätsbereiche in denen solche Kommunikationsziele verfolgt bzw. erforscht werden, sind vor allem Eltern-Kind- sowie Lehrer-Schüler-Beziehungen, also vornehmlich interpersonale Kommunikationsprozesse, die nicht zum unmittelbaren Erkenntnisgegenstand der Publizistik- und Kommunikationswissenschaft zählen. Dennoch ist diese Position im vorliegenden Textbuch präsent, denn seit den Siebzigerjahren des 20. Jahrhunderts begann sich unter dem Etikett „Medienpädagogik" allmählich ein fachlicher Schwerpunkt zu entwickeln, der sich mit Fragen eines vernünftigen Umgangs mit den Massenmedien bzw. deren Inhalten auseinandersetzt.[17] Der entsprechende Beitrag zu einer „Theorie der Medienpädagogik" ist deshalb im zweiten Teil dieses Readers der gegenständlichen Dimension zugeordnet worden.

Was schließlich das Kommunikationsziel „Therapie" betrifft, so handelt es sich hier abermals um Überlegungen, die sich vorwiegend auf das zwischenmenschliche Kommunikationsgeschehen beziehen und Kommunikation als Mittel zur Behandlung von Verhaltensstörungen einsetzen, deren Symptomatik in der Regel dem psychopathologischen Formenkreis zugeordnet werden kann. Sie spielen für die Erkenntnisinteressen der Publizistik- und Kommunikationswissenschaft allerdings kaum eine Rolle; deshalb ist dieser Ansatz in der vorliegenden Textsammlung auch nicht vertreten. Damit soll keineswegs das Erkenntnispotenzial übersehen werden, das solche Ansätze bisweilen auch im engeren fachspezifischen Sinn in sich bergen. Dies gilt insbesondere für die Einsichten in den menschlichen Kommunikationsprozess, wie sie mit dem Ansatz von Paul Watzlawick verbunden sind.[17] Dieser Ansatz enthält ohne Zweifel Gedanken, die man auch für die Analyse öffentlicher Kommunikation fruchtbar machen kann. Noch vor zwei Jahrzehnten wäre es auch wahrscheinlich nicht opportun gewesen, ein Buch über Kommunikationstheorien herauszubringen, in dem dieses Denkgebäude nicht vertreten ist. Wenn dies hier dennoch geschieht, so ist das eine Selektionsentscheidung, die sich, wie schon gesagt, mit Bezug auf die oben eingeführte Dimensionierung kommunikationstheoretischer Ansätze begründen lässt: Das Ziel, Kommunikationsprozesse zur therapeutischen Intervention von Verhaltensstörungen im Rahmen sozialer Interaktionen einzusetzen und zu optimieren, zählt eben nicht zu den engeren fachspezifischen Interessen der Publizistik- und Kommunikationswissenschaft. Und dies gilt für die Tradition des Fachs ebenso wie für seine absehbare Zukunft.[19]

In den letzten Jahren hat vor allem die Debatte um den so genannten Konstruktivismus die Theoriediskussion in der Kommunikationswissenschaft bestimmt. Sie ist durch das ARD-Funkkolleg „Medien und Kommunikation" (1990) ausgelöst worden.[20] Im vorliegenden Band wurde aus Platzgründen dazu kein eigener Beitrag aufgenommen; deshalb sei hier kurz auf diese Position eingegangen.

Unter den Begriff „Konstruktivismus" fallen philosophische bzw. erkenntnistheoretische Strömungen, die sich mit dem Beitrag des Subjekts im Prozess des Erkennens von

Wirklichkeit auseinandersetzen. Ausgehend von der Annahme, dass wir Menschen durch bestimmte Leistungen unseres Bewusstseins Wirklichkeitsvorstellungen konstruieren, beschäftigt sich der Konstruktivismus nicht primär mit der zu erkennenden Wirklichkeit, sondern mit dem Erkenntnisprozess selbst: Die Frage ist nicht, „was" wir erkennen, sondern „wie" der Erkenntnisprozess überhaupt vor sich geht. Der Konstruktivismus gilt deshalb auch als eine Theorie der Beobachtung zweiter Ordnung, d.h. er beobachtet, wie wir beobachten. Missverständlich ist dabei häufig der Begriff der *Konstruktion*. Im Gegensatz zum alltagssprachlichen Verständnis eines bewussten und absichtsvollen Handelns verstehen die Konstruktivisten unter „Konstruktionen" Prozesse, in deren Verlauf sich Wirklichkeitsentwürfe herausbilden, „und zwar keineswegs willkürlich, sondern gemäß den biologischen, kognitiven und sozialen Bedingungen, denen sozialisierte Individuen in ihrer sozialen und natürlichen Umwelt unterworfen sind".[21]

Für die Aussagen der Massenmedien und ihre Rezeption bedeutet dies: So wenig wie sinnliche Wahrnehmungen die natürliche Umwelt schlicht „abbilden", so wenig spiegeln die Medien „objektiv" die Realität. Vielmehr konstruieren sie nach professionellen Selektions- und Transformationsregeln eine eigene „Medienrealität". Für die professionellen Vermittler (z.B. die Nachrichtenjournalisten) heißt das, dass Mitteilungen, die ihnen zugetragen werden, nicht unbedingt nach dem Muster wahr/unwahr zu bewerten sind, sondern dass es sich stets um verschiedene *Versionen* handelt, die erst gemeinsam eine Geschichte ergeben.[22]

Diese Perspektive ist in der Publizistik- und Kommunikationswissenschaft jedoch keineswegs so neu, wie manche Autoren suggerieren wollen: Die Nachrichtenforschung[23], aber auch der Nutzenansatz in der Rezeptionsforschung[24] haben bereits ähnlich argumentiert. Kritiker wenden allerdings ein, dass hier eine individualistische Sichtweise vorherrscht und gesellschaftliche Prozesse aus dem Blick geraten.[25] So gilt z.B. die Objektivitätsnorm trotz aller konstruktivistischer Problematik als regulative Idee im Journalismus unverzichtbar.

Reflexionen über Kommunikationstheorien sind notgedrungen eher abstrakt, sie mögen auf den ersten Blick vielleicht sogar von der konkreten Kommunikationspraxis in den einschlägigen Berufsfeldern abgehoben erscheinen. Bei näherem Hinsehen wird sich dieser Eindruck allerdings als falsch erweisen, denn Kommunikationstheorie und -praxis sind nicht einander ausschließende Gegensätze, sondern lediglich zwei mögliche Zugangsweisen zu ein und derselben kommunikativen Realität: „Theorie wird meist im Gegensatz zu Praxis gebraucht, wobei Theorie die bloße Erkenntnis, das bloß zuschauende Betrachten ist, während Praxis jede Art von Tätigkeit außer der Erkenntnis selbst bedeutet, insbesondere die nach außen gewandte Tätigkeit. Es gibt jedoch keine Praxis (weder im ethischen noch im technischen Sinn) ohne Theorien. Denn alle Praxis ist an vorgegebene Bedingungen gebunden und in eine vorgegebene Ordnung hineingestellt, mit der sie rechnen und die sie im voraus erkennen muss, soll sie nicht scheitern."[26] Dies sei dem Leser der nachfolgenden Texte als Motto mit auf den Weg gegeben.

Einleitung

ANMERKUNGEN

[1] Eine systematische Analyse dieser Komplexität findet sich bei Klaus Merten: Kommunikation. Eine Begriffs- und Prozeßanalyse. Opladen 1977. Merten sammelte im Laufe seiner Recherchen übrigens 160 (!) Definitionen von Kommunikation.

[2] Dies gilt z.B. für Soziologie, Psychologie bzw. Sozialpsychologie, Psychiatrie, Pädagogik, Politikwissenschaft, Sprachwissenschaft/Linguistik, um nur einige jener Disziplinen zu nennen, die sich mit „sozialer" Kommunikation, also in der Regel mit Kommunikation zwischen Menschen, auseinander setzen. Nicht zu übersehen sind darüber hinaus naturwissenschaftliche (Biologie, Physik, Chemie) sowie mathematisch-technische Fächer (wie Informatik), die sich ebenfalls mit verschiedenen Aspekten des Kommunikationsprozesses befassen.

[3] Die „Zeitungswissenschaft" als Vorläufer der heutigen Publizistik- und Kommunikationswissenschaft wurde erstmals in Leipzig im Jahre 1916 durch ein eigenes Institut universitär verankert. Sie erging sich jahrzehntelang hauptsächlich in kulturhistorischen Deskriptionen, ehe sie in der Zeit vor dem Zweiten Weltkrieg unter dem Diktat technischer Innovationen (wie Film, Hörfunk und Fernsehen) zur „Publizistik" mutierte. Die Bezeichnung „Kommunikationswissenschaft" kann erstmals im Jahre 1964 anlässlich des neu geschaffenen Lehrstuhls für Politik- und Kommunikationswissenschaft in Nürnberg registriert werden. Zur Fachgeschichte vgl. u.a. Heinz Pürer: Publizistik- und Kommunikationswissenschaft. Ein Handbuch. Konstanz 2003, S. 31–56.

[4] Eine Auswahl an Beiträgen dazu: Wilfried Scharf/Otto Schlie: Zur Diskussion wissenschaftstheoretischer Probleme in der Publizistik- und Kommunikationswissenschaft. In: Rundfunk und Fernsehen, 21. Jg. 1973, H. 1, S. 54–71; Elisabeth Noelle-Neumann: Publizistik- und Kommunikationswissenschaft: ein Wissenschaftsbereich oder ein Themenkatalog? In: Publizistik, 20. Jg. 1975, H. 3, S. 743–748; Franz Ronneberger: Zur Lage der Publizistikwissenschaft. In: Gertraude Steindl (Hrsg.): Publizistik aus Profession. Festschrift für Johannes Binkowski aus Anlaß der Vollendung seines 70. Geburtstages. Düsseldorf 1978, S. 11–19; Ulrich Saxer: Grenzen der Publizistikwissenschaft. Wissenschaftswissenschaftliche Reflexionen zur Zeitungs-/Publizistik-/Kommunikationswissenschaft seit 1945. In: Publizistik, 25. Jg. 1980, H. 4, S. 525–543; Achim Baum/Lutz Hachmeister: Zur Soziologie der Kommunikationswissenschaft. In: Rundfunk und Fernsehen, 30. Jg. 1982, H. 2, S. 204–215; Manfred Rühl: Kommunikationswissenschaft zwischen Wunsch und Machbarkeit. Einige Betrachtungen zu ihrer Identität heute. In: Publizistik, 30. Jg. 1985, H. 2–3, S. 229–246; Peter Glotz: Von der Zeitungs- über die Publizistik- zur Kommunikationswissenschaft. In: Publizistik, 35. Jg. 1990, H. 3, S. 249–256.

[5] Baum/Hachmeister: a.a.O., S. 205.

[6] Vgl. dazu Saxer: a.a.O.

[7] Saxer bemängelt vor allem das Versäumnis der Publizistikwissenschaft, bislang keinen theoriefähigen Medienbegriff entwickelt zu haben (ebd., S. 532).

[8] Vgl. Rühl: a.a.O.

[9] Diese Auffassung vertritt auch die Deutsche Gesellschaft für Publizistik- und Kommunikationswissenschaft in ihrem Selbstverständnispapier (Die Mediengesellschaft und ihre Wissenschaft. Herausforderungen für die Kommunikations- und Medienwissenschaft als akademische Disziplin. München 2001, S. 3; online unter: http://www.dgpuk.de).

[10] Näheres bei Roland Burkart: Kommunikationswissenschaft. Grundlagen und Problemfelder. Umrisse einer interdisziplinären Sozialwissenschaft. 4. Aufl. Wien, Köln, Weimar 2002, S. 166–177.

[11] So wird ja bereits seit Lazarsfelds legendärem Konzept eines „two-step-flow of communication" der Stellenwert interpersonaler Kommunikation im massenmedialen Wirkungsprozess beachtet (vgl. dazu Karsten Renckstorf: Zur Hypothese des „Two-Step-Flow" der Massenkommunikation. In: ders.: Neue Perspektiven in der Massenkommunikationsforschung. Beiträge zur Begründung eines alternativen Forschungsansatzes. Berlin 1977, S. 97–118). Desgleichen wären z.B. weite Teile der Werbewirkungsforschung nicht denkbar ohne die grundlegenden Erkenntnisse über bestimmte Gesetzmäßigkeiten der Wahrnehmung, Aufnahme und Verarbeitung von

Kommunikationsangeboten beim Individuum. Last but not least ist darauf hinzuweisen, dass auch fachspezifische Teilgebiete wie etwa Medienpädagogik, Medienpsychologie oder Öffentlichkeitsarbeit die Beachtung interpersonaler Kommunikationsprozesse implizieren.

[12] Georg Klaus/Manfred Buhr (Hrsg.): Philosophisches Wörterbuch. 8. Aufl. Berlin 1972, Bd. 2, S. 1083.

[13] Ebd.

[14] Es sei an dieser Stelle darauf hingewiesen, dass der Theoriebegriff in den Sozialwissenschaften an sich nicht ganz problemlos verwendet werden kann. Denn im strengen (naturwissenschaftlichen) Sinn sollte es sich dabei ja jeweils um Gesetzesaussagen handeln, die keine Ausnahmen zulassen und Gültigkeit ohne raumzeitliche Beschränkung beanspruchen können. In den Sozialwissenschaften finden sich nomologische Aussagen in diesem strengen Sinn bislang aber eher selten. Häufiger sind dagegen Verallgemeinerungen, deren Hypothesen raumzeitlichen Beschränkungen unterliegen und für die der amerikanische Soziologe Robert K. Merton die Bezeichnung „Theorien mittlerer Reichweite" (auch: „Quasi-Theorien") eingeführt hat. Sozialwissenschaftliche Erklärungen und Prognosen sind daher zumeist auch nicht (wie in den Naturwissenschaften) „nomologisch-deterministische" Aussagen, sondern in der Regel „probabilistische" (= Wahrscheinlichkeitsaussagen), deren Unsicherheitsfaktor entsprechend größer ist. Aus diesem Grund sollte man anstatt von Kommunikations*theorien* – vor allem was die theoretischen Aussagen zu konkreten kommunikativen Phänomenen betrifft – eigentlich besser von „kommunikationstheoretischen Ansätzen" sprechen. – Zum Theoriebegriff vgl. auch Rolf Prim/Heribert Tilmann: Grundlagen einer kritisch-rationalen Sozialwissenschaft. Heidelberg 1973, S. 83 ff.; Robert K. Merton: Social Theory and Social Structure. Glencoe 1957; Jürgen Friedrichs: Methoden der empirischen Sozialforschung. Hamburg 1973, S. 60ff.; Helmut Kromrey: Empirische Sozialforschung. Modelle und Methoden der Datenerhebung und Datenauswertung. 10. Aufl. Opladen 2003.

[15] Diese Unterscheidung unterschiedlicher Theorieniveaus erfolgt in Anlehnung an ähnliche Versuche in der Soziologie (vgl. dazu Karl Otto Hondrich: Entwicklungslinien und Möglichkeiten des Theorievergleichs. In: M. Rainer Lepsius [Hrsg.]: Zwischenbilanz der Soziologie. Verhandlungen des 17. Deutschen Soziologentages. Stuttgart 1976, S. 14–36). Der Vollständigkeit halber sei erwähnt, dass man noch ein weiteres Theorieniveau unterscheiden kann, nämlich Theorien, die sich Theorien selbst als Objekt gewählt haben: die Wissenschaftstheorien.

[16] Der angesprochene Band 5 dieser Buchreihe (Roland Burkart [Hrsg.]: Wirkungen der Massenkommunikation. Theoretische Ansätze und empirische Ergebnisse. 2. Aufl. Wien 1989) ist inzwischen vergriffen.

[17] Vgl. dazu Dieter Baacke: Medienpädagogik. Tübingen 1997.

[18] Vgl. Paul Watzlawick/Janet H. Beavin/Don D. Jackson: Menschliche Kommunikation. Formen, Störungen, Paradoxien. Bern, Stuttgart 1969.

[19] Watzlawick geht davon aus, dass jedes Verhalten als Kommunikation zu begreifen ist. Das einschlägige Axiom lautet: „Man kann nicht nicht kommunizieren." Zur Auseinandersetzung mit bzw. Abgrenzung von dieser Position vgl. Burkart: Kommunikationswissenschaft, S. 21f. und 478–489.

[20] Deutsches Institut für Fernstudien an der Universität Tübingen (Hrsg.): Medien und Kommunikation. Konstruktionen von Wirklichkeit. 12 Studienbriefe mit 30 Studieneinheiten. Weinheim, Basel 1990. – Buchausgabe: Klaus Merten/Siegfried J. Schmidt/Siegfried Weischenberg (Hrsg.): Die Wirklichkeit der Medien. Eine Einführung in die Kommunikationswissenschaft. Opladen 1994.

[21] Siegfried J. Schmidt: Die Wirklichkeit des Beobachters. In: ebd., S. 5. Vgl. auch ders. (Hrsg.): Der Diskurs des Radikalen Konstruktivismus. Frankfurt am Main 1987.

[22] Ausführlicher dazu Roland Burkart: Alter Wein in neuen Schläuchen? Anmerkungen zur Konstruktivismus-Debatte in der Publizistik- und Kommunikationswissenschaft. In: Gebhard Rusch/Siegfried J. Schmidt (Hrsg.): Konstruktivismus in der Medien- und Kommunikationswissenschaft. Frankfurt am Main 1999, S. 55–72. Siehe ferner: Communicatio Socialis, 34. Jg 2001, H. 1 (Schwerpunktheft zum Konstruktivismus); Medien Journal, 19. Jg 1995, H. 4 (Themenheft

„Medien machen Wirklichkeit"); Stefan Weber: Konstruktivistische Medientheorien. In: ders. (Hrsg.): Theorien der Medien. Von der Kulturkritik bis zum Konstruktivismus. Konstanz 2003, S. 180–201.

[23] Vgl. Joachim Friedrich Staab: Nachrichtenwert-Theorie. Formale Struktur und empirischer Gehalt. Freiburg, München 1990.

[24] Vgl. u.a. Karsten Renckstorf: Mediennutzung als soziales Handeln. Zur Entwicklung einer handlungstheoretischen Perspektive der empirischen (Massen-)Kommunikationsforschung. In: Max Kaase/Winfried Schulz (Hrsg.): Massenkommunikation. Theorien, Methoden, Befunde. Opladen 1989 (= Sonderheft 30 der Kölner Zeitschrift für Soziologie und Sozialpsychologie), S. 314–336.

[25] Siehe hierzu vor allem die Kontroverse zwischen Hermann Boventer, Siegfried Weischenberg und Ulrich Saxer in: Communicatio Socialis, 25. Jg. 1992, H. 2, S. 157–183. Vgl. ferner die einschlägigen Beiträge in Günter Bentele/Manfred Rühl (Hrsg.): Theorien öffentlicher Kommunikation. Problemfelder, Positionen, Perspektiven. München 1993 sowie in Achim Baum/Siegfried J. Schmidt (Hrsg.): Fakten und Fiktionen. Über den Umgang mit Medienwirklichkeiten. Konstanz 2002.

[26] Walter Brugger: Theorie. In: ders. (Hrsg.): Philosophisches Wörterbuch. Freiburg, Basel, Wien 1976, S. 402.

Allgemeine Literatur

Einführungen und Überblickswerke

Beck, Klaus: Kommunikationswissenschaft. 4. Aufl. Konstanz: UVK/UTB 2015; 266 Seiten.

Burkart, Roland: Kommunikationswissenschaft. Grundlagen und Problemfelder. Umrisse einer interdisziplinären Sozialwissenschaft. 4. Aufl. Wien, Köln, Weimar: Böhlau/UTB 2002; 608 Seiten.

Kunczik, Michael/Zipfel, Astrid: Publizistik. Ein Studienhandbuch. 2. Aufl. Köln, Weimar, Wien: Böhlau/UTB 2005; 560 Seiten.

Maletzke, Gerhard: Kommunikationswissenschaft im Überblick. Grundlagen, Probleme, Perspektiven. Opladen, Wiesbaden: Westdeutscher Verlag 1998; 222 Seiten.

McQuail, Denis: Mass Communication Theory. 6. Aufl. London, Thousand Oaks, New Delhi: Sage 2010; 621 Seiten.

Merten, Klaus: Einführung in die Kommunikationswissenschaft. Band 1/1: Grundlagen der Kommunikationswissenschaft. 3. Aufl. Münster: Lit Verlag 2008; 592 Seiten.

Pürer, Heinz: Publizistik- und Kommunikationswissenschaft. 2. Aufl. Konstanz: UVK/UTB 2014; 632 Seiten.

Schmidt, Siegfried J./Zurstiege, Guido: Kommunikationswissenschaft. Systematik und Ziele. Reinbek: Rowohlt 2007; 288 Seiten.

Stöber, Rudolf: Kommunikations- und Medienwissenschaften. Eine Einführung. München: Beck 2008; 272 Seiten.

„Klassiker" der Publizistik- und Kommunikationswissenschaft

Dovifat, Emil (Hrsg.): Handbuch der Publizistik. 3 Bände, Berlin: de Gruyter 1968/1969.

Groth, Otto: Die unerkannte Kulturmacht. Grundlegung der Zeitungswissenschaft. 7 Bände, Berlin: de Gruyter 1960–1972.

Groth, Otto: Vermittelte Mitteilung. Ein journalistisches Modell der Massenkommunikation. Herausgegeben von Wolfgang R. Langenbucher. München: Reinhard Fischer 1998; 242 Seiten.

Hagemann, Walter: Grundzüge der Publizistik. Als eine Einführung in die Lehre von der sozialen Kommunikation neu herausgegeben von Henk Prakke unter Mitarbeit von Winfried B. Lerg und Michael Schmolke. 2. Aufl. Münster: Regensberg 1966 (erstmals: 1947); 320 Seiten.

Maletzke, Gerhard: Psychologie der Massenkommunikation. Theorie und Systematik. Hamburg: Hans-Bredow-Institut 1963; 311 Seiten (Nachdrucke 1972 und 1978).

Prakke, Henk/Dröge, Franz W./Lerg, Winfried B./Schmolke, Michael: Kommunikation der Gesellschaft. Einführung in die funktionale Publizistik. Münster: Regensberg 1968; 172 Seiten.

Lexika und Sammelbände

Altmeppen, Klaus-Dieter/Hanitzsch, Thomas/Schlüter, Carsten (Hrsg.): Journalismustheorie: Next Generation. Soziologische Grundlegung und theoretische Innovation. Wiesbaden: VS Verlag 2007; 451 Seiten.

Bentele, Günter/Brosius, Hans-Bernd/Jarren, Otfried (Hrsg.): Öffentliche Kommunikation. Handbuch Kommunikations- und Medienwissenschaft. Wiesbaden: Westdeutscher Verlag 2003; 607 Seiten.

Bentele, Günter/Brosius, Hans-Bernd/Jarren, Ofried (Hrsg.): Lexikon Kommunikations- und Medienwissenschaft. 2. Aufl. Wiesbaden: Springer VS 2013; 380 Seiten.

Bonfadelli, Heinz/Jarren, Otfried/Siegert, Gabriele (Hrsg.): Einführung in die Publizistikwissenschaft. 3. Aufl. Bern, Stuttgart, Wien: Haupt/UTB 2010; 671 Seiten.

Faulstich, Werner (Hrsg.): Grundwissen Medien. 3. Aufl. München: Fink/UTB 1998; 464 Seiten.

Holtz-Bacha, Christina/Kutsch, Arnulf (Hrsg.): Schlüsselwerke für die Kommunikationswissenschaft. Wiesbaden: Westdeutscher Verlag 2002; 480 Seiten.

Kaase, Max/Schulz, Winfried (Hrsg.): Massenkommunikation. Theorien, Methoden, Befunde. Opladen: Westdeutscher Verlag 1989 (= Sonderheft 30 der Kölner Zeitschrift für Soziologie und Sozialpsychologie); 541 Seiten.

Meyen, Michael/Löblich, Maria: Klassiker der Kommunikationswissenschaft. Fach- und Theoriegeschichte in Deutschland. Konstanz: UVK 2006; 343 Seiten.

Noelle-Neumann, Elisabeth/Schulz, Winfried/Wilke, Jürgen (Hrsg.): Das Fischer Lexikon Publizistik Massenkommunikation. Frankfurt am Main: Fischer Taschenbuch Verlag 2009; 861 Seiten.

Schicha, Christian/Brosda, Carsten (Hrsg.): Handbuch Medienethik. Wiesbaden: VS Verlag 2010; 580 Seiten.

Weber, Stefan (Hrsg.): Theorien der Medien. Von der Kulturkritik bis zum Konstruktivismus. 2. Aufl. Konstanz: UVK 2010; 332 Seiten.

Weischenberg, Siegfried/Kleinsteuber, Hans J./Pörksen, Bernhard (Hrsg.): Handbuch Journalismus und Medien. Konstanz: UVK 2005; 500 Seiten.

Winter, Carsten/Hepp, Andreas/Krotz, Friedrich (Hrsg.): Theorien der Kommunikations- und Medienwissenschaft. Grundlegende Diskussionen, Forschungsfelder und Theorieentwicklungen. Wiesbaden: VS Verlag 2008; 464 Seiten.

I. Das Erkenntnisobjekt „Kommunikation" – Eine fachbezogene Auswahl universaler Kommunikationstheorien

Roland Burkart/Walter Hömberg

Einführung zum Teil I

In diesem ersten Teil werden theoretische Überlegungen vorgestellt, die unterschiedliche Aspekte des Kommunikationsprozesses betonen. Sie beanspruchen hohe Allgemeingültigkeit, denn sie betrachten die Merkmale, die sie in den Vordergrund rücken, als kennzeichnend für *alle* menschlichen Kommunikationsprozesse: für das Gespräch zwischen zwei Menschen ebenso wie für das massenmedial vermittelte Kommunikationsgeschehen. Diese Merkmale orientieren sich zunächst am Umstand der *Übertragung* von Zeichen, weiter am Charakter der *Wechselseitigkeit* allen kommunikativen Geschehens und schließlich an der Tatsache der *Umweltbezogenheit*, d.h. an dem Umstand, dass Kommunikationsprozesse stets als Teil eines komplexen (sozialen) Umfelds zu begreifen sind.

Kommunikation als Prozess der Zeichenübertragung

Eine erste grundlegende Voraussetzung für „gelingende", d.h. Verständigung herstellende, Kommunikation ist die störungsfreie Übertragung der dabei zu vermittelnden Zeichen. Dieser Übertragungsprozess steht im Mittelpunkt einer sehr formalisierten theoretischen Perspektive, die auf die Amerikaner Claude E. Shannon und Warren E. Weaver zurückgeht. Ihre „Mathematische Theorie der Kommunikation", die als Fundament der modernen Informationstheorie gilt, wurde ursprünglich entwickelt, um die technischen Probleme bei der elektrischen Nachrichtenübertragung zu lösen, denn Claude Shannon war in den 1940er Jahren als Mathematiker und Ingenieur bei einer amerikanischen Telefongesellschaft beschäftigt. Dieser Umstand erklärt, warum die mathematische Kommunikationstheorie von einem Informationsbegriff ausgeht, der auf seine technisch-formale Dimension reduziert ist. Wichtig für Shannon war der Umstand, dass bei einem Telefongespräch die Botschaft der Informationsquelle (des Sprechers) mit Hilfe eines Senders in ein elektrisches Signal umgeformt („encodiert") wurde und von einem Empfangsgerät wieder entschlüsselt („decodiert") werden muss, um an ihr Ziel (den Rezipienten) zu gelangen. Es war seine Aufgabe, diesen Kodierungs- und Übertragungsprozess möglichst störungsfrei (geräuscharm) zu machen, um Gespräche auch über sehr weite Strecken und daher über sehr lange Telefonleitungen zu ermöglichen. Die Bedeutung der Botschaft spielte dabei keine Rolle. Shannon trennt daher auch die semantischen (auf die Bedeutung der Zeichen verweisenden) Aspekte der Kommunikation von den technischen Problemen der Vermittlung ab: „Information" darf im Horizont dieser Theorie nicht mit „Bedeutung" gleichgesetzt werden, d.h. dass zwei Nachrichten, von denen eine von besonderer Bedeutung ist, während die andere bloßen Unsinn darstellt, genau die gleiche Menge an Information enthalten können.

Es liegt auf der Hand, dass ein derartiger Begriff von Information für die Analyse sozialer Kommunikationsprozesse nur sehr bedingt brauchbar ist. Wenn diese theoretische Perspektive dennoch hier behandelt wird, so vor allem deshalb, weil das in diesem Ansatz enthaltene Prinzip der Enkodierung und Dekodierung als konstitutives Merkmal aller Kommunikationsprozesse gelten kann, auch solcher, in denen kein technisches Gerät wie das Telefon verwendet wird. Bernhard Badura stellt in seinem Beitrag das heuristische Potenzial dieses Prinzips unter Beweis, indem er es auf sprachliche Kommunikation überträgt und zeigt, wie man auf diese Weise analytische Kategorien zur Diagnose von Sprachbarrieren gewinnen kann.

Kommunikation als interaktiver Vorgang

Der Umstand, dass Kommunikation ein Prozess ist, der stets ein Gegenüber, einen Kommunikationspartner impliziert, wird von zwei fundamentalen theoretischen Perspektiven in den Vordergrund gerückt: von dem auf George Herbert Mead zurückgehenden „Symbolischen Interaktionismus" und von der „Theorie kommunikativen Handelns", wie sie Jürgen Habermas entwickelt hat.

Verständigung im Horizont des Symbolischen Interaktionismus kann nur dann zustande kommen, wenn beide Kommunikationspartner den verwendeten Zeichen bzw. Symbolen dieselbe Bedeutung zuschreiben. Andernfalls misslingt Verständigung und damit Kommunikation. Dies ist deshalb sehr oft der Fall, weil die Bedeutung der „Dinge" (Personen, Gegenstände, Sachverhalte, Ideen etc.) nicht als etwas ein für allemal Feststehendes betrachtet werden darf. Der Symbolische Interaktionismus geht im Gegenteil davon aus, dass wir den Dingen unserer Umgebung bestimmte Bedeutungen erst zuschreiben und dadurch definieren, was sie „wirklich" sind. Diese Definitionsprozesse finden im Rahmen sozialer Interaktionen statt: Gegenstände entstehen im Hinblick auf ihre Bedeutung erst dann, wenn sie von Menschen in deren Handlungen mit einbezogen werden. Die Bedeutung eines Gegenstandes kann daher als „soziale Schöpfung" gezeichnet werden, die das Ergebnis von Interpretationsprozessen ist, die zwischen Menschen ablaufen, wenn sie im Hinblick auf den jeweiligen Gegenstand handeln. Was für die Dinge unserer Umgebung gilt, das gilt ebenfalls für uns selbst: Auch die Wahrnehmung der eigenen Person, das subjektive Identitätsgefühl, ist stark davon bestimmt, wie uns andere Personen gegenübertreten. Erst aus den Reaktionen anderer auf unser eigenes Verhalten bzw. aus dem Versuch, uns selbst aus der Perspektive unseres Gegenübers zu betrachten, gewinnen wir unsere eigene Identität.

Diese Theorie hat seit etwa drei Jahrzehnten vor allem die massenkommunikative Wirkungsforschung nachhaltig beeinflusst. Sie ist die zentrale Wurzel des so genannten „Nutzenansatzes", der unter Rekurs auf die symbolisch-interaktionistische Position behauptet, auch Massenmedien bzw. die dort vermittelten Aussagen hätten nicht Bedeutung „an sich", sondern enthalten ihren Stellenwert in unserem Alltag erst aus dem Umstand heraus, wie wir mit ihnen umgehen, wozu wir sie „nutzen". Auch was die

Entwicklung von Identitätsvorstellungen betrifft, leisten Medien ihren Beitrag, indem sie uns Interaktionsprozesse zwischen Trägern verschiedener sozialer Rollen vor Augen führen und auf diese Weise vielfältige Möglichkeiten zur Identifikation und damit zur Entwicklung eines Selbst-Bewusstseins bieten. Der hier abgedruckte Beitrag von Herbert Blumer gibt die Grundsätze des Symbolischen Interaktionismus wieder, wie sie von George Herbert Mead entwickelt wurden.

Auch die „Theorie des kommunikativen Handelns" rückt den Verständigungsprozess in den Mittelpunkt ihrer Überlegungen. Im Unterschied zu Mead stellt für Jürgen Habermas „Verständigung" allerdings mehr dar als das bloße Übereinstimmen der Kommunikationspartner im Hinblick auf die Bedeutung der verwendeten Symbole – nämlich: die freiwillige, gewaltlose, auf gegenseitigen Überzeugungen beruhende und mithin vernünftige Einigung im Gespräch. Er konzentriert sich bei seiner Analyse auf sprachlich-kommunikatives Handeln bzw. auf dessen grundlegende („universale") Voraussetzungen, weil er die Sprache als das humanspezifische Medium der Verständigung begreift und überdies in allen anderen Formen sozialer Interaktion Derivate dieses Handelns sieht. Er geht davon aus, dass sprachliche Kommunikation gleichsam von Haus aus auf Konsensbildung, d.h. auf das Erreichen von Einverständnis hin angelegt ist. Kernpunkt dieses Konzepts ist das Credo vom „rational motivierten Einverständnis", also einer Einigung unter Kommunikationspartnern, die auf nichts anderem beruht als auf dem „eigentümlich zwanglosen Zwang des besseren, weil einleuchtenderen Arguments". Im Rahmen dieser Analyse gelangt er zur Definition der so genannten „idealen Sprechsituation", die jene idealtypischen Bedingungen von Verständigung freilegt, deren Existenz wir – so Habermas' These – in der kommunikativen Alltagspraxis notwendigerweise unterstellen, weil wir ohne diese Unterstellung in den Prozess verständigungsorientierter Kommunikation überhaupt nicht eintreten könnten. Diese Bedingungen implizieren die Minimierung bzw. den Abbau von Macht und Herrschaft, die nicht rational begründbar sind. Damit kommt der emanzipatorische Charakter dieser Theorie zum Ausdruck.

Von Kritikern sind diese Implikationen der Theorie des kommunikativen Handelns bisweilen als utopisch bezeichnet worden, und vor diesem Hintergrund wurde sie auch als praxisfern eingestuft. Dabei wird allerdings übersehen, dass Habermas selbst derartige Bedingungen ja keineswegs als den Normalzustand kommunikativer Interaktion darstellt, sondern im Gegenteil als „kontrafaktisch" begreift. Er behauptet ja gerade nicht, dass jede in der kommunikativen Alltagspraxis erreichte Verständigung diese Bedingungen erfüllt, sondern er geht lediglich davon aus, dass das „rational motivierte Einverständnis" als der „Originalmodus" von Verständigung zu begreifen ist und dass man mit diesem normativen Verständigungsbegriff über einen kritischen Maßstab zur Diagnose pathologischer Kommunikationsformen verfügt. Das Verständigungskonzept weist aber über den Bereich des unmittelbaren Kommunikationsgeschehens hinaus: Es wird zum erkenntnisleitenden Rahmen, innerhalb dessen Habermas seine Gesellschaftstheorie entwickelt. Danach ist es die „Produktivkraft Kommunikation", die via Verständigungsleistungen gesellschaftliche Solidarität und damit soziale Ordnung schafft. Die Theorie kommunikativen Handelns ist deshalb zugleich eine Gesellschaftstheorie; man könnte sie auch als eine kommunikative Theorie der Demokratie bezeichnen.

Obwohl mit diesem Ansatz sehr tief greifende Überlegungen zu verständigungsorientierter Kommunikation vorliegen, ist seine Rezeption in der Publizistik- und Kommunikationswissenschaft bislang eher marginal geblieben. Der für diesen Reader zusammengestellte Überblick will in Form von kommentierten Textpassagen aus Habermas' Schriften die zentralen Gedanken dieses Ansatzes vor Augen führen und seine Relevanz für kommunikationswissenschaftliches Denken aufzeigen.

Kommunikation als umweltabhängiges Phänomen

Die theoretischen Positionen, die dieser Sichtweise von Kommunikation zuzurechnen sind, problematisieren nicht mehr das Zustandekommen von Verständigung, sondern rücken die soziale bzw. gesellschaftliche Umwelt kommunikativen Geschehens in den Vordergrund. Kommunikation wird zum einen als unabdingbarer Bestandteil menschlicher Arbeitsprozesse gesehen. Man dürfe – so die Auffassung jener Kommunikationstheoretiker, die der Erkenntnistheorie des Historischen Materialismus nahe stehen – gerade in den fortgeschrittenen Industriegesellschaften nicht übersehen, dass vor allem die Medien der Massenkommunikation nur in Verbindung mit dem kapitalistischen Produktionsprozess angemessen untersucht werden können. Zum anderen wird davon ausgegangen, dass Massenkommunikation selbst ein soziales System repräsentiert und dass erst die Analyse ihrer Strukturen und Funktionen den Stellenwert erkennbar macht, der den Medien im jeweiligen Gesellschaftssystem zugesprochen werden kann.

Unter „Materialismus" ist zunächst eine philosophische Weltanschauung zu verstehen, die davon ausgeht, dass die Materie gegenüber dem Bewusstsein die primäre und bestimmende Instanz ist (im Gegensatz zum so genannten „Idealismus", der die Ursprünglichkeit des Geistes, des Bewusstseins gegenüber der Natur behauptet). „Historischer Materialismus" meint bereits die von Marx, Engels und später auch Lenin entwickelte Gesellschaftstheorie, die für sich in Anspruch nimmt, die entscheidenden sozialen Triebkräfte der geschichtlichen Entwicklung aufgedeckt zu haben. Sie begreift „Gesellschaft" als die Gesamtheit der praktischen Verhältnisse, welche die Menschen zum Zwecke der Produktion ihrer Lebensmittel eingehen, und das sind die ökonomischen Verhältnisse (in marxistischer Terminologie: die Produktionsverhältnisse).

Marxistische (auf Basis des Historischen Materialismus verfahrende) Kommunikationswissenschaft geht davon aus, dass ein realer Kommunikationsprozess niemals losgelöst von den realen gesellschaftlichen Produktionsverhältnissen betrachtet werden darf, als deren eherner Bestandteil er ja anzusehen ist: Kommunikation wird in kapitalistisch organisierten Gesellschaften auf diese Weise stets zu einem Vehikel im Rahmen der Verwertungsinteressen des Kapitals. Der Begriff der „Arbeit", verstanden als bewusste und zweckgerichtete (körperliche wie geistige) Tätigkeit des Menschen zur Befriedigung seiner Bedürfnisse, ist daher eng mit dem Begriff der „Kommunikation" verbunden. Keine Produktion ohne Kommunikation und keine Kommunikation ohne Produktion – so lautet das „kommunikative Prinzip" des Marxismus, das aus der materialistischen Gesellschaftsanalyse gewonnen wird.

Ziel einer marxistischen Analyse des Massenkommunikationsprozesses ist es folgerichtig aufzuzeigen, in welcher Form die kapitalistische Produktionsweise die massenmediale Aussagenproduktion beeinflusst. Wobei das „Ergebnis" einer derartigen Analyse – allgemein formuliert – immer lautet: Informations- (und erst recht: Unterhaltungs-)Angebote werden industriell als „Waren" produziert, auf einem konkurrierenden Markt abgesetzt und sind damit dem Verwertungsprozess des Kapitals unterworfen – nämlich: der Profitmaximierung, der Erwirtschaftung von Gewinn. Der marxistische Medientheoretiker sieht in dieser ökonomischen Dimension von Massenkommunikation die eigentliche, wahre, einzig objektive Wirklichkeit und disqualifiziert daher von vornherein jeden anderen Zugang zum Massenkommunikationsprozess als fehlgeleitet und falsch.

Einer der wichtigsten marxistisch inspirierten Autoren war Horst Holzer. Der in diesen Reader neu aufgenommene Textabschnitt entstammt seiner „Einführung in handlungs- und gesellschaftstheoretische Konzeptionen" der „Medienkommunikation" von 1994. Er behandelt dort ökonomische und politische Aspekte sowie Organisationsformen und Funktionsbereiche der Medien. Außerdem befasst er sich Rezeptionsweisen des Publikums aus der Sicht der Alltagspraxis.

Was schließlich die systemtheoretische Perspektive von Kommunikation betrifft, so wird hier auf einen naturwissenschaftlichen (aus der Biologie stammenden) Denkansatz zurückgegriffen. Das Bild vom Organismus als einer Ganzheit, dessen Teile zueinander in Beziehung stehen, lässt sich aber im Grunde bis zu den griechischen Philosophen zurückverfolgen. Bereits der viel zitierte Satz des Aristoteles „Das Ganze ist mehr als die Summe seiner Teile" verweist auf den Umstand, dass bei der Analyse von Einzelaspekten jedweder Phänomene auch deren Wechselbeziehungen von Bedeutung sind, aus denen dann jeweils Leistungen bzw. Funktionen für das Ganze erwachsen.

In systemtheoretischen Ansätzen manifestiert sich somit der Versuch, das simple Kausalitätsdenken zu überwinden, wie es für die klassische Physik typisch war (= hier eine Ursache, dort eine Wirkung). In der Geschichte der Publizistik- und Kommunikationswissenschaft führte dieses Denken beispielsweise zur Überwindung mechanistisch-monokausaler Erklärungen im Bereich der massenmedialen Wirkungsforschung. Überträgt man das Systemdenken auf das gesellschaftliche Phänomen „Massenkommunikation", so sind relevante „Teile" dieses Ganzen zum Beispiel die politische, die organisatorische oder auch die wirtschaftliche Verfassung der Massenmedien, von deren Ausprägung es abhängt, was diese Medien leisten, welche Funktionen sie für die Gesellschaft erfüllen: etwa ob und inwieweit sie unterhalten, informieren, kritisieren, kontrollieren etc. Die Frage nach „der Wirkung" von Massenkommunikation mutiert aus dieser Perspektive dann zur Frage nach der den verschiedenen (funktionalen) Folgen des Mediensystems für das gesellschaftliche System.

Der seit der dritten Auflage dieses Bandes stark erweiterte Originalbeitrag von Ulrich Saxer führt die Bedeutung dieses systemtheoretischen Denkens für die Kommunikationswissenschaft vor Augen. Er beendet den ersten Teil unseres Textbuchs, in dem verschiedene Aspekte des allgemeinen Phänomens „Kommunikation" in den Vordergrund zu heben waren, die für die Publizistik- und Kommunikationswissenschaft relevant sind.

1.1. Kommunikation als Prozess der Signalübertragung

Bernhard Badura

Mathematische und soziologische Theorie der Kommunikation

Claude E. Shannon gilt neben Norbert Wiener als Begründer der modernen Informationstheorie. Wenn das seinen Überlegungen zugrunde liegende terminologische Gerüst in der von Warren Weaver interpretierten Form[1] zu Beginn dieser Untersuchung kurz vorgestellt wird, so hat dies zwei Gründe. Einmal enthält es Elemente, die für jede Art der Beschäftigung mit Problemen der Kommunikation beachtet werden müssen. Zum zweiten bietet es einen nützlichen Ausgangspunkt für Überlegungen, die der Frage nachzugehen suchen, an welchen Stellen und warum Ergänzungen notwendig sind, damit Probleme berücksichtigt werden können, die einem Soziologen relevant erscheinen, wenn er sich mit Kommunikationsprozessen beschäftigt. (...)

Weaver beginnt die Darstellung des Shannonschen Kommunikationssystems mit einem Diagramm, das auch hier wiedergegeben werden soll (Diagramm I).[2]

Die *Informationsquelle* (information source) wählt eine erwünschte *Botschaft* (message) aus einer Anzahl möglicher Botschaften aus. Diese Botschaft kann aus geschriebenen oder gesprochenen Wörtern bestehen.

Der *Sender* (transmitter) verwandelt diese Botschaft in ein *Signal* (signal), das auf dem Weg über einen Kommunikationskanal (communication channel) vom Sender zum *Empfänger* (receiver) gelangt. Im Falle eines Telefongespräches wäre der Kanal ein Draht und das Signal würde aus wechselnden elektrischen Impulsen bestehen. Der Sender wäre eine Apparatur, die die akustischen Signale der Stimme in elektrische Impulse übersetzt. Analoges gilt auch für andere Kommunikationsmöglichkeiten wie Telegraphie, Radio, Fernsehen, Gespräche von Angesicht zu Angesicht usw.

Der *Empfänger* ist eine Art umgekehrter Sender, der übermittelte Signale in Botschaften rückverwandelt und diese Botschaften zu ihrem Bestimmungsort weiterleitet.

Für Gesprächssituationen empfiehlt Weaver, das hier dargestellte Kommunikationssystem so zu interpretieren, dass das Gehirn des sendenden Gesprächspartners die Informationsquelle darstellt, und seine Sprechapparatur den Sender. Die Hörorgane des empfangenden Gesprächspartners würden dann dem Empfänger und dessen Hirn schließlich dem Bestimmungsort der Botschaft entsprechen.

Ein Blick auf das Diagramm zeigt, dass noch ein Element des Systems fehlt: die *Geräuschquelle* (noise source). Gewöhnlich treten beim Austausch von Botschaften Störungen auf, Geräusche von der Straße, ein spielendes Radio, Knacken in der Telefonleitung usw., die der Sender nicht beabsichtigt oder nicht auszuschalten vermag. All

---

Zuerst veröffentlicht in: Bernhard Badura: Sprachbarrieren. Zur Soziologie der Kommunikation. Stuttgart: Frommann–Holzboog 1971, S. 13–23 (Einleitung).

Diagramm 1

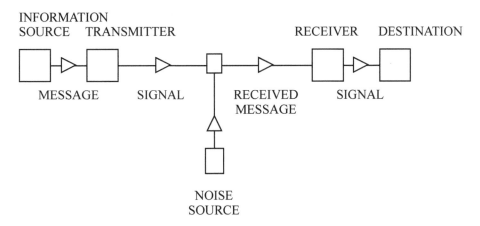

Aus: Shannon/Weaver, Mathematical ..., S. 7

diese Störfaktoren, durch die Signale verzerrt oder unvollständig empfangen werden, rubrizieren Shannon und Weaver in der mathematischen Theorie der Kommunikation als Geräusche (noise).

Die Hauptfragen, auf die diese Theorie Antworten zu geben sucht, sind nach Weaver folgende:

a) Wie lässt sich die Informationsmenge messen?
b) Wie lässt sich die *Kapazität* eines Kommunikationskanals messen?
c) Die vom Sender durchgeführte Umwandlung von Botschaften in Signale macht oft einen *Kodierungsprozess* erforderlich. Welches sind die charakteristischen Merkmale eines effizienten Kodierungsprozesses? Und – wenn die Kodierung so effizient wie möglich erfolgt – in welchem Umfang kann dann der Kanal Information übertragen?
d) Welches sind die allgemeinen Merkmale von *Geräuschen?* Wie beeinflussen Geräusche die Genauigkeit der Botschaft, die schließlich ihren Bestimmungsort erreicht? Wie lassen sich unerwünschte Wirkungen von Geräuschen vermindern und in welchem Ausmaß können sie eliminiert werden?
e) Wenn ein Signal *kontinuierlich* übertragen wird – wie es bei Gesprächen oder bei Übertragung von Musik der Fall ist – und das Signal nicht aus diskreten Symbolen besteht – wie es bei geschriebener Sprache, Telegraphie usw. – der Fall ist, inwiefern werden dadurch die angeschnittenen Fragen berührt?

Wie dieser Fragenkatalog zeigt, beschäftigt sich die mathematische Theorie der Kommunikation in erster Linie mit technischen Problemen der Nachrichtenübertragung, die man in der Frage zusammenfassen kann: Wie genau können Symbole bei Kommunikationsprozessen übertragen werden? Verständlich wird diese Beschränkung, wenn man sich erinnert, von wem und unter welchen Bedingungen die Theorie entwickelt wurde. Claude E. Shannon ist Mathematiker und Ingenieur und arbeitete in der zweiten Hälfte der Vierzigerjahre, während er diese Theorie entwickelte, in den Bell Telephone

Laboratories. In seiner Würdigung der Arbeit von Shannon lobt Weaver zwar ihre allgemeine Gültigkeit, fundamentale Relevanz, klassische Einfachheit und Erklärungskraft. Indessen sind gerade auch seine kritischen Bemerkungen für diesen Zusammenhang beachtenswert, weil sie auf zwei wesentliche Mängel aufmerksam machen, die diese Theorie insbesondere für Zwecke einer soziologischen Analyse von Kommunikationsprozessen ergänzungsbedürftig erscheinen lassen.

Die Weaversche Kritik setzt an einem zentralen Punkt an, bei Shannons Begriff der Information. Das Wort Information wird in Shannons Theorie in einem sehr eingeschränkten Sinne gebraucht, entsprechend ihrer theoretischen Herkunft aus der Mathematik und ihrer eingeschränkten praktischen Relevanz allein für den Ingenieur. Information hat hier nämlich nichts mit Bedeutung[3] zu tun, was nach normalem Verständnis des Wortes Information zu erwarten wäre. Shannon ist sich dessen wohl bewusst. Er bemerkt ausdrücklich: „Frequently the messages have meaning; that is they refer to or are correlated according to some system with certain physical or conceptual entities. These semantic aspects of communication are irrelevant to the engineering problem. The significant aspect is that the actual message is one *selected from a set* of possible messages. The system must be designed to operate for each possible selection, not just to one which will actually be choosen since this is unknown at the time of design."[4] Information bedeutet in dieser Konzeption also den Umfang der Freiheit, d.h. hier die Anzahl der Alternativen, über die derjenige verfügt, der eine Botschaft aussendet. Der Umfang der Information wird dementsprechend bei einfachen Fällen durch den Logarithmus der Anzahl möglicher Alternativen ausgedrückt. Die Einheit der Information ist keine Bedeutungseinheit, sondern ein „bit", und das meint eine Wahlsituation, in der genau zwei Alternativen zur Verfügung stehen (two-choice-situation), und deren Berechnung deshalb durch den auf einem binären Zahlensystem basierenden Logarithmus erfolgt.[5]

Wenn man sich jetzt vergegenwärtigt, wie Menschen sich tatsächlich verständigen – und zwar in Wissenschaft und Alltag – und in welchem Umfang etwa im Gerichtssaal, bei politischen Gesprächen oder bei jeder Analyse von Texten es oft gerade auf ähnliche oder unterschiedliche Interpretationen einzelner Wörter ankommt, so erscheint Weavers Kritik an der Shannonschen Konzeption der Information berechtigt. Weaver schreibt:

„The concept of information developed in this theory seems ... disappointing and bizarre – disappointing because it has nothing to do with meaning and bizarre because it deals not with a single message but rather with the statistical character of a whole ensemble of messages ..."[6] Auf diese Schwächen einer Informationstheorie, die sich ausschließlich mit der statistischen Struktur der Sprache beschäftigt, ist denn auch wiederholt hingewiesen worden.[7] Unsere gesprochene Sprache hat nämlich neben dem statistisch-syntaktischen noch einen semantischen und pragmatischen Aspekt.[8] Die zentrale Bedeutung des pragmatischen Aspekts – auch für die Wissenschaftssprache – ist gerade in der letzten Zeit wieder in den Vordergrund gerückt worden, nicht zuletzt wahrscheinlich deshalb, weil es allein aus analytischen Gründen sinnvoll sein kann, die syntaktische und semantische Ebene der Sprache von ihrer pragmatischen abzutrennen.[9] Deshalb erscheint es mir zwingend, dass die von Weaver in Ergänzung zu Shannons syntaktisch-statistischer Theorie der Kommunikation geforderte semantische

Diagramm 11

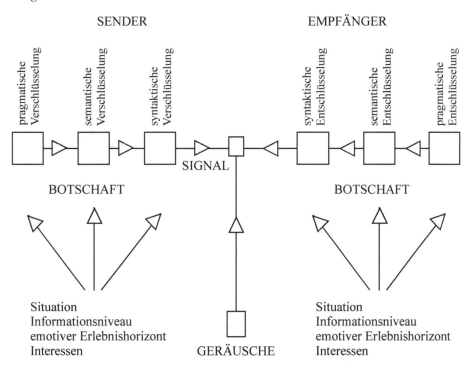

Theorie der Kommunikation unter starker Berücksichtigung derjeniger Informationen in Angriff genommen werden muss, die in den Sozialwissenschaften zur Verfügung gestellt werden.

Semantische Probleme nehmen wegen ihrer fundamentalen Bedeutung für jede sprachliche Verständigung insbesondere in der Alltagssprache, die ja immer wieder Ausgangspunkt für die Konstruktion künstlicher Sprachen ist, auf den folgenden Seiten einen breiten Raum ein.

Verständigungsprobleme ergeben sich jedoch nicht nur auf der Ebene der Wörter. Die für den pragmatischen Aspekt der Sprache sicherlich wichtigste Ebene ist vielmehr die der Urteile. Es ist dies die Ebene der kognitiven und praktischen Orientierungen, denen jeder mehr oder weniger bewusst folgt und deren Differenzen zwischen Dialogpartnern zu erheblichen Verständigungsproblemen führen können. Dies ist daher der zweite zentrale Problemkomplex der folgenden Überlegungen. So viel zu den Ergänzungen der mathematischen Theorie der Kommunikation auf sprachlicher Ebene.

Eine soziologische Analyse kommunikativer Prozesse wird sich jedoch nicht mit der Behandlung sprachlicher Variablen zufrieden geben dürfen, sondern auch nach dem Zusammenhang zwischen Redepraxis und gesellschaftlichen Randbedingungen kommunikativer Prozesse fragen müssen. Im Folgenden werden insbesondere vier Klassen solcher Randbedingungen berücksichtigt werden:

a) die Kommunikationssituation,
b) das Informationsniveau,

c) der emotive Erlebnishorizont und
d) die Interessen

von Dialogpartnern (vgl. Diagramm II).

Die Analyse der Zusammenhänge zwischen Redepraxis und Randbedingungen wird der Systematik dieser Untersuchung entsprechend in mehreren Anläufen geschehen. Durch die Behandlung makrosoziologischer Faktoren wie sozio-kultureller Differenzierung (Schichtung), Berufsrollen-Differenzierung (Arbeitsteilung) und politischer Differenzierung (Herrschaft) ist zumindest ansatzweise der Versuch unternommen worden, den Zusammenhang zwischen Sprachbarrieren, Sozialisation, Gruppenzugehörigkeiten bzw. Gruppenloyalitäten und der Manipulationsproblematik aufzuzeigen.

Vielleicht sollte hier schon eine Bemerkung zu dem für das folgende grundlegende Problem von Sprache und Gruppe in Form eines Mannheim-Zitates vorausgeschickt werden: „Nur in einem ganz begrenzten Sinne schafft das Individuum aus sich selbst die Sprech- und Denkweise, die wir ihm zuschreiben. Es spricht die Sprache seiner Gruppe; es denkt in der Art, in der seine Gruppe denkt. Es findet bestimmte Worte und deren Sinn zu seiner Verfügung vor, und diese bestimmen nicht bloß in weitem Ausmaß seinen Zugang zur umgebenden Welt, sondern offenbaren gleichzeitig, von welchem Gesichtspunkt aus und in welchem Handlungszusammenhang Gegenstände bisher für die Gruppe oder das Individuum wahrnehmbar und zugänglich waren."[10] Sprachbarrieren, verstanden erstens als Differenzen im Vokabular bzw. der Symbolkapazität, verstanden zweitens als semantische Differenzen und drittens als Urteilsdifferenzen zwischen Dialogpartnern, werden dementsprechend insbesondere unter dem Aspekt von Gruppensprachenbarrieren als *institutionalisierte Sprachbarrieren* untersucht werden müssen.

Die Rede von „Gruppensprachen" darf jedoch nicht darüber hinwegtäuschen, dass es immer Einzelne sind, die sprechen. Die analytische Ebene der „Gruppe" – ihrer Mitgliedschaften und Loyalitäten – muss daher in enger Beziehung mit dem individuellen Rollenrepertoire des Sprechenden gesehen werden, wenn es um die Frage geht, warum sich Personen in bestimmten Situationen so ausdrücken, wie sie sich ausdrücken. Diese Frage richtet sich sowohl auf die vom Sprecher beherrschten (formalen) Regeln der Logik und Grammatik wie auch auf die (inhaltlichen) Regeln der Wortwahl und Wortkomposition, auf Regeln also, die die Prädizierung und Interpretation einzelner Worte und ihre typisierte Verknüpfung zu bestimmten Behauptungen (Urteilen bzw. Sätzen) betreffen.

Für Untersuchungen, die den Determinanten des Sprachverhaltens Einzelner nachgehen, muss das im Mannheim-Zitat ausgesprochene analytische Programm demnach in zwei Richtungen erweitert werden:

a) Auf der Ebene des jeweils analysierten, situationsbezogen-aktuellen oder schriftlich (vorab) fixierten bzw. aus Texten rekonstruierten *Sprachverhaltens* müssen Regeln der Wortinterpretation und der Wortverwendung sowie typisierte Behauptungen isoliert werden, die in sprachliche Organisationen (Interpretationen) eingehen.

b) Auf der Ebene der *Randbedingungen* sprachlicher Kommunikation müssen gesellschaftliche, das individuelle Sprachverhalten determinierende, Faktoren isoliert werden, die die *endogenen* kommunikativen Fähigkeiten des Einzelnen (Kognition, Emotion, Ausdrucksrepertoire, Information, Interessen) und die auf ihn wirkenden situativ-exogenen Anpassungszwänge bestimmen.

Da die auf das Sprech- und Schreibverhalten Einzelner wirkenden sozialen Determinanten nur solche sein können, mit denen diese Einzelnen im Verlauf ihrer sozialen Biographie in Berührung gekommen sind, scheint es sinnvoll, diese sozialen Determinanten individuellen Sprachverhaltens im Bereich der durchlaufenen Lernmilieus und der dabei erlernten und in bestimmten Situationen zu spielenden Rollen aufzusuchen.

Uta Gerhardt unterscheidet in ihrer Untersuchung über „Rollenhandeln und Sozialstruktur" zwischen „Statusrollen", „Positionsrollen" und „Situationsrollen".[11] Der Terminus „Statusrolle" bezieht sich dabei auf die (zugeschriebenen) Ungleichheiten innerhalb von Gesellschaft, auf die Differenzen der Geschlechtsrollen und auf die durch subkulturelle Differenzierungen (Schichtung) bedingten Ungleichheiten der Teilnahmechancen und Unterschiede der Verhaltensorientierungen. Sprachverhalten, das durch diesen Rollenbereich geprägt ist, wird in der folgenden Untersuchung da berücksichtigt, wo endogene Determinanten des Sprachverhaltens einbezogen werden, die auf subkulturelle Differenzierungen zurückgeführt werden können, die schichtspezifisch sind. Wo von exogenen Zwängen die Rede ist, betrifft dies den Bereich der „Positionsrollen". Hierunter fallen alle diejenigen Rollen, die der Einzelne kraft Mitgliedschaft in bestimmten Organisationen oder Institutionen zu spielen gezwungen ist. Für sein Sprachverhalten bedeutet dies, dass er sich an deren formellen oder informellen Sprachregelungen und definierten Zielen (Organisationsinteressen) zu orientieren hat. Durch Organisationen (Parteien, Verbände, öffentliche Verwaltung und sonstige organisierte Gruppen) definierte Ziele bzw. Interessen werden auf der Ebene von bestimmten Positionen innerhalb von Organisationen in Ziele und Interessen dieser einzelnen Positionen transformiert. Wenn im Folgenden von Interessen die Rede ist, dann sollen darunter insbesondere solche organisierten Interessen verstanden werden.[12]

Von der erwähnten Klassifikation abweichend werden im Folgenden noch Zugehörigkeiten zu Großgruppen berücksichtigt, insofern sich diese Großgruppen unterschiedlicher „natürlicher Sprachen" bedienen (Sprachgemeinschaften) oder ihren Mitgliedern, beispielsweise via „Duden", unterschiedliche Regeln der Wortverwendung und Wortinterpretation vorschreiben.

Dies leitet über in den für die vorliegende Untersuchung zentralen Problembereich. Es ist dies der Bereich der sprachlichen Randbedingungen von Kommunikationsprozessen, der Bereich der von bestimmten Gruppen oder Organisationen erwarteten Regeln der Prädizierung, der Interpretation und der Verwendung einzelner Wörter und der Interpretation und Verwendung bestimmter Urteile. In einem übertragenen Sinne könnte man diese Regeln auch Bestandteile einer „Logik" der Alltagssprache nennen. Ihre Analyse entspricht dem Versuch einer Fortsetzung der traditionellen (nicht explizit sprachanalytisch orientierten) Wissenssoziologie mit sprachkritischen Mitteln.

ANMERKUNGEN

[1] Shannon, C. E., and Weaver, W., The Mathematical Theory of Communication, Urbana 1949.
[2] Shannon/Weaver, Mathematical ..., S. 7.
[3] Probleme der Bedeutung stellen sich für Weaver wie folgt: „The *semantic problems* are conceived with the identity, or satisfactorily close approximation, in the interpretation of meaning by the receiver, as compared with the intended meaning of the sender. This is a very

deep and involved situation, even when one deals only with the relatively simpler problems of communicating through speech." (ebd., S. 4)

[4] Shannon, in: Shannon/Weaver, Mathematical ..., S. 31.

[5] Für Einzelheiten vgl. Shannon/Weaver, Mathematical ..., S. 9ff.

[6] Weaver, in: Shannon/Weaver, Mathematical ..., S. 27.

[7] Vgl. Schmetterer, L., Sprache und Informationstheorie, in: Sprache und Wissenschaft, Göttingen 1960, S. 166: „Es kann nämlich gar kein Zweifel bestehen, daß die Frage nach der statistischen Struktur der Sprache, die man etwa als den nachrichtentechnischen Aspekt der Sprache ansehen kann, nur einen geringen Teil der komplexen Problematik der Sprache umfaßt. Der semantische und pragmatische Aspekt sind gerade für die Sprache von allergrößter Bedeutung." Vgl. auch Cherry, C., Kommunikationsforschung – eine neue Wissenschaft, Frankfurt a.M. 1967, S. 274: „Das Wiener-Shannonsche Maß gilt für eine statistisch stationäre Quelle für Signale (oder beobachtete Ereignisse). Angenommen, wir beobachten mit ungeheurer Mühe und Geduld die Signale (aber nicht die Personen, die sie tatsächlich hervorbringen) genügend lange, um viele Proben oder Segmente zu erhalten, die wir dann vergleichen und analysieren. Wir könnten auch die verschiedenen Engramm-Wahrscheinlichkeiten abschätzen. Prinzipiell wäre es sodann möglich, aufgrund einer Prüfung dieser Unmenge von Daten über die Signale die syntaktischen Regeln der Sprachquelle (jedoch nicht in bezug auf Designata) zu formulieren. Derartige Regeln würden uns über die Konstruktion der Sätze Aufschluß geben. Für uns als Beobachter wären die Sätze aber ‚bedeutungslos', sie würden uns lediglich als Ketten von Wörtern und Zwischenräumen erscheinen. (Die Tatsache, daß wir durch Vergleich mit uns bekannten Sprachgewohnheiten kluge Vermutungen anzustellen vermögen, ist unwesentlich). Wir sind nicht in der Lage, aus diesen Sätzen irgendwelche logischen Schlüsse zu ziehen, die es uns dann beispielsweise ermöglichen, in bezug auf die entsprechenden Designata etwas zu unternehmen. Sie sagen uns nichts über die äußere Welt, woraus wir, als abgesonderte Beobachter, Folgerungen ziehen könnten"; vgl. auch Hörmann, H., Psychologie der Sprache, Berlin 1967, S. 55: „Die Bedeutung der übermittelten Nachricht ist für den Ingenieur irrelevant ... Der Informationsgehalt einer Mitteilung darf nicht verwechselt werden mit der Bedeutung dieser Mitteilung. Wird eine Münze hochgeworfen, so hat die Mitteilung, welche Lage sie nach dem Fall hat, einen ganz bestimmten Informationsgehalt (nämlich 1 bit), gleichgültig, ob diese Lage den Tod eines Menschen oder das Bezahlen einer Schnapsrunde bedeutet."

[8] Vgl. hierzu Carnap, R., Introduction to Semantics, Cambridge 1942, S. 9: „If we are analyzing a language, then we are concerned, of course, with expressions. But we need not necessarily also deal with speakers and designata. Although these factors are present whenever language is used, we may abstract from one or both of them in what we intend to say about the language in question. Accordingly, we distinguish three fields of investigation of languages. If in an investigation explicit reference is made to the speaker, or, to put it in more general terms, to the user of language, then we assign it to the field of pragmatics. (Whether in this case reference to designata is made or not makes no difference for this classification.) If we abstract from the user of the language and analyze only the expressions and their designata, we are in the field of semantics. And if, finally, we abstract from the designata also and analyze only the relations between the expressions, we are in (logical) syntax. The whole science of language, consisting of the three parts mentioned, is called semiotic." Vgl. auch Morris, Ch., Signs, Language and Behaviour, New York 1955, S. 219ff.

[9] Vgl. hierzu Schmetterer, Sprache ..., S. 167; Kambartel, F., Erfahrung und Struktur, Frankfurt a.M. 1968, S. 222–252; Habermas, J., Erkenntnis und Interesse, Frankfurt a.M. 1968, S. 234–244; Albert H., Traktat über kritische Vernunft, Tübingen 1968, S. 47–54.

[10] Mannheim, K., Ideologie und Utopie, Frankfurt a.M. 1952, S. 5; vgl. auch ebd.: „Strenggenommen ist es in der Tat ungenau, wenn man sagt, daß das einzelne Individuum denkt. Korrekter wäre der Hinweis, daß es bloß daran teilnimmt, das weiterzudenken, was andere Menschen vor ihm gedacht haben"; und Strauss, A., Spiegel und Masken, Frankfurt a.M. 1968,

S. 53: „Nicht immer gibt es eine Trennung zwischen öffentlichen und privaten Rechtfertigungen. Die Rechtfertigung, die ich mir selbst anbiete, ist nicht gänzlich einmalig, individualistisch, oder, ganz allgemein, antisozial. Da ich in sozialisierenden Umgebungen verstehen und urteilen lerne, und da ich die Bewertung meiner Rechtfertigung durch andere Personen in Betracht ziehen muß, weisen meine öffentlichen und privaten Eingeständnisse häufig keine Unterschiede auf."

[11] Gerhardt, U., Rollenhandeln und Sozialstruktur, Diss. Konstanz 1969, S. 206ff.

[12] Ralf Dahrendorf hat im Anschluß an Karl Marx den Versuch unternommen, Interessen nicht an Personen, sondern an Positionen festzumachen. Der Hauptzweck dieses Versuches liegt darin, strukturelle und personale Verhaltenskomponenten präziser zu unterscheiden, zugleich aber auch die möglichen Zusammenhänge zwischen Strukturbedingungen und Verhaltensorientierungen aufzuzeigen. So gesehen lassen sich Positionsinteressen auch als typische Orientierungen verstehen, die durch für Institutionen, Gruppen oder Organisationen typische Relevanzbereiche einerseits und durch deren explizit oder implizit verfolgten (politischen) Ziele andererseits bedingt sind. Vgl. Dahrendorf, R., Class and Class Conflict in Industrial Society, Stanford 1959, S. 173ff., und Dreitzel, H. P., Die gesellschaftlichen Leiden und das Leiden an der Gesellschaft, Stuttgart 1968, S. 241ff. Was die Richtung von Positionsinteressen betrifft, so scheint es sinnvoll, zwei Komponenten zu unterscheiden: (a) ein defensives Interesse an Erhaltung von Positionen bzw. Organisationen; (b) ein aggressives Interesse an Einflußmaximierung von Positionen bzw. Organisationen.

1.2. Kommunikation als interaktiver Vorgang

Herbert Blumer

Der methodologische Standort des Symbolischen Interaktionismus

Der Begriff des „symbolischen Interaktionismus" hat sich zur Kennzeichnung eines relativ klar abgegrenzten Ansatzes zur Erforschung des menschlichen Zusammenlebens und des menschlichen Verhaltens durchgesetzt.[1] Zahlreiche Wissenschaftler bedienten sich dieses Ansatzes bzw. trugen zu seiner geistigen Grundlegung bei; unter ihnen finden sich solch hervorragende Persönlichkeiten Amerikas wie George Herbert Mead, John Dewey, W. I. Thomas, Robert E. Park, William James, Charles Horton Cooley, Florian Znaniecki, James Mark Baldwin, Robert Redfield und Louis Wirth. Trotz bedeutsamer Unterschiede im Denken dieser Wissenschaftler ist eine große Ähnlichkeit in der allgemeinen Art und Weise, in der sie menschliches Zusammenleben betrachten und erforschen, festzustellen. Die Grundgedanken des symbolischen Interaktionismus sind aus diesem Fundus allgemeiner Gleichartigkeit heraus entwickelt. Bisher hat es jedoch noch keine eindeutige Formulierung der Position des symbolischen Interaktionismus gegeben; vor allem fehlt immer noch eine begründete programmatische Darstellung seines methodologischen Standortes. Das Ziel dieser Abhandlung ist die Entwicklung einer derartigen Darstellung. Im Wesentlichen beziehe ich mich dabei auf die Gedanken von George Herbert Mead, der, mehr als alle anderen, die Grundlagen des symbolisch-interaktionistischen Ansatzes gelegt hat; indem ich mich allerdings mit zahlreichen entscheidenden Fragen ausführlich auseinandersetzte, die im Denken von Mead und anderen nur implizit enthalten waren bzw. mit denen sie sich gar nicht beschäftigt hatten, war ich gezwungen, eine eigene Fassung auszuarbeiten. Aus diesem Grunde muss ich zum größten Teil die volle Verantwortung für die hier vorgelegten Ansichten und Analysen übernehmen. Dies trifft insbesondere auf meine Ausführungen zur Methodologie zu: Die Beiträge zu diesem Punkt stammen ausschließlich von mir. Im Folgenden will ich zunächst die Grundsätze des symbolischen Interaktionismus skizzieren; danach sollen die methodologischen Leitsätze bestimmt werden, wie sie für jede empirische Wissenschaft Geltung beanspruchen, und schließlich werde ich mich besonders mit der methodologischen Position des symbolischen Interaktionismus auseinandersetzen.

Zuerst veröffentlicht in: Alltagswissen, Interaktion und gesellschaftliche Wirklichkeit. Band 1: Symbolischer Interaktionismus und Ethnomethodologie. Herausgegeben, verfasst und übersetzt von einer Arbeitsgruppe Bielefelder Soziologen. Reinbek: Rowohlt 1973, S. 80–101, 144.

Die Grundsätze des symbolischen Interaktionismus

Der symbolische Interaktionismus beruht letztlich auf drei einfachen Prämissen. Die erste Prämisse besagt, dass Menschen „Dingen" gegenüber auf der Grundlage der Bedeutungen handeln, die diese Dinge für sie besitzen. Unter „Dingen" wird hier alles gefasst, was der Mensch in seiner Welt wahrzunehmen vermag, physische Gegenstände wie Bäume oder Stühle; andere Menschen wie eine Mutter oder einen Verkäufer; Kategorien von Menschen wie Freunde oder Feinde; Institutionen wie eine Schule oder eine Regierung; Leitideale wie individuelle Unabhängigkeit oder Ehrlichkeit; Handlungen anderer Personen wie ihre Befehle oder Wünsche; und solche Situationen, wie sie dem Individuum in seinem täglichen Leben begegnen. Die zweite Prämisse besagt, dass die Bedeutung solcher Dinge aus der sozialen Interaktion, die man mit seinen Mitmenschen eingeht, abgeleitet ist oder aus ihr entsteht. Die dritte Prämisse besagt, dass diese Bedeutungen in einem interpretativen Prozess, den die Person in ihrer Auseinandersetzung mit den ihr begegnenden Dingen benutzt, gehandhabt und abgeändert werden. Mit jeder dieser drei grundlegenden Prämissen möchte ich mich kurz auseinandersetzen.

Es könnte scheinen, dass nur wenige Wissenschaftler etwas an der ersten Prämisse auszusetzen haben – dass Menschen anderen Dingen gegenüber auf der Grundlage der Bedeutungen handeln, die diese Dinge für sie haben. Seltsamerweise jedoch wird dieser einfache Gesichtspunkt nahezu in dem gesamten Denken und der Arbeit der zeitgenössischen Sozialwissenschaften und der Psychologie unbeachtet gelassen oder in seiner Bedeutung heruntergespielt. Die Bedeutung wird entweder als gegeben hingenommen und somit als unbedeutend beiseite geschoben, oder man betrachtet sie als ein rein neutrales Verbindungsglied zwischen den das menschliche Verhalten bestimmenden Faktoren einerseits und diesem Verhalten – als dem Produkt eben dieser Faktoren – andererseits. Dies können wir deutlich in der vorherrschenden Richtung der gegenwärtigen Psychologie und der Sozialwissenschaften feststellen. Beiden Bereichen gemeinsam ist die Tendenz, menschliches Verhalten als das Produkt verschiedener Faktoren zu betrachten, die willkürlich auf die Menschen einwirken; das Interesse gilt dem Verhalten und den Faktoren, die man als verursachend ansieht. Daher wenden sich Psychologen solchen Faktoren wie Stimuli, Einstellungen, bewussten oder unbewussten Motiven, verschiedenen Arten psychologischen Inputs, Wahrnehmung und Erkennen und verschiedenen Merkmalen personaler Organisation zu, um gegebenen Formen oder Ausprägungen menschlichen Handelns Rechnung zu tragen. Ähnlich stützen sich Soziologen auf solche Faktoren wie soziale Position, Statusanforderungen, soziale Rollen, kulturelle Vorschriften, Normen und Werte, soziale Zwänge und den Anschluss an soziale Gruppen, um derartige Erklärungen bereitzustellen. Sowohl in solch typisch psychologischen wie soziologischen Erklärungen werden die *Bedeutungen,* die diese Dinge für die Menschen in ihrem Handlungsprozess haben, entweder umgangen, oder sie werden von den Faktoren vereinnahmt, die man zur Erklärung ihres Verhaltens heranzieht. Postuliert man, dass die vorliegenden Verhaltensweisen das Ergebnis der besonderen Faktoren sind, als deren Produkt man sie betrachtet, so besteht keine Notwendigkeit, sich mit der *Bedeutung* der Dinge auseinanderzusetzen, auf die hin Menschen ihre Handlungen ausrichten; man braucht dann nur die auslösenden Faktoren und das daraus resultierende Verhalten zu bestimmen. Oder man kann, wird man dazu gedrängt, das Element „Bedeutung" dadurch unterzubringen suchen, dass man es in den auslösenden Faktoren verortet, oder dass man es als ein neutrales Bindeglied betrachtet, das zwischen den auslösenden Faktoren einerseits und dem durch diese angeblich produzierten Verhalten andererseits vermittelt. In der ersten der zuletzt genannten Möglichkeiten verschwindet die Bedeutung, indem sie mit den auslösenden oder ursächlichen Faktoren vermengt wird; im zweiten Fall wird die Bedeutung ein reines Element der Übermittlung, das man zugunsten der auslösenden Faktoren unberücksichtigt lassen kann.

Im Gegensatz dazu wird im symbolischen Interaktionismus den Bedeutungen, die die Dinge für die Menschen haben, ein eigenständiger zentraler Stellenwert zuerkannt. Das Nichtbeachten der Bedeutung der Dinge, auf die hin Personen handeln, wird als eine Verfälschung des untersuchten Verhaltens gewertet. Die Vernachlässigung der Bedeutung zugunsten der Faktoren, denen man die Hervorbringung des Verhaltens zuschreibt, wird als eine bedauerliche Geringschätzung der Rolle angesehen, die die Bedeutung beim Aufbau eben dieses Verhaltens einnimmt.

Die Prämisse, dass Menschen Dingen gegenüber auf der Grundlage der Bedeutung dieser Dinge handeln, ist in sich viel zu einfach, als dass sie den symbolischen Interaktionismus anderen Ansätzen gegenüber abzugrenzen vermöchte – es gibt mehrere andere Richtungen, die diese Prämisse mit ihm teilen. Eine wesentliche Trennungslinie zwischen ihnen und dem symbolischen Interaktionismus wird von der zweiten Prämisse gezogen, die sich auf den Ursprung der Bedeutung bezieht. Zwei wohl bekannte traditionelle Wege, die Herkunft der Bedeutung zu erklären, sind anzuführen. In dem einen Fall betrachtet man die Bedeutung als etwas, was dem Ding, das diese Bedeutung hat, zu eigen ist, als einen natürlichen Teil der objektiven Zusammensetzung des Dinges. So ist ein Stuhl eindeutig von sich aus ein Stuhl, eine Kuh eine Kuh, eine Wolke eine Wolke, eine Rebellion eine Rebellion und so weiter. Da die Bedeutung dem Ding, dem sie zugehört, innewohnt, braucht sie nur durch die Beobachtung dieses objektiven Dinges aus ihrer Zusammensetzung herausgelöst zu werden. Die Bedeutung geht sozusagen von dem Ding aus, und es gibt daher keinen Entwicklungsprozess, keinen Aufbau der Bedeutung; es ist einzig notwendig, die Bedeutung, die in dem Ding selbst steckt, zu erkennen. Es dürfte auf der Hand liegen, dass diese Betrachtungsweise die traditionelle Position des „Realismus" in der Philosophie wiedergibt – eine Position, die in den Sozialwissenschaften und in der Psychologie weit verbreitet ist und die sich hier tief verfestigt hat. Der andere wichtige traditionelle Ansatz betrachtet „Bedeutung" als einen psychisch bedingten Zusatz, den die Person, für die das Ding eine Bedeutung hat, an dieses heranträgt. Dieser psychische Zuwachs wird als Ausdruck grundlegender Elemente der Psyche, des Geistes oder der psychologischen Organisation des Einzelnen behandelt. Unter grundlegenden Elementen versteht man z.B. Empfindungen, Gefühle, Ideen, Erinnerungen, Motive und Einstellungen. Die Bedeutung eines Dinges ist nur der Ausdruck gegebener psychologischer Elemente, die in Verbindung mit der Wahrnehmung des Dinges ins Spiel gebracht werden; so versucht man, die Bedeutung eines Dinges zu erklären, indem man die besonderen psychologischen Elemente, die diese Bedeutung hervorbringen, isoliert. Man sieht dies in der ein wenig altehrwürdigen und klassischen psychologischen Vorgehensweise, die Bedeutung eines Gegenstandes zu analysieren, indem man die Empfindungen bestimmt, die in die Wahrnehmung dieses Objektes eingehen; oder in der gegenwärtig üblichen Vorgehensweise, die Bedeutung eines Gegenstandes, wie zum Beispiel der Prostitution, zu analysieren, indem man sie auf die Einstellung des Betrachters zurückführt. Diese Verortung der Bedeutung von Dingen in psychologischen Elementen begrenzt die Ausbildung von Bedeutungen auf solche Prozesse, die an der Stimulation und der Verbindung der gegebenen psychologischen Elemente, die diese Bedeutung hervorbringen, beteiligt sind. Derartige Prozesse sind psychologischer Art; sie schließen Wahrnehmungen, Erkennen, Unterdrückung, Übertragung von Gefühlen und Assoziation ein.

Der symbolische Interaktionismus geht davon aus, dass Bedeutungen einen anderen Ursprung haben, als dies von den beiden oben diskutierten vorherrschenden Ansätzen angenommen wird. Weder betrachtet er die Bedeutung als den Ausfluss der inneren Beschaffenheit des Dinges, das diese Bedeutung hat, noch ist für ihn die Bedeutung das Ergebnis einer Vereinigung psychologischer Elemente im Individuum. Vielmehr geht für ihn die Bedeutung aus dem Interaktionsprozess zwischen verschiedenen Personen hervor. Die Bedeutung eines Dinges für eine Person ergibt sich aus der Art und Weise, in der andere Personen ihr gegenüber in Bezug auf dieses Ding handeln. Ihre Handlungen dienen der Definition dieses Dinges für diese Person. Für den symbolischen Interaktionismus sind Bedeutungen daher soziale Produkte, sie sind Schöpfungen, die in den und durch die definierenden Aktivitäten miteinander interagierender Personen hervorgebracht werden. Diese Betrachtungsweise verleiht dem symbolischen Interaktionismus eine sehr charakteristische Position mit tief greifenden Implikationen, die es weiter unten zu diskutieren gilt.

Die dritte der oben angeführten Prämissen führt zu einer weiteren Abgrenzung des symbolischen Interaktionismus. Wenn die Bedeutung von Dingen aus den sozialen Interaktionen heraus aufgebaut wird und wenn sie vom Einzelnen aus dieser Interaktion abgeleitet wird, so ist es ein Fehler anzunehmen, dass der Gebrauch einer Bedeutung durch einen Einzelnen nur die reine Anwendung der so gewonnenen Bedeutung ist. Dieser Fehler beeinträchtigt ernsthaft die Arbeit vieler Wissenschaftler, die im Übrigen dem Ansatz des symbolischen Interaktionismus folgen. Sie übersehen, dass der Gebrauch von Bedeutungen durch einen Einzelnen in seinen Handlungen einen Interpretationsprozess beinhaltet. In dieser Beziehung gleichen sie den Anhängern der beiden oben besprochenen vorherrschenden Ansätze – jenen, die die Bedeutung in der objektiven Beschaffenheit des Dinges ansiedeln, wie auch jenen, die sie als Ausdruck psychologischer Elemente betrachten. Alle drei sind sich gleich in der Ansicht, dass der Gebrauch von Bedeutungen durch den Menschen in seiner Handlung nicht mehr ist als die Aktualisierung und Anwendung bereits bestehender Bedeutungen. Aus diesem Grunde erkennen alle drei nicht, dass der Gebrauch von Bedeutungen durch den Handelnden in einem *Interpretationsprozess* erfolgt. Dieser Prozess besteht aus zwei verschiedenen Schritten. Zunächst zeigt der Handelnde sich selbst die Gegenstände an[2], auf die er sein Handeln ausrichtet; er hat sich selbst auf die Dinge aufmerksam zu machen, die eine Bedeutung haben. Die Vornahme solchen „Anzeigens" ist ein internalisierter sozialer Prozess, in dem der Handelnde mit sich selbst interagiert. Diese Interaktion mit sich selbst ist etwas anderes als ein Zusammenspiel psychischer Elemente; es ist das Beispiel einer Person, die mit sich selbst in einen Kommunikationsprozess eintritt. Zweitens wird die Interpretation aufgrund dieses Kommunikationsprozesses des Einzelnen mit sich selbst eine Frage des Handhabens von Bedeutungen. In Abhängigkeit von der

Situation, in die er gestellt ist sowie der Ausrichtung seiner Handlung sucht der Handelnde die Bedeutungen aus, prüft sie, stellt sie zurück, ordnet sie neu und formt sie um. Demgemäß sollte die Interpretation nicht als eine rein automatische Anwendung bestehender Bedeutungen betrachtet werden, sondern als ein formender Prozess, in dessen Verlauf Bedeutungen als Mittel für die Steuerung und den Aufbau von Handlung gebraucht und abgeändert werden. Es ist notwendig zu sehen, dass die Bedeutungen aufgrund des Interaktionsprozesses des Einzelnen mit sich selbst einen wesentlichen Bestandteil der Handlung darstellen.

Es ist an diesem Punkt nicht meine Absicht, die Verdienste der drei Ansätze zu erörtern, die die Bedeutung entweder in dem Ding selbst, in der Psyche oder in der sozialen Handlung verorten, noch will ich die Begründung dafür weiter ausführen, dass Bedeutungen von dem Handelnden im Verlauf seines Handlungsaufbaus flexibel gehandhabt werden. Stattdessen möchte ich lediglich bemerken, dass der symbolische Interaktionismus, weil er auf diesen drei Prämissen beruht, notwendigerweise dazu gezwungen ist, ein analytisches Schema von der menschlichen Gesellschaft und dem menschlichen Verhalten zu entwickeln, das für ihn charakteristisch ist. Dieses Schema beabsichtige ich jetzt in seinen Grundzügen darzustellen.

Der symbolische Interaktionismus beruht auf einer Anzahl von Grundideen oder „Kernvorstellungen", wie ich sie nennen möchte. Diese Kernvorstellungen beziehen sich auf die Beschaffenheit der folgenden Tatbestände und beschreiben sie: menschliche Gruppen oder Gesellschaften, soziale Interaktion, Objekte, den Menschen als Handelnden, menschliche Handlung und die wechselseitige Beziehung von Handlungslinien. Fasst man sie zusammen, so repräsentieren diese Kernvorstellungen die Art, in der der symbolische Interaktionismus menschliche Gesellschaft und menschliches Verhalten betrachtet. Sie setzen den Rahmen für Forschung und Analyse fest. Lassen Sie mich jede dieser Kernvorstellungen kurz beschreiben.

1. Die Beschaffenheit der menschlichen Gesellschaft oder des menschlichen Zusammenlebens

Man geht davon aus, dass menschliche Gruppen aus handelnden Personen bestehen. Dieses Handeln besteht aus den zahlreichen Aktivitäten, die die Individuen in ihrem Leben ausüben, wenn sie mit anderen Individuen zusammentreffen, und wenn sie sich mit der Abfolge der Situationen, die ihnen entgegentreten, auseinandersetzen. Sie können allein handeln, sie können gemeinsam handeln, und sie können zugunsten oder als Repräsentanten irgendeiner Organisation oder Gruppe anderer Individuen handeln. Die Aktivitäten sind den handelnden Individuen zuzurechnen und werden von ihnen immer unter Berücksichtigung der Situationen, in denen sie handeln müssen, ausgeführt. Die Tragweite dieser einfachen und im Wesentlichen redundanten Charakterisierung liegt darin, dass menschliche Gruppen und Gesellschaften im Grunde nur *in der Handlung bestehen* und in Handlungskategorien erfasst werden müssen. Dieses Bild menschlicher Gesellschaft als Handlung muss der Ausgangspunkt (und das Ziel) jedes Entwurfes sein, der es sich zur Aufgabe macht, sich mit menschlicher Gesellschaft auseinanderzusetzen und sie zu analysieren. Konzeptuelle Entwürfe, die Gesellschaft in einer anderen Weise beschreiben, können nur Ableitungen von der Gesamtheit fortlaufender Aktivitäten sein, die das Gruppenleben ausmacht. Dies trifft auf die beiden in der gegenwärtigen Soziologie vorherrschenden Auffassungen von Gesellschaft zu – auf das Konzept von Kultur und auf das von sozialer Struktur. Gleichgültig, ob man Kultur als Konzept nun als Brauch, Tradition, Norm, Wert, Regel oder Ähnliches definiert, sie ist eindeutig abgeleitet von dem, was die Menschen tun. Ähnlich bezieht sich soziale Struktur in jedem ihrer Aspekte, wie sie durch solche Begriffe wie soziale Position, Status, Rolle, Autorität und Ansehen wiedergegeben werden, auf Beziehungen, die aus der Art der Interaktion zwischen verschiedenen Personen abgeleitet sind. Das Leben einer jeden menschlichen Gesellschaft besteht notwendigerweise in einem fortlaufenden Prozess des Aufeinander-Abstimmens der Aktivitäten ihrer Mitglieder. Es ist diese Gesamtheit einer ständigen Aktivität, die Struktur oder Organisation begründet oder kennzeichnet. Ein Grundprinzip des symbolischen Interaktionismus lautet, dass jeglicher empirisch orientierte Entwurf einer menschlichen Gesellschaft, wie er auch immer abgeleitet wurde, vom Beginn bis zum Ende die Tatsache berücksichtigen muss, dass menschliche Gesellschaft aus Personen besteht, die sich an Handlungen beteiligen. Um empirisch gültig zu sein, muß der Entwurf mit der Beschaffenheit sozialer Handlungen übereinstimmen.

2. Die Beschaffenheit sozialer Interaktion

Das Zusammenleben in Gruppen setzt notwendigerweise Interaktion zwischen den Gruppenmitgliedern voraus; oder, anders ausgedrückt: Eine Gesellschaft besteht aus Individuen, die miteinander interagieren. Die Aktivitäten der Mitglieder erfolgen vorwiegend in Reaktion oder in Bezug aufeinander. Obwohl dies in Definitionen der menschlichen Gesellschaft fast allgemein anerkannt ist, wird soziale Interaktion gewöhnlich als gegeben hingenommen, und man spricht ihr nur eine geringe oder aber überhaupt keine Bedeutung eigener Art zu. Dies wird in typisch soziologischen und psychologischen Entwürfen offensichtlich – sie behandeln die soziale Interaktion lediglich als ein Medium, das die Verhaltensdeterminanten durchlaufen, um dieses Verhalten hervorzubringen. So schreibt der typisch soziologische Entwurf das Verhalten solchen Faktoren wie Status-Position, kulturellen Vorschriften, Normen, Werten, Sanktionen, Rollenanforderungen und den Erfordernissen des sozialen Systems zu; man begnügt sich mit einer Erklärung im Rahmen dieser Faktoren, ohne der sozialen Interaktion, die Voraussetzung für deren Wirkungsmöglichkeit ist, Aufmerksamkeit zuzuwenden. Ähnlich benutzt man im typisch psychologischen Entwurf solche Faktoren wie Motive, Einstellungen, verborgene Komplexe, Elemente psychologischer Organisation und psychologische Prozesse, um Verhalten zu erklären, ohne dass die Notwendigkeit bestünde, die soziale Interaktion zu berücksichtigen. Man springt von derartigen kausalen Faktoren zu dem Verhalten, dessen Verursachung man ersteren zuschreibt. Die soziale Interaktion wird eine reine Durchgangsstufe, die soziologische oder psychologische Determinanten durchlaufen, um ganz bestimmte Formen menschlichen Verhaltens hervorzubringen. Ich darf hinzufügen, dass diese Vernachlässigung der sozialen Interaktion nicht dadurch korrigiert wird, dass man von einer Interaktion gesellschaftlicher Elemente spricht (z.B. wenn ein Soziologe von einer Interaktion sozialer Rollen oder einer Interaktion zwischen den Komponenten eines sozialen Systems spricht) oder von einer Interaktion psychologischer Elemente (z.B. wenn ein Psychologe von einer Interaktion zwischen den Einstellungen spricht, die von verschiedenen Personen gehalten werden). Soziale Interaktion ist eine Interaktion zwischen Handelnden und nicht zwischen Faktoren, die diesen unterstellt werden.

Der symbolische Interaktionismus leistet nicht nur ein förmliches Bekenntnis zur sozialen Interaktion. Er erkennt der sozialen Interaktion vielmehr eine zentrale Bedeutung eigener Art zu. Diese Bedeutung liegt in der Tatsache, dass die soziale Interaktion ein Prozess ist, der menschliches Verhalten *formt,* der also nicht nur ein Mittel oder einen Rahmen für die Äußerung oder die Freisetzung menschlichen Verhaltens darstellt. Einfach ausgedrückt, müssen Menschen, die miteinander interagieren, darauf achtgeben, was der jeweils andere tut oder tun will; sie sind gezwungen, im Rahmen der Dinge, denen sie Beachtung schenken, ihr Handeln auszurichten oder ihre Situationen zu handhaben. Auf diese Weise treten die Aktivitäten anderer als positive Faktoren in die Entwicklung ihres eigenen Verhaltens ein; angesichts der Handlungen anderer kann man eine Absicht oder ein Vorhaben fallenlassen, man kann sie abändern, prüfen oder aussetzen, verstärken oder durch andere ersetzen. Die Handlungen anderer können die eigenen Pläne bekräftigen, sie können ihnen entgegenstehen oder sie verhindern, sie können eine Abänderung solcher Pläne erforderlich machen, und sie können einen sehr unterschiedlichen Set solcher Pläne verlangen. Man hat seine eigene Handlungsabsicht in gewisser Hinsicht mit den Handlungen anderer in Einklang zu bringen. Die Handlungen anderer müssen in Rechnung gestellt werden und können nicht nur als ein Feld für die Äußerung dessen angesehen werden, was man bereit oder im Begriff ist zu tun.

George Herbert Mead schulden wir die gründlichste Analyse der sozialen Interaktion – eine Analyse, die mit der gerade gegebenen realistischen Darstellung übereinstimmt. Mead unterscheidet zwei Formen oder Ebenen sozialer Interaktion in der menschlichen Gesellschaft. Er bezeichnet sie als „die Konversation von Gesten" bzw. als „den Gebrauch signifikanter Symbole"; ich werde sie „nicht-symbolische Interaktion" und „symbolische Interaktion" nennen. Nicht-symbolische Interaktion findet statt, wenn man direkt auf die Handlung eines anderen antwortet, ohne diese zu interpretieren; symbolische Interaktion beeinhaltet dagegen die Interpretation der Handlung. Nicht-symbolische Interaktion ist am leichtesten in reflexartigen Reaktionen erkennbar, wie im Fall eines Boxers, der automatisch seinen Arm hochreißt, um einen Schlag zu parieren. Wenn der Boxer jedoch durch Nachdenken den bevorstehenden Schlag seines Gegners als eine Finte identifizieren würde, die ihn täuschen soll, so würde er eine symbolische Interaktion eingehen. In diesem Fall würde er versuchen, sich der Bedeutung des Schlags zu vergewissern – d.h. herauszubekommen, was der Schlag in Bezug auf den Plan seines Gegners zu erkennen gibt. In ihrem Zusammenleben gehen die Menschen häufig nicht-symbolische Interaktionen ein, wenn sie sofort und unreflektiert auf körperliche Bewegungen des anderen, seinen (Gesichts-)Ausdruck und seine Stimmlage reagieren, aber ihr charakteristischer Interaktionsmodus liegt auf der symbolischen Ebene, wenn sie die Bedeutung der Handlung des jeweils anderen zu verstehen suchen.

Meads Analyse der symbolischen Interaktion ist von höchster Bedeutung. Er sieht diese als eine Präsentation von Gesten und eine Reaktion auf die Bedeutung solcher Gesten. Eine Geste ist irgendein Teil oder Aspekt einer ablaufenden Handlung, die die umfassende Handlung, deren Teil sie ist, charakterisiert – z.B. das Schütteln einer Faust als Hinweis auf einen möglichen Angriff oder die Kriegserklärung durch eine Nation als Hinweis auf den Zustand und die Handlungsabsicht jener Nation. Solche Dinge wie Wünsche, Anordnungen, Befehle, Winke und Erklärungen sind Gesten, die der Person, die sie wahrnimmt, einen Hinweis auf die Absicht und den Verlauf einer bevorstehenden Handlung des Individuums vermitteln, das diese Gesten setzt. Der Reagierende organisiert seine Reaktion auf der Grundlage dessen, was die Gesten ihm bedeuten; die Person, die die Gesten setzt, bringt sie als Indikatoren oder Zeichen für das vor, was sie zu tun gedenkt, wie für das, was der Reagierende tun soll oder was sie ihm zu verstehen geben möchte. Die Geste hat also eine Bedeutung sowohl für die Person, die sie setzt, wie für die, an die sie gerichtet ist. Wenn die Geste für beide dieselbe Bedeutung hat, verstehen sich die beiden Beteiligten. Aus dieser kurzen Darstellung kann ersehen werden, dass sich die Bedeutung einer Geste an drei Linien entlang bewegt (Meads triadischer Charakter der Bedeutung): Sie zeigt an, was die Person, an die sie gerichtet ist, tun soll; sie zeigt an, was die Person, die sie setzt, zu tun beabsichtigt; und sie zeigt die gemeinsame Handlung an, die aus der Verbindung der Handlungen beider hervorgehen soll. Zur Erläuterung sei das folgende Beispiel gegeben: Der Befehl eines Räubers an sein Opfer, die Hände hochzunehmen, ist (a) ein Hinweis auf das, was das Opfer tun soll; (b) ein Hinweis auf das, was der Räuber zu tun beabsichtigt, nämlich das Opfer um sein Geld zu erleichtern; und (c) ein Hinweis auf die sich entwickelnde gemeinsame Handlung, in diesem Beispiel ein Überfall. Falls es Verwirrung oder ein Missverständnis an einer dieser drei Linien der Bedeutung gibt, ist die Kommunikation unwirksam, die Interaktion ist verhindert, und die Entwicklung einer gemeinsamen Handlung ist blockiert.

Ein weiteres Charakteristikum sollte hinzugefügt werden, um Meads Analyse der symbolischen Interaktion abzurunden: Die an einer solchen Interaktion Beteiligten müssen notwendigerweise die Rolle des jeweils anderen übernehmen. Um einem anderen anzuzeigen, was er zu tun hat, muss man das Anzeigen von dem Standpunkt jenes anderen vornehmen; um dem Opfer zu befehlen, die Hände hochzunehmen, muss der Räuber diese Antwort im Bezugsrahmen des Opfers sehen, das diese Reaktion vornimmt. Entsprechend hat das Opfer den Befehl vom Standpunkt des Räubers aus zu sehen, der den Befehl gibt; es muss die Absicht und die bevorstehende Handlung des Räubers erfassen. Solch gegenseitige Rollenübernahme ist das *sine qua non* von Kommunikation und wirksamer symbolischer Interaktion.

Die zentrale Stellung und die Bedeutung symbolischer Interaktion im menschlichen Zusammenleben und Verhalten sollte offensichtlich sein. Eine menschliche Gesellschaft oder Gruppe besteht aus dem Zusammenschluss von Personen. Solch ein Zusammenschluss besteht notwendigerweise in der Form, dass Personen ihre Handlungen aufeinander ausrichten und so soziale Interaktion eingehen. Solch eine Interaktion in der menschlichen Gesellschaft erfolgt charakteristischerweise und vorwiegend auf der symbolischen Ebene; wenn Individuen individuell oder kollektiv handeln oder wenn Vertreter beliebiger Organisationen sich treffen, sind sie notwendigerweise dazu gezwungen, die Handlungen des jeweils anderen zu berücksichtigen, wenn sie ihre eigene Handlung ausbilden. Sie tun dies durch einen zweifachen Prozess, indem sie anderen anzeigen, wie sie handeln sollen, und indem sie selbst die Anzeigen interpretieren, die von anderen gegeben wurden. Menschliches Zusammenleben ist ein unermesslicher Prozess, in dessen Ablauf anderen in derartigen Definitionen gesagt wird, was sie tun sollen und in dem deren Definitionen wiederum interpretiert werden; durch diesen Prozess gelingt es den Menschen, ihre Aktivitäten aufeinander abzustimmen und ihr eigenes individuelles Verhalten zu formen. Sowohl die gemeinsame Aktivität wie das individuelle Verhalten werden *in* und *durch* diesen fortlaufenden Prozess geformt; sie sind nicht nur Ausdruck oder Ergebnis dessen, was die Menschen in ihre Interaktion einbringen, oder von Bedingungen, die ihrer Interaktion vorausgehen. Das Versäumnis, diesem wesentlichen Punkt gerecht zu werden, begründet die grundsätzliche Unzulänglichkeit von Entwürfen, die menschliche Gesellschaft im Bezugsrahmen sozialer Organisation oder psychologischer Faktoren oder einer beliebigen Kombination zwischen beiden zu erklären suchen. Aufgrund der symbolischen Interaktion ist das menschliche Zusammenleben notwendigerweise ein formender Prozess und nicht reines Wirkungsfeld bereits existierender Faktoren.

3. Die Beschaffenheit von Objekten

Der symbolische Interaktionismus vertritt den Standpunkt, dass die „Welten", die für die Menschen und ihre Gruppen existieren, aus „Objekten" zusammengesetzt sind und dass diese Objekte das Produkt symbolischer Interaktion sind. Zu den Objekten ist alles zu zählen, was angezeigt werden kann, alles, auf das man hinweisen oder auf das man sich beziehen kann – eine Wolke, ein Buch, eine gesetzgebende Versammlung, ein Bankier, eine religiöse Lehrmeinung, ein Geist und so weiter. Der Einfachheit halber kann man Objekte in drei Kategorien einordnen: (a) physikalische Objekte wie Stühle, Bäume oder Fahrräder; (b) soziale Objekte wie Studenten, Priester, ein Präsident, eine Mutter oder ein Freund; und (c) abstrakte Objekte, wie moralische Prinzipien, philosophische Lehrmeinungen, oder Ideen wie Gerechtigkeit, Ausbeutung oder Mitleid. Ich wiederhole, dass ein Objekt jedes beliebige Ding sein kann, das man anzeigen oder auf das man sich beziehen kann. Die Beschaffenheit eines Objektes – und zwar eines jeden beliebigen Objektes – besteht aus der Bedeutung, die es für die Person hat, für die es ein Objekt darstellt. Diese Bedeutung bestimmt die Art, in der sie das Objekt sieht; die Art, in der sie bereit ist, in Bezug auf dieses Objekt zu handeln; und die Art, in der sie bereit ist, über es zu sprechen. Ein Objekt kann eine unterschiedliche Bedeutung für verschiedene Individuen haben: Ein Baum wird ein jeweils unterschiedliches Objekt darstellen für einen Botaniker, einen Holzfäller, einen Dichter und einen Hobby-Gärtner; der Präsident der Vereinigten Staaten kann ein sehr unterschiedliches Objekt sein für ein treues Mitglied seiner politischen Partei und für ein Mitglied der Opposition; die Mitglieder einer ethnischen Gruppe können von den Mitgliedern anderer Gruppen als eine von ihnen verschiedene Art von Objekten angesehen werden. Die Bedeutung von Objekten für eine Person entsteht im Wesentlichen aus der Art und Weise, in der diese ihr gegenüber von anderen Personen, mit denen sie interagiert, definiert worden sind. So lernen wir allmählich durch das Anzeigen von anderen, dass ein Sessel ein Sessel ist, dass Ärzte eine bestimmte Art von Fachleuten sind, dass die Verfassung der Vereinigten Staaten eine bestimmte Art eines Aktenstückes ist, und so weiter. Aus einem Prozess gegenseitigen Anzeigens gehen gemeinsame Objekte hervor – Objekte, die dieselbe Bedeutung für eine gegebene Gruppe von Personen haben und die in derselben Art und Weise von ihnen gesehen werden.

Verschiedene bemerkenswerte Folgerungen ergeben sich aus der vorangegangenen Diskussion von Objekten. Zunächst gibt sie uns eine neue Vorstellung von der Umwelt oder dem Milieu der Menschen. Von deren Standpunkt aus gesehen, besteht die Umwelt nur aus den Objekten, die die jeweiligen Menschen wahrnehmen und die sie kennen. Der Charakter dieser Umwelt wird durch die Bedeutung bestimmt, die die Objekte, die diese Umwelt ausmachen, für jene Menschen haben. Individuen wie auch Gruppen, die denselben räumlichen Standort einnehmen oder in ihm leben, können dementsprechend sehr unterschiedliche Umwelten „besitzen" wie man zu sagen pflegt, können Menschen Seite an Seite und doch in unterschiedlichen Welten leben. Tatsächlich trifft der Begriff „Welt" eher zu als der der „Umwelt", um die Einbettung, die Umgebung und die Verflechtung der Dinge zu bezeichnen, die den Menschen entgegentreten. Es ist die Welt ihrer Objekte, mit der die Menschen sich auseinandersetzen müssen und auf die hin sie ihre Handlungen entwickeln. Es folgt daraus, dass, will man das Handeln von Menschen verstehen, man notwendigerweise ihre Welt von Objekten bestimmen muss – dies ist ein wichtiger Punkt, der später noch weiter ausgearbeitet werden wird.

Zweitens müssen Objekte (in Bezug auf ihre Bedeutung) als soziale Schöpfungen betrachtet werden – als in einem Definitions- und Interpretationsprozess, wie er in der Interaktion zwischen Menschen abläuft, geformt und aus ihm hervorgehend. Die Bedeutung von allem und jedem muss in einem Prozess des Anzeigens geformt, erlernt und vermittelt werden – in einem Prozess, der zwangsläufig ein sozialer Prozess ist. Das menschliche Zusammenleben auf der Ebene der symbolischen Interaktion ist ein unermesslicher Prozess, in dem die Menschen die Objekte ihrer Welt bilden, stützen und abändern, indem sie Objekten Bedeutung zuschreiben. Objekte haben keinen festgelegten Status, es sei denn, ihre Bedeutung wird durch Anzeigen und Definitionen, die die Menschen von diesen Objekten vornehmen, aufrechterhalten. Nichts ist offensichtlicher, als dass Objekte in allen Kategorien einen Bedeutungswandel durchlaufen können. Ein Stern am Himmel ist ein sehr unterschiedliches Objekt für einen modernen Astrophysiker und für einen Schäfer der biblischen Zeit; Heirat war ein sehr unterschiedliches Objekt für die späten und die frühen Römer; der Präsident einer Nation, dem es in kritischen Zeiten nicht gelingt, erfolgreich zu handeln, mag für die Bürger seines Landes ein im Vergleich zu früher sehr unterschiedliches Objekt werden. Vom Standpunkt des symbolischen Interaktionismus aus ist, kurz gesagt, das menschliche Zusammenleben ein Prozess, in dem Objekte geschaffen, bestätigt, umgeformt und verworfen werden. Das Leben und das Handeln von Menschen wandeln sich notwendigerweise in Übereinstimmung mit den Wandlungen, die in ihrer Objektwelt vor sich gehen.

4. Der Mensch als ein handelnder Organismus

Der symbolische Interaktionismus erkennt an, dass die Menschen von einer Beschaffenheit sein müssen, die dem Charakter der sozialen Interaktion entspricht. Der Mensch wird als ein Organismus betrachtet, der nicht nur auf andere auf der nicht-symbolischen Ebene reagiert, sondern der anderen etwas anzeigt und der deren Anzeigen interpretiert. Er kann dies, wie Mead eindringlich gezeigt hat, nur aufgrund der Tatsache tun, dass er ein „Selbst" besitzt. Mit diesem Ausdruck ist nichts Geheimnisvolles gemeint. Es bedeutet lediglich, dass ein Mensch Gegenstand seiner eigenen Handlung sein kann. So kann er sich z.B. als einen Mann betrachten, als jung an Jahren, als Student, als verschuldet, als jemanden, der versucht, Arzt zu werden, als aus einer unbekannten Familie kommend, und so weiter. In allen jenen Gelegenheiten ist er für sich selbst ein Objekt; und er handelt sich selbst gegenüber und leitet sein Handeln anderen gegenüber auf der Grundlage dessen, wie er sich selbst sieht. Diese Wahrnehmung der eigenen Person als ein Objekt stimmt mit der obigen Diskussion von Objekten überein. Wie die anderen Objekte, so entwickelt sich auch das „Selbst-Objekt" aus einem Prozess sozialer Interaktion, in dem andere Personen jemandem die eigene Person definieren. Mead hat den Weg, in dem dies geschieht, in seiner Diskussion der Rollenübernahme verfolgt. Er hat darauf hingewiesen, dass eine Person sich von außerhalb ihrer selbst betrachten muss, um für sich selbst zum Objekt zu werden. Man kann dies nur, indem man sich in die Position anderer hineinversetzt und von dieser Position aus sich selbst betrachtet oder in Bezug auf sich selbst handelt. Die Rollen, die die Person übernimmt, reichen von derjenigen eines bestimmten Individuums (das Stadium des Spielens) über diejenige einer bestimmten organisierten Gruppe (das Stadium des Zusammenspielens, v.a. im Wettkampf) zu derjenigen einer abstrakten Gemeinschaft (der „generalisierte Andere").[3] Indem sie solche Rollen übernimmt, ist die Person in einer Position, in der sie sich selbst ansprechen oder sich selbst zuwenden kann – wie in dem Fall eines jungen Mädchens, das, während es „Mutter spielt", zu sich selbst so spricht, wie seine Mutter es tun würde; oder wie in dem Fall eines jungen Priesters, der sich selbst durch die Augen des Priesteramtes sieht. Wir bilden uns unsere Objekte von uns selbst durch einen derartigen Prozess der Rollenübernahme. Es folgt daraus, dass wir uns selbst so sehen, wie andere uns sehen oder definieren – präziser ausgedrückt, wir sehen uns, indem wir eine der drei erwähnten Typen von Rollen anderer einnehmen. Es wird heute in der Literatur ziemlich allgemein anerkannt, dass man sich von sich selbst ein Objekt bildet nach der Art und Weise, in der andere uns uns selbst gegenüber definieren, so dass ich auf diesen Aspekt trotz seiner großen Bedeutung nicht weiter eingehen werde.

Es gibt einen noch wichtigeren Aspekt, der aus der Tatsache herrührt, dass der Mensch ein Selbst hat, nämlich, dass dieses ihn in die Lage versetzt, mit sich selbst zu interagieren. Diese Interaktion erfolgt nicht in der Form einer Interaktion zwischen zwei oder mehr Teilen eines psychologischen Systems, wie zwischen Bedürfnissen, zwischen Gefühlen, zwischen Ideen oder zwischen dem Es und dem Ich im Freudschen Schema. Die Interaktion ist vielmehr sozialer Art – sie ist eine Kommunikationsform, in der die Person sich selbst als eine Person anspricht und darauf antwortet. Wir können eindeutig solch eine Interaktion in uns selbst wahrnehmen, da jeder von uns feststellen kann, dass er auf sich selbst ärgerlich ist oder dass er sich selbst zu seinen Aufgaben antreiben muss oder dass er sich selbst daran erinnert, dieses oder jenes zu tun, oder dass er zu sich selbst spricht, wenn er einen Handlungsplan entwirft. Die Interaktion mit sich selbst besteht, wie solche Beispiele nahe legen, im Wesentlichen als ein Prozess, in dessen Verlauf man sich selbst etwas anzeigt. Dieser Prozess läuft während der wach verbrachten Zeit ständig ab, wenn man die eine oder andere Angelegenheit wahrnimmt und bedenkt oder wenn man beobachtet, wie dieses oder jenes geschieht. Tatsächlich ist es für den Menschen gleichbedeutend, einer Sache bewusst oder gewahr zu sein und sich diese Sache anzuzeigen – er identifiziert sie als eine bestimmte Art von Objekt und zieht ihre Bedeutung für seine Handlungsabsicht in Betracht. Das wach verbrachte

Leben besteht aus einem Ablauf solchen Anzeigens, das die Person sich selbst gegenüber vornimmt, das sie benutzt, um ihre Handlung auszurichten.

Wir haben jetzt eine Vorstellung vom Menschen als eines Organismus, der mit sich selbst durch einen sozialen Prozess interagiert, indem er sich selbst etwas anzeigt. Dies ist eine grundsätzlich andere Betrachtungsweise vom Menschen als diejenige, die die zeitgenössische Sozialwissenschaft und die Psychologie beherrscht. Die vorherrschende Sichtweise betrachtet den Menschen als einen komplexen Organismus, dessen Verhalten eine Reaktion auf Faktoren ist, die auf die Organisation des Organismus einwirken. Die Denkansätze in den Sozialwissenschaften und in der Psychologie gehen in Bezug auf jene Faktoren, die sie für wichtig erachten, enorm auseinander, wie sich in der umfangreichen Reihe von Stimuli, organischen Trieben, Bedürfnis-Dispositionen, bewussten Trieben, unbewussten Trieben, Gefühlen, Einstellungen, Ideen, kulturellen Vorschriften, Normen, Werten, Statusanforderungen, sozialen Rollen, Anschluss an Bezugsgruppen und institutionellen Zwängen zeigt. Die Denkansätze unterscheiden sich auch in Bezug darauf, wie sie die Organisation des Menschen betrachten: als eine Art biologischer Organisation, als eine Art psychologischer Organisation oder als eine Art „importierter" gesellschaftlicher Organisation, die von der sozialen Struktur der jeweiligen Gruppe übernommen wurde. Diese Schulen gleichen sich jedoch darin, dass sie den Menschen als einen reagierenden Organismus betrachten, dessen Verhalten das Produkt von Faktoren darstellt, die auf seinen Organismus einwirken, oder ein Ausdruck des Zusammenspiels von Teilen seiner Organisation ist. In dieser allgemein geteilten Ansicht ist der Mensch nur in dem Sinne „sozial", als er entweder ein Mitglied einer sozialen Gattung ist oder als er auf andere reagiert (soziale Stimuli) oder als er die Organisation seiner Gruppe in sich verkörpert.

Die Auffassung, die der symbolische Interaktionismus vom Menschen hat, ist hiervon grundsätzlich unterschieden. Der Mensch wird in einem sehr viel tiefer gehenden Sinne als sozial angesehen – in dem Sinne eines Organismus, der mit sich selbst soziale Interaktion eingeht, indem er sich selbst gegenüber Anzeigen vornimmt und auf solche Anzeigen reagiert. Aufgrund der Tatsache, dass der Mensch Interaktionen mit sich selbst eingeht, steht er in einer deutlich anders gearteten Beziehung zu seiner Umgebung, als es in der weit verbreiteten herkömmlichen Ansicht, die oben beschrieben wurde, vorausgesetzt wird. Anstatt nur ein Organismus zu sein, der auf das Spiel von Faktoren antwortet, die auf ihn einwirken oder durch ihn wirken, wird der Mensch als ein Organismus gesehen, der sich mit dem, was er wahrnimmt, auseinanderzusetzen hat. Er begegnet den Dingen, die er wahrnimmt, indem er einen Prozess des „Selbst-Anzeigens" eingeht, in dessen Verlauf er das Wahrgenommene zu einem Objekt macht, ihm eine Bedeutung gibt und diese Bedeutung als Grundlage für seine Handlungsausrichtung benutzt. Sein Verhalten ist in Bezug auf das, was er wahrnimmt, nicht eine Reaktion, die durch die Darstellung des Wahrgenommenen hervorgerufen wurde, es ist vielmehr eine Handlung, die aus der Interpretation hervorgeht, die in dem Prozess des Selbst-Anzeigens vorgenommen wurde. In diesem Sinne ist der Mensch, der eine Interaktion mit sich selbst eingeht, nicht ein rein reaktiver, sondern ein handelnder Organismus – ein Organismus, der auf der Grundlage dessen, was er in Betracht zieht, eine Handlungslinie ausformen muss, anstatt nur eine Reaktion auf das Einwirken einiger Faktoren auf seine Organisation freizusetzen.

5. Die Beschaffenheit menschlichen Handelns

Die Fähigkeit des Menschen, sich selbst etwas anzuzeigen, verleiht seinem Handeln einen spezifischen Charakter. Sie hat zur Folge, dass das menschliche Individuum einer Welt gegenübersteht, die es, will es handeln, interpretieren muss und nicht einer Umgebung, auf die es vermöge seiner Organisation reagiert. Es muss mit Situationen fertig werden, in denen es gezwungen ist zu handeln, indem es sich der Bedeutung der Handlungen anderer versichert und seinen eigenen Handlungsplan im Hinblick auf eine derartige Interpretation entwirft. Es muss seine Handlung aufbauen und steuern, anstatt sie nur in Reaktion auf Faktoren, die auf es einwirken oder durch es hindurch wirken, freizusetzen. Es kann den Aufbau seiner Handlung sehr schlecht durchführen, aber es muss ihn durchführen.

Diese Auffassung, dass der Mensch sein Handeln dadurch ausrichtet, dass er sich selbst etwas anzeigt, steht in scharfem Gegensatz zu der Auffassung vom menschlichen Handeln, die die gegenwärtige Psychologie und Sozialwissenschaft bestimmt. Diese vorherrschende Auffassung schreibt, wie schon erwähnt, menschliches Handeln auslösenden Faktoren oder einer Kombination derartiger Faktoren zu. Das Handeln wird auf solche Dinge wie Motive, Einstellungen, Bedürfnis-Dispositionen, unbewusste Komplexe, Stimulus-Anordnungen, Statusanforderungen, Rollenerfordernisse und Situationsanforderungen zurückgeführt. Das Aufzeigen der Verbindung des Handelns mit einer oder mehrerer solcher auslösender Ursachen wird als Erfüllung der wissenschaftlichen Aufgabe angesehen. Solch ein Ansatz ignoriert jedoch und hat keinen Platz für den Prozess der Selbst-Interaktion, durch den das Individuum seine Welt handhabt und seine Handlung ausbildet. Die Tür zu dem notwendigen Interpretationsprozess ist verschlossen, in dessen Verlauf das Individuum das, was ihm dargeboten wird, wahrnimmt und abschätzt, und in dessen Verlauf er einen Plan sichtbaren Verhaltens vor seiner Ausführung entwirft.

Im Wesentlichen besteht das Handeln eines Menschen darin, dass er verschiedene Dinge, die er wahrnimmt, in Betracht zieht und auf der Grundlage der Interpretation dieser Dinge eine Handlungslinie entwickelt. Die berücksichtigten Dinge erstrecken sich auf solche Sachen wie seine Wünsche und Bedürfnisse, seine Ziele, die verfügbaren Mittel zu ihrer Erreichung, die Handlungen und die antizipierten Handlungen anderer, sein Selbstbild und das wahrscheinliche Ergebnis einer bestimmten Handlungslinie. Sein Verhalten wird durch solch einen Prozess des Anzeigens und der Interpretation geformt und gesteuert. In diesem Prozess können gegebene Handlungslinien in Gang gesetzt oder gestoppt werden, sie können aufgegeben oder verschoben werden, sie können auf reine Planung oder auf das innerliche Leben einer Träumerei beschränkt werden, und sie können, falls sie schon ausgelöst sind, umgeformt werden. Es ist nicht meine Absicht, diesen Prozess zu analysieren; ich möchte lediglich auf sein Vorhandensein und sein Wirken in der Ausbildung menschlichen Handelns aufmerksam machen. Wir müssen erkennen, dass die Aktivität der Menschen darin besteht, dass sie einem ständigen Fluss von Situationen begegnen, in denen sie handeln müssen und dass ihr Handeln auf der Grundlage dessen aufgebaut ist, was sie wahrnehmen, wie sie das Wahrgenommene einschätzen und interpretieren und welche Art geplanter Handlungslinien sie entwerfen. Dieser Prozess wird nicht eingefangen, wenn man die Handlung irgendeiner Art von Faktoren zuschreibt (z.B. Motiven, Bedürfnis-Dispositionen, Rollenerfordernissen, sozialen Erwartungen oder sozialen Regeln), von denen man annimmt, dass sie die Handlung auslösen und zu ihrem Abschluss vorantreiben; solch ein Faktor oder irgendeine seiner Ausprägungen, ist ein Umstand, den der menschliche Handelnde beim Entwurf seiner Handlungslinie in Rechnung stellt. Der auslösende Faktor umfasst oder erklärt nicht die Art und Weise, in der er selbst und andere Dinge in der Situation, in der gehandelt werden muss, berücksichtigt werden. Man muss den Definitionsprozess des Handelnden erschließen, um sein Handeln zu verstehen.

Diese Sichtweise menschlichen Handelns lässt sich in gleicher Weise auf gemeinsames oder kollektives Handeln anwenden, an dem eine Mehrzahl von Individuen beteiligt ist. Gemeinsames oder kollektives Handeln, wie es sich zum Beispiel in dem Verhalten von Gruppen, Institutionen, Organisationen oder sozialen Schichten zeigt, begründet den Bereich soziologischen Interesses. Was man auch immer an Beispielen für gesellschaftliches Verhalten anführen mag, es besteht immer aus Individuen, die ihre Handlungslinien aneinander anpassen. Es ist sowohl angemessen als auch möglich, solch ein Verhalten in seinem gemeinsamen und kollektiven Charakter zu betrachten und zu studieren anstatt in seinen individuellen Komponenten. Solch gemeinsames Verhalten verliert nicht seinen Charakter, in einem Interpretationsprozess entstanden zu sein, wenn es auf Situationen trifft, in denen die Gesamtheit handeln muss. Mag die Gesamtheit eine Armee sein, die an einem Feldzug teilnimmt, eine Körperschaft, die ihre Unternehmungen ausweiten will, oder eine Nation, die eine ungünstige Handelsbilanz auszugleichen versucht: Sie alle müssen ihr Handeln durch eine Interpretation dessen, was in ihrem Tätigkeitsfeld geschieht, aufbauen. Der Interpretationsprozess läuft ab, indem die Teilnehmer sich gegenseitig etwas anzeigen und nicht nur jeder sich selbst etwas anzeigt. Gemeinsames oder kollektives Handeln ist ein Ergebnis eines solchen Prozesses interpretierender Interaktion.

6. Die Verkettung von Handlungen

Wie schon früher festgestellt wurde, besteht das menschliche Zusammenleben aus und in dem gegenseitigen Aufeinander-Abstimmen der Handlungslinien durch die Beteiligten. Solch eine Verbindung von Handlungslinien lässt „gemeinsames Handeln" entstehen und begründet es – es ist eine soziale Gestaltung der Ausübung unterschiedlicher Handlungen durch verschiedene Teilnehmer. Eine gemeinsame Handlung unterscheidet sich, obwohl sie aus verschiedenen Teilhandlungen, die in ihre Entstehung eingehen, aufgebaut ist, von jeder einzelnen von ihnen wie auch von ihrer reinen Zusammenfassung. Die gemeinsame Handlung hat einen spezifischen eigenständigen Charakter, einen Charakter, der in der Verbindung und Verknüpfung selbst begründet ist, unabhängig von dem, was nun verbunden oder verknüpft wird. Aus diesem Grunde kann die gemeinsame Handlung als solche bestimmt werden, man kann über sie sprechen und mit ihr umgehen, ohne dass sie in die einzelnen Handlungen, die sie ausmachen, zerlegt werden müsste. Genau so gehen wir vor, wenn wir von solchen Dingen wie Heirat, einem Handel, einem Krieg, einer parlamentarischen Diskussion oder einem Gottesdienst sprechen. Entsprechend können wir von einer Gesamtheit sprechen, die gemeinsames Handeln eingeht, ohne die individuellen Mitglieder jener Gesamtheit bestimmen zu müssen, wie wir es zum Beispiel tun, wenn wir von einer Familie, einer

Handelsgesellschaft, einer Kirche, einer Universität oder einer Nation sprechen. Es ist offensichtlich, dass der Bereich des Sozialwissenschaftlers genau durch das Studium gemeinsamen Handelns und der Gesamtheiten, die ein gemeinsames Handeln eingehen, bestimmt ist.

In der Beschäftigung mit Gesamtheiten und mit gemeinsamem Handeln kann man leicht in eine irrige Position gelockt werden, indem man nicht bedenkt, dass das verbundene Handeln der Gesamtheit eine Verkettung einzelner Handlungen der Teilnehmer ist. Diese Unterlassung bringt einen dazu, die Tatsache zu übersehen, dass eine gemeinsame Handlung immer einen Entwicklungsprozess durchlaufen muss; selbst wenn es eine dauerhaft bestehende und wiederkehrende Form sozialen Handelns ist, muss jede einzelne Wiederholung von Neuem gebildet werden. Des Weiteren erfolgt dieser Bildungsprozess, durch den sie entsteht, notwendigerweise durch den doppelten Vorgang des Benennens und der Interpretation, der oben diskutiert wurde. Die Teilnehmer müssen auch hier ihre jeweiligen Handlungen steuern, indem sie Bedeutungen ausbilden und benutzen.

Auf dem Hintergrund dieser Ausführungen möchte ich drei Anmerkungen über die Verkettung machen, die gemeinsames Handeln begründet. Als erstes möchte ich jene Fälle gemeinsamen Handelns betrachten, die wiederkehrend und stabil sind. Der überwiegende Teil sozialen Handelns in einer menschlichen Gesellschaft, besonders in einer in sich gefestigten Gesellschaft, besteht in der Form sich wiederholender Muster gemeinsamen Handelns. In den meisten Situationen, in denen Menschen in Bezug aufeinander handeln, haben sie im Voraus ein festes Verständnis, wie sie selbst handeln wollen und wie andere handeln werden. Sie haben gemeinsame und vorgefertigte Deutungen dessen, was von der Handlung des Teilnehmers erwartet wird, und dementsprechend ist jeder Teilnehmer in der Lage, sein eigenes Verhalten durch solche Deutungen zu steuern. Beispiele für wiederkehrendes und vorgefertigte Formen gemeinsamen Handelns sind so zahlreich und alltäglich, dass es leicht ist zu verstehen, warum Wissenschaftler sie als das Wesentliche oder die natürliche Form des menschlichen Zusammenlebens betrachtet haben. Solch eine Sichtweise wird besonders deutlich in den Konzepten von „Kultur" und „sozialer Ordnung", die in der sozialwissenschaftlichen Literatur so sehr dominieren. Die meisten soziologischen Entwürfe beruhen auf dem Glauben, dass eine menschliche Gesellschaft in der Form einer festen Lebensordnung besteht, wobei diese Ordnung in die Befolgung von Sets von Regeln, Normen, Werten und Sanktionen aufzulösen ist, die den Menschen genau vorschreiben, wie sie in den verschiedenen Situationen zu handeln haben.

Verschiedene Anmerkungen sind in Bezug auf diesen so einleuchtenden Entwurf hin zu machen. Zunächst einmal ist es einfach nicht richtig, dass die volle Breite des Lebens in einer menschlichen Gesellschaft, und zwar in jeder beliebigen Gesellschaft, nur ein Ausdruck vorgefertigter Formen gemeinsamen Handelns ist. Innerhalb des Bereichs menschlichen Zusammenlebens entstehen ständig neue Situationen, die problematisch sind und für die bestehende Regeln sich als unzureichend erweisen. Ich habe noch nie von einer Gesellschaft gehört, die frei von Problemen war, noch von einer Gesellschaft, deren Mitglieder nicht in Diskussionen eintreten mussten, um Handlungsmöglichkeiten auszuarbeiten. Derartige Bereiche nicht-vorgeschriebenen Verhaltens sind im menschlichen Zusammenleben ebenso natürlich, selbstverständlich und wiederkehrend wie solche Bereiche, die vorgefertigte und getreulich befolgte Vorschriften gemeinsamen Handelns umfassen. Zweitens haben wir zu bedenken, dass selbst im Fall vorgefertigten und wiederkehrenden gemeinsamen Handelns jede Wiederholung solch einer gemeinsamen Handlung von Neuem entwickelt werden muss. Die Teilnehmer müssen auch hier durch den zweifachen Prozess des Benennens und der Interpretation ihre Handlungslinien aufbauen und aufeinander abstimmen. Im Falle einer sich wiederholenden gemeinsamen Handlung tun sie dies natürlich, indem sie dieselben wiederkehrenden und konstanten Bedeutungen benutzen. Wenn wir dies anerkennen, so sind wir gezwungen, uns zu vergegenwärtigen, dass es das Spiel und das Schicksal der Bedeutungen sind, auf die es hier ankommt und nicht die gemeinsame Handlung in ihrer bestehenden Form. Wiederkehrendes und stabiles gemeinsames Handeln ist in einem ebensolchen Ausmaß das Ergebnis eines Interpretationsprozesses wie eine neue Form gemeinsamen Handelns, die zum ersten Mal entwickelt wird. Hier handelt es sich nicht um eine müßige oder pedantische Überlegung; die Bedeutungen, die gefestigtem und wiederkehrendem gemeinsamem Handeln zugrunde liegen, unterliegen ihrerseits selbst ebenso einem Druck wie einer Bestätigung, beginnender Unzufriedenheit ebenso wie Gleichgültigkeit; sie können bedroht wie auch bestärkt werden, man kann sie unbehelligt lassen oder sie mit neuer Wirksamkeit versehen. Hinter der Fassade des objektiv wahrgenommenen gemeinsamen Handelns führt der Set der Bedeutungen, der jenes gemeinsame Handeln stützt, ein Leben, das zu ignorieren die Sozialwissenschaftler sich schwerlich leisten können. Eine unbegründete Übernahme der Konzepte sozialer Normen, sozialer Werte und sozialer Regeln und ähnlichem sollte den Sozialwissenschaftler nicht gegenüber der Tatsache blind machen, dass jedem von ihnen ein sozialer Interaktionsprozess gegenübersteht – ein Prozess, der nicht nur für ihren Wandel, sondern ebenso sehr auch für ihre Erhaltung in einer gegebenen Form notwendig ist. Es ist der soziale Prozess des Zusammenlebens, der die Regeln schafft und aufrechterhält, und es sind nicht umgekehrt die Regeln, die das Zusammenleben schaffen und erhalten.

Die zweite Anmerkung zu der das gemeinsame Handeln begründenden Verkettung bezieht sich auf die ausgedehnte Verbindung von Handlungen, die einen so großen Teil menschlichen Zusammenlebens ausmacht. Wir sind mit diesen großen und komplexen Netzwerken von Handlungen vertraut, die eine Verkettung und Interdependenz verschiedener Handlungen von verschiedenen Personen beinhalten – wie sie zum Beispiel in der Arbeitsteilung gegeben ist, die sich vom Getreideanbau durch den Bauern bis letztlich zum Verkauf von Brot in einem Laden erstreckt oder in der sorgsam ausgearbeiteten Kette, die sich von der Festnahme eines Verdächtigen bis letztlich zu seiner Freilassung aus einem Gefängnis erstreckt. Diese Netzwerke mit ihrer geregelten Teilnahme verschiedener Personen mit verschiedenen Handlungen an verschiedenen Punkten liefert ein Bild von Institutionen, die richtigerweise ein wesentliches Interessengebiet von Soziologen gewesen sind. Sie geben auch der Idee, dass das menschliche Zusammenleben den Charakter eines Systems hat, Gehalt. Wenn man solch einen Komplex mannigfaltiger Aktivitäten sieht, die alle in einer geregelten Unternehmung zusammenhängen, und wenn man die sich ergänzende Organisation von Teilnehmern in gut aufeinander abgestimmten Beziehungen gegenseitiger Abhängigkeit sieht, fällt es leicht zu verstehen, warum so viele Wissenschaftler solche Netzwerke oder Institutionen als Wesen betrachten, die von sich aus handeln können, die ihrer eigenen Dynamik folgen, und die es nicht notwendig machen, dass man den Teilnehmern innerhalb des Netzwerkes Beachtung schenkt. Die meisten der soziologischen Analysen von Institutionen und sozialen Organisationen hängen dieser Auffassung an. Eine derartige Orientierung ist jedoch meines Erachtens ein schwer wiegender Fehler. Man sollte erkennen, was richtig ist, dass nämlich die mannigfaltig zusammengesetzte Gruppe von Teilnehmern, die in dem Netzwerk unterschiedliche Positionen innehaben, ihr Handeln in diesen Positionen auf der Grundlage der Benutzung gegebener Sets von Bedeutungen eingeht. Ein Netzwerk oder eine Institution funktioniert nicht automatisch aufgrund irgendeiner inneren Dynamik oder aufgrund von Systemerfordernissen; sie funktionieren, weil Personen in verschiedenen Positionen etwas tun – und zwar ist das, was sie tun, ein Ergebnis der Art und Weise, in der sie die Situation definieren, in der sie handeln müssen. Eine begrenzte Würdigung erfährt dieser Gesichtspunkt heute in einem Teil der Arbeiten über Probleme der Entscheidungstheorie, aber insgesamt wird dieser Aspekt grob vernachlässigt. Es ist notwendig zu erkennen, dass die Sets von Bedeutungen, die die Teilnehmer dazu bringen, in den von ihnen eingenommenen Positionen im Netzwerk so zu handeln, wie sie tatsächlich handeln, ihre eigene Einbettung in einem ganz bestimmten Prozess sozialer Interaktion haben – und dass diese Bedeutungen in einem sozialen Definitionsprozess in Abhängigkeit von der augenblicklichen Lage gebildet, aufrechterhalten, abgeschwächt, verstärkt oder umgeformt werden. Sowohl das Funktionieren wie die weitere Entwicklung von Institutionen werden durch diesen Interpretationsprozess bestimmt, wie er zwischen den verschiedenen Gruppen von Teilnehmern stattfindet.

Eine dritte wichtige Anmerkung ist zu machen, dass nämlich jeder Fall gemeinsamen Handelns, gleichgültig, ob es erst neu entwickelt war oder schon lange bestand, notwendigerweise aus dem Hintergrund früherer Handlungen der Teilnehmer hervorgeht. Eine neue Art gemeinsamen Handelns entsteht nie unabhängig von einem solchen Hintergrund. Die Teilnehmer, die in die Ausbildung der neuen gemeinsamen Handlung einbezogen sind, bringen zu jenem Prozess immer die Welt von Objekten, die Sets von Bedeutungen und die Interpretationsentwürfe mit, die sie schon besitzen. So geht die neue Form gemeinsamen Handelns immer aus dem Zusammenhang früherer gemeinsamer Handlungen hervor und ist mit diesen verbunden. Sie kann nicht unabhängig von diesem Zusammenhang verstanden werden; man hat diese Verkettung mit früheren Formen gemeinsamen Handelns zu berücksichtigen. Man bewegt sich auf trügerischer und empirisch ungültiger Grundlage, wenn man glaubt, dass jede beliebige Form gemeinsamen Handelns von ihrer historischen Verkettung abgeschnitten werden könnte, als ob ihre Beschaffenheit und ihre Eigenschaften durch Urzeugung aus der Luft entstanden und nicht aus dem hervorgegangen wären, was ihnen vorausging. Angesichts radikal unterschiedlicher und belastender Situationen können Menschen dazu gebracht werden, neue Formen gemeinsamen Handelns zu entwickeln, die sich deutlich von jenen unterscheiden, die sie früher eingegangen sind, aber selbst in solchen Fällen gibt es immer irgend eine Verbindung und Kontinuität mit dem, was sich früher ereignete. Man kann eine neue Verhaltensform nicht verstehen, ohne das Wissen um diese Kontinuität in die Analyse der neuen Form einzubringen. Gemeinsames Handeln stellt sozusagen nicht nur eine horizontale Verkettung der Aktivitäten der Teilnehmer dar, sondern auch eine vertikale Verkettung mit vorangegangenem gemeinsamem Handeln.

7. Zusammenfassende Bemerkungen

Die allgemeine Ausrichtung des symbolischen Interaktionismus sollte von unserer kurzen Darstellung seiner Kernvorstellungen her klar geworden sein. Dieser Ansatz betrachtet eine menschliche Gesellschaft als die Zusammenfassung von Personen, die am Leben teilnehmen. Solch ein Leben ist ein Prozess fortlaufender Aktivität, in dem die Teilnehmer in den mannigfachen Situationen, denen sie begegnen, Handlungslinien entwickeln. Sie sind in einem unermesslichen Interaktionsprozess eingefangen, in dem sie ihre sich entwickelnden Handlungen aneinander anpassen müssen. Dieser Interaktionsprozess besteht darin, dass sie den anderen anzeigen, was sie tun sollen, und indem sie selbst das von den anderen Angezeigte interpretieren. Sie leben in Welten von Objekten und werden in ihrer Orientierung und ihrem Handeln von der Bedeutung dieser Objekte gesteuert. Ihre Objekte, einschließlich der Objekte von sich selbst, werden in ihrer Interaktion miteinander gebildet, aufrechterhalten, abgeschwächt und umgeformt. Dieser allgemeine Prozess sollte natürlich in der differenzierten Art gesehen werden, den er notwendigerweise aufgrund der Tatsache hat, dass Menschen sich in verschiedenen Gruppen zusammenschließen, dass sie verschiedenen Vereinigungen angehören, und dass sie unterschiedliche Positionen einnehmen. Sie wenden sich daher in unterschiedlicher Weise einander zu, sie leben in verschiedenen Welten, und sie steuern sich selbst mit Hilfe unterschiedlicher Sets von Bedeutungen. Dennoch muss man, ob man sich nun mit einer Familie beschäftigt, einer Bande von Jungen, einem Industriebetrieb oder einer politischen Partei, erkennen, dass die Aktivitäten einer Gesamtheit durch einen Prozess des Benennens und der Interpretation gebildet werden.

ANMERKUNGEN

[1] Der Begriff „symbolischer Interaktionismus" ist eine in gewisser Weise barbarische Wortschöpfung, die ich so nebenbei in einem Artikel vornahm, den ich für „Man and Society" (Emerson P. Schmidt, ed., New York: Prentice-Hall 1937) schrieb. Die Bezeichnung des Begriffs fand irgendwie Anklang und wird jetzt allgemein verwandt.

[2] Anmerkung der Herausgeber: Mit den Begriffen „anzeigen", „Anzeigen" und „Selbst-Anzeigen" – „indicate", „indication" und „self-indication" – beschreibt Blumer den Prozess, in dessen Verlauf der Handelnde Gegenstände aus ihrer Einbettung herauslöst und sich selbst auf sie aufmerksam macht. Dieses „Anzeigen" ist in seiner Struktur mit dem Prozess verwandt, in dem man andere Individuen auf Gegenstände der Welt hinweist.

[3] Anmerkung der Herausgeber: Die Stadien sind: „play stage", „game stage" und „generalized other".

Roland Burkart/Alfred Lang

Die Theorie des kommunikativen Handelns von Jürgen Habermas – Eine kommentierte Textcollage

Im Mittelpunkt der Kommunikationstheorie von Jürgen Habermas steht das Bemühen, den Verständigungsprozess von seinen humanspezifischen Grundbedingungen her zu durchleuchten. Sein zentrales Analyseobjekt ist die menschliche Sprache – genauer: die zum Zweck der Kommunikation *verwendete* Sprache, also die sprachlichen Handlungen („Sprechakte") bzw. das Gespräch. Eine derartige Analyse sprachlicher Kommunikation soll die Leistungen erklären, die kompetente Sprecher erbringen, wenn sie sich der Sprache bedienen (wenn sie Sätze in Äußerungen transformieren). Sprache ist für Habermas das humanspezifische Medium der Verständigung schlechthin, er geht davon aus, dass auch die Bedeutung nichtsprachlicher Ausdrucksformen (Gestik, Mimik etc.) stets sprachlicher Natur ist und dass damit alle Formen nonverbaler Kommunikation ihrerseits wieder auf Sprache verweisen.

Die Theorie des kommunikativen Handelns versteht sich als eine Kommunikationstheorie „von innen", weil sie versucht, die universalen Verständigungsbedingungen aus der Perspektive der Teilnehmer an Verständigungsprozessen zu rekonstruieren. Wir alle, so behauptet Habermas, besitzen nämlich ein intuitives, vortheoretisches Wissen darüber, was Verständigung ihrem eigentlichen Sinn nach sein soll und wie wir sie herstellen können. Den Versuch, dies theoretisch zu fundieren, unternimmt Habermas, indem er die Struktur gesprochener Sprache („sprachlicher Handlungen") entschlüsselt. Zu diesem Zweck entwickelt er seine „Theorie der kommunikativen Kompetenz" (auch: „Universalpragmatik"). Diese Theorie behauptet, dass jeder Sprecher, der in einen Verständigungsprozess eintreten will, folgende universale Ansprüche erfüllen muss: den Anspruch der „Verständlichkeit" (er weiß, dass er sich dem grammatikalischen Regelsystem seiner Sprache entsprechend ausdrücken muss, wenn ihn sein Gegenüber verstehen soll), den Anspruch der „Wahrheit" (er weiß, dass er über etwas sprechen muss, das auch von seinem Kommunikationspartner als existent begriffen werden kann), den Anspruch der „Wahrhaftigkeit" (er weiß, dass er seine tatsächlichen Absichten zum Ausdruck bringen soll, um sein Gegenüber nicht zu täuschen) und den Anspruch der „Richtigkeit" (er weiß, dass er eine Äußerung wählen muss, die vor dem Hintergrund beiderseits anerkannter Werte und Normen akzeptabel erscheint). Wird aber die Geltung auch nur eines dieser Ansprüche angezweifelt, dann kann – so Habermas – Verständigung nicht mehr zustande kommen. In solchen Fällen muss die Alltagskommunikation unterbrochen und eine andere Ebene der Kommunikation betreten werden: der Diskurs. In ihm wird versucht, ein in der Alltagskommunikation (naiv) vorausgesetztes, nun aber problematisch gewordenes Einverständnis durch Begrün-

---

Originalbeitrag. Längere Habermas-Zitate sind durch Einrückung kenntlich gemacht.

dung (d.h. durch das Anführen überzeugender Argumente) wiederherzustellen. Erst dann kann der unterbrochene Verständigungsprozess wieder fortgesetzt werden.

Um zu garantieren, dass sich in diesen Diskursen nur das „bessere", weil einleuchtendere Argument durchsetzen kann, müssen alle Teilnehmer frei von jeglichem Zwang sein. Habermas spricht in diesem Zusammenhang von der „idealen Sprechsituation", die sicherstellen soll, dass ein dort erzielter Konsens ein „wahrer" Konsens ist, also allein kraft besserer Argumente und nicht durch Zwang oder Täuschung zustande gekommen ist. Dies ist vor allem dann der Fall, wenn für alle Diskursteilnehmer eine symmetrische Verteilung der Chancen besteht, Sprechakte zu wählen und auszuführen. Diese Kommunikationsvoraussetzungen werden oftmals nicht erfüllt, ihre Existenz müssen wir allerdings unterstellen, wenn wir versuchen, einen Diskurs zu führen, der problematisierte Geltungsansprüche mit überzeugenden Argumenten einlösen oder zurückweisen soll.

Das Verständigungskonzept der Theorie des kommunikativen Handelns wird zu einem zentralen Bestandteil der Habermas'schen Gesellschaftstheorie. Dies wird einsichtig, wenn man bedenkt, dass Verständigungsprozesse ja nicht als Selbstzweck zu begreifen sind, gleichsam um der Verständigung willen stattfinden. Man kann Verständigung vielmehr als Mittel zum Zweck der Realisierung von Interessen begreifen. Allerdings haben – so Habermas – die an einem solchen Verständigungsprozess Beteiligten nicht primär die bedingungslose Durchsetzung ihrer eigenen Interessen im Auge, sondern sie zielen darauf ab, ihre Interessen mit den Interessen der anderen Teilnehmer in Einklang zu bringen. Ziel eines so verstandenen kommunikativen Handelns ist also das aufeinander Abstimmen der jeweils individuellen Handlungsabsichten, die „Handlungskoordinierung". Das allgemeine Ziel jeglicher Kommunikation besteht somit – auf den Punkt gebracht – in der Organisation des Miteinander-Lebens, im Aushandeln von Lebensverhältnissen und genau zu diesem Zweck müssen Verständigungsprozesse ablaufen, in denen verschiedene partikulare Interessen gleichermaßen berücksichtigt werden. Ein Ziel, das die Prinzipien demokratisch organisierter Gesellschaften als kommunikative Prinzipien ausweist.

Allerdings behauptet Habermas in seiner Gesellschaftstheorie – der „Theorie der Moderne" – auch, dass diese Prinzipien als normative Prinzipien zwar vorhanden sind, aber mehr und mehr bedroht werden. Er spricht von einer „Kolonialisierung der Lebenswelt" und meint damit die Unterdrückung des Mechanismus der gegenseitigen Verständigung durch einen zweckrationalen, nur am eigenen Erfolg orientierten Umgang der Subjekte untereinander. Das aber hat pathologische Entwicklungen zur Folge, da sich die lebensweltlichen Kernbereiche (die Erzeugung und Tradierung kulturellen Wissens, gesellschaftliche Solidarität und kindliche Sozialisation) nur verständigungsorientiert reproduzieren lassen.

Keine aktuelle Gesellschaftstheorie kann über die Existenz der Massenmedien hinwegsehen. Aus der Perspektive der Publizistik- und Kommunikationswissenschaft ist es daher von Interesse, ob sich die Theorie des kommunikativen Handelns auch für die Analyse des Massenkommunikationsprozesses heranziehen lässt. In diesem Zusammenhang gerät vor allem der Öffentlichkeitsbegriff in den Blick, denn die Medien sind in den modernen (demokratisch organisierten) Industriegesellschaften eben jene Instanzen, die den Raum bereitstellen, in dem Öffentlichkeit überhaupt erst entstehen kann.

Im Prozess des Aushandelns von Lebensverhältnissen spielt die Öffentlichkeit eine entscheidende Rolle. Sie ist gleichsam der gesellschaftliche Ort, an dem sich alle relevanten Positionen und Interessen artikulieren können müssen. „Öffentlichkeit" besteht damit immer aus einer Vielzahl von Teil-Öffentlichkeiten, wobei nicht zuletzt die Chance einer massenmedial unterstützten Artikulation der Absichten und Meinungen über den Grad tatsächlicher Mitwirkungsmöglichkeiten entscheidet. In diesem Artikulationsanspruch besteht daher auch eine der elementarsten Forderungen an die Qualität eines auf Verständigung abzielenden Massenkommunikationsprozesses, die sich etwa aus den symmetrischen Kommunikationsbedingungen der idealen Sprechsituation ableiten lässt. Ein gleichermaßen zentraler Aspekt dieses öffentlichen Kommunikationsgeschehens ist in dem Hinweis auf eine vernünftige Auseinandersetzung zu sehen, d.h. dass Aussagen, insbesondere Behauptungen, Standpunkte etc. überzeugender Argumente bedürfen, wenn Einverständnis über sie herbeigeführt werden soll.

Das politische System im engeren Sinn (Parteien, Parlament, Regierung) muss von dieser, in öffentlichen Verständigungsprozessen erzeugten „kommunikativen Macht" in Abhängigkeit bleiben. Aber auch hier sieht Habermas die Gefahr, dass die Entwicklung in die umgekehrte Richtung verläuft: dann nämlich, wenn das politische System über die Massenmedien die Öffentlichkeit usurpiert, um Massenloyalität und politisches Wohlverhalten zu erzeugen.

In der Folge wird nun versucht, die hier angedeutete Perspektive der kommunikativen Handlungstheorie anhand von kommentierten Zitaten aus Originaltexten von Jürgen Habermas vorzustellen (sie sind typographisch eingerückt und damit formal gut erkennbar). Dies geschieht in drei Schritten: Zunächst wird auf Habermas' Konzept von Sprache bzw. auf das ihr innewohnende „Telos der Verständigung" eingegangen (1). Einen ausführlichen Schwerpunkt stellen dabei die kommunikativen Geltungsansprüche und deren Implikationen (wie Diskurs und ideale Sprechsituation) dar. In einem zweiten Schritt steht Habermas' Theorie der Gesellschaft (2) im Blickfeld. Dazu ist es notwendig, den Begriff des „kommunikativen Handelns" möglichst präzis fassbar und von anderen Handlungsarten abgrenzbar zu machen. Erst auf dieser Basis kann die „Theorie der Moderne" näher charakterisiert werden. In einem dritten Schritt werden schließlich Aussagen über Öffentlichkeit und Massenmedien (3) versammelt, die die Chance für öffentliche Diskurse in demokratisch organisierten Gesellschaften kritisch reflektieren.

Habermas selbst betont übrigens „den völlig offenen Charakter und die Anschlussfähigkeit" seines gesellschaftstheoretischen Ansatzes, „dessen Fruchtbarkeit sich allein in verzweigten sozialwissenschaftlichen und philosophischen Forschungen bewähren kann".[1] Wir sehen im Habermas'schen Denkgebäude daher in erster Linie eine tiefgreifende Reflexion zum zentralen Erkenntnisgegenstand der Publizistik- und Kommunikationswissenschaft, die eine Basis für die Entwicklung weiterer fachspezifischer Theoriekonzepte darstellt und erst vor einem derartigen Hintergrund auch ihre praktische Relevanz entfalten kann.[2]

1. Sprache, Kommunikation und Verständigung

Das Interesse von Habermas an der Sprache gilt der Praxis der Sprachverwendung. Anschließend an Wilhelm von Humboldt sieht er in der dialogischen Struktur der wechselseitigen Rede, des Gesprächs oder der sprachlichen Kommunikation das wesentliche Charakteristikum menschlichen Sprachvermögens: „Das lebendig ineinandergreifende, Ideen und Empfindungen wahrhaft umtauschende Wechselgespräch ist schon an sich gleichsam der Mittelpunkt der Sprache, deren Wesen immer nur zugleich als Hall und Gegenhall, Anrede und Erwiderung gedacht werden kann (…)."[3] Davon ausgehend entwirft er ein Modell sprachlicher Kommunikation.

Sprachliche Kommunikation und das „Telos der Verständigung"

Nach Ansicht von Habermas besteht der Sinn von Rede oder sprachlicher Kommunikation „offensichtlich darin, daß sich mindestens zwei Sprecher/Hörer über etwas verständigen".[4] Diesen Zusammenhang zwischen Kommunikation und Verständigung sieht er bereits in der Struktur der Sprache angelegt: „Ich bin mit Wittgenstein der Auffassung, daß ‚Sprache' und ‚Verständigung' gleichursprüngliche, sich wechselseitig erläuternde Begriffe sind."[5,6] Dies führt ihn zu der zentralen These, „daß in sprachlicher Kommunikation ein Telos von gegenseitiger Verständigung eingebaut ist".[7] Damit verkennt Habermas nicht die Tatsache, dass in der kommunikativen Realität Verständigung oft nicht erreicht, ja gar nicht ernsthaft angestrebt wird:

> Typisch sind die Zustände in der Grauzone zwischen Unverständnis und Mißverständnis, beabsichtigter und unfreiwilliger Unwahrhaftigkeit, verschleierter und offener Nicht-Übereinstimmung einerseits, Vorverständigtsein und erzielter Verständigung andererseits.[8]

Mit der These vom Verständigungstelos will er vielmehr zum Ausdruck bringen, dass „sich der auf Verständigung gerichtete Sprachgebrauch als der Originalmodus von Sprachverwendung überhaupt auszeichnen läßt".[9] Somit ist die verständigungsorientierte Kommunikation der Inbegriff von Humankommunikation und bildet damit den kritischen Maßstab, an dem nicht-verständigungsorientierte Kommunikation als defizitäre Form menschlicher Kommunikation gemessen werden kann. Allerdings erfordert dies auch die Klärung des Begriffs der Verständigung.

Verständigung als normativer Begriff

Zu Recht weist Habermas darauf hin, dass im Deutschen der Ausdruck Verständigung mehrdeutig ist.[10] Um den Begriff zu präzisieren, wählt er einen besonderen Zugang: Er geht davon aus, dass hinreichend sozialisierte Kommunikationsteilnehmer ein intuitives Wissen darüber haben, was Verständigung tatsächlich bedeutet. Dieses implizit vorhandene Wissen versucht er explizit darzustellen.

Dabei zeigt sich, dass Verständigung mehr meint als das identische Verstehen sprachlicher Ausdrücke; ebenso erschöpft sie sich nicht im bloßen Verstehen der Absichten oder Meinungen des anderen.[11] Als Verständigung gilt vielmehr der Prozess der Einigung unter kommunikationsfähigen Subjekten, wobei das Ziel die Herbeiführung eines Einverständnisses ist.[12] Dieses Einverständnis wiederum muss, um als wirkliches Einverständnis anerkannt zu werden, auf freiwillig akzeptierten und gemeinsam geteilten Überzeugungen beruhen.[13] Es geht zurück

> auf die zentrale Erfahrung der zwanglos einigenden, konsensstiftenden Kraft argumentativer Rede, in der verschiedene Teilnehmer ihre zunächst nur subjektiven

Auffassungen überwinden und sich dank der Gemeinsamkeit vernünftig motivierter Überzeugungen gleichzeitig der Einheit der objektiven Welt und der Intersubjektivität ihres Lebenszusammenhanges vergewissern.[14]
In die kommunikative Alltagspraxis ist somit ein vortheoretischer Begriff von Verständigung eingelassen, der „auf ein unter Beteiligten erzieltes rational motiviertes Einverständnis" verweist.[15] Da offensichtlich die Alltagspraxis dieser qualitativ anspruchsvollen Forderung nicht immer (oder überhaupt nur selten) entspricht, ist klar, „daß Verständigung ein normativer Begriff ist";[16] er läuft in praktischer Konsequenz auf die Möglichkeit „gewaltloser Einigung im Gespräch" hinaus.[17] Auf dieser Grundlage besagt die These vom Verständigungstelos, dass die „sprachliche Kommunikation gleichsam von Haus aus auf Konsensbildung, nicht auf Beeinflussung angelegt ist".[18]

Von der verständigungsorientierten Kommunikation, die den ‚Originalmodus' sprachlicher Kommunikation bildet, grenzt Habermas die defizitären Formen der strategischen Kommunikation ab.

Verständigungsorientierte versus strategische Kommunikation

In der verständigungsorientierten Kommunikation sind die Kommunikationsteilnehmer bemüht, auf der Grundlage gemeinsamer Überzeugungen ein rational motiviertes Einverständnis herzustellen. Davon unterscheidet Habermas die Formen der strategischen Kommunikation.

Die strategische Kommunikation hat eine „erfolgskalkulierte Einflußnahme auf die Einstellungen des Gegenübers" zum Ziel.[19] In offen strategischer Kommunikation kann dies durch Drohungen oder Lockungen geschehen; eine Übereinstimmung kommt in diesen Fällen nicht durch gemeinsame Überzeugungen zustande, sondern stützt sich letztlich auf ein Sanktionspotential (Gewaltanwendung oder Gratifikation). Was aber *„ersichtlich* durch äußere Einwirkung zustande kommt, kann nicht als Einverständnis *zählen"*[20] – es gilt eben nur als eine erzwungene oder erkaufte Übereinstimmung, wobei beispielsweise „erst der sprichwörtliche Schuß vor den Bug (…) den Gegenspieler über die Ernsthaftigkeit einer Drohung belehren" kann.[21]

In der verdeckt strategischen Kommunikation lässt sich zwischen bewusster und unbewusster Täuschung differenzieren. Im Fall der bewussten Täuschung (der Prototyp dafür ist die Manipulation) wird ein Interesse an gegenseitiger Verständigung nur vorgetäuscht, tatsächlich wird mindestens einer der Beteiligten unauffällig für eigene Zwecke eingespannt, also etwa durch den manipulativen Einsatz sprachlicher Kommunikation zu einem erwünschten Verhalten veranlasst und damit für den eigenen Handlungserfolg instrumentalisiert.[22] Eine derart erschlichene Übereinstimmung zerbricht, sobald sie durchschaut ist.

Im Fall der unbewussten Täuschung ist mindestens einer der Beteiligten im Irrtum darüber, dass er eine verständigungsorientierte Einstellung einnimmt. Eine derartige Selbsttäuschung kann auf neurotisch oder ideologisch verformte Kommunikation zurückgehen; Habermas spricht hier von systematisch verzerrter Kommunikation.[23]

Diese unterschiedlichen *Kommunikationsformen* lassen sich in folgendem Schema darstellen:[24]

verständigungsorientierte Kommunikation		gemeinsame Überzeugungen	rational motiviertes Einverständnis
strategische Kommunikation	offen strategisch	Drohungen	erzwungene Übereinstimmung
		Lockungen	erkaufte Übereinstimmung
	verdeckt	bewusste Täuschung (Manipulation)	erschlichene Übereinstimmung
	strategisch (systematisch verzerrte Kommunikation)	unbewusste Täuschung	täuschende Übereinstimmung

Die Universalpragmatik

In dem bislang dargestellten Modell von sprachlicher Kommunikation und Verständigung ging es „um das vortheoretische Wissen kompetenter Sprecher, die selber intuitiv unterscheiden können, wann sie auf andere einwirken und wann sie sich mit ihnen verständigen; und die zudem wissen, wann Verständigungsversuche fehlschlagen".[25] Diese Kommunikations- und Verständigungsfähigkeit nennt Habermas kommunikative Kompetenz.[26]

Dabei behauptet er, dass diese Kompetenz auf der Beherrschung eines universal gültigen Systems von Regeln beruht. Dieses Regelsystem ist in die sprachlichen Strukturen der Kommunikation implizit eingelassen. In einem eigenen Theorieansatz versucht er dieses Regelsystem objektiv auszuweisen. Die Universalpragmatik (oder auch: Theorie der kommunikativen Kompetenz)[27] hat daher die Aufgabe, „universale Bedingungen möglicher Verständigung zu identifizieren und nachzukonstruieren";[28] näherhin bedeutet dies, durch eine Analyse des verständigungsorientierten Sprachgebrauchs zu klären, wie die Herstellung eines rational motivierten Einverständnisses möglich ist.[29]

Der Ausgangspunkt von Habermas ist die Theorie der Sprechakte. Ein Sprechakt bildet die „elementare Einheit der Rede";[30] als Beispiele nennt er: „Ich verspreche Dir, daß ich komme. Ich empfehle Dir, das zu unterlassen. Ich beschreibe Dir, wie Du gehen mußt usw."[31] In diesen Sprachakten zeigt sich die *„Doppelstruktur umgangssprachlicher Kommunikation":*[32] Ein Sprechakt setzt sich zusammen aus einem dominierenden (performativen oder illokutiven) Satz, mit dem eine Beziehung zwischen Sprecher und Hörer hergestellt wird (z.B.: „Ich verspreche Dir, ..."), und einem davon abhängigen (propositionalen) Satz, in dem der Inhalt einer Äußerung formuliert wird („..., daß ich morgen komme").[33] In Gesprächssituationen stellt ein Sprechakt ein Sprechaktangebot dar, das der Hörer akzeptieren oder zurückweisen kann. Eine besondere Bedeutung kommt dabei dem illokutiven Teil eines Sprechaktes zu, denn mit ihm erhebt der Sprecher bestimmte Ansprüche gegenüber dem Hörer, die diesen dazu veranlassen, das Sprechaktangebot anzunehmen oder abzulehnen.

Geltungsansprüche und Weltbezüge

Damit ein Hörer ein Sprechaktangebot annehmen kann, muss es zuallererst den Anspruch der Verständlichkeit erfüllen; das ist dann der Fall, wenn die Äußerung „grammatisch und pragmatisch wohlgeformt ist".[34] Der Anspruch auf Verständlichkeit ist, „solange die Kommunikation ungestört verläuft, ein faktisch eingelöster Anspruch", denn „die unverständliche Kommunikation bricht zusammen".[35] Ein Sprecher, der an Verständigung orientiert ist, muss weitere drei Ansprüche erfüllen:
> Es liegt in der kommunikativen Absicht des Sprechers, (a) eine im Hinblick auf den gegebenen normativen Kontext *richtige* Sprechhandlung zu vollziehen, damit eine als legitim anerkannte interpersonale Beziehung zwischen ihm und dem Hörer zustande kommt; (b) eine *wahre* Aussage (bzw. *zutreffende* Existenzvoraussetzungen) zu machen, damit der Hörer das Wissen des Sprechers übernimmt und teilt; und (c) Meinungen, Absichten, Gefühle, Wünsche usw. wahrhaftig zu äußern, damit der Hörer dem Gesagten Glauben schenkt.[36]

Umgekehrt sind es genau diese drei Ansprüche,
> unter denen ein Hörer gegebenenfalls „Nein" sagen darf. Er kann „Nein" sagen zur Wahrheit der behaupteten Aussage (bzw. der Existenzvoraussetzungen eines erwähnten propositionalen Gehaltes), zur Richtigkeit der Äußerung im Verhältnis zu einem normativen Kontext (bzw. zur Richtigkeit einer zugrundeliegenden Handlungsnorm selber); schließlich zur Wahrhaftigkeit der vom Sprecher geäußerten Intention.[37]

Wahrheit, Richtigkeit und Wahrhaftigkeit sind jene drei Geltungsansprüche, die in Sprechakten erhoben werden; wer ein „verständliches Sprechaktangebot zurückweist, bestreitet mindestens einen dieser Geltungsansprüche".[38]

Indem ein Sprecher diese Geltungsansprüche erhebt, stellt er zugleich auch Beziehungen zwischen sich und der Welt her, und zwar Beziehungen zur objektiven, sozialen und subjektiven Welt:
> Im Falle explizit sprachlicher Verständigungsprozesse erheben die Aktoren mit ihren Sprechhandlungen, indem sie sich miteinander über etwas verständigen, Geltungsansprüche, und zwar Wahrheitsansprüche, Richtigkeitsansprüche und Wahrhaftigkeitsansprüche je nachdem, ob sie sich auf etwas in der objektiven Welt (als der Gesamtheit existierender Sachverhalte), auf etwas in der gemeinsamen sozialen Welt (als der Gesamtheit legitim geregelter interpersonaler Beziehungen einer sozialen Gruppe) oder auf etwas in der eigenen subjektiven Welt (als der Gesamtheit privilegiert zugänglicher Erlebnisse) Bezug nehmen.[39]

Wenn nun ein Sprechaktangebot bestritten wird, stellen sich mehrere Möglichkeiten, um eine Annahme zu bewirken: etwa die Berufung auf Autoritäten, auf Traditionen oder auch der Einsatz von Gewalt. Entscheidend ist nun, dass Habermas demgegenüber nachzuweisen versucht, dass die Akzeptanz von Geltungsansprüchen rational (also vernünftig) motiviert sein kann.

Verständigungsorientierte Kommunikation und rational motiviertes Einverständnis

In der verständigungsorientierten Kommunikation kommen gemeinsame Überzeugungen dadurch zustande, dass der Sprecher den Hörer zur Annahme seiner Geltungsansprüche dadurch bewegt (motiviert), dass er, wenn erforderlich, die Gründe nennen kann, warum der Hörer den jeweiligen Geltungsanspruch akzeptieren soll: „Der Hörer muß Gründe haben können, um eine Behauptung als wahr, einen Befehl als legitim, ein Versprechen als verbindlich, ein Geständnis als authentisch oder aufrichtig anzunehmen (bzw. in Frage zu stellen)."[40] Durch das Anführen von Gründen kann der Sprecher den Hörer zu einem Einverständnis rational motivieren:

> Das Eigentümliche an diesem Mechanismus der Verständigung ist, daß Ego Alter zur Annahme seiner Offerte in gewissem Sinne rational, nämlich dadurch motivieren kann, daß er den von ihm geltend gemachten Anspruch durch Gründe zu decken bereit ist. Anstelle von Sanktionen oder Gratifikationen, mit denen im strategischen Handeln einer auf die Entscheidungssituation des anderen einwirken kann, stehen im kommunikativen Handeln hinter den reziprok erhobenen Geltungsansprüchen weder Waffen noch Güter, sondern potentielle Gründe.[41]

Damit ist im Mechanismus sprachlicher Verständigung ein Vernunftpotential enthalten: Die dieser Praxis innewohnende Rationalität zeigt sich darin, daß sich ein kommunikativ erzieltes Einverständnis *letztlich* auf Gründe stützen muß. Und die Rationalität derer, die an dieser kommunikativen Praxis teilnehmen, bemißt sich daran, ob sie ihre Äußerungen *unter geeigneten Umständen* begründen können.[42]

Habermas erläutert diesen Begründungsmodus durch folgendes Beispiel:

> Wenn ich während eines small talks im Frankfurter Grüneburg-Park erwähne, daß es in Kalifornien schneit, wird der Gesprächspartner nur dann nicht mit Nachfragen reagieren, wenn er weiß, daß ich soeben aus San Francisco zurückkehre oder beispielsweise als Meteorologe beim Wetterdienst arbeite.[43]

Dieses Beispiel zeigt auch, dass in der Alltagspraxis Geltungsansprüche meistens keiner expliziten Begründung bedürfen:

> Das meiste von dem, was in der kommunikativen Alltagspraxis gesagt wird, bleibt unproblematisch, entgeht der Kritik und dem Überraschungsdruck kritischer Erfahrungen, weil es vom Geltungsvorschuß vorgängig konsentierter, eben lebensweltlicher Gewißheiten lebt.[44]

Aber nur in der verständigungsorientierten Kommunikation sind es (wie implizit auch immer) Gründe, die die Kommunikationspartner zu einem freiwillig akzeptierten Einverständnis bewegen; anders in der strategischen Kommunikation:

> Im Modell einseitiger Einflußnahme (oder wechselseitiger Beeinflussung) können gute Gründe, und seien sie noch so gut, keine Appellationsinstanz bilden. In diesem Modell haben gute Gründe keinen privilegierten Stellenwert. Nicht die Art der Mittel zählt, sondern allein der Erfolg der Einflußnahme auf die Entscheidungen eines Gegenspielers, ob dieser nun durch Geld und Gewalt oder durch Worte herbeigeführt wird.[45]

In der kommunikativen Alltagspraxis kann eine gestörte Kommunikation zunächst auch durch einfache Reparaturleistungen wieder in Gang gebracht werden; dabei

> treten typische Fragen und Antworten auf; sie sind normaler Bestandteil der kommunikativen Praxis. Wenn die Verständlichkeit einer Äußerung problematisch wird, stellen wir Fragen des Typs: Wie meinst du das? Wie soll ich das verstehen? Was bedeutet das? Antworten auf solche Fragen nennen wir *Deutungen*. Wenn die Wahrheit einer Aussage problematisch wird, stellen wir Fragen des Typs: Verhält es sich

so, wie du sagst? Warum verhält es sich so und nicht anders? Diesen Fragen begegnen wir mit *Behauptungen und Erklärungen.* Wenn die Richtigkeit der Sprechhandlung oder ihres normativen Kontextes problematisch wird, stellen wir Fragen des Typs: Warum hast du das getan? Warum hast du dich nicht anders verhalten? Darfst du das tun? Solltest du dich nicht anders verhalten? Darauf antworten wir mit *Rechtfertigungen.* Wenn wir in einem Interaktionszusammenhang schließlich die Wahrhaftigkeit eines Gegenübers in Zweifel ziehen, stellen wir Fragen des Typs: Täuscht er mich? Täuscht er sich über sich selbst? Aber diese Fragen adressieren wir nicht an die unglaubwürdige Person selber, sondern an Dritte. Der der Unwahrhaftigkeit verdächtige Sprecher kann allenfalls, etwa in einer Gerichtsverhandlung, „verhört" oder, in einem analytischen Gespräch, „zur Besinnung gebracht" werden.[46]
Wenn diese Reparaturleistungen nicht ausreichen und dennoch nicht auf strategische Kommunikation umgestellt oder die Kommunikation überhaupt abgebrochen werden soll, sondern ein rationales Einverständnis angestrebt wird, so muss eine nächst höhere Ebene der verständigungsorientierten Kommunikation betreten werden.

Diskurs und Konsens

Wenn problematisch gewordene Geltungsansprüche durch einfache Reparaturleistungen nicht mehr zur Anerkennung gebracht werden können, dann muss eine explizite Begründung erfolgen; dies geschieht im Diskurs.

Der Diskurs ist darauf angelegt, „überzeugende *Argumente,* mit denen Geltungsansprüche eingelöst oder zurückgewiesen werden können, *zu produzieren".*[47] Habermas spricht daher auch von der „Argumentation" und meint damit „den Typus von Rede, in dem die Teilnehmer strittige Geltungsansprüche thematisieren und versuchen, diese mit Argumenten einzulösen oder zu kritisieren".[48] In Diskursen soll also versucht werden, über problematisch gewordene Geltungsansprüche einen Konsens herbeizuführen. Während in der Alltagskommunikation die Gründe, die einen Geltungsanspruch stützen, nur unterschwellig mitlaufen, werden sie im Diskurs explizit zum Thema. Der Diskurs markiert daher auch einen Bruch mit dem gängigen Hintergrund der vorherrschenden Normen, Werte, Überzeugungen usw.; sie werden im Diskurs kritisch in Frage gestellt.

Habermas unterscheidet vor allem zwei Formen des Diskurses: den *„theoretischen Diskurs,* also die Form der Argumentation, in der kontroverse Wahrheitsansprüche zum Thema gemacht werden", und den *„praktischen Diskurs,* also die Form der Argumentation, in der Ansprüche auf normative Richtigkeit zum Thema gemacht werden".[49] Der Geltungsanspruch der *Wahrhaftigkeit* ist „nicht von der Art, daß er wie Wahrheits- oder Richtigkeitsansprüche unmittelbar mit Argumenten eingelöst werden könnte. Der Sprecher kann allenfalls in der Konsequenz seiner Handlungen beweisen, ob er das Gesagte auch tatsächlich gemeint hat."[50,51]

Diskurse stehen nun unter einem besonderen Anspruch: In ihnen soll gewährleistet sein, dass der erzielte Konsens ein ‚wahrer' Konsens ist, also nicht durch Irrtum, Zwang, Täuschung usw. zustande gekommen ist. Diskurse schließen daher strategische Kommunikation prinzipiell aus. Dazu entwirft Habermas die ideale Sprechsituation.

50

Die ideale Sprechsituation

Durch das Konzept einer idealen Sprechsituation will Habermas erklären, wie die Erreichung eines ‚wahren' Konsenses möglich wäre. Dazu ist es notwendig, dass die Diskurssituation frei ist von äußeren und inneren Zwängen und die Diskursteilnehmer nichts anderem folgen als „dem eigentümlich zwanglosen Zwang des besseren, weil einleuchtenderen Arguments":[52]

> Ideal nenne ich eine Sprechsituation, in der Kommunikationen nicht nur nicht durch äußere kontingente Einwirkungen, sondern auch nicht durch Zwänge behindert werden, die sich aus der Struktur der Kommunikation selbst ergeben. Die ideale Sprechsituation schließt systematische Verzerrungen der Kommunikation aus. Und zwar erzeugt die Kommunikationsstruktur nur dann keine Zwänge, wenn für alle Diskursteilnehmer eine symmetrische Verteilung der Chancen, Sprechakte zu wählen und auszuführen, gegeben ist.[53]

Sollte dabei
> eine Seite von ihrem privilegierten Zugang zu Waffen, Reichtum oder Ansehen Gebrauch machen, um der anderen Seite durch Aussicht auf Sanktionen oder Belohnungen eine Zustimmung *abzunötigen*, wird keiner der Beteiligten darüber im Zweifel sein, daß die Voraussetzungen für eine Argumentation nicht länger erfüllt sind.[54]

Diese anspruchsvollen Voraussetzungen werden in empirischen Kommunikationssituationen oft nicht erfüllt; solange jedoch die Kommunikationsteilnehmer an der Erzielung eines ‚wahren' Konsenses interessiert sind, müssen sie (wenn auch ‚kontrafaktisch', wie Habermas sagt) daran festhalten:

> Mit dem Eintritt in eine Argumentation können die Teilnehmer nicht umhin, wechselseitig die hinreichende Erfüllung von Bedingungen einer idealen Sprechsituation zu unterstellen. Und doch wissen sie, daß der Diskurs von den ausgeblendeten Motiven und Handlungszwängen niemals definitiv „gereinigt" ist. Sowenig wir ohne die *Unterstellung* einer gereinigten Rede auskommen, so sehr müssen wir uns doch mit der „verunreinigten" Rede abfinden.[55]

In der alltäglichen Kommunikationspraxis sind Diskurse eher selten anzutreffen – sie sind, wie Habermas sagt, „Inseln im Meer der Praxis".[56] Im Laufe der historischen Entwicklung haben sich aber „Expertenkulturen" herausgebildet, die jeweils auf einen spezifischen Geltungsanspruch spezialisiert sind: die Wissenschaften auf den Bereich der Wahrheit, die Moral- und Rechtstheorien auf den Bereich der Richtigkeit und die Kunst auf den Bereich der Wahrhaftigkeit.[57]

Kompromiss und Mehrheitsentscheid

In der kommunikativen Alltagspraxis gibt es verschiedene Alternativen, um aufgetretene Dissense zu bewältigen;
> die wichtigsten sind: einfache Reparaturleistungen; das Dahinstellen und Ausklammern kontroverser Geltungsansprüche mit der Folge, daß der gemeinsame Boden geteilter Überzeugungen schrumpft; der Übergang zu aufwendigen Diskursen mit ungewissem Ausgang und Problematisierungseffekten; Abbruch der Kommunikation oder schließlich Umstellung aufs strategische Handeln.[58]

Habermas weist aber auch darauf hin, „daß Kompromisse nicht nur faktisch weitverbreitet sind, sondern auch normativ einen ganz unverächtlichen Stellenwert haben", denn:
> Wo nur besondere Interessen im Spiel sind, können Handlungskonflikte nicht, auch nicht in idealen Fällen, durch Argumentation beigelegt werden, sondern nur durch Verhandlung und Kompromiß. Die Verfahren der Kompromißbildung können allerdings ihrerseits unter normativen Gesichtspunkten beurteilt werden. Man wird etwa einen fairen Kompromiß nicht erwarten dürfen, wenn die beteiligten Parteien nicht über gleiche Machtpositionen oder Drohpotentiale verfügen.[59]

Ebenso lasse sich
> die Mehrheitsregel als ein Arrangement verstehen, daß eine nach Möglichkeit diskursive, letztlich wahrheitsorientierte Meinungsbildung mit dem Zwang zur zeitlich terminierten Willensbildung kompatibel macht. Nach der diskurstheoretischen Lesart muß die Mehrheitsentscheidung eine interne Beziehung zur Argumentationspraxis aufrechterhalten, woraus sich weitere institutionelle Vorkehrungen (wie z.B. Begründungszwänge, Regeln der Beweislastverteilung, wiederholte Lesungen von Gesetzesvorlagen usw.) ergeben. Eine Mehrheitsentscheidung darf nur so zustande kommen, daß ihr Inhalt als das rational motivierte, aber fehlbare Ergebnis einer unter Entscheidungsdruck vorläufig beendeten Diskussion über die richtige Lösung eines Problems gelten darf.[60]

2. Kommunikation und Gesellschaft

Verständigung und kommunikatives Handeln

Das Verständigungskonzept bildet die Grundlage für den Begriff des kommunikativen Handelns. In Auseinandersetzung mit den gängigen soziologischen Handlungstheorien[61] entwirft Habermas eine eigene Handlungstypologie.

Ausgangspunkt ist der Begriff des teleologischen Handelns oder der Zwecktätigkeit; damit ist gemeint, dass jeder Handelnde (Aktor) auf die Verwirklichung eines Zwecks *abstellt,* also zielgerichtet (teleologisch) handelt:
> Der Aktor verwirklicht seinen Zweck bzw. bewirkt das Eintreten eines erwünschten Zustandes, indem er in einer gegebenen Situation erfolgversprechende Mittel wählt und in geeigneter Weise anwendet. Zentral ist der auf eine *Situationsdeutung* gestützte und auf die Realisierung eines Zwecks abzielende *Handlungsplan,* der eine *Entscheidung zwischen Handlungsalternativen* erlaubt. Diese teleologische Struktur ist für alle Handlungsbegriffe konstitutiv.[62]

Auf dieser Basis unterscheidet er instrumentelles, strategisches und kommunikatives Handeln. Bezieht sich die Zwecktätigkeit auf die manipulative Veränderung physischer Gegenstände, so spricht Habermas von instrumentellen Handlungen:[63]
> *Instrumentell* sollen erfolgsorientierte Handlungen dann heißen, wenn wir sie als Befolgung technischer Regeln verstehen und unter dem Gesichtspunkt der Effizienz eines zielgerichteten Eingriffs in die physische Welt bewerten können.[64]

Sobald nun „ein Aktor seinen Handlungsplan nur interaktiv, d.h. mit Hilfe der Handlung (oder Unterlassung) mindestens eines weiteren Aktors durchführen kann", entstehen soziale Handlungen.[65]

Für soziale Handlungen (Interaktionen) stellt sich das „Grundproblem der Handlungskoordinierung: Wie bringt Ego es fertig, dass Alter eine Interaktion in erwünschter Weise fortsetzt – wie vermeidet er einen Konflikt, der die Handlungssequenz unterbricht?"[66] Je nachdem wie diese Koordinierung erfolgt, unterscheidet Habermas zwischen strategischem und kommunikativem Handeln. Beide Handlungstypen folgen unterschiedlichen Mechanismen der Handlungskoordinierung: Im ersten Fall wird die Koordinierung durch „Egos empirische Einwirkung *auf Alter*", im anderen durch die „Herstellung eines rational motivierten Einverständnisses *zwischen Ego und Alter*" erreicht.[67] Strategisches und kommunikatives Handeln verlangen daher auch unterschiedliche Handlungsorientierungen, die Habermas als erfolgsorientiert oder verständigungsorientiert bezeichnet:

Sofern die Aktoren ausschließlich am *Erfolg,* d.h. an den *Konsequenzen* ihres Handelns orientiert sind, versuchen sie, ihre Handlungsziele dadurch zu erreichen, daß sie extern, mit Waffen oder Gütern, Drohungen oder Lockungen auf die Situationsdefinition bzw. auf die Entscheidungen oder Motive ihres Gegenspielers Einfluß nehmen. Die Koordinierung der Handlungen von Subjekten, die in dieser Weise *strategisch* miteinander umgehen, hängt davon ab, wie die egozentrischen Nutzenkalküle ineinandergreifen. Der Grad von Kooperation und Stabilität ergibt sich dann aus den Interessenlagen der Beteiligten. Demgegenüber spreche ich von *kommunikativem* Handeln, wenn sich die Aktoren darauf einlassen, ihre Handlungspläne intern aufeinander abzustimmen und ihre jeweiligen Ziele nur unter der Bedingung eines sei es bestehenden oder auszuhandelnden *Einverständnisses* über Situation und erwartete Konsequenzen zu verfolgen. In beiden Fällen wird die teleologische Handlungsstruktur insofern vorausgesetzt, als den Aktoren die Fähigkeit zu zielgerichtetem Handeln und das Interesse an der Ausführung ihrer Handlungspläne zugeschrieben wird.[68]

Der Mechanismus der sprachlichen Verständigung ist nur für kommunikatives Handeln konstitutiv:

Kommunikatives Handeln nenne ich nun diejenige Form von sozialer Interaktion, in der die Handlungspläne verschiedener Aktoren durch den Austausch von kommunikativen Akten, und zwar durch eine verständigungsorientierte Benutzung der Sprache (oder entsprechender extraverbaler Äußerungen) koordiniert werden. Soweit die Kommunikation der Verständigung (und nicht der wechselseitigen Beeinflussung) dient, kann sie für Interaktionen die Rolle eines Mechanismus der Handlungskoordinierung übernehmen und damit kommunikatives Handeln ermöglichen.[69]

Zwar läuft in den meisten Fällen auch das strategische Handeln über sprachliche Kommunikation, aber: „Soweit strategische Interaktionen sprachlich vermittelt sind, dient Sprache allerdings als ein Mittel der *Beeinflussung.*"[70]

Habermas stellt seine *Handlungstypologie* in folgendem Schema dar:[71]

Handlungssituation	Handlungsorientierung	erfolgsorientiert	verständigungsorientiert
nicht-sozial		instrumentelles Handeln	–
sozial		strategisches Handeln	kommunikatives Handeln

53

Gesellschaft als kommunikative Lebenswelt

Kommunikatives Handeln findet stets vor dem Hintergrund und im Umfeld einer Lebenswelt statt; auf diesen lebensweltlichen Kontext wurde bereits im Zusammenhang mit der verständigungsorientierten Kommunikation hingewiesen.[72] Die einander komplementär ergänzenden Begriffe des kommunikativen Handelns und der Lebenswelt bilden die beiden Grundkategorien für die Entwicklung einer allgemeinen Gesellschaftstheorie. Den Lebensweltbegriff beschreibt Habermas zunächst so:

> Indem sich Sprecher und Hörer frontal miteinander über etwas in einer Welt verständigen, bewegen sie sich innerhalb des Horizonts ihrer gemeinsamen Lebenswelt; diese bleibt den Beteiligten als ein intuitiv gewußter, unproblematischer und unzerlegbarer holistischer Hintergrund im Rücken. Die Sprechsituation ist der im Hinblick auf das jeweilige Thema ausgegrenzte Ausschnitt aus einer Lebenswelt, die für die Verständigungsprozesse sowohl einen *Kontext* bildet wie auch *Ressourcen* bereitstellt.[73]

Diese Ressourcen setzen sich zusammen aus: einem Vorrat an kulturellen Wissensbeständen, die als vorinterpretierte Deutungsmuster die Verständigungsprozesse begleiten; den Werten und Normen jener sozialen Gruppen, denen man angehört und auf die man sich stützen kann; und schließlich den in Sozialisations- und Lernprozessen erworbenen individuellen Kompetenzen, auf die man sich verlassen kann.[74]

Die Lebenswelt besteht daher aus den drei Bereichen Kultur, Gesellschaft und Persönlichkeit:

> *Kultur* nenne ich den Wissensvorrat, aus dem sich die kommunikativ Handelnden, indem sie sich über etwas in der Welt verständigen, mit konsensträchtigen Interpretationen versorgen. *Gesellschaft* (im engeren Sinne einer Lebensweltkomponente) nenne ich die legitimen Ordnungen, aus denen die kommunikativ Handelnden, indem sie interpersonale Beziehungen eingehen, eine auf Gruppenzugehörigkeiten gestützte Solidarität schöpfen. *Persönlichkeit* dient als Kunstwort für erworbene Kompetenzen, die ein Subjekt sprach- und handlungsfähig machen und damit instandsetzen, in einem jeweils gegebenen Kontext an Verständigungsprozessen teilzunehmen und in wechselnden Interaktionszusammenhängen die eigene Identität zu behaupten.[75]

Kultur, Gesellschaft und Persönlichkeit bilden für Habermas die symbolischen Strukturen der Lebenswelt. Institutionalisiert ist die Komponente der Kultur in den Bereichen Wissenschaft, Moral/Recht und im Kunstbetrieb; die Komponente Gesellschaft findet in demokratischen Institutionen und in der politischen Öffentlichkeit ihren Niederschlag. Den Kern der Persönlichkeitskomponente schließlich bilden die Familie, Nachbarschaft, freie Assoziationen usw., also die Privatsphäre.[76]

Kommunikatives Handeln als fundamentaler Reproduktionsmechanismus der Lebenswelt

Die Lebenswelt bildet aber nicht nur das Umfeld und den Hintergrund kommunikativen Handelns; kommunikatives Handeln ist zugleich auch der fundamentale Reproduktionsmechanismus der Lebenswelt:

Indem sich die Interaktionsteilnehmer miteinander über ihre Situation verständigen, stehen sie in einer kulturellen Überlieferung, die sie gleichzeitig benützen und erneuern; indem die Interaktionsteilnehmer ihre Handlungen über die intersubjektive Anerkennung kritisierbarer Geltungsansprüche koordinieren, stützen sie sich auf Zugehörigkeiten zu sozialen Gruppen und bekräftigen gleichzeitig deren Integration; indem die Heranwachsenden an Interaktionen mit kompetent handelnden Bezugspersonen teilnehmen, internalisieren sie die Wertorientierungen ihrer sozialen Gruppe und erwerben generalisierte Handlungsfähigkeiten.[77]

Damit erfüllt kommunikatives Handeln die Funktionen der kulturellen Reproduktion, der sozialen Integration und der Sozialisation:

Unter dem funktionalen *Aspekt der Verständigung* dient kommunikatives Handeln der Tradition und der Erneuerung kulturellen Wissens; unter dem Aspekt der *Handlungskoordinierung* dient es der sozialen Integration und der Herstellung von Solidarität; unter dem *Aspekt der Sozialisation* schließlich dient kommunikatives Handeln der Ausbildung von personalen Identitäten. Die symbolischen Strukturen der Lebenswelt reproduzieren sich auf dem Wege der Kontinuierung von gültigem Wissen, der Stabilisierung von Gruppensolidarität und der Heranbildung zurechnungsfähiger Aktoren.[78]

Die kulturelle Reproduktion, die soziale Integration und die Sozialisation sind unabdingbar auf kommunikatives Handeln angewiesen; eine Umstellung auf strategisches Handeln hat jeweils spezifische Pathologie und Krisen zur Folge; diese zeigen sich

(…) bei Störungen der kulturellen Reproduktion, die sich in einem Sinnverlust manifestieren und zu entsprechenden Legitimations- und Orientierungskrisen führen. In solchen Fällen können die Aktoren den mit neuen Situationen auftretenden Verständigungsbedarf aus ihrem kulturellen Wissensvorrat nicht mehr decken. Die als gültig akzeptierten Deutungsschemata versagen und die Ressource „Sinn" verknappt.

(…) bei Störungen der sozialen Integration, die in *Anomie* und entsprechenden Konflikten zur Erscheinung kommen. In diesen Fällen können die Aktoren den mit neuen Situationen auftretenden Koordinationsbedarf aus dem Bestand an legitimen Ordnungen nicht mehr decken. Die legitim geregelten sozialen Zugehörigkeiten reichen nicht mehr aus und die Ressource „gesellschaftliche Solidarität" verknappt.

(…) bei Störungen des Sozialisationsvorganges, die sich in Psychopathologien und entsprechenden Entfremdungserscheinungen manifestieren. In diesen Fällen reichen die Fähigkeiten der Aktoren nicht aus, die Intersubjektivität gemeinsam definierter Handlungssituationen aufrechtzuerhalten. Das Persönlichkeitssystem kann seine Identität nur noch mit Hilfe von Abwehrstrategien wahren, die eine realitätsgerechte Teilnahme an Interaktionen beeinträchtigen, so daß die Ressource „Ich-Stärke" verknappt.[79]

Rationalisierung der Lebenswelt und wachsender Verständigungsbedarf

Habermas meint nun, dass nur bis an die Schwelle der Moderne die Lebenswelt eine Einheit gebildet hat, wie sie sich in mythischen Erzählungen, religiösen Lehren und metaphysischen Erklärungen spiegelte; mit der Moderne ist die einheitsstiftende Kraft der Mythen, Religionen und metaphysischen Erklärungen weitgehend verloren gegangen.[80] Diesen Vorgang nennt Habermas „Rationalisierung der Lebenswelt":

> Wenn wir bei diesen Trends nur die Freiheitsgrade berücksichtigen, die die strukturellen Komponenten der Lebenswelt gewinnen, ergeben sich als Fluchtpunkte: für die Kultur ein Zustand der Dauerrevision verflüssigter, d.h. reflexiv gewordener Traditionen; für die Gesellschaft ein Zustand der Abhängigkeit legitimer Ordnungen von formalen, letztlich diskursiven Verfahren der Normsetzung und Normbegründung; für die Persönlichkeit ein Zustand der riskanten Selbststeuerung einer hoch abstrakten Ich-Identität.[81]

Die Rationalisierung der Lebenswelt bringt damit einen „Zuwachs an Reflexivität, an Universalismus und an Individuierung";[82] gleichzeitig kann „die ungestörte Reproduktion immer weniger von traditionell eingewöhnten, bewährten und konsentierten Beständen einer konkreten Lebensform garantiert werden", sondern immer mehr nur noch „von den riskant erzielten Konsensen, als den kooperativen Leistungen der kommunikativ Handelnden selbst":[83]

> Je weiter die strukturellen Komponenten der Lebenswelt und die Prozesse, die zu deren Erhaltung beitragen, ausdifferenziert werden, um so mehr treten die Interaktionszusammenhänge unter Bedingungen einer rational motivierten Verständigung, also einer Konsensbildung, die sich *letztlich* auf die Autorität des besseren Arguments stützt.[84]

Die Rationalisierung der Lebenswelt bedeutet daher, dass „das vernünftige Potenzial des verständigungsorientierten Handelns"[85] entbunden wird.

Allerdings bedeutet dies nicht, dass das vernünftige Potenzial verständigungsorientierten Handelns auch tatsächlich genutzt wird. Die rationalisierte Lebenswelt bietet „keineswegs das unschuldige Bild ‚machtfreier Kommunikationssphären'".[86] Habermas will aber die pathologischen Entwicklungen in den modernen Gesellschaften nicht auf die Rationalisierung der Lebenswelt selbst zurückführen (wie etwa Vertreter einer konservativen Kulturkritik). Diese Rationalisierung ist ein wesentlicher Aspekt im „Projekt der Moderne".[87] Die pathologischen Entwicklungen sind vielmehr Folgen, die sich aus den Zwängen der materiellen Reproduktion ergeben. Dazu muss aber das Lebensweltkonzept durch das Systemkonzept erweitert werden.

Gesellschaft als ökonomisches und administratives System

Das Konzept der Lebenswelt allein ist nicht geeignet, Gesellschaft insgesamt zu beschreiben:

> Jede auf Kommunikationstheorie eingeschränkte Gesellschaftstheorie unterliegt Beschränkungen, die beachtet werden müssen. Das Konzept der Lebenswelt, das sich aus der begrifflichen Perspektive des verständigungsorientierten Handelns anbietet, hat nur eine begrenzte gesellschaftstheoretische Reichweite. Ich möchte deshalb vorschlagen, Gesellschaft *gleichzeitig* als System und Lebenswelt zu konzipieren.[88]

In Form einer Theorie der sozialen Evolution[89] zeigt Habermas, wie sich im Laufe der gesellschaftlichen Entwicklung zwei Subsysteme von der Lebenswelt abspalten und verselbstständigen. Es sind dies die Bereiche Wirtschaft und Staat, die in modernen westlichen Gesellschaften als kapitalistische Ökonomie und bürokratische Verwaltung (zu der Habermas auch die Politik zählt) institutionalisiert wurden. Zusammengefasst unter dem Begriff des Systems bilden sie die zweite Ebene der Habermas'schen Gesellschaftstheorie.

Der entscheidende Unterschied zur Lebenswelt liegt darin, dass der Systembereich anderen Bestandserhaltungsimperativen gehorcht als die Lebenswelt. Wirtschaft und Verwaltung funktionieren nicht über kommunikatives Handeln, sondern über egozentrische Nutzenkalkulation. Die Steuerung des Handelns erfolgt in der Ökonomie über Geld, also über monetäre Anreize; im administrativen System ist Macht der integrierende Ordnungsfaktor. Geld und Macht sind auf den lebensweltlichen Mechanismus der sprachlichen Verständigung nicht angewiesen:

> Indem sich die Subsysteme Wirtschaft und Staat über die Medien Geld und Macht aus einem in den Horizont der Lebenswelt eingelassenen Institutionensystem ausdifferenzieren, entstehen *formal organisierte Handlungsbereiche,* die nicht mehr über den Mechanismus der Verständigung integriert werden, die sich von lebensweltlichen Kontexten abstoßen und zu einer Art normfreier Sozialität gerinnen.[90]

Habermas behauptet damit nicht, dass sprachliche Verständigung und kommunikatives Handeln innerhalb von Wirtschaftsbetrieben und Behörden nicht stattfinden würde; worauf er aber hinweist ist, dass die Handelnden nicht genötigt sind, mit kommunikativen Mitteln Konsens zu erzielen. „Organisationsmitglieder handeln kommunikativ *unter Vorbehalt*"[91], d.h. sie wissen, dass es letztlich die rechtlichen und internen Regeln von Betrieben und Verwaltungsbehörden sind, die Entscheidungen herbeiführen.

Die Theorie der Moderne

Mit dem zweistufigen Gesellschaftskonzept hat Habermas „einen grundbegrifflichen Rahmen entwickelt, der natürlich kein Selbstzweck ist. Er soll sich vielmehr an der Aufgabe bewähren, jene Pathologien der Moderne, an denen andere Forschungsansätze aus methodischen Gründen vorbeigehen, zu identifizieren und zu erklären."[92] Ausgangspunkt für Habermas' Theorie der Moderne ist die Frage, „ob nicht die Rationalisierung der Lebenswelt mit dem Übergang zur modernen Gesellschaft paradox wird: – die rationalisierte Lebenswelt ermöglicht die Entstehung und das Wachstum der Subsysteme, deren verselbständigte Imperative auf sie selbst destruktiv zurückschlagen":[93]

> Heute greifen Imperative, sowohl vom ökonomischen wie vom administrativen System her, in Bereiche ein, die von der Lebenswelt sozusagen nicht mehr abgegeben werden können. Um es ganz klotzig zu vereinfachen: Bisher sind die Zerstörungsprozesse, die den Weg der kapitalistischen Modernisierung gesäumt haben, meistens so ausgegangen, daß neue Institutionen entstanden, die soziale Materien aus dem Hoheitsgebiet der Lebenswelt in die mediengesteuerten und formal-rechtlich organisierten Problembereiche überführt haben. Das ging solange gut, wie es sich um Funktionen der materiellen Reproduktion handelte, die nicht unbedingt kommunikativ organisiert werden müssen. Inzwischen scheint es aber so zu sein, daß die systemischen Imperative eingreifen in Handlungsbereiche, von denen man zeigen kann, daß sie, gemessen an der Art ihrer Aufgabe, nicht gelöst werden können,

wenn sie kommunikativ strukturierten Handlungsbereichen entzogen werden. Dabei handelt es sich um Aufgaben der kulturellen Reproduktion, der sozialen Integration und der Sozialisation. Die Frontlinie zwischen Lebenswelt und System bekommt damit eine ganz neue Aktualität. Heute dringen die über die Medien Geld und Macht vermittelten Imperative von Wirtschaft und Verwaltung in Bereiche ein, die irgendwie kaputt gehen, wenn man sie vom verständigungsorientierten Handeln abkoppelt und auf solche mediengesteuerte Interaktionen umstellt.[94]

Habermas' Theorie der Moderne läuft damit auf die These einer *„Kolonialisierung der Lebenswelt"* hinaus: „die Imperative der verselbständigten Subsysteme dringen (…) *von außen* in die Lebenswelt – wie Kolonialherren in eine Stammesgesellschaft – ein und erzwingen die Assimilation".[95]

Das zeigt sich am kapitalistischen Muster der Modernisierung, wonach „Konsumismus und Besitzindividualismus, Leistungs- und Wettbewerbsmotive prägende Kraft" gewinnen.[96] Dabei kommt es aber zu einer pathologischen Verformung lebensweltlicher Strukturen; er nennt:

die Instrumentalisierung der Berufsarbeit, die Mobilisierung am Arbeitsplatz, die Verlängerung von Konkurrenz- und Leistungsdruck bis in die Grundschule, die Monetarisierung von Diensten, Beziehungen und Lebenszeiten. Die konsumistische Umdefinition des persönlichen Lebensbereichs, (…) die Bürokratisierung und Verrechtlichung von privaten, informellen Handlungsbereichen, vor allem die politisch-administrative Erfassung von Schule, Familie, Erziehung, kultureller Reproduktion überhaupt (…).[97]

In einem zweiten Schritt stellt Habermas die Frage, warum nun die Lebenswelt den eindringenden Systemimperativen kein Gegengewicht bietet. Dabei kommt er auf eine andere pathologische Entwicklung in der Moderne: die kulturelle Verarmung. Damit ist gemeint, dass zwar in den Expertenkulturen Fachleute je spezifisch Erkenntnis-, Gerechtigkeits- und Geschmacksfragen bearbeiten und entsprechendes Wissen produzieren;[98] aber:

Als eine Folge dieser Professionalisierung wächst der Abstand zwischen den Expertenkulturen und dem breiten Publikum. Was der Kultur durch spezialisierte Bearbeitung und Reflexion zuwächst, gelangt nicht *ohne weiteres* in den Besitz der Alltagspraxis. Mit der kulturellen Rationalisierung droht vielmehr die in ihrer Traditionssubstanz entwertete Lebenswelt zu verarmen.[99]

Damit aber kommt es zu einer Austrocknung des Bodens wechselseitiger Verständigung. Das Alltagsbewusstsein wird „seiner synthetisierenden Kraft beraubt, es wird *fragmentiert*".[100] Die kommunikative Infrastruktur der Lebenswelt ist somit von zwei ineinandergreifenden, sich gegenseitig verstärkenden Tendenzen bedroht: von *systemisch induzierter Verdinglichung* und *kultureller Verarmung*. Die Lebenswelt wird an verrechtlichte, formal organisierte Handlungsbereiche assimiliert und gleichzeitig vom Zufluß einer ungebrochenen kulturellen Überlieferung abgeschnitten. So verbinden sich in den Deformationen der Alltagspraxis die Erstarrungs- mit den Verödungssymptomen.[101]

Habermas meint aber auch:

Ob die von Weber beschriebenen Bürokratisierungstendenzen jemals den Orwell'schen Zustand erreichen werden, wo alle Integrationsleistungen von dem, wie ich meine, nach wie vor fundamentalen Vergesellschaftungsmechanismus sprachlicher Verständigung auf systemische Mechanismen umgepolt worden sind, und ob ein solcher Zustand ohne eine Umstellung in anthropologisch tiefsitzenden Strukturen überhaupt möglich ist – das ist eine offene Frage.[102]

3. Öffentlichkeit, Massenmedien und Demokratie

In Habermas' zweistufigem Gesellschaftskonzept hat der Bereich der Öffentlichkeit eine wichtige Stellung. Öffentlichkeit und Privatsphäre bilden die zwei institutionellen Komponenten der Lebenswelt, wobei Habermas zwischen politischer und kultureller Öffentlichkeit unterscheidet. Während die Privatsphäre im Kern von der Kleinfamilie (bzw. Nachbarschaften, Freundeskreisen etc.) getragen wird, sind es im Bereich der politischen und kulturellen Öffentlichkeiten Kommunikationsnetze (Massenmedien), die die Infrastruktur von Öffentlichkeiten bilden. Diese institutionellen Komponenten der Lebenswelt entsprechen deren symbolischen Strukturen (Person, Kultur, Gesellschaft) und den entsprechenden Reproduktionsprozessen.[103] Die jeweiligen *Zuordnungen* bringt das folgende Schema zum Ausdruck:

Lebenswelt		
Gesellschaft	Kultur	Person
politische Öffentlichkeit	kulturelle Öffentlichkeit	Privatsphäre
Kommunikationsnetze	Kommunikationsnetze	Kleinfamilie
soziale Integration	kulturelle Reproduktion	Sozialisation

In der gesellschaftlichen Komponente der Lebenswelt manifestiert sich ein interner Zusammenhang zwischen verständigungsorientierter Kommunikation, politischer Öffentlichkeit, Massenmedien und Demokratie. Die in der Theorie der Moderne diagnostizierte Kolonialisierung der Lebenswelt bedeutet hier eine Vermachtung von Öffentlichkeit durch den manipulativen Einsatz massenmedialer Technologien, deren Folge eine erhebliches Demokratiedefizit ist.

Öffentlichkeit als normativer Begriff

Die Öffentlichkeit ist für Habermas eine Institution der Lebenswelt. In der politischen Öffentlichkeit geht es um die Besorgung der öffentlichen Angelegenheiten, also um die Frage der Regelung des gesellschaftlichen Zusammenlebens. Dies erfordert die Schaffung des notwendigen Maßes an gesellschaftlicher Solidarität als Basis für soziale Integration.

Diese soziale Integration erfolgte in vormodernen Gesellschaften durch die einheitsstiftende Kraft der überlieferten Traditionen. Mit dem Übergang zur Moderne zerfallen diese vorgegebenen Sinn- und Deutungsmuster; damit entsteht aber auch die Möglichkeit und Notwendigkeit mittels des Mechanismus sprachlicher Verständigung einen gesellschaftlichen Konsens herzustellen. Dieser artikuliert sich in der ‚öffentlichen Meinung', und erhebt den Anspruch, das Resultat autonomer gesellschaftlicher Meinungs- und Willensbildungsprozesse zu sein.

Die politische Öffentlichkeit ist damit der Raum, innerhalb dessen konfliktträchtige gesellschaftliche Materien rational geregelt werden sollen; rational heißt: im gemeinsamen Interesse der Betroffenen. Der Mechanismus dazu ist die öffentliche Argumentation, der öffentliche Diskurs.[104] Dieser bindet
> die Gültigkeit von Normen an die Möglichkeit einer begründeten Zustimmung von seiten aller möglicherweise Betroffenen, soweit diese *die Rolle von Argumentationsteilnehmern* übernehmen. Nach dieser Lesart ist die Klärung politischer Fragen, soweit es ihren moralischen Kern betrifft, auf die Einrichtung einer öffentlichen Argumentationspraxis angewiesen.[105]

Dies wiederum erfordert die annähernde Erfüllung der anspruchsvollen Voraussetzungen für kommunikative Verständigung. Faire Verhandlungen und zwanglose Argumentationen verlangen etwa „die vollständige Inklusion aller möglicherweise Betroffenen, die Gleichberechtigung der Parteien, Zwanglosigkeit der Interaktion, Offenheit für Themen und Beiträge, Revidierbarkeit der Ergebnisse usw.".[106]

Wenn dieses normative Öffentlichkeitsmodell „auf hochkomplexe Gesellschaften noch realistisch Anwendung finden soll", muss es „von der konkretistischen Deutung einer Verkörperung in physisch anwesenden, partizipierenden und mitbestimmenden Gliedern eines Kollektivs abgelöst werden"[107] – dennoch:

> Die Idee eines Willensbildungsprozesses, an dem alle Betroffenen als Freie und Gleiche teilnehmen ist eins, die Organisation von meinungs- und willensbildenden Diskursen und Verhandlungen, die unter gegebenen Umständen dieser Idee möglichst nahe kommt, ein anderes.[108]

Strukturwandel und Kolonialisierung der Öffentlichkeit

In seiner Habilitationsschrift „Strukturwandel der Öffentlichkeit"[109] entwickelte Habermas die Entstehung und das Konzept der bürgerlichen Öffentlichkeit „aus den historischen Kontexten der englischen, französischen und deutschen Entwicklung im 18. und frühen 19. Jahrhundert".[110,111] Dieser Zeitabschnitt ist nicht zufällig gewählt, denn die Entstehung einer Öffentlichkeit fällt zusammen mit der Entwicklung der bürgerlichen Gesellschaft. Im Mittelalter war Öffentlichkeit bloß ‚repräsentative Öffentlichkeit': „Hier bildet das Volk die Kulisse, vor der die Herrschaftsstände, Adelige, kirchliche Würdenträger, Könige usw. sich selbst und ihren Status darstellen."[112] Anders in der bürgerlichen Öffentlichkeit: Sie trennt sich von der ‚öffentlichen Gewalt' des Staates und bildet eine Art (bürgerliche) Gegenöffentlichkeit, zunächst literarisch und kunstkritisch geprägt, die sich alsbald auch ihre eigenen Medien schafft:

> In Deutschland hat sich bis zum Ende des 18. Jahrhunderts „eine kleine, aber kritisch diskutierende Öffentlichkeit" herausgebildet. Mit einem vor allem aus Stadtbürgern und Bürgerlichen zusammengesetzten, über die Gelehrtenrepublik hinausgreifenden allgemeinen Lesepublikum, das nun nicht mehr nur wenige Standardwerke immer wieder intensiv liest, sondern seine Lektüregewohnheiten auf laufende Neuerscheinungen einstellt, entsteht gleichsam aus der Mitte der Privatsphäre heraus ein relativ dichtes Netz öffentlicher Kommunikation. Der sprunghaft ansteigenden Zahl der Leser entspricht eine erheblich erweiterte Produktion von Büchern, Zeitschriften und Zeitun-

gen, die Zunahme der Schriftsteller, der Verlage und Buchhandlungen, die Gründung von Leihbibliotheken und Lesekabinetten, vor allem von Lesegesellschaften als der sozialen Knotenpunkte einer neuen Lesekultur. Anerkannt ist inzwischen auch die Relevanz des in der deutschen Spätaufklärung entstehenden Vereinswesens; es erhielt eine zukunftsweisende Bedeutung eher durch seine Organisationsformen als durch seine manifesten Funktionen. Die Aufklärungsgesellschaften, Bildungsvereinigungen, freimaurerischen Geheimbünde und Illuminatenorden waren Assoziationen, die sich durch die freien, d.h. privaten Entscheidungen ihrer Gründungsmitglieder konstituierten, aus freiwilligen Mitgliedern rekrutierten und im Innern egalitäre Verkehrsformen, Diskussionsfreiheit, Majoritätsentscheidungen usw. praktizierten. In diesen gewiß noch bürgerlich exklusiv zusammengesetzten Sozietäten konnten die politischen Gleichheitsnormen einer zukünftigen Gesellschaft eingeübt werden.[113]

Der nächste Entwicklungsschritt besteht in einem Funktionswandel in Richtung auf eine politische Öffentlichkeit:

Die Französische Revolution wurde dann zum Auslöser eines Politisierungsschubes einer zunächst literarisch und kunstkritisch geprägten Öffentlichkeit. Das gilt nicht nur für Frankreich, sondern auch für Deutschland. Eine „Politisierung des gesellschaftlichen Lebens", der Aufstieg der Meinungspresse, der Kampf gegen Zensur und für Meinungsfreiheit kennzeichnen den Funktionswandel des expandierenden Netzes öffentlicher Kommunikation bis zur Mitte des 19. Jahrhunderts. Die Zensurpolitik, mit der sich die Staaten des Deutschen Bundes gegen die bis 1848 verzögerte Institutionalisierung einer politischen Öffentlichkeit wehren, zieht Literatur und Kritik nur um so gewisser in den Strudel der Politisierung.[114]

Die Teilnahme an der bürgerlichen Öffentlichkeit war zwar de facto auf die erwachsenen, vermögenden und gebildeten Männer beschränkt, dennoch war der Anspruch im Prinzip kein klassenspezifischer, denn der ‚bourgeois' verstand sich zugleich als ‚homme'.[115]

Im Zuge der Durchsetzung der kapitalistischen Produktionsweise ändert sich das Verhältnis von Staat und Gesellschaft. Vor diesem Hintergrund vollzieht sich ein allmählicher *Strukturwandel der Öffentlichkeit:*

Einerseits ist die Fiktion einer Herrschaft auflösenden diskursiven Willensbildung zum ersten Mal im politischen System des bürgerlichen Rechtsstaates wirksam institutionalisiert worden; andererseits zeigt sich die Unvereinbarkeit der Imperative des kapitalistischen Wirtschaftssystems mit Forderungen eines demokratisierten Willensbildungsprozesses. Das Prinzip der Publizität, das auf der Grundlage eines Publikums gebildeter, räsonierender und kunstgenießender Privatleute und im Medium der bürgerlichen Presse zunächst in eindeutig kritischer Funktion gegen die Geheimpraxis des absolutistischen Staates durchgesetzt und in den Verfahrensweisen der rechtsstaatlichen Organe verankert worden war, wird zu demonstrativen und manipulativen Zwecken umfunktioniert.[116]

Öffentlichkeit gerät mehr und mehr von einem Ort spontaner Meinungs- und Willensbildung zu einer, durch das politisch-administrative System vermachteten Arena und erfüllt damit „Funktionen der Einflußnahme auf Entscheidungen von Konsumenten, Wählern und Klienten von seiten der Organisationen, die in eine massenmediale Öffentlichkeit intervenieren, um Kaufkraft, Loyalität oder Wohlverhalten zu mobilisieren"[117] – Öffentlichkeit wird von der administrativen Macht kolonialisiert.[118] Schon das Wort ‚Öffentlichkeitsarbeit' verrate, „daß umständlich und von Fall zu Fall eine ‚Öffentlichkeit' erst hergestellt werden muß, die sich früher aus der Gesellschaftsstruktur ergab".[119]

> Das politische System sichert Massenloyalität auf positivem wie auf selektivem Wege, und zwar positiv durch Aussicht auf Einlösung sozialstaatlicher Programmatiken, selektiv durch Ausschluß von Themen und Beiträgen aus der öffentlichen Diskussion. Dies wiederum kann durch sozialstrukturelle *Filter* des Zugangs zur politischen Öffentlichkeit, durch die bürokratische *Verformung* der Strukturen öffentlicher Kommunikation oder durch eine manipulative *Steuerung* von Kommunikationsflüssen geschehen.[120]

Allerdings hält Habermas diesen Prozess weder für theoretisch vorentschieden noch für empirisch abgeschlossen oder unumkehrbar.[121]

Kommunikativ erzeugte Macht in autonomen Öffentlichkeiten

In seiner Diagnose der Pathologien der Moderne ist Habermas zwar der Ansicht, dass die Kolonialisierung der politischen Öffentlichkeit durch das administrative System wohl sehr weit fortgeschritten ist, dennoch stehe die öffentliche Meinungs- und Willensbildung nie restlos den manipulativen Bestrebungen zur Verfügung. Die Ergebnisse von Wahlen oder demoskopischen Umfragen repräsentieren immer eine Mischform zwischen manipulativen Einflüssen und lebensweltlich-autonomen Wert- und Normbildungsprozessen.[122] Diese beiden Imperative prallen in der politischen Öffentlichkeit zusammen:

> Hier begegnen und durchkreuzen sich zwei gegenläufige Tendenzen: die aus demokratischen Meinungs- und Willensbildungsprozessen hervorgehende, kommunikativ erzeugte Macht (H. Arendt) stößt auf eine Legitimationsbeschaffung durchs (und fürs) administrative System. Wie sich diese beiden Prozesse, also die mehr oder weniger spontane Meinungs- und Willensbildung in öffentlichen Kommunikationskreisläufen einerseits und die organisierte Beschaffung von Massenloyalität andererseits, aneinander abarbeiten, und wer wen überwältigt, ist eine empirische Frage.[123]

Damit stellt sich aber auch die praktisch-politische Frage, wie die administrativen Manipulationstendenzen eingeschränkt werden können. Die Chance dazu sieht Habermas in einer lebensweltlich-kommunikativ verankerten Gegenmacht: „Die administrative Macht kann sich nicht selbst begrenzen, sie muß – wie Hannah Arendt sagt – von der kommunikativ erzeugten Macht derer, die gegenseitig ein Interesse *aneinander* nehmen, begrenzt werden."[124,125] Für Habermas kann diese ‚kommunikativ erzeugte Macht' aber nicht von einem gesellschaftlichen Makrosubjekt ausgehen; vielmehr ist es eine Vielzahl von kleinen Teil-Öffentlichkeiten, die, in meinungsbildender Konkurrenz zueinander, eine kommunikative Gegenmacht erzeugen müssten. Habermas spricht von autonomen Öffentlichkeiten: „Autonom nenne ich Öffentlichkeiten, die nicht vom politischen System zu Zwecken der Legitimationsbeschaffung erzeugt und ausgehalten werden."[126] Diese entstehen aus dem Mikrobereich der lebensweltlichen Alltagspraxis:

> Es handelt sich also um meinungsbildende Assoziationen. Sie gehören nicht wie hochgradig verstaatlichte politische Parteien zum administrativen System, erzielen

aber über publizistischen Einfluß politische Wirkungen, weil sie entweder direkt an der öffentlichen Kommunikation teilnehmen oder, wie z.B. alternative Projekte, wegen des programmatischen Charakters ihrer Tätigkeiten durch ihr Beispiel einen impliziten Beitrag zur öffentlichen Diskussion leisten.[127]
Habermas sieht darin auch den institutionellen Kern einer ‚Zivilgesellschaft' und versteht darunter
> nicht-staatliche und nicht-ökonomische Zusammenschlüsse auf freiwilliger Basis, die, um nur unsystematisch einige Beispiele zu nennen, von Kirchen, kulturellen Vereinigungen und Akademien über unabhängige Medien, Sport- und Freizeitvereine, Debattierclubs, Bürgerforen und Bürgerinitiativen bis zu Berufsverbänden, politischen Parteien, Gewerkschaften und alternativen Einrichtungen reichen.[128]

Allerdings dürfen diese „basisnahen Organisationen"
> die Schwelle zur formalen, zum System verselbständigten Organisation nicht überschreiten. Sonst bezahlen sie den unbestreitbaren Komplexitätsgewinn damit, daß sich die Organisationsziele von den Orientierungen und Einstellungen der Mitglieder lösen und stattdessen in die Abhängigkeit von Imperativen der Erhaltung und Erweiterung des Organisationsbestandes geraten;

autonome, selbst organisierte Öffentlichkeiten müssten demnach „die kluge Kombination von Macht und intelligenter Selbstbeschränkung entwickeln".[129]

Das ambivalente Potential der Massenmedien

Im Mikrobereich des kommunikativen Alltags sind die Prozesse der sprachlichen Verständigung räumlich und zeitlich begrenzt. Für eine Überwindung dieser raum-zeitlichen Begrenzung sind Kommunikationstechnologien notwendig; generalisierte Formen der Kommunikation stellen die Medien der Massenkommunikation dar:
> Diese bilden technische Verstärker der sprachlichen Kommunikation, die räumliche und zeitliche Distanzen überbrücken und die Kommunikationsmöglichkeiten multiplizieren, das Netz kommunikativen Handelns verdichten, ohne aber die Handlungsorientierungen von lebensweltlichen Kontexten überhaupt abzukoppeln.[130]

Massenmedien erfüllen damit zugleich die Funktion der Herstellung von Öffentlichkeit – sie bilden deren Infrastruktur:
> Sie lösen Kommunikationsvorgänge aus der Provinzialität raumzeitlich beschränkter Kontexte und lassen Öffentlichkeit entstehen, indem sie die abstrakte Gleichzeitigkeit eines virtuell präsent gehaltenen Netzes von räumlich und zeitlich weit entfernten Kommunikationsinhalten herstellen und Botschaften für vervielfältigte Kontexte verfügbar halten.[131]

Schrift, Druckpresse und elektronische Medien sind die evolutionär bedeutsamsten Innovationen:[132]
> Kommunikationstechnologien, wie zunächst Buchdruck und Presse, dann Radio und Television, machen Äußerungen für beinahe beliebige Kontexte verfügbar und ermöglichen ein hoch differenziertes Netz von lokalen und überregionalen, von literarischen, wissenschaftlichen und politischen, von innerparteilichen oder verbandsspezifischen, von medienabhängigen oder subkulturellen Öffentlichkeiten.[133]

Allerdings ist das Potential der Massenmedien ambivalent:

Diese *Medienöffentlichkeiten hierarchisieren* und *entschränken* den Horizont möglicher Kommunikationen zugleich; der eine Aspekt läßt sich vom anderen nicht trennen – und darin ist ihr *ambivalentes Potential* begründet. Die Massenmedien können, soweit sie Kommunikationsflüsse in einem zentralisierten Netzwerk einseitig, von der Mitte zur Peripherie oder von oben nach unten kanalisieren, die Wirksamkeit sozialer Kontrollen erheblich verstärken. Die Ausschöpfung dieses *autoritären Potentials* bleibt aber stets prekär, weil in die Kommunikationsstrukturen selber das Gegengewicht eines *emanzipatorischen Potentials* eingebaut ist. Die Massenmedien können Verständigungsprozesse gleichzeitig aufstufen, raffen und verdichten, aber die Interaktionen nur in erster Instanz von den Ja/Nein-Stellungnahmen zu kritisierbaren Geltungsansprüchen entlasten; auch die abstrahierten und gebündelten Kommunikationen können nicht zuverlässig gegen die Widerspruchsmöglichkeiten zurechnungsfähiger Aktoren abgeschirmt werden.[134]

Manipulativ eingesetzte Medienmacht

Wie schon zuvor das Diskursmodell der Öffentlichkeit, trifft auch das Medienkonzept keine theoretische Vorentscheidung hinsichtlich der Frage, welches Potenzial die Massenmedien in konkret-historischen Gesellschaften entfalten. Vielmehr ist es ein Analyseinstrument, mit dessen Hilfe eine Diagnose empirischer Kommunikationsverhältnisse ermöglicht werden soll.

Massive Tendenzen einer Ausschöpfung des autoritären Potentials der Massenmedien hat Habermas bereits im Zuge des Strukturwandels der Öffentlichkeit diagnostiziert. Die sukzessive Vermachtung der Öffentlichkeit durch das politisch-administrative System wurde möglich durch

eine neue Kategorie von Einfluß, nämlich eine Medienmacht, die, manipulativ eingesetzt, dem Prinzip der Publizität seine Unschuld raubte. Die durch Massenmedien zugleich vorstrukturierte und beherrschte Öffentlichkeit wuchs sich zu einer vermachteten Arena aus, in der mit Themen und Beiträgen nicht nur um Einfluß, sondern um eine in ihren strategischen Intentionen möglichst verborgenen Steuerung verhaltenswirksamer Kommunikationsflüsse gerungen wird.[135]

Die manipulativ eingesetzte Medienmacht verhindert die Entfaltung des emanzipatorischen Potentials und lässt das autoritäre immer stärker hervortreten:

Das immer dichter gespannte Kommunikationsnetz der elektronischen Massenmedien ist heute, obgleich es technisch ein Potential der Befreiung darstellt, so organisiert, daß es eher die Loyalität einer entpolitisierten Bevölkerung kontrolliert als daß es dazu diente, die staatlichen und gesellschaftlichen Kontrollen ihrerseits einer dezentralisierten, folgenreich kanalisierten und entschränkten diskursiven Willensbildung zu unterwerfen.[136]

Die Ausschöpfung des autoritären Medienpotentials kann sowohl über die Organisationsform als auch über die inhaltliche Struktur erfolgen. Organisatorisch durch eine stärkere Kanalisierung einbahniger, nicht umkehrbarer, von oben nach unten laufender Kommunikationsströme in zentralisierten und konzentrierten massenmedialen Netzwerken; damit verschärfen sich die Zugangschancen zur öffentlichen Kommunikation, ebenso erleichtert es den Ausschluss von Themen und Beiträgen aus der öffentlichen Diskussion. Eine auf einen passiven, ablenkenden, privatisierten Verbrauch von Informationen abgestellte inhaltliche Struktur befördert eine Fragmentierung des Alltags-

bewusstseins[137] und verhindert damit die Bildung kommunikativer Macht:
Dafür spricht die Funktionsweise elektronischer Medien, überhaupt eine Entwicklung der organisierten Kommunikationsstrukturen, die zentral ausgestrahlte, vertikale, einbahnig verlaufende und privatim verarbeitete Informationsflüsse aus zweiter und dritter Hand privilegiert. Wir beobachten eine zunehmende Substituierung von Worten durch Bilder, auch jene Vermischung von Kategorien wie Werbung, Politik, Unterhaltung, Information, die schon Adorno kritisiert hat.[138]

Emanzipatorischer Gebrauch von Medien in autonomen Öffentlichkeiten

Trotz der Diagnose von der manipulativ eingesetzten Medienmacht behauptet Habermas keine geradlinige Entwicklung vom politisch Aktiven zum privatistischen Medienpublikum. Nach wie vor bestehe eine Resistenzfähigkeit und ein kritisches Potenzial eines „pluralistischen, nach innen weit differenzierten Massenpublikums":[139,140]
Soweit die Kommunikationsforschung nicht empiristisch verkürzt wird und Dimensionen der Verdinglichung kommunikativer Alltagspraxis überhaupt berücksichtigt, bestätigt sie diese Ambivalenz. Wohl bieten vor allem Rezeptionsforschung und Programmanalyse immer wieder Beispiele für jene kulturkritischen Thesen, die vor allem Adorno mit einer gewissen Überprägnanz entwickelt hat. Inzwischen sind aber ebenso energisch die Widersprüche herausgearbeitet worden, die daraus resultieren,
– daß die Sendeanstalten konkurrierenden Interessen ausgesetzt sind und ökonomische, politisch-ideologische, professionelle und medienästhetische Gesichtspunkte keineswegs bruchlos integrieren können;
– daß sich Massenmedien den Verpflichtungen, die ihnen aus ihrem journalistischen Auftrag erwachsen, normalerweise nicht konfliktfrei entziehen können;
– daß die Sendungen keineswegs nur oder auch nur überwiegend den Standards der Massenkultur entsprechen, und selbst dann, wenn sie die trivialen Formen populärer Unterhaltung annehmen, sehr wohl kritische Botschaften enthalten können – „popular culture as popular revenge";
– daß ideologische Botschaften ihren Adressaten verfehlen, weil die intendierte Bedeutung unter Rezeptionsbedingungen eines bestimmten subkulturellen Hintergrundes in ihr Gegenteil verkehrt wird;
– daß sich der Eigensinn der kommunikativen Alltagspraxis gegen einen manipulativen Zugriff der Massenmedien zur Wehr setzt; und daß
– die technische Entwicklung der elektronischen Medien nicht notwendig in Richtung einer Zentralisierung der Netzwerke verläuft, wenn auch „video-pluralism" und „television democracy" vorerst nicht viel mehr als anarchistische Visionen sind.[141]
Die Chancen für eine Entfaltung des emanzipatorischen Potenzials der Medien sieht Habermas am ehesten dann gegeben, wenn sich aus dem Mikrobereich der Alltagspraxis heraus Zentren verdichteter Kommunikation bilden.[142] „Auf solchen Schauplätzen können sich autonome Öffentlichkeiten bilden, die auch miteinander in Kommunikation treten, sobald das Potenzial zur Selbstorganisation und zum selbstorganisierten Gebrauch von Kommunikationsmedien genutzt wird."[143] Allerdings stellt sich hier eine andere Frage,
die ohne erheblichen empirischen Aufwand nicht beantwortet werden kann: ob und in welchem Umfang eine von Massenmedien beherrschte Öffentlichkeit den Trä-

gern der Zivilgesellschaft Chancen einräumt, mit der Medienmacht der politischen und wirtschaftlichen Invasoren aussichtsreich zu konkurrieren, also das Spektrum der durch Einflußnahme von außen kanalisierten Werte, Themen und Gründe zu verändern, innovativ zu entschränken und kritisch zu filtern.[144]

Der Diskursbegriff der Demokratie

Das kommunikative Modell politischer Öffentlichkeit ist für Habermas auch die Antwort auf die Frage nach einem Verfahren der demokratischen Meinungs- und Willensbildung, in dem sich die Volkssouveränität zur Geltung bringen kann. Damit erhält dieses Modell unmittelbare Relevanz für die Demokratietheorie:
> Deshalb eignet sich „politische Öffentlichkeit" als Inbegriff derjenigen Kommunikationsbedingungen, unter denen eine diskursive Meinungs- und Willensbildung eines Publikums von Staatsbürgern zustande kommen kann, zum Grundbegriff einer normativ angelegten Demokratietheorie.[145]

Habermas spricht daher auch von einem „Diskursbegriff der Demokratie", der „auf die politische Mobilisierung und Nutzung der Produktivkraft Kommunikation" vertraut.[146]

Dabei unterscheidet er zwischen mindestens zwei Ebenen politischer Willensbildung: die durch Regierung, Gesetzgebung und Rechtsprechung institutionell verfasste und rechtsstaatlich abgesicherte Ebene von Kommunikations- und Entscheidungsprozessen; diese demokratisch verfassten Körperschaften sind notwendig, weil die Verantwortung für praktisch folgenreiche Beschlüsse eine institutionelle Zuordnung verlangt.[147] Allerdings:
> Der normative Gehalt eines Demokratiebegriffs, der auf diskursförmige Wert- und Normbildungsprozesse in öffentlichen Kommunikationen bezogen ist, erschöpft sich freilich nicht in geeigneten institutionellen Arrangements auf der Ebene des demokratischen Rechtsstaates. Er weist vielmehr über die formal *verfaßten* Kommunikations- und Entscheidungsprozesse hinaus. Die in Körperschaften organisierte Meinungsbildung, die zu verantwortlichen Entscheidungen führt, kann dem Ziel der kooperativen Wahrheitssuche nur in dem Maße gerecht werden, wie sie *durchlässig* bleibt für frei flottierende Werte, Themen, Beiträge und Argumente einer sie *umgebenden* politischen Kommunikation. Diese muß grundrechtlich ermöglicht, aber sie kann nicht im ganzen organisiert werden. Die diskurstheoretisch begründete Erwartung vernünftiger Ergebnisse gründet sich vielmehr auf das Zusammenspiel der institutionell verfaßten politischen Willensbildung mit den spontanen, nichtvermachteten Kommunikationsströmen einer nicht auf Beschlußfassung, sondern auf Entdeckung und Problemlösung programmierten, in diesem Sinne *nicht-organisierten* Öffentlichkeit.[148]

Autonome Öffentlichkeiten müssten eine kommunikative Macht erzeugen, d.h. „Themen von gesamtgesellschaftlicher Relevanz entdecken, Werte interpretieren, Beiträge zu Problemlösungen leisten, gute Gründe produzieren und schlechte entwerten".[149] Diese kommunikative Macht lebensweltlich verankerter Basisgruppen
> kann in der Weise auf das administrative System einwirken, daß sie den Pool von Gründen bewirtschaftet, aus dem sich administrative Entscheidungen, die unter rechtsstaatlichen Beschränkungen stehen, alimentieren müssen. Es „geht" eben nicht alles, was für das administrative System machbar wäre, wenn die ihm vorgeschalte-

te politische Kommunikation und Willensbildung die erforderlichen Gründe diskursiv entwertet hat.[150]
Die autonomen Öffentlichkeiten repräsentieren zwar die „Macht öffentlicher Diskurse", aber:
Diskurse herrschen nicht. Sie erzeugen eine kommunikative Macht, die die administrative nicht ersetzen, sondern nur beeinflussen kann. Dieser Einfluß beschränkt sich auf die Beschaffung und den Entzug von Legitimation. Die kommunikative Macht kann den systematischen Eigensinn öffentlicher Bürokratien, auf die sie „im Modus der Belagerung" einwirkt, nicht ersetzen.[151]
Habermas plädiert daher für eine neue Gewaltenteilung:
Ziel ist nicht mehr schlechthin die „Aufhebung" eines kapitalistisch verselbständigten Wirtschafts- und eines bürokratisch verselbständigten Herrschaftssystems, sondern die demokratische Eindämmung der kolonialisierenden *Übergriffe* der Systemimperative auf lebensweltliche Bereiche. (…) Eine radikaldemokratische Veränderung des Legitimationsmodus zielt ab auf eine neue Balance zwischen den Gewalten der gesellschaftlichen Integration, so daß sich die sozialintegrative Kraft der Solidarität – die „Produktivkraft Kommunikation" – gegen die „Gewalten" der beiden anderen Steuerungsressourcen, Geld und administrative Macht, durchsetzen und damit die an Gebrauchswerten orientierten Forderungen der Lebenswelt zur Geltung bringen kann.[152,153]

ABKÜRZUNGEN DER ZITIERTEN SCHRIFTEN VON HABERMAS

StW   Strukturwandel der Öffentlichkeit. Untersuchungen zu einer Kategorie der bürgerlichen Gesellschaft. Mit einem Vorwort zur Neuauflage 1990, Frankfurt a.M.: Suhrkamp 1990 (erstmals 1962); 391 Seiten.

TuP   Theorie und Praxis. Sozialphilosophische Studien. Frankfurt a.M.: Suhrkamp 1971. (Neuausgabe; erstmals 1963; hier zitiert nach der 3. Aufl. 1982); 473 Seiten.

TkK   Vorbereitende Bemerkungen zu einer Theorie der kommunikativen Kompetenz. In: Habermas, Jürgen/Luhmann, Niklas: Theorie der Gesellschaft oder Sozialtechnologie. Was leistet die Systemforschung? Frankfurt a.M.: Suhrkamp 1971, S. 101–141.

TKH   Theorie des kommunikativen Handelns. Bd. I: Handlungsrationalität und gesellschaftliche Rationalisierung. Bd. II: Zur Kritik der funktionalistischen Vernunft. Frankfurt a.M.: Suhrkamp 1981; Bd. I: 534 Seiten; Bd. II: 633 Seiten.

MkH   Moralbewußtsein und kommunikatives Handeln. Frankfurt a.M.: Suhrkamp 1983; 208 Seiten.

VuE   Vorstudien und Ergänzungen zur Theorie des kommunikativen Handelns. Frankfurt a.M.: Suhrkamp 1984 (enthält u.a. auch: Was heißt Universalpragmatik?, S. 353–440).

PDM   Der philosophische Diskurs der Moderne. Zwölf Vorlesungen. Frankfurt a.M.: Suhrkamp 1985; 450 Seiten.

DnU   Die neue Unübersichtlichkeit. Kleine politische Schriften V. Frankfurt a.M.: Suhrkamp 1985; 268 Seiten.

KH   Kommunikatives Handeln. Beiträge zu Jürgen Habermas' „Theorie des kommunikativen Handelns". Herausgegeben von Axel Honneth und Hans Joas. Frankfurt a.M.: Suhrkamp 1986. Hier zitiert aus: Jürgen Habermas: „Entgegnung", S. 327–405.

ND   Nachmetaphysisches Denken. Philosophische Aufsätze. Frankfurt a.M.: Suhrkamp 1988; 286 Seiten.

DnR   Die nachholende Revolution. Kleine Politische Schriften VII. Frankfurt a.M.: Suhrkamp 1990; 224 Seiten.

ANMERKUNGEN

1 TKH II, S. 562.
2 Vgl. dazu z.B. den Versuch, auf der Basis der Theorie des kommunikativen Handelns eine kommunikationswissenschaftlich fundierte Theorie für Öffentlichkeitsarbeit zu entwerfen, aus der sich wiederum praxisrelevante Forderungen für konkrete PR-Arbeit ergeben: Roland Burkart/Sabine Probst: Verständigungsorientierte Öffentlichkeitsarbeit: eine kommunikationstheoretisch begründete Perspektive. In: Publizistik, 36. Jg. 1991, H. 1, S. 56–76.
3 Wilhelm von Humboldt, zitiert nach KH, S. 397, Fußnote 7.
4 TkK, S. 114.
5 VuE, S. 497.
6 Habermas schränkt damit Humankommunikation keineswegs auf *sprachliche* Kommunikation ein; allerdings ist diese „auf soziokultureller Entwicklungsstufe (…) das spezifische Medium der Verständigung". Vgl. VuE, S. 353.
7 DnU, S. 173.
8 VuE, S. 355.
9 Ebd., S. 595–596.
10 Vgl. ebd., S. 355.
11 Habermas spricht diesbezüglich auch von der „Minimalbedeutung" von Verständigung. Vgl. ebd.
12 Vgl. TKH I, S. 386.
13 Vgl. ebd., S. 387.
14 Ebd., S. 28.
15 Ebd., S. 114.
16 VuE, S. 114.
17 ND, S. 201.
18 VuE, S. 503.
19 Ebd., S. 574.
20 MkH, S. 145.
21 ND, S. 133.
22 Vgl. TKH I, S. 388.
23 Ebd., S. 445–446.
24 Vgl. auch das Schema ebd., S. 446.
25 Ebd., S. 386.
26 Vgl. VuE, S. 387.
27 Ausgeführt vor allem in den beiden Arbeiten: TkK und „Was heißt Universalpragmatik?" (enthalten in: VuE).
28 VuE, S. 353.
29 Ebd., S. 548–549.
30 TkK, S. 106.
31 VuE, S. 78.
32 TkK, S. 105.
33 Vgl. VuE, S. 406.
34 VuE, S. 111.
35 Ebd., S. 114.
36 TKH I, S. 413.
37 VuE, S. 552.
38 TKH I, S. 413.
39 MkH, S. 68.
40 ND, S. 147.
41 VuE, S. 548–549.
42 TKH I, S. 37.
43 ND, S. 89–90.
44 Ebd., S. 89.
45 VuE, S. 574.
46 Ebd., S. 110–111.
47 TKH I, S. 48.
48 Ebd., S. 38.
49 Ebd., S. 39.
50 Ebd., S. 69.
51 Als Spezialformen nennt Habermas noch: den explikativen Diskurs, in dem die Verständlichkeit und Wohlgeformtheit explizit thematisiert wird; weiter die ästhetische Kritik, in der es um die Angemessenheit von Wertmaßstäben geht, sowie die therapeutische Kritik, die der Aufklärung über Selbsttäuschung dient. Vgl. ebd., S. 45.
52 VuE, S. 116.
53 Ebd., S. 177.
54 Ebd., S. 553.
55 PDM, S. 376.
56 VuE, S. 500.
57 Vgl. dazu S. 55.
58 ND, S. 84.
59 DnU, S. 243.
60 StW, S. 42.
61 Vgl. TKH I, S. 126–141, 377–385.
62 VuE, S. 575–576.
63 Vgl. ebd., S. 602.
64 Ebd., S. 541.
65 ND, S. 69.
66 TKH II, S. 267.
67 VuE, S. 576.
68 MkH, S. 144–145.
69 VuE, S. 499.
70 Ebd., S. 503.
71 Vgl. TKH I, S. 384.
72 Vgl. S. 49.
73 PDM, S. 348.
74 Vgl. TKH II, S. 204–205.

[75] PDM, S. 397–398.
[76] Vgl. TKH II, S. 458, 471.
[77] Ebd., S. 208.
[78] Ebd., S. 208–209.
[79] Ebd., S. 212–213.
[80] Vgl. ND, S. 25.
[81] PDM, S. 399–400.
[82] Ebd., S. 400.
[83] Ebd., S. 399.
[84] TKH II, S. 218.
[85] PDM, S. 401.
[86] KH, S. 383.
[87] Vgl. Die Moderne – ein unvollendetes Projekt. In: Kleine Politische Schriften (I – V). Frankfurt a.M. 1981, S. 444–464.
[88] TKH II, S. 180.
[89] Vgl. ebd., S. 230.
[90] Ebd., S. 455.
[91] Ebd., S. 460.
[92] Ebd., S. 554.
[93] Ebd., S. 277.
[94] DnU, S. 189.
[95] TKH II, S. 522.
[96] Ebd., S. 480.
[97] Vgl. die „Einleitung" in Jürgen Habermas (Hrsg.): Stichworte zur geistigen Situation der Zeit. Bd. 1.: Nation und Republik. Frankfurt a.M. 1979 (zitiert nach 4. Aufl. 1982), S. 27.
[98] Vgl. S. 49.
[99] TKH II, S. 482.
[100] Ebd., S. 521.
[101] Ebd., S. 483.
[102] Ebd., S. 462.
[103] Vgl. ebd., S. 471–472.
[104] Vgl. StW, S. 29.
[105] Ebd., S. 40.
[106] Ebd., S. 41.
[107] Ebd., S. 43.
[108] DnU, S. 254.
[109] Erstmals erschienen 1962.
[110] StW, S. 12–13.
[111] Während Habermas hier noch „in einer epochenspezifisch auftretenden Formation der Öffentlichkeit nach normativen Potenzialen" fahndet, legt er in der TKH die Fundamente tiefer: „Die Theorie des kommunikativen Handelns soll ein in der kommunikativen Alltagspraxis selbst angelegtes Vernunftpotential freilegen." Das im StW entfaltete Modell von Öffentlichkeit gilt nun als „einzelne (...) prototypische Ausprägung einer institutionell verkörperten kommunikativen Rationalität"; die Fiktion einer Herrschaft auflösenden diskursiven Willensbildung hätte demnach ihren Sitz im vernünftigen Potenzial sprachlicher Verständigung, mithin in einer Gattungskompetenz, und nicht bloß in einer historischen Epoche. Vgl. StW, S. 34.
[112] Ebd., S. 17.
[113] Ebd., S. 13–14.
[114] Ebd., S. 14.
[115] Die Ansätze zu einer ‚plebejischen' Öffentlichkeit meinte Habermas „als eine im geschichtlichen Prozeß unterdrückte Variante bürgerlicher Öffentlichkeit vernachlässigen zu dürfen"; rückblickend allerdings hält er dies für falsch: „Der Ausschluß der kulturell und politisch mobil gewordenen Unterschicht bewirkt bereits eine Pluralisierung der im Entstehen begriffenen Öffentlichkeit". Vgl. StW, S. 16–17.
[116] TuP, S. 11–12.
[117] StW, S. 28.
[118] Vgl. TKH II, S. 509.
[119] Öffentlichkeit (ein Lexikonartikel) (1964). In: Kultur und Kritik. Verstreute Aufsätze. Frankfurt a.M. 1973 (zitiert nach 2. Aufl. 1977), S. 68.
[120] TKH II, S. 509.
[121] Vgl. DnR, S. 196.
[122] Vgl. TKH II, S. 509.
[123] DnR, S. 136.
[124] Ebd., S. 93.
[125] Damit ändert Habermas seine Einschätzung der Veränderungsmöglichkeiten gegenüber der Auffassung im StW: „Als Träger einer kritischen Publizität konnte ich mir seinerzeit nur intern demokratisierte Verbände und Parteien vorstellen. Innerparteiliche und verbandsinterne Öffentlichkeiten erschienen mir als virtuelle Knotenpunkte einer noch regenerationsfähigen öffentlicher Kommunikation". Vgl. StW, S. 32.
[126] PDM, S. 422.
[127] StW, S. 46.
[128] Ebd.
[129] PDM, S. 423.
[130] TKH I, S. 497.
[131] TKH II, S. 573.
[132] Vgl. ebd., S. 274.
[133] PDM, S. 417.
[134] TKH II, S. 573.
[135] StW, S. 28.

[136] TuP, S. 12.
[137] Vgl. DnR, S. 138.
[138] DnU, S. 245–246.
[139] StW, S. 30.
[140] Damit revidiert Habermas seine frühere Prognose: „Ebenso wichtig für den Strukturwandel der Öffentlichkeit ist die Medienforschung, sind insbesondere die kommunikationssoziologischen Untersuchungen zu sozialen Effekten des Fernsehens. Ich war seinerzeit angewiesen auf Ergebnisse der von Lazarsfeld begründeten Forschungstradition, die in den 70er Jahren wegen ihres individualistisch-verhaltenswissenschaftlichen, auf die Psychologie kleinerer Gruppen beschränkten Ansatzes heftig kritisiert worden ist. Auf der anderen Seite ist der ideologiekritische Ansatz mit stärker empirischen Akzenten weitergeführt worden und hat die Aufmerksamkeit der Kommunikationsforschung einerseits auf den institutionellen Kontext der Medien, andererseits auf den kulturellen Kontext der Rezeption gelenkt. Stuart Halls Unterscheidung zwischen drei verschiedenen Interpretationsstrategien der Zuschauer, die sich der Struktur des Angebots entweder unterwerfen, ihr opponieren oder das Angebot mit eigenen Deutungen synthetisieren, zeigt gut den Perspektivenwechsel gegenüber älteren Erklärungsmodellen, die noch mit linearen Wirkungsketten rechneten." (StW, S. 30–31)
[141] TKH II, S. 573–575.
[142] Vgl. PDM, S. 422.
[143] DnU, S. 159–160.
[144] StW, S. 47–48.
[145] Ebd., S. 38.
[146] Ebd., S. 39.
[147] Vgl. ebd., S. 44.
[148] StW, S. 43.
[149] Ebd., S. 44.
[150] DnR, S. 138.
[151] StW, S. 44.
[152] Ebd., S. 36.
[153] Anders als im StW noch gefordert, heißt aus der demokratietheoretischen Perspektive der TKH Rationalisierung von Herrschaft nicht mehr „Weiterentwicklung des demokratischen und sozialen Rechtsstaates zur sozialistischen Demokratie"; überhaupt sei das „Totalitätskonzept von Gesellschaft und gesellschaftlicher Selbstorganisation" inzwischen fragwürdig geworden (StW, S. 35). „Ökonomie und Staatsapparat betrachte ich seitdem als systemisch integrierte Handlungsbereiche, die nicht mehr von innen demokratisch umgestaltet, d.h. auf einen politischen Integrationsmodus umgestellt werden könnten, ohne in ihrem systemischen Eigensinn beschädigt und damit in ihrer Funktionsfähigkeit gestört zu werden." (StW, S. 36)

EINFÜHRENDE LITERATUR IN DAS WERK VON HABERMAS

Brunkhorst, Hauke/Kreide, Regina/Lafont, Cristina (Hrsg.): Habermas-Handbuch. Darmstadt 2009.
Dubiel, Helmut: Kritische Theorie der Gesellschaft. Eine einführende Rekonstruktion von den Anfängen im Horkheimer-Kreis bei Habermas. Weinheim, München 1988.
Funken, Michael (Hrsg.): Über Habermas. Gespräche mit Zeitgenossen. 2. Aufl. Darmstadt 2009.
Greve, Jens: Jürgen Habermas. Eine Einführung. Konstanz 2009.
Gripp, Helga/Habermas, Jürgen: Und es gibt sie doch. Zur kommunikationstheoretischen Begründung der Vernunft bei Jürgen Habermas. Paderborn 1984.
Honneth, Axel/Joas, Hans (Hrsg.): Kommunikatives Handeln. Beiträge zu Jürgen Habermas' „Theorie des kommunikativen Handelns". Frankfurt a.M. 1986.
Horster, Detlev: Jürgen Habermas. Eine Einführung. Darmstadt 2010.
Jäger, Wieland/Baltes-Schmitt, Marion: Jürgen Habermas. Eine Einführung in die Theorie der Gesellschaft. Wiesbaden 2003.
McCarthy, Thomas: Kritik der Verständigungsverhältnisse. Zur Theorie von Jürgen Habermas. Mit einem Anhang zur Taschenbuchausgabe. Frankfurt a.M. 1989.
Müller-Doohm, Stefan: Jürgen Habermas. Eine Einführung. Frankfurt a.M. 2008.
Roderick, Rick: Habermas und das Problem der Rationalität. Eine Werkmonographie. Hamburg 1989.
Reese-Schäfer, Walter: Jürgen Habermas. 3. Aufl. Frankfurt a.M. 2001.
Wiggershaus, Rolf: Jürgen Habermas. Reinbek bei Hamburg 2004.

BIOGRAPHISCHE NOTIZ ZU JÜRGEN HABERMAS

Geboren 1929 in Düsseldorf. Studium der Philosophie, Geschichte, Psychologie und deutschen Literatur in Göttingen, Zürich und Bonn; 1954 Promotion mit einer Arbeit über Schelling; bis 1956 freier Journalist; 1956 bis 1959 Assistent am Frankfurter Institut für Sozialforschung bei Theodor W. Adorno; 1961 Habilitation bei Wolfgang Abendroth in Marburg mit der Schrift „Strukturwandel der Öffentlichkeit". Noch vor Abschluss des Habilitationsverfahrens Professor für Philosophie in Heidelberg; ab 1964 Professor für Philosophie und Soziologie in Frankfurt am Main als Nachfolger Max Horkheimers; ab 1971 zusammen mit Carl-Friedrich von Weizsäcker Direktor des neu gegründeten Max-Planck-Instituts zur Erforschung der Lebensbedingungen der wissenschaftlich-technischen Welt in Starnberg; 1983 bis 1994 Professor für Philosophie in Frankfurt. Zahlreiche Gastprofessuren und Forschungsaufenthalte in den USA und Europa. Fortwährendes politisches Engagement. Er lebt heute in Starnberg bei München.

Habermas gilt gemeinhin als der Hauptvertreter der so genannten zweiten Generation der Kritischen Theorie, jedoch setzt er diese Tradition keineswegs bruchlos fort. Sein umfangreiches Werk lässt bis jetzt mehrere Phasen erkennen: Die Arbeiten aus den Sechzigerjahren waren primär wissenschaftstheoretisch, erkenntnistheoretisch und methodologisch orientiert („Theorie und Praxis", 1963; „Erkenntnis und Interesse", 1968; „Zur Logik der Sozialwissenschaften", 1970). Im folgenden Jahrzehnt vollzieht Habermas eine sprachtheoretisch orientierte Wende (siehe „Vorbereitende Bemerkungen zu einer Theorie der kommunikativen Kompetenz", 1971, sowie die gesammelten Aufsätze aus den Siebzigerjahren in „Vorstudien und Ergänzungen zur Theorie des kommunikativen Handelns", 1985). Mit der zweibändigen „Theorie des kommunikativen Handelns" veröffentlichte Habermas 1981 sein (bisheriges) Hauptwerk. Er versucht darin die normativen Grundlagen einer kritischen Gesellschaftstheorie zu klären und für soziologische und sozialwissenschaftliche Fragestellungen zu öffnen. „Moralbewußtsein und kommunikatives Handeln" (1983), „Der philosophische Diskurs der Moderne" (1985), „Nachmetaphysisches Denken" (1988, Teil II 2012), „Die Einbeziehung des Anderen" (1996) und „Zwischen Naturalismus und Religion" (2005) sind stärker theoretisch-systema- tischen und philosophischen Fragen gewidmet. Die Bände „Die neue Unübersichtlichkeit" (1985), „Eine Art Schadensabwicklung" (1987), „Die nachholende Revolution" (1990) und „Der gespaltene Westen" (2004) enthalten Aufsätze und Interviews zu aktuellen gesellschaftlichen und politischen Themen. Neuerdings denkt Habermas intensiv über die zukünftige Entwicklung unseres Kontinents nach. So z.B. in „Ach, Europa" (2008), „Zur Verfassung Europas" (2011) und „Im Sog der Technokratie" (2013).

Jürgen Habermas wurde für seine Arbeit vielfach ausgezeichnet. Unter anderem erhielt er den Friedenspreis des Deutschen Buchhandels (2001), den Kyoto-Preis für sein Lebenswerk (2004), den Nordrhein-Westfälischen Staatspreis für sein Gesamtwerk (2006), den Bruno-Kreisky- Preis für sein Lebenswerk (2006) sowie das „Glas der Vernunft" als Symbol des Kasseler Bürgerpreises (2013) für sein Eintreten für Demokratie.

1.3. Kommunikation als umweltabhängiges Phänomen

Horst Holzer

Medienkommunikation aus historisch-materialistischer Perspektive

Es ist nicht zu bestreiten, dass in den vergangenen Jahren die Vertreter einer Position sehr wenig zum (medien)kommunikationstheoretischen Disput beigetragen haben, von der aus vor allem in den 70er-Jahren die hier debattierten Themen intensiv und systematisch bearbeitet worden sind. Gemeint sind die Autorinnen und Autoren, die sich – wenn auch mit jeweils unterschiedlicher Begründung und unterschiedlicher Verfahrensweise – im Rahmen der historisch-materialistischen Gesellschaftswissenschaft den Bereichen ‚Kommunikation' und ‚Massen(medien)kommunikation' gewidmet haben.[1] Dass diese Versuche nur dazu getaugt haben, eine „vergessene Theorie" zu kreieren (Robes 1990), aber nicht imstande waren, weiterhin im kommunikations- und medientheoretischen Diskurs mitzuhalten, ist allerdings weniger auf Desinteresse und absichtsvolle Abstinenz zurückzuführen. Ein wesentlicher Grund für jenes Versinken in der Vergessenheit dürfte vielmehr darin liegen, dass aufgrund der Selbst- und Fremdliquidierung des ‚real existierenden Sozialismus' über den historischen Materialismus im Allgemeinen und die historisch-materialistische Kommunikations- und Medientheorie im Besonderen der Bann verhängt wurde – sehr oft noch unterstützt von jenen, die früher bei jeder Kleinigkeit die Worte von Marx, Engels, Lenin etc. im Munde führten.

Dabei ist offenkundig: Die vorliegenden Resultate historisch-materialistischer Kommunikations- und Medientheorie bieten (gerade angesichts der Mängel der zuvor erläuterten Konzeptionen) genügend ‚würdigen' Diskussionsstoff, der – trotz der zweifellos vorhandenen Schwachstellen – keineswegs übergangen werden kann. Die Gründe hierfür sollten in den folgenden Abschnitten verdeutlicht werden.

1. Gesellschaftliche Kommunikation und Vergesellschaftung

Wer von der menschlichen Lebensform, also von gesellschaftlichen Verhältnissen und geschichtlichen Bewegungen reden will, muss von dem – wie Marx und Engels sagen – „rein empirisch ... konstatierbaren" Tatbestand ausgehen (Marx/Engels 1956, S. 20), dass zu allererst wirkliche, handelnde Menschen in ihrer praktischen Beziehung zueinander und zur Natur zu betrachten sind. Denn „die Menschen ... in ihrem wirklichen, empirisch anschaulichen Entwicklungsprozeß unter bestimmten Bedingungen" sind die „wirklichen Voraussetzungen", von denen man nur „in der Einbildung abstrahieren kann"

Zuerst veröffentlicht in: Horst Holzer: Medienkommunikation. Eine Einführung Opladen: Westdeutscher Verlag 1994, S. 185–204.

(Marx/Engels 1956, S. 27 und 20). Das ist der Kern des *Marx/Engelsschen Materialismus*, der – so die 1. Feuerbachthese – den „Gegenstand, die Wirklichkeit, Sinnlichkeit" nicht „unter der Form des Objekts oder der Anschauung", sondern „als sinnlich-menschliche Tätigkeit, Praxis, ... subjektiv" fasst (Marx/Engels 1956, S. 5).

Die sinnlich-menschliche Tätigkeit, die Praxis der Menschen drückt sich wesentlich im Vorgang der Produktion aus, die durch drei wechselseitig aufeinander bezogene Prozesse gekennzeichnet ist: durch die Ausbildung der physischen, psychischen und mentalen Fähigkeiten der Menschen; durch die Herstellung der materiellen und ideellen Lebens-Mittel; und durch die Schaffung der Lebens-Verhältnisse, die aber selber wiederum dem gesamten (hier in einem nicht-ökonomistischen Sinne verstandenen) Produktionsprozess den sozialen Rahmen geben.

„In der Produktion wirken die Menschen nicht allein auf die Natur, sondern auch aufeinander. Sie produzieren nur, indem sie auf eine bestimmte Weise zusammenwirken und ihre Tätigkeiten gegeneinander austauschen. Um zu produzieren, treten sie in bestimmte Beziehungen und Verhältnisse zueinander, und nur innerhalb dieser gesellschaftlichen Beziehungen und Verhältnisse findet ihre Einwirkung auf die Natur, findet ihre Produktion statt" (Marx/Engels 1961, S. 407f.).

Die Bedeutung, die Marx und Engels gerade diesem Tatbestand beimaßen, haben sie immer wieder unterstrichen.

„Dies soziale Verhältnis ... erscheint in fact als ein noch wichtigeres Resultat des (Produktions-)Prozesses als seine materiellen Resultate" (Marx 1974, S. 362).

Das, was Marx und Engels als wirklichen Produktionsprozess bezeichnen, kann daher nur als umfassender, sich in und als Geschichte entwickelnder Prozess verstanden werden. Daran ändert auch der Sachverhalt nichts, dass für Marx und Engels der Kernpunkt des Prozesses der vergesellschaftete Stoffwechsel ‚Mensch/Natur' ist. Insofern stellt jener ‚wirkliche Produktionsprozess', als Realisierung aller individuellen und kollektiven Existenzweisen der Menschen, ein immer schon gesellschaftliches Verhältnis dar, in dem die (sprachlich) interagierenden Menschen kommunikativ und institutionell die Bezüge zu subjektiv-expressivem, zu praktisch-moralischem und zu kognitivem, technisch-organisatorischem Handeln vollziehen. Die Bezüge selber, die miteinander vermittelt sind und im historischen Verlauf auseinander treten, differenzieren sich aus jenem gesellschaftlichen Verhältnis und den darin eingeschlossenen gesellschaftlichen Beziehungen heraus, die selber wieder auf der Verwirklichung genau dieser Bezüge basieren.

Von diesem Axiom ausgehend, orientiert sich die historisch-materialistische Kommunikations- und Medientheorie an der Einsicht, dass das tragende Fundament jeglicher Organisation gesellschaftlichen Lebens in der Art und Weise besteht, wie die Menschen auf einer bestimmten Stufe ihrer geschichtlichen Entwicklung ihre Existenz und die Entfaltung ihrer subjektiven Qualitäten und sozialen Beziehungen sichern. Die zentralen Themen historisch-materialistischer Argumentation sind daher die konkret-gesellschaftlichen, sich geschichtlich verändernden Verhältnisse, in denen die Menschen ihre Existenz- und Lebenssicherung bewerkstelligen und ihre individuelle und kollektive Situation politisch, rechtlich, kulturell reflektieren, artikulieren und in institutionell-organisatorischen Konstruktionen und Arrangements verfestigen (Laclau/Mouffe 1991).[2] Dass dabei jene konkret-gesellschaftlichen Verhältnisse zugleich als Ergebnis *und* Voraussetzung der skizzierten Aktivitäten zu begreifen sind, ist eine grundlegende Implikation dieser Betrachtungsweise. Dass vor einem solchen Hintergrund beispielsweise eine autopoietologische Bestimmung von Gesellschaft und (gesellschaftlichem) Individuum, wie sie Luhmann vornimmt, auf erhebliche Vorbehalte stößt, kann nicht verwundern: Für die These, dass Gesellschaft auf sich selbst (re)produzierende Kommunikationen und Individuen auf sich selbst(re)produzierende Bewusstseins- und Zellvorgänge reduzierbar sind, findet sich hier kein Platz, da in sie weder ein Verständnis der Menschen als „gesellschaftlich tätige Individuen" noch ein Verständnis des Gesellschaftsprozesses als „produktive Aneignung, Veränderung und Neugestaltung der Welt" eingeht (Mocek 1991, S. 279f.).

Insofern wird der Bereich der gesellschaftlichen Kommunikation als ein Zusammenhang untersucht, der – als Moment einer besonderen Gesellschaftsform – von den solchermaßen zu verstehenden Produktions-, Reflexions- und Institutionalisierungsverhältnissen maßgeblich geprägt wird. Das bedeutet, dass historisch-materialistische Kommunikations- und Medientheorie primär nicht an den „Universalien des Kommunikationsprozesses" und damit an den stofflichen Elementen der menschlichen Kommunikation interessiert ist, die, wie Denken und Sprechen, für diese unter allen möglichen gesellschaftlichen Bedingungen gelten (Hund/Kirchhoff-Hund 1980, S. 93). Das Interesse richtet sich vielmehr darauf, den Kommunikationsprozess – also den gesamten (sprachlich organisierten) Prozess des Herstellens, Verteilens, Austauschens, Verstehens und Benutzens von Informationen (durchaus im Luhmann'schen Sinn) – in seiner spezifischen gesellschaftlichen Formbestimmtheit zu analysieren.

Da die Verschränkung der Produktions-, Reflexions- und Institutionalisierungsverhältnisse die spezifische *gesellschaftliche* Form schafft, in der die Menschen die Sicherung ihrer Existenz und die Entfaltung ihrer Möglichkeiten bewerkstelligen, verwirklicht sich die Realisierung menschlichen Lebens notwendigerweise als kommunikativer Handlungsvollzug. Zwar ist die kommunikative Tätigkeit Resultante des Prozesses, mit dem sich die „spezifisch menschliche Reproduktionsform des Lebens" als gesellschaftliche Herstellung der Lebensbedingungen ausgeformt hat (Habermas 1976, S. 149). Gleichzeitig ist die kommunikative Aktivität jedoch offensichtlich ein Moment, das – im Rahmen „sprachlich erzeugter Intersubjektivität" (Habermas 1985, S. 435) – für diese Reproduktionsform immer schon konstitutiv ist. Insofern drückt sich daher in den Kommunikationsstrukturen eines gesellschaftlichen Kollektivs nicht nur dessen Grad von Vergesellschaftung aus; dieser wird auch durch die Kommunikationsstrukturen (mit)hervorgebracht – und zwar sowohl durch jene, die sich in den interaktiven Kontexten des Kollektivs, wie durch jene, die sich auf der „höherstufigen" Ebene einer (wie immer gearteten) ‚Öffentlichkeit' manifestieren (Habermas 1985, S. 436). Demnach lässt sich eine solche Form gesellschaftlicher Kommunikation, die sich gleichermaßen auf interindividuelle Verhältnisse wie auf diese übergreifende Zusammenhänge bezieht, dreifach beschreiben:

– als Medium und Mit-Träger der materiellen und symbolischen, praktischen und theoretischen Aneignung von Natur und sozialer Praxis;

- als Resultante und zugleich bestimmender und vermittelnder Faktor der menschlichen Aktivitäten, mit denen die Bedingungen des gesellschaftlichen und individuellen Lebens geschaffen werden;
- als Mittel, das die Herausbildung, Sozialisation und Praktizierung der gesellschaftlich und individuell realisierbaren Bedürfnis-, Denk- und Tätigkeitsformen einerseits gewährleistet, andererseits (mit)produziert.

Selbstverständlich wird mit solchen abstrakten Hinweisen Kommunikation lediglich als allgemeiner gesellschaftlicher Tatbestand festgehalten und nichts über realhistorische, konkret-gesellschaftlich bestimmte Kommunikationsweisen ausgesagt. Dennoch geben jene abstrakten Argumente die Möglichkeit, die Fragen zu benennen, die an jede historisch-konkrete Form von interaktions- oder ‚öffentlichkeits'bezogener Kommunikation zu richten sind – auch an die Massenkommunikation, die eine solche *öffentlichkeitsbezogene* Kommunikation mithilfe massenhaft verbreiteter technischer Medien betreibt:

- Wie ist Massenkommunikation als eine spezifische Form öffentlichkeitsbezogener Kommunikation eingerichtet und als Moment des gesellschaftlichen Verhältnisses zu beschreiben, dessen Ergebnis und mitgestaltender Faktor sie ist?
- Wie erfüllt Massenkommunikation die oben skizzierten kommunikativen Funktionen und welchen Beitrag leistet sie insbesondere zur Ausbildung individuellen und kollektiven Bewusstseins?

Besieht man sich die zuvor referierten Argumente genauer, fällt auf, dass zumindest an zwei Stellen ein „Leerfeld" auszumachen ist (Robes 1990, S. 85). Das erste zeigt sich in der Diskussion des Verhältnisses von Sprache und Kommunikation. Es gibt zwar eine Reihe von Ansätzen: Diese beginnt mit dem klassischen Aphorismus

„Die Sprache ist so alt wie das Bewußtsein – die Sprache ist das praktische, auch für andere Menschen existierende, also auch für sich selbst erst existierende wirkliche Bewußtsein, und die Sprache entsteht, wie das Bewußtsein, aus dem Bedürfnis, der Notdurft des Verkehrs mit anderen" (Marx/Engels 1956, S. 30);

und führt bis zur These, dass

„Kommunikation keine isolierte Tätigkeit ist, sondern eine Tätigkeit, die in der Regel von einer Vielzahl nicht sprachlicher Prozesse umgeben ist, die für das Gelingen der sprachlichen Verständigung unmittelbar wichtig sind" (Vieweger 1983, S. 277; Autorenkollektiv 1974; Erckenbrecht 1973; Hund 1976, S. 37ff.).

Konsequent fortgesetzt worden ist die Behandlung dieser Thematik allerdings nicht mehr (Ausnahme: Krüger 1986, S. 216ff.). Vor allem hat keine systematische Auseinandersetzung mit neueren sprechakt-, kommunikations- und diskurstheoretischen Konzeptionen stattgefunden, wie sie beispielsweise Habermas, aber auch andere vorgebracht haben (Habermas 1988, S. 63ff.; Habermas 1992, S. 119ff.; Böke 1993, S. 165ff.). In Konfrontation mit diesen Konzeptionen könnte zweifellos sehr gezielt auf das Problem eingegangen werden, das in der historisch-materialistischen Argumentation nach wie vor nicht geklärt ist: nämlich die dort unterstellte Vermittelbarkeit von Kommunikation und deren „sprachlichen Ermöglichungsbedingungen" einerseits (Habermas 1985, S. 439) – der oben beschriebenen (umfassenden) „Produktion gesellschaftlicher Individuen" andererseits (Marx/Engels 1962, S. 617).

Das zweite ‚Leerfeld' findet sich dort, wo es um die Frage geht, wie das Verhältnis zwischen sprachlich vermittelter, intersubjektiver Kommunikation und der Kommunikationsweise zu fassen ist, die sich auf einen interaktiven, gesellschaftlichen Zusammenhang bezieht, der die intersubjektive Kommunikation übergreift. Zwar orientiert sich die historisch-materialistische Argumentation an dem Axiom, dass soziales Handeln die reflexivbestimmte, tätigkeitsgebundene Erzeugung und Handhabung sozialer Wirklichkeit und diese Wirklichkeit gleichzeitig die relativ verselbständigte, sich ‚eigensinnig' (und oft geläufig zum Handeln) bewegende Form darstellt, in der sich das Handeln entfaltet. Doch ist bisher kein umfassender Versuch gemacht worden, die Beziehung von Sprache, Kommunikation und Kommunikationsweisen und insbesondere die Genese und die besondere ‚emergente' Qualität der Letzteren herauszuarbeiten. Dieser Mangel hat zur Folge, dass auch die historische Entwicklung solcher Kommunikationsweisen nicht gezielt untersucht und in Relation zur Ausbildung jeweils spezifischer Gesellschaftsformen gesetzt worden ist (siehe Habermas' und Luhmanns, aber auch Marxens Konzept der Abfolge von Gesellschaftsformationen – Jürgens 1985, S. 11ff.).

Nachhaltig engagiert hat sich die historisch-materialistische Soziologie allerdings an jenem Zusammenhang zwischen Gesellschaftsform und (der diese kennzeichnenden) Kommunikationsweise, wie er sich in der Geschichte des Kapitalismus artikuliert. Denn diese Ausformung der kapitalistischen Massenkommunikation – vor allem die, die sich in Deutschland vollzogen hat – ist sozusagen das empirische Ausgangsproblem historisch-materialistischer Analyse ‚öffentlichkeitsbezogener' gesellschaftlicher Kommunikation (Holzer 1990b, S. 222ff.).

2. Das empirische Ausgangsproblem: Die Verwandlung gesellschaftlicher Kommunikation in kapitalistische (Massen-)Medienkommunikation

In der historisch-materialistischen Kommunikations- und Medientheorie wird von der Annahme ausgegangen, dass die – über religiöse, künstlerische, wissenschaftliche, wirtschaftliche und verwaltungstechnische Einrichtungen praktizierte - ‚öffentlichkeitsbezogene' Kommunikation in der vorkapitalistischen Ära offensichtlich mit Hilfe von Sprache und Schrift bewältigt werden kann. Weder in den Sklavenhalter- noch in den Feudalgesellschaften werden zusätzliche Medien für eine Verbreitung von Kommunikation verwendet (wobei solche Medien technisch durchaus realisierbar sind: Flachtafel- und Metall-Letterndruck im 8. bzw. 14. Jahrhundert in China).

Erst im 17. Jahrhundert, mit der Etablierung des *Handelskapitalismus,* wird ein Impuls ausgelöst, der zur Entwicklung einer Kommunikationsweise führt, in der die massenhafte Verbreitung von Informationen mithilfe eines neuen Mediums bewerkstelligt wird. Da die Handelskapitalisten nach dem Prinzip verfahren, Waren zu kaufen, um sie gegen einen Überschuss zu verkaufen, hängt ihre ökonomische Existenz davon ab, dass sie über die Marktvorgänge, also über die Bewegungen auf der Angebots- und Nachfrageseite sowie über die Preisschwankungen und –differenzierungen, informiert sind und mit ihnen kalkulieren können. Denn der Handelsprofit entspringt vor allem aus den Differenzen, die sich zwischen den Preisen auf den verschiedenen Märkten ausbilden. Um an solche Marktdaten heranzukommen, organisieren die großen Handelshäuser die Tätigkeit des Avisenschreibers. Dieser trägt die Information über den jeweils interessierenden Markt zusammen und lässt sie zunächst in Form einer brieflichen, nichtöffentlichen Mitteilung seinem Auftraggeber zukommen. Mithilfe des Gutenberg'schen Metall-Letterndrucks steht dem Avisenschreiber jedoch ein Mittel zur Verfügung, das auch die Herstellung einer umfangreicheren ‚Zeitung' erlaubt, die neben den Marktinformationen Auskünfte über fremde Länder und Völker, über deren kulturelle, politische und wirtschaftliche Lebensformen enthalten. Solche Bulletins werden dann mit der Zeit als eigenständige und zur breiten Veröffentlichung tauglich Flugschriften weitergegeben. Einer massenhaften und damit ‚öffentlichkeitsbezogenen' Verbreitung derartiger Nachrichten stehen jedoch entscheidende Barrieren entgegen: erstens das Interesse an nichtöffentlichen, nur dem eigenen Nutzenkalkül dienenden Informationen, das nicht allein die Handelskapitalisten kennzeichnet, sondern auch das sich angesprochen fühlende aristokratische, kirchliche, wissenschaftliche Establishment; zweitens die Zensur- und Kontrollmaßnahmen des absolutistischen Staates und der Kirche; und drittens das geringe Bildungsniveau der überwiegenden Mehrheit der Bevölkerung.

Der *industrielle Kapitalismus* bringt die Entwicklung der Kommunikationsmittel weiter voran – nicht zuletzt wesentlich unterstützt durch die Anwendung von Medien öffentlicher Kommunikation während der Französischen Revolution. Im Unterschied zum Handelskapitalismus ist der Industriekapitalismus ein produzierendes, auf der (ökonomischen) Ausbeutung von Lohnarbeit beruhendes Wirtschaftssystem. Der Profit wird hier nicht durch Kauf und Verkauf, sondern in der Produktion von Waren geschaffen – und zwar dadurch, dass die vom Kapital abhängige und von ihm eingesetzte Arbeitskraft mehr produziert, als sie den Kapitalisten an Entgelt kostet (Aufteilung des Arbeitstags in die die Arbeitskraft entgeltende *reproduktionsnotwendige* Arbeitszeit und in die dem Kapitalisten gratis zufallende *Mehrarbeitszeit*). Entscheidend für die Realisierung des in den Waren enthaltenen Mehrwerts ist nun, dass die Produkte auf dem Markt entsprechend veräußert werden. Das wiederum verlangt von den Kapitalisten, den Warenabsatz systematisch zu organisieren – insbesondere mittels schneller und rentabler Kommunikationsmittel, die sowohl den Transport der Waren (Eisenbahn, Dampfschiffe) wie die Beförderung von Nachrichten (Telegraf) und anpreisenden Warenbeschreibungen (Zeitung) gewährleisten.

Augenfällig drückt sich die Expansion von Kommunikationsformen, die aufgrund ihrer Reichweite und der dadurch möglichen massenhaften Verbreitung für die effektive Bekanntmachung von Produkten (und Dienstleistungen) herangezogen werden können, darin aus, dass mit der Etablierung der bürgerlichen Klasse der Umfang der Zeitungs- und später der Zeitschriftenproduktion kontinuierlich zunimmt. Hieran zeigt sich aber auch, dass die Zeitungs- und Zeitschriftenproduktion nicht nur als Medium der Warenanpreisung interessant ist, sondern offensichtlich als günstige Grundlage für die gewinnbringende Anlage von Kapital angesehen wird. Die Verbindung der ökonomisch und der herrschaftsideologisch motivierten Einschätzung sorgt dann dafür, dass sich gegen Ende des 19. Jahrhunderts in Deutschland die erste Stufe im Aufbau massenkommunikativer Einrichtungen durchsetzt: die industrielle, auf der Koenig-Bauer'schen

Rotationsdrucktechnik basierende Presseproduktion, die gleichermaßen als profitbringende Anlagesphäre für produktives Kapital, als Werbeform und als ideologische Stütze fungiert.

Das geschieht exakt zu dem Zeitpunkt, an dem der Kapitalismus einerseits in die monopolistische und imperialistische Phase übergeht und andererseits seine innenpolitische, der Herrschaft von Kapital über Lohnarbeit geschuldete Verfassung mehr und mehr den Aktionen der gewerkschaftlich und parteipolitisch organisierten Arbeiter- und Angestelltenschaft ausgesetzt wird. Insofern wird die mit Elan vorangetriebene Produktion und Distribution von Zeitungen und Zeitschriften entscheidend durch die kapitalökonomischen und kapitalideologischen Absichten geprägt, die in der bürgerlichen Klasse, vor allem in ihren führenden Fraktionen, virulent werden:

– das Interesse an einem Markt, der – wie der Pressemarkt mit seinem Massenpublikum – gleichermaßen als Absatz- und als Werbesphäre zu nutzen ist;
– die Hoffnung auf ein Medium, das der Selbstverständigung zwischen den bürgerlichen Fraktionen und der Propaganda für die kapitalistische Gesellschafts- und Lebensform ebenso dient wie dem Kampf gegen jedwede Form von Kapitalismuskritik.

Was sich bei der Entstehungsgeschichte der Presse dokumentiert, offenbart sich dann auch bei der von Hörfunk und Fernsehen. Einerseits wird deren technische Entwicklung durch die Markt- und Produktionsinteressen der kapitalstarken Elektro- und Chemiekonzerne gesteuert. Andererseits wird die hergestellte Technik vom Hörfunk- und Fernsehunternehmen zu Produktions- und Werbezwecken angewendet und von staatlichen oder para-staatlichen (öffentlich-rechtlichen) Einrichtungen als Mittel gesellschaftlicher Integration eingesetzt. Dabei schließt die Handhabung von Presse und Rundfunk als Instrumente kapitalökonomischer und staatlicher/para-staatlicher Herrschaft selbstverständlich nicht aus, dass auch die Arbeiter- und Angestelltenschaft – mithilfe von Gewerkschaften und Parteien – die Medien in ihrem Sinne zu nutzen versucht.

Nachdem die nationalsozialistische Pervertierung der Medien in Drill- und Unterdrückungsmittel überwunden worden ist, weitet sich der massenkommunikative Sektor auf industriell-ökonomischer wie staatlicher/para-staatlicher Ebene immens aus. Er entwickelt sich zu einem gesellschaftlichen Komplex, der seine Produkte – ob Hard- oder Software; ob bezogen auf Presse, Hörfunk, Fernsehen, Film, Video, Tonträger, Computer, Plakat – bis in den letzten nationalen und internationalen Winkel exportiert. Die Qualität dieses Komplexes zeigt sich sowohl in der ökonomischen Funktion der Medienkommunikation wie auch in deren politisch-herrschaftlichem ‚Markenzeichen'. Was meint: in deren Bezug zur kapitalismustypischen, staatlich gestützten Herrschaftsstruktur. Denn diese gibt den Rahmen ab, in dem sich Verfassung, Bedeutung und Wirkungsweise der Medienkommunikation realisieren und der somit darüber entscheidet, wessen Geistes Kind die in ihr zu verwirklichende Informations-, Meinungs- und Veröffentlichungsfreiheit tatsächlich ist.

Da sich Organisation und Funktionsweise der Medienkommunikation unter den Bedingungen kapitalistischer Gesellschaftlichkeit vollzieht, hängt ihre konkrete Ausformung von der Konstellation der sozialen Beziehungen ab, die solche Bedingungen produzieren. Kennzeichnend für diese Konstellation ist ein Antagonismus, der sich mit

Notwendigkeit aus dem – jene Gesellschaftlichkeit prägenden – herrschaftlichen Verhältnis von Kapital zu menschlicher Arbeitskraft und Lebensqualität ergibt: der *Antagonismus* zwischen den wirtschaftlichen und staatlich-politischen ‚Handlungsträgern' des Industrie- und Finanzkapitals, die den Kern der entscheidenden gesellschaftlichen ‚veto groups' ausmachen, einerseits – und der Masse der Menschen, die – größtenteils unmittelbar kapitalabhängig – nicht mehr als ihre Arbeitskraft, ihre Wahlstimme und möglicherweise ihre politische Initiative zu bieten haben, andererseits.

Die konkrete Qualität der faktisch realisierten Medienkommunikation hängt nun vom Stand dieser antagonistischen Beziehung insofern ab, als er darüber entscheidet,

- ob und in welchem Maß Medienkommunikation als Form von ökonomischer und politischer Herrschaft in Erscheinung tritt;
- ob und in welchem Maß das Grundrecht auf Informations- und Meinungsfreiheit gegen den kapitalökonomischen und staatlich-herrschaftlichen Umgang mit Medienkommunikation durchgesetzt werden kann;
- ob und in welchem Maß eine Form von Medienkommunikation verwirklicht werden kann, die von den emanzipativen, gegen die Abhängigkeit von Kapital und Staat gerichteten Interessen der herrschaftsabhängigen Mehrheit der Bevölkerung getragen wird.

Dass die hier angesprochenen Merkmale von Medienkommunikation nicht nur durch die Bedingungen nationaler Provenienz bestimmt werden, ist angesichts der ständig wachsenden, gerade kapitalökonomisch und kapitalpolitisch motivierten Internationalisierung der einzelstaatlichen Mediensysteme offensichtlich.

3. Die zentralen Analysethemen: Politische Ökonomie der Massenmedien und Sozialpsychologie des Medienpublikums

Die knappe Skizze des empirischen Problems, von dem die historisch-materialistische Argumentation bei der Konzeptualisierung von (Massen-)Medienkommunikation ausgeht, macht die wesentlichen Analysefelder deutlich (Robes 1990, S. 88ff.). Es sind dies

- der Zusammenhang von Ökonomie, Staat und Massenkommunikation;
- die Organisationsformen und Funktionsbereiche der Medien;
- die Alltagspraxis des Publikums und dessen Gebrauchswertansprüche an die Medien(botschaften).

3.1. Ökonomie, Staat, Massenkommunikation

Der Aufschlüsselung des Zusammenhanges ‚Ökonomie, Staat, Massenkommunikation' liegt die Annahme zugrunde, dass „die zentrale Bestandvoraussetzung der kapitalistischen Gesellschaft an die Reproduktionsbedingungen der kapitalistische Gesellschaft an die Reproduktionsbedingungen und -erfordernisse des ökonomischen Systems geknüpft" ist (Graf 1993, S. 97f.). Erste Aufgabe muss es daher sein, dieses System – also die privatwirtschaftliche Güterherstellung und Dienstleistung auf Basis lohn- und gehaltsabhängiger Arbeit – in seiner aktuellen Gestalt zu beschreiben. Das geschieht im Hinblick auf die folgenden Themen; die hochgradige Monopolisierung der Produktions- und Marktbedingungen, die Etablierung marktbeherrschender, international verflochtener Kapitalzentren und die permanente Vernichtung nicht-monopolistischer Unternehmen. Besonders hervorgehoben werden in dieser Beschreibung drei Sachverhalte:

- die sich kontinuierlich vollziehende Verwissenschaftlichung, Technifizierung und damit Rationalisierung von Produktion, Organisation und Arbeitsplätzen;
- die chronische Nicht-Auslastung der vorhandenen Kapazitäten, den nachhaltigen Abbau der kaufkräftigen Massennachfrage und eine millionenfach zu erleidende Dauerarbeitslosigkeit;
- das Problem, dass die Auslandsexpansion des Kapitals ebenso an immer enger werdende Grenzen stößt wie die Möglichkeit, kapitalunterstützende Hilfen durch die staatliche Haushaltspolitik zu erhalten.

Für die kapitalistische Ökonomie im Allgemeinen wie für die eben skizzierte ist nun charakteristisch – so die These –, dass sich deren Bedingungen und Bestandsvoraussetzungen nicht allein von dieser selbst herstellen und aufrechterhalten lassen (Esser 1985, S. 201ff.). Sie benötigt vielmehr eine außerökonomische, eine staatliche (Ab-)Sicherung (Graf 1993, S. 99f.) – nämlich

- einen *Rechtsstaat*, der die formal-juristischen Eigentums- und Verkehrsformen sowie rechtliche Freiheit und Gleichheit der Privateigentümer (Verfügende über Produktionsmittel, ‚Besitzer' von Arbeitskraft) garantiert;
- einen *Interventionsstaat*, der für die grundlegenden stofflichen Voraussetzungen der ökonomie-relevanten Infrastrukturen, die wirtschaftspolitische Steuerung, die Stützung unrentabler Produktionszweige, die Sicherung nationaler Märkte vor internationaler Konkurrenz und die Behebung negativer Folgen des Wirtschaftskreislaufs sorgt;
- und einen *Sozialstaat*, der die Reproduktion der lohn- und gehaltsabhängig Arbeitenden sowie deren politisch-ideologische Integration gewährleisten soll.

Trotz solcher Aufgabenbereiche und der dadurch bedingten Entwicklung des Staates zu einem ausdifferenzierten Netzwerk von Instanzen und Apparaten bleibt deren „Korridor politischen Handelns" eng begrenzt (Hoffmann 1987, S. 344). Das resultiert daraus, dass sich der Staat auf die Ökonomie nur indirekt – vermittelt über Geld und Recht – und unter strikter Beachtung der ‚Unverletzlichkeit' des kapitalistischen Wirtschaftsprinzips beziehen kann. Dazu kommt, dass vor allem aufgrund der Internationalisierung der Kapital- und Finanzbewegungen die Zugriffschancen des Staates eingeschränkt worden sind, da sich das (insbesondere große) Kapital leicht und schnell den politisch motivierten Steuerungsvorhaben entziehen kann (Scharpf 1988, S. 61ff.).

Dennoch darf das Verhältnis ‚Ökonomie/Staat' nicht vorschnell ‚verschmelzungstheoretisch' interpretiert werden – nach dem Motto, dass sich die „Aktion der Monopole und des kapitalistischen Staates in einer einzigen einheitlichen organischen Totalität, die gemäß eigener Modalitäten funktioniert", vereinigt (Boccara 1971, S. 17). Dem steht entgegen, dass sich im Zusammenwirken von ökonomischer und staatlicher ‚Aktion' so etwas wie eine „(relative) Autonomie des Staates" herauskristallisiert.

„Im ... Rechtsstaat kann es durchaus zu staatlichen Initiativen und politischen Entscheidungen kommen, die in einem prekären Verhältnis zu ökonomischen Verwertungsimperativen einzelner Unternehmen und Branchen bzw. Kapitalfraktionen stehen" (Graf 1993, S. 102).

Allerdings scheint hinter dieser Autonomie eine makabre Dialektik zu stehen.

„Die relative Autonomie des Staates bzw. der Politik ermöglicht erst die vielfältigen Formen von Stabilisierungspolitik, derer das antagonistische und äußerst dynamisch sich ausdifferenzierende kapitalistische Gesellschaftssystem (mehr denn je) bedarf. Es ist nicht zuletzt gerade diese relative Autonomie, die unter den Bedingungen einer weitgehenden Politisierung der Gesellschaft bzw. Verflüssigung der Grenzen zwischen Politik und Ökonomie die politische Legitimation und ideologische Integration des kapitalistischen Systems – wenn auch auf widersprüchliche Weise – gewährleistet" (Graf 1993, S. 102).[3]

In dem Kontext von ökonomischem System, politisch-staatlicher Organisation und ideologischer Integration weist die historisch-materialistische Medientheorie der Massenkommunikation nun eine Stellung zu, die durch die Qualitäten eben dieses Kontexts und seiner einzelnen Momente konstituiert ist. Das bedeutet zunächst prinzipiell: Da die Produktion der Massenmedien und die Distribution ihrer Botschaften im ökonomischen und im politisch-administrativen System ‚materiell' verankert sind (siehe unten), haben sie sowohl dem kapitalökonomischen wie dem integrationspolitischen Imperativ zu entsprechen. Was das im Einzelnen beinhaltet, wird in der historisch-materialistischen Medientheorie anhand der Analyse jener Formen sichtbar gemacht, in denen die Medien organisiert sind (Holzer 1992b, S. 69ff.). Das soll im Folgenden beispielhaft an der Situation von Presse, Hörfunk und Fernsehen in Deutschland erläutert werden.

3.2. Organisationsformen und Funktionsbereiche der Medien

Im Hinblick auf Presse, Hörfunk und Fernsehen in Deutschland, genauer: im Deutschland Mitte der 90er-Jahre, heißt das: Die Medien sind hier in fünf Formen organisiert (ARD 1993, S. 234ff.; Holzer 1989, S. 18ff.):

- als privatwirtschaftliche Verlage (Presse);
- als privatwirtschaftlicher, aber öffentlich-rechtlich beaufsichtigter Rundfunk (kommerzieller Hör- und Fernsehfunk);
- als öffentlich-rechtlich verfasster Rundfunk nach Landesrecht (ARD, ZDF);
- als gemeinnütziger öffentlich-rechtlicher Rundfunk nach Bundesrecht (Deutsche Welle, Deutschlandfunk);
- und als Rundfunk der US-Administration (RIAS, Sender der United States Information Agency).

Die Schlussfolgerung, die sich hieraus ergibt, ist offensichtlich. Die Medien sind sowohl ökonomischen Imperativen (Presse, kommerzieller Rundfunk) wie auch solchen Anforderungen unterworfen, die sich über die Vertretung staatlich-politischer Instanzen in den öffentlich-rechtlichen Aufsichts- und Kontrollgremien durchsetzen (kommerzieller Rundfunk, ARD, ZDF, Deutsche Welle, Deutschlandfunk). Mit dieser Einbettung der Medien in den Zusammenhang ‚Wirtschaft/Staat' sind zugleich die ökonomischen und politischen Funktionen bestimmt, die die Medien zu erfüllen haben. Es lassen sich vier Funktionsbereiche unterscheiden (Hund/Kirchhoff-Hund 1980, S. 96ff.; Holzer 1990a, S. 200f.):

- die *kapitalökonomische* Funktion (Herstellung und Verkauf medialer Produkte – Presseerzeugnisse, Rundfunkprogramme, Anzeigenplätze, Werbezeiten);
- die *warenzirkulierende* Funktion (Verbreitung von ‚Konsumklima' und ‚Bewerbung' spezifischer Produkte und Dienstleistungen);
- die *herrschaftliche* Funktion (Legitimierung und Propagierung des gesellschaftlichen Organisationsprinzips, auf dem nicht nur die Existenz der Medien, sondern auch die der deutschen Gesellschaft insgesamt basiert);
- die *regenerative* Funktion (Bedienung von Informations- und Unterhaltungsansprüchen des Publikums, die an den zuvor genannten Funktionen ausgerichtet sein muss).

Dazu kommt noch ein weiterer Funktionsbereich, der sich daraus ergibt, dass die Medien Absatzsphären für andere Unternehmen sind. Man könnte dies die *absatzökonomische* Funktion der Medien nennen. Sie manifestiert sich in zweierlei: zum einen darin, dass die Medienorganisationen als Käufer von produktions- und vertriebsrelevanten Gerätschaften, Arbeitsmitteln und Dienstleistungen auftreten (Bau-, Elektronik-, Chemie- und Geräteindustrie; Unternehmen der Film-, Fernsehserien- und Tonträgerproduktion); zum andern darin, dass insbesondere die Hörfunk- und Fernsehanstalten ihre Klientel animieren, auf dem Großmarkt der Empfangsapparate als Kunden tätig zu werden.

Zu beachten ist, dass die Realisierung der skizzierten Funktionen dem Prinzip ‚Konkurrenz' unterworfen ist und dadurch nicht nur nachdrücklich geprägt wird, sondern nicht selten bestimmten ökonomischen und/oder staatlich-politischen Interessen zum Opfer fällt. Das zeigt sich sowohl im Gegeneinander innerhalb der einzelnen Sektoren (Presse, kommerzieller Hör- und Fernsehfunk, ARD/ZDF) wie in den Auseinandersetzungen zwischen diesen Sektoren. Verschärft wird die Konkurrenzsituation erheblich dadurch, dass in diesen ‚Wettbewerb' zudem das technikanbietende Kapital sowie mit ihm assoziierte politische Kräfte und staatliche Apparate massiv eingreifen: siehe beispielsweise den Aufbau des Kabel- und Satellitenhör- und -fernsehfunks und die dort wirksame ‚Kombination' von Bundespostministerium und Elektronik-Großkonzernen (Holzer 1989, S. 35ff. und 102ff.). Dass bei dem vielfältigen Rencontre auch spezifische ökonomische mit spezifischen staatlich-politischen Interessen kollidieren, liegt auf der Hand. Wie gerade hieraus dann Konkurrenzbewegungen entstehen, die auf die Verdrängung, man könnte auch sagen: auf die Vernichtung, eines ‚Wettbewerbspartners' zulaufen, kann vor allem an dem abgelesen werden, was sich unter dem Stichwort ‚Rundfunkdualismus' an ARD/ZDF vollzieht (Holzer 1992a, S. 47f.).

ANMERKUNGEN

[1] Vgl. dazu die Textesammlung ‚After the Frankfurt School' (Media, Culture & Society 1983, S. 7ff.: mit Beiträgen von F. Dröge, B. Hoffmann, W. Hofmann, H. Holzer, J. Huffschmid, W.D. Hund, B. Kirchhoff-Hund, K. Kreimeier, O. Negt/A. Kluge, D. Prokop. Die anschließende Erörterung bezieht sich vor allem auf die Konzeption/Analyse, die Hoffmann, Hofmann, Holzer, Huffschmid, Hund und Kirchhoff-Hund vorgestellt haben – unter Berücksichtigung der Arbeiten von Bisky (1976, 1978) und Robes (1990).

[2] ‚Reflektieren' meint hier ‚verarbeiten', nicht ‚widerspiegeln'; ‚artikulieren' wird im Sinne von Laclau/Mouffe als ‚diskursive Verknüpfung' politischer, kultureller, rechtlicher Argumente im ‚popularen Diskurs' verstanden.

[3] Dass sich das staatliche (politische) Handeln in seiner empirisch-konkreten Form erst fassen lässt, wenn es auf die vielfältigen Bedingungen bezogen ist, die seine Ausformung realiter bestimmen, liegt auf der Hand (Offe 1987, S. 309ff.). Hierbei handelt es sich um Bedingungen wie die spezifische Ausgestaltung staatlicher/politischer Einrichtungen und Regulierungsverfahren; die Eigenkomplexität des politisch-administrativen Systems; die föderale oder zentralistische Struktur des Hoheitsgebietes; die Machtverteilung zwischen Regierung und Opposition; der vorherrschende Politikstil, die politische Kultur und deren Tradition; die nationalstaatliche Einbindung in supranationale Organisationen und der daraus resultierende Souveränitätsverzicht, der die politisch-administrative Problemverarbeitung und Steuerungsfähigkeit betrifft; die unmittelbare Einflussnahme kapital- und personalstarker gesellschaftlicher Organisationen und Unternehmen usw. Diese Thematik kann allerdings im vorliegenden Zusammenhang nicht weiter verfolgt werden (Dolata/Gottschalk/Huffschmid 1986, S. 222ff.).

LITERATUR

After the Frankfurt School (1983). In: Media, Culture & Society, 5, S. 7ff. (Beiträge von F. Dröge, B. Hoffmann, W. Hofmann, H. Holzer, J. Huffschmid, W.D. Hund, B. Kirchhoff-Hund, K. Kreimeier, O. Negt/A. Kluge, D. Prokop).
ARD (Hg.) (1993), ARD Jahrbuch 93, Hamburg.
Autorenkollektiv (1974), Sprachliche Kommunikation, Berlin (DDR).
Bisky, L. (1976), Zur Kritik der bürgerlichen Massenkommunikationsforschung, Berlin (DDR).
Bisky, L. (1978), Massenkommunikation und soziales Handeln. in: Communications, 4, S. 289ff.
Boccara, P. (1971), Zum staatsmonopolistischen Kapitalimus. In: Sozialistische Politik (11), S. 15ff.
Böke, H. (1993), Zur Konstruktion des Sozialen. Eine Auseinandersetzung mit Ernesto Laclau und Chantal Mouffe. In: Z. – Zeitschrift Marxistische Erneuerung, 4, S. 165ff.
Dolata, U./Gottschalk, A./Huffschmid, J. (1986), Staatsmonopolistische Komplexe als neue Organisationsform des Kapitals. In: Marxistische Studien, Jahrbuch des IMSF 11, Frankfurt a.M., S. 222ff.
Erckenbrecht, U. (1973), Marx' materialistische Sprachtheorie, Kronberg/Ts.
Esser, J. (1985), Staat und Markt. In: I. Fetscher/H. Münkler (Hg.), Politikwissenschaft. Begriffe – Analysen – Theorien. Ein Grundkurs, Reinbek, S. 201ff.
Graf, R. (1993), Der Staat im entwickelten Kapitalismus – Koloß auf tönernen Füßen? In: Z. – Zeitschrift marxistische Erneuerung, 4, S. 97ff.
Habermas, J. (1976), Zur Rekonstruktion des historischen Materialismus, Frankfurt a.M.
Habermas, J. (1985), Exkurs zu Luhmanns systemtheoretischer Aneignung der subjektphilosophischen Erbmasse. In: J. Habermas, Der philosophische Diskurs der Moderne, Frankfurt a.M., S. 426ff.
Habermas, J. (1988), Handlungen, Sprechakte, sprachlich vermittelte Interaktionen und Lebenswelt. In: J. Habermas, Nachmetaphysisches Denken. Philosophische Aufsätze, Frankfurt a.M., S. 63ff.

Habermas, J. (1992), Erläuterungen zur Diskursethik. In: J. Habermas, Erläuterungen zur Diskursethik, Frankfurt a.M. (2. Auflage), S. 119ff.
Hoffmann, J. (1987), Von der Vollbeschäftigungspolitik zur Politik der Deregulierung. Ökonomische und soziale Strukturveränderungen in der Bundesrepublik 1967–1985 und der sich daraus ableitende Korridor politischen Handelns. In: H. Abromeit/B. Blanke (Hg.), Arbeitsmarkt, Arbeitsbeziehungen und Politik in den 80er Jahren, Opladen, S. 344ff.
Holzer, H. (1989), Die Privaten. Kommerz in Funk und Fernsehen, Köln.
Holzer, H. (1990a), Politische Ökonomie der Massenmedien. In: J. Hüther/B. Schorb/C. Brehme-Klotz (Hg.), Grundbegriffe der Medienpädagogik. Wörterbuch für Studium und Praxis, Böblingen, S. 198ff.
Holzer, H. (1990b), Massenkommunikation. In: H.J. Sandkühler (Hg.), Europäische Enzyklopädie zu Philosophie und Wissenschaften, Band 3, Hamburg, S. 222ff.
Holzer, H. (1992a), Köder und Haken zugleich. Der Faktor ‚Unterhaltung' im ‚dualen' Fernsehen. In: medium, 22, S. 45ff.
Holzer, H. (1992b), Massenkommunikation als Kapitalverwertungsprozeß und die Rolle des Publikums. In: R. Burkart/W. Hömberg (Hg.), Kommunikationstheorien, Wien, S. 69ff.
Hund, W.D. (1976), Ware Nachricht und Informationsfetisch. Zur Theorie der gesellschaftlichen Kommunikation, Darmstadt, Neuwied.
Hund, W.D./Hund-Kirchoff, B. (1980), Soziologie der Kommunikation, Reinbek.
Jürgens, E. (1985), Die List der Vernunft und ihre Grenzen in der Geschichte. Zum historischen Verhältnis von Medienentwicklung und Gesellschaftsfortschritt. In: K. Betz/H. Holzer (Hg.), Totale Bildschirmherrschaft, Köln (2. Auflage), S. 11ff.
Krüger, H.-P. (1986), Kommunikatives Handeln oder gesamtgesellschaftliche Kommunikationsweise. In: A. Honneth/H. Joas (Hg.), Kommunikatives Handeln. Beiträge zu Jürgen Habermas' Theorie des kommunikativen Handelns, Frankfurt a.M., S. 216ff.
Laclau, E./Mouffe, C. (1991), Hegemonie und radikale Demokratie. Zur Dekonstruktion des Marxismus, Wien.
Marx, K. (1974), Grundrisse der Kritik der politischen Ökonomie, Berlin.
Marx, K./Engels, F. (1956), Werke 3, Berlin.
Marx, K./Engels, F. (1961), Werke 6, Berlin.
Mocek, R. (1991), Autopoiese als Herausforderung. Aspekte von Kritik und Zustimmung aus marxistischer Sicht. In: V. Riegas/Ch. Vetter (Hg.), Zur Biologie der Kognition. Ein Gespräch mit Humberto R. Maturana und Beiträge zur Diskussion seines Werkes, Frankfurt a.M. (2. Auflage), S. 264ff.
Offe, C. (1987), Die Staatstheorie auf der Suche nach ihrem Gegenstand. Beobachtungen zur aktuellen Diskussion. In: T. Ellwein/J. Hesse/R. Mayntz/F. Scharpf (Hg.), Jahrbuch zur Staats- und Verwaltungswissenschaft, Band 1, Baden-Baden, S. 309ff.
Robes, J. (1990), Die vergessene Theorie: Historischer Materialismus und gesellschaftliche Kommunikation. Zur Rekonstruktion des theoretischen Gehalts und der historischen Entwicklung eines kommunikationswissenschaftlichen Ansatzes, Stuttgart.
Vieweger, D. (1983), Semantik und Sprechakttheorie. In: W. Motsch/D. Vieweger (Hg.), Richtungen der modernen Semantikforschung, Berlin (DDR), S. 147ff.

Ulrich Saxer

Systemtheorie und Kommunikationswissenschaft

1. Vom Denken in Systemen

1.1. Systeme

In Systemen zu denken hat eine überaus lange philosophische und wissenschaftliche Tradition. Systema, „das Zusammengesetzte", die Anordnung von mehreren Teilen zu einem Ganzen fand die griechische Philosophie sowohl im Kosmos als auch im Zusammenhang von Lehrsätzen. Die Wahrnehmung einer Doppelheit von Real- und Gedankensystemen, von physischen und analytischen Systemen, ist also eine früheste Frucht des Denkens in Systemen, und ebenso ist die Einsicht, dass Systeme keine bloß additiven Gebilde darstellen, sondern ein Ganzes, das mehr als die Summe seiner Teile ist, schon im griechischen Denken angelegt. Wenn aber *Systeme* Gebilde sind, deren Elemente in irgendeiner Weise verbunden – organisiert – sind, dann ist für sie auch die Differenz zu ihrer jeweiligen Umwelt konstitutiv, von der sie sich eben als spezifischer Zusammenhang von Elementen unterscheiden. Die Typenvielfalt, das organisierte Verhältnis der Teile zum Ganzen und die Differenz bzw. Abgrenzbarkeit zu einer Umwelt bilden also sozusagen denknotwendige Elemente des Konzepts „System". Das Denken in Systemen, das schließlich in Systemtheorie(n) resultiert, kann denn auch sehr wohl zugleich als Verfahren, als methodisches Vorgehen begriffen werden, dessen Besonderheit eben darin liegt, „einen realen Untersuchungsbereich in der Perspektive der ihn konstituierenden Elemente, ihrer Eigenschaften, insbesondere jedoch der Beziehung zwischen diesen Elementen (bzw. Eigenschaften), schließlich zwischen System (und Systembestandteilen) und einer System-Umwelt zu betrachten"[1].

Was die Systemtypologie betrifft, so entscheidet über diese der jeweilige Erkenntniszweck. Entsprechend der unendlichen Fülle von Systemvarianten sind ja auch die Möglichkeiten, Systemtypologien zu entwerfen, unbeschränkt. Unter einer kommunikationswissenschaftlichen Perspektive interessieren da, neben der Gegenüberstellung von physischen und analytischen Systemen, in erster Linie Typisierungen von Systemen gemäß ihrer Komplexität, ihrer Konnektivität, d.h. der Art und Intensität ihrer Kohärenz, und ihrer Funktionalität. Kommunikationswissenschaft hat es ja primär mit Kommunikationssystemen zu tun, also mit unterscheidbaren Organisationen von Elementen, in denen und durch die Zeichen ausgetauscht Bedeutung, Sinn, realisiert werden und diese, wie andere Systemtypen auch, sind am aussagekräftigsten durch ihre Ausprägungen auf diesen *drei Dimensionen* charakterisierbar. Ein kleines lokales Wochenblatt ist offenbar als Organisation weniger komplex als eine große Fernsehstation, weil die letztere sich in viel mehr Untersysteme aufgliedert; der Kinofilm bildet ein offeneres System als das Fernsehen, da er ständig mit dem Verkauf von Einzeleintritten

---

Originalbeitrag.

die Vervollständigung als Kommunikationssystem durch das Publikum erwirken muss, und nach ihrem Beitrag an die Zielverwirklichung oder den Zusammenhalt eines sozialen Gebildes, einer Gesellschaft oder einer Partei z.B., unterscheiden sich die verschiedenen Medien namentlich nach Ausweis der Rezeptionsforschung in mannigfacher Hinsicht.

Die Kommunikationswissenschaft fragt ja regelmäßig auch nach den gesellschaftlichen Konsequenzen bzw. Implikationen von Kommunikationssystemen. In grober Vereinfachung kann da aus dem Horizont der Disziplin heraus systemtheoretisch resümiert werden, diese wende sich vor allem Sozial-, Technik- und psychischen Systemen zu, da diese ihren Gegenstand primär konstituieren. Bei allen der hier diskutierten *Systemtypen* sind natürlich die drei genannten Dimensionen unterschiedlich ausgeprägt und je anders in einer unendlichen Vielfalt von Systemvarianten kombiniert.

Exemplifiziert werden soll diese Vielfalt lediglich an den unterschiedlichen *Komplexitätsgraden* dieser Systeme. Weil dieses Kriterium zugleich für die Charakterisierung moderner Gesellschaften besonders häufig angeführt wird und es im Zentrum der neueren Analyse von Systemfunktionalität steht, ist seine vorgängige Präzisierung für das weitere Verständnis avancierten systemtheoretischen Denkens besonders dienlich. Festzuhalten ist allerdings schon an dieser Stelle, dass der systemtheoretische Diskurs mittlerweile eine Eigenkomplexität entwickelt hat, die es erschwert, wie hier versucht, ihn ohne vollumfänglichen Rekurs auf das dort mittlerweile etablierte hermetische Sprachspiel Nichteingeweihten einigermaßen nachvollziehbar zu machen. Schon die illustrierende Nennung einiger Beispiele wie dyadische Kommunikation, d.h. solche zwischen zwei Kommunikanten, und Massenkommunikation, UNO und Lokalparlament , Boten- und Satellitensysteme, Träger unterschiedlicher Intelligenzquotienten, verdeutlicht die unendliche Vielfalt von Komplexitätsdimensionen und –graden, die Systeme kennzeichnen können.

Die *Komplexitätsdimension* wird denn auch in unterschiedlichen Systemtheorien je anders interpretiert. H. Willkes synthetisierende Umschreibung dürfte immerhin weitgehend konsentiert sein: „Komplexität bezeichnet den Grad der Vielschichtigkeit, Vernetzung und Folgelastigkeit eines Entscheidungsfeldes".[2] Damit sind der Grad der funktionalen Differenzierung von Systemen, die Interdependenzen in diesen und die Tatsache angesprochen, dass es keine Komplexität an sich, sondern nur hinsichtlich bestimmter Systemprobleme gibt. Kommunikationswissenschaftlich dürfte das Kriterium der involvierten Subsysteme bezüglich der Binnenstruktur von Systemen wie der Systeminteraktionen das wichtigste sein. Danach bemessen sich ja der Organisationsgrad eines Systems und sein Vermögen, sich auf seine Umwelt einzustellen. Systemtheoretisch gilt dabei, nach Ashbys berühmtem „law of requisite variety"[3], dass mit Umweltkomplexität nur ein System mit entsprechend angemessener Eigenkomplexität erfolgreich, d.h. im Sinne eigener Ziele oder auch der Erhaltung der eigenen Strukturen, sich auseinandersetzen kann. Darum genügt z.B. die Einmann-Recherche zur Reduktion der Komplexität von Ereignissen wie der deutschen Parteispenden-Affären ebenso wenig wie der Einsatz lediglich der Verkaufsabteilung für das Marketing eines Konzerns.

Im Einzelnen sind bezüglich der *Komplexität der hier anvisierten vier Systemtypen* folgende Punkte als kommunikationswissenschaftlich besonders bedeutsam hervorzuheben:

1. *Kommunikation,* Zeichenaustausch bzw. Bedeutungs-, Sinnrealisierung ist durch dreifache Systemhaftigkeit ausgezeichnet. Als elementare Systemhaftigkeit kann

diejenige zwischen den Elementen jedes einfachen Kommunikationsprozesses, also zwischen Kommunikationsurheber, -mittel, -gehalt und -adressat charakterisiert werden. Diese Elemente befinden sich ihrerseits in einer Umwelt weiterer Systeme (kontextuale Systemhaftigkeit): Journalisten und Rezipienten stehen z.B. in Beziehungen mit extramedialen Bezugsgruppen; Tonträger benötigen Abspielapparaturen, und Themen werden in einem jeweiligen sozialen Themenuniversum aufgegriffen. Und als lebenswichtige Leistung wird Kommunikation schließlich auch kumulativ gesichert: interpersonale durch mehrere Sinneskanäle, Fernsehkommunikation durch Codekumulierung, Organisations- und Gesellschaftskommunikation durch hyperkomplexe Medien-Gesamtsysteme.

2. An *Sozialsystemen* lassen sich mit N. Luhmann[4] als Grundtypen Interaktionen, Organisationen und Gesellschaften unterscheiden. Der Typus „Sozialsystem" ist dadurch definiert, dass „Handlungen mehrerer Personen sinnhaft aufeinander bezogen werden und dadurch in ihrem Zusammenhang abgrenzbar sind von einer nichtdazugehörigen Umwelt".[5] Anwesenheit und/oder Gruppenhaftigkeit und „face-to-face"-Kommunikation sind dem Interaktionssystem zugeordnet, Bedingungen der Mitgliedschaft dem (zweckorientierten) System Organisation, während Gesellschaft das alle anderen sozialen Systeme umfassende System ist. Dazwischen ist im Übrigen die als Referenzsystem für die Rezeptionsforschung wichtige Familie angesiedelt.[6] Das Kriterium der Sinnhaftigkeit bringt Sozialsysteme in unauflösbare Beziehung zu Kommunikation, die darum auch schon als „modus operandi des sozialen Lebens" (Richard LaPierre) und als „soziales Totalphänomen" (Marcel Mauss) bezeichnet worden ist, weil sie sich in alle erdenklichen Bereiche der Gesellschaft erstreckt. Luhmann ist daher bloß konsequent, wenn er Kommunikation als gesellschaftskonstituierenden Mechanismus begreift und seine Gesellschaftsdefinition auf Kommunikation gründet. Diese Konzeption von Gesellschaft empfiehlt sich offenbar für die Kommunikationswissenschaft besser als viele andere soziologische Gesellschaftsmodelle, in denen Kommunikation bloß als Nebensache, als Ephiphänomen, aufscheint.

3. Unter den *Techniksystemen*, die als Instrumente von Handlungsoptimierung namentlich um die praktische Nutzbarmachung wissenschaftlicher Erkenntnisse zentriert sind, stehen natürlich einerseits die in Medientechnik begründeten im Zentrum des kommunikationswissenschaftlichen Interesses, andererseits soziotechnische wie Kommunikationsprognostik, -politik, -pädagogik- oder Journalistenausbildung. Der Systemzusammenhang von Medientechnik erweist sich am schlagendsten daran, dass der technologische Fortschritt in ihr bezüglich neuer Medien bereits weitgehend autopoietisch[7], d.h. selbstreproduzierend, nämlich in Form von Umkombination schon entwickelter Elemente, sich vollziehen kann. Über je mehr multifunktionale Elemente eine Technologie bereits verfügt, desto vielfältiger sind ja die Möglichkeiten, dass sich solche in dieser fast von selbst zu neuen Einheiten zusammenschließen, Bildschirm, Telefon und Computer z.B. zu Bildschirmtext als „neuem" Medium und natürlich die Weiterentwicklungen des Internets.

4. Mit der Konzeption von Personen als *psychischen Systemen* ermöglicht die Systemtheorie in erster Linie, das Feld der kommunikationswissenschaftlichen Forschungsgegenstände zu homogenisieren und erleichtert damit dessen integrale Bearbeitung.

87

Von Luhmanns Theorie der Sozialsysteme aus bilden Individuen Umwelt von sozialen Systemen[8], da die Mitgliedschaft in solchen gewöhnlich nicht ihre volle Persönlichkeit beansprucht. Vergleichbar sind aber psychische und soziale Systeme trotzdem in ihren Problemen, z.b. auf der Ebene des so genannten AGIL-Schemas[9], als beide Systemtypen z.B. Anpassungsprobleme bezüglich der Umwelt und Probleme der Zielrealisierung haben. Die Redaktionsforschung ist lange Zeit in ihrem Erkenntnisfortschritt dadurch behindert worden, dass man diese Organisation einseitig über Personalität zu verstehen suchte, den Unterschied von Sozialsystemen und psychischen Systemen also vernachlässigte[10], Redaktionen letztlich einfach als Summe der einzelnen Redakteure definierte.

Grenzen der Dienlichkeit des Denkens in Systemen, zumal des soziologisch anvancierten, für die Erhellung von Kommunikation müssen hier allerdings auch schon kurz angesprochen werden. Es geht ja nicht um eine glättende Darstellung der Systemtheorie, sondern um die möglichst unvoreingenommene Würdigung ihres realen kognitiven Leistungsvermögens. Diese hält sich am zweckmäßigsten, pragmatisch, an das so genannte spieltheoretische Obligat[11], laut dem Wissenschaft als ein ingeniöses Spiel auch gegen sperrige Objekte anzulegen ist. Unter dieser Optik scheint weder ein theoretisch motivierter radikaler Ausschluss der Person, des Individuums als Träger von Kommunikation bei deren Analyse, noch deren Konzeption als geschlossenes System gegenstandsgerecht. Der Gewinn an begrifflicher Präzisierung und theoretischer Stringenz durch den Rekurs auf die funktional-strukturelle Systemtheorie Luhmannscher Prägung wird durch deren Mangel an Isomorphie, an strukturell-prozessualer Entsprechung zum Objekt Kommunikation, und an empirischer Bewährung wieder verspielt.

Angesichts dieser Unzulänglichkeiten vor allem der von der deutschsprachigen Kommunikationswissenschaft bevorzugt übernommenen funktional-strukturellen Systemtheorie drängt sich ein *erweitertes funktionales Verständnis von Kommunikation* auf, das diese Defizite überwinden hilft. Dementsprechend wird hier das Funktionspotential von Humankommunikation dahin charakterisiert, diese habe Konsequenzen hinsichtlich der Bildung, Erhaltung, Veränderung und Auflösung von Systemen, indem sie Beziehungen zwischen wie innerhalb von Systemen sinnhaft strukturiert; die Medienkommunikation z.B. dadurch, dass sie ursprünglich private Sachverhalte politisiert und auf diese Weise die Grenzen des Systems Politik ausweitet. Kommunikation reduziert nicht bloß Komplexität, sondern generiert auch solche, und zwar prozessual durch Zeichentransfer, stehen Zeichen nach anerkannter Definition doch für etwas anderes als nur für sich selbst und vergegenwärtigen mithin Abwesendes. Kommunikation muss demnach funktionsmäßig ebenso als distanzüberwindender (zeitlich, räumlich, sozio-kulturell) wie distanzschaffender (durch Systembildung) Mechanismus begriffen werden. Medienkommunikation im Besonderen schafft z.B. Welträume, grenzt aber auch Lokalräume aus.

1.2. Systemtheorien

Schon bloß eine Ahnung vom Stand des gegenwärtigen sozialwissenschaftlichen Denkens in Systemen zu vermitteln, hat sich als anspruchsvolle Aufgabe erwiesen. Nicht anders verhält es sich mit dem Versuch, in einer zweiten Annäherung die Charakteristika des system*theoretischen* Denkens weiter auszuführen. Es gilt, Systemtheorien in ihren elementaren Strukturen zu erfassen, ihre Entwicklung zu überblicken, sie auf ihr Leistungsvermögen hin zu prüfen und in Vergleich zu anderen Theorien zu setzen, soll ihre Position in der Kommunikationswissenschaft sachgerecht bestimmt werden.

Am Anfang der systemtheoretischen Bemühungen steht das Bemühen der Schöpfer der *allgemeinen Systemanalyse* (General systems analysis), „eine interdisziplinär brauchbare Theorie" zu schaffen.[12] Da moderne Kommunikationswissenschaften wie Publizistik- oder Medienwissenschaft sich selber als Integrationswissenschaften, als interdisziplinär konstituiert verstehen, musste in ihnen von vornherein reges Interesse an der Entwicklung dieses Theoriefeldes gegeben sein. Die Differenzierung universitärer Wissenschaft indes ging und geht mehrheitlich heute noch in die gegenteilige Richtung, nämlich diejenige disziplinärer Verfasstheit mit entsprechenden Grenzziehungen.[13] Die Publizistikwissenschaft, Massen- bzw. publizistische Medien und die von diesen initiierten öffentlichen Kommunikationsprozesse fokussierend, betrachtete diese Objekte primär entweder strukturell, als Zeitung, Fernsehen etc., oder prozessual, eben als Massen- oder publizistische Kommunikation und erst allmählich seit den 80er-Jahren vermehrt unter systemischen Perspektiven. Der geisteswissenschaftlich ausgerichteten Medienwissenschaft wiederum ist, ihrer dominanten Orientierung an den Hervorbringungen der Medienkultur wegen, systemtheoretisches Denken fremd geblieben.

Immerhin kann festgestellt werden, dass die Kommunikationswissenschaft der *allgemeinen Systemtheorie* eine zentrale Erkenntnis und ein wegweisendes Postulat verdankt, deren Anregungspotential in ihr neuerdings vermehrt wahrgenommen wird: das Isomorphiekonstrukt, d.h. eben die Feststellbarkeit strukturell-prozessualer Grundkorrespondenzen zwischen Systemen und, daraus folgernd, die Methode des Systemvergleichs als systemtheoretischer Königsweg. Wissenschaftliche Systeme wie Konzeptionen und Modelle von Medienkommunikation oder Journalismus, die dem erwähnten und natürlich auch wissenschaftstheoretisch verbindlichen „law of requisite variety" genügen sollen, müssen folglich zu diesen beobachteten Systemen isomorph angelegt sein.

Ähnlich kann nach dem wichtigsten Ertrag der *kybernetischen Systemtheorie* für die Weiterentwicklung des kommunikations- bzw. publizistikwissenschaftlichen Denkens gefragt werden. Diese hat auf der Grundlage der mathematischen Informationstheorie nicht nur in Gestalt der elektronischen Datenverarbeitung die instrumentelle Basis der modernen sozialwissenschaftlichen Methodik ermöglicht, sondern ist zugleich auch im Umfeld der allgemeinen Systemtheorie als höchst einflussreiche Theorie der kommunikationalen Regelung von und in Systemen entwickelt worden.[14] Die Übernahme des kybernetischen Konzepts der Rückkopplung und in dessen Gefolge ein komplexeres Verständnis von Systemsteuerung haben zumal die publizistikwissenschaftliche Theorienbildung seit den 60er-Jahren des letzten Jahrhunderts in vielfältiger Weise befruchtet und weitergebracht.[15]

Umfassend gelernt hat wiederum die Soziologie von der *strukturell-funktionalen Systemtheorie*. Da die Soziologie ja eine der konstituierenden Referenzdisziplinen der Integrationswissenschaften von der Kommunikation bzw. der Publizistikwissenschaft ist, hat dieses Nachdenken über systemische Strukturen und Funktionen auch diese insgesamt nachhaltig, freilich international unterschiedlich geprägt. Maßgeblich von

T. Parsons und seinem Schüler R. Merton entwickelt, beeinflusste dieses System von Annahmen über den Zusammenhalt und das Funktionieren von Gesellschaften nämlich in erster Linie die amerikanische Kommunikationswissenschaft, die deutschsprachige hingegen nur wenig.

Dies ganz im Gegensatz zur deutschen Weiterentwicklung des funktionalistischen Paradigmas in Gestalt der *funktional-strukturellen Systemtheorie* N. Luhmanns. Diese visiert, im Gegensatz zum Strukturfunktionalismus, nicht primär die Strukturen, sondern die Probleme von Systemen an, problematisiert entsprechend die Strukturen und fragt nach funktionalen Äquivalenten, z.B. alternativen Leistungen bzw. Leistungsträgern zur formalen Organisation von Redaktionen. Diese Theorie hat sich vor allem in der Journalismusforschung in den 90er-Jahren als dominantes Strukturierungsmodell durchgesetzt, ist aber gerade darum auch nicht unbestritten geblieben.[16] Von den Rezeptionsforschern hingegen, die auf dem Mikrolevel operieren und überwiegend handlungstheoretisch orientiert sind, wurden systemtheoretische Ansätze schon gar nicht zur Kenntnis genommen. Die Systemtheorie wird denn auch zweckmäßiger als nach wie vor sich wandelnde kommunikationswissenschaftliche Basistheorie neben anderen und durch solche je nach Problemfeld zu ergänzende interpretiert und eingesetzt denn als *die* Supertheorie.[17]

Andererseits fehlt es nach wie vor an der Ausarbeitung einer elaborierten *Theorie der Systemprobleme.*[18] Zwar dynamisiert die funktional-strukturelle Systemtheorie die strukturell-funktionale Analyse dank ihrer funktional vergleichenden Methodik. Dieser Vorzug kommt indes nur dann voll zum Tragen, wenn zumindest eine entsprechende Typologie von Systemproblemen entwickelt wird, auf die Funktionen, Leistungskonstellationen, bezogen werden können. Nur dann macht z.B. die gängige Redeweise vom medialen Problemlösungs- (bzw. -schaffens)vermögen wirklich Sinn. Von Seiten der strukturell-funktionalen Systemtheorie liegt immerhin ein system- wie handlungstheoretisch fundiertes Modell in Gestalt des erwähnten AGIL-Schemas vor, das ebenso allgemein wie umfassend die Probleme, die von Systemen zu bewältigen sind, auf vier elementare Konstellationen bringt: Adaptation (Umweltanpassung), Goal attainment (Zielrealisierung), Integration (Integration), Latent pattern maintenance (Strukturerhaltung). Mit diesen Problemkonstellationen sind ebenso wie Sozialsysteme auch Technik- und psychische Systeme konfrontiert; wie jenen z.B. die Erhaltung struktureller Identität obliegt, so diesen diejenige personaler Identität. Dass die Integrationswissenschaft von der Publizistik vom AGIL-Schema als grundlegender soziologischer Orientierungshilfe kaum Notiz genommen hat, beleuchtet einmal mehr die Schwierigkeiten interdisziplinärer Theorienbildung.

Der *kommunikationswissenschaftlichen Rezeption der soziologischen Systemtheorie* stehen allerdings besondere und entsprechend oft diskutierte Hindernisse entgegen. Da ist einmal ihr hoher Abstraktionsgrad, der zwar ihre Generalisierbarkeit und mithin ihre Übertragbarkeit auf Kommunikations- und Medienphänomene erhöht, aber ihre Nachvollziehbarkeit erschwert. Aus dieser Abstraktionshöhe resultiert auch Dissens über das tatsächliche Erklärungspotential dieser wie anderer Supertheorien, nicht zuletzt auch angesichts von deren – entsprechend heftig bestrittenen – universalistischen Ansprüchen.[19] Die Abqualifizierung handlungstheoretischer Orientierung als Kinderkrankheit der dank Systemtheorie endlich erwachsenen Soziologie[20] diskreditiert sogar ihre sozialwissenschaftliche Anschlussfähigkeit. Dabei fasst in der Publizistikwissenschaft ja allmählich gerade die gegenteilige Erkenntnis Fuß, nämlich die der unverzichtbaren Komplementarität dieser beiden Basistheorien für eine möglichst adäquate wissenschaftliche Durchdringung ihres Gegenstandes.

Andererseits sind da eben die vielen unbestreitbaren Vorzüge der Systemtheorie, namentlich ihr großes heuristisches Potential, ihre interdisziplinäre Fruchtbarkeit und ihr Vermögen, die vordem von der Publizistikwissenschaft vernachlässigte *Meso- und Makrodimension* ihres Gegenstandes theoretisch aufzuschließen, die sie als deren Basistheorie qualifizieren. Die erwähnten Beschränkungen auch der neuesten Systemtheorien können denn auch die Kommunikationswissenschaft nicht davon dispensieren, ihre soziologische und damit auch ihre systemtheoretische Basis weiter zu vertiefen. Zumal wenn soziologisch Gesellschaften zunehmend gemäß dominanter Problemlagen, etwa als „Risiko-", „Erlebnis-„ oder auch als „Informationsgesellschaft" charakterisiert werden[21], täte die Publizistikwissenschaft, schon von ihrem Forschungsbereich her, gut daran, solche Gesellschaftskonzeptionen und die systemtheoretisch als Hauptprobleme entwickelter Gesellschaften erkannten, nämlich Überkomplexität und ungebändigte Evolution[22], systematisch in ihre Theorie und Empirie einzubeziehen. Auch die Ansetzung eines primär system- und kommunikationstheoretisch orientierten Gesellschaftsbegriffs wie „Mediengesellschaft", auf den sich die Publizistikwissenschaft primär beziehen kann, bedarf natürlich umfassender soziologischer Fundierung.

Zumindest entsprechende Hilfe für eine bessere gesellschaftstheoretische Verankerung ihres Tuns, aber auch für interessante Hypothesen fände die Kommunikationswissenschaft auch in der weiteren *Adaption zentraler systemtheoretischer* Konzepte dank deren integrierendem, erklärendem oder jedenfalls illuminierendem Potenzial. So ist etwa der sonst semiotisch besetzte Begriff des Codes seit längerem vielfältig in die Systemtheorie und auch in die sonstige Soziologie integriert[23], während ausgerechnet die Kommunikationswissenschaft ihn fast nur technisch im Zusammenhang mit der Datenerhebung bei quantitativen Inhaltsanalysen verwendet.[24] Andererseits ermöglichte das systemtheoretische Konzept der Reflexivität, d.h. der Selbstthematisierung bzw. -referenz von Systemen, weiterführende Analysen, z.B. Erkenntnisse über das Meinen zu anderer Leute Meinen im modernen Journalismus.

2. Kommunikationswissenschaftliche Tradition und Systemtheorie

2.1. Systemkonzeptionen

Die stärkere Berücksichtigung systemtheoretischer Tools wäre um so angezeigter und auch nicht mit allzu großem Aufwand realisierbar, als die Tradition der Kommunikationswissenschaft, ihre überkommenen Konzepte, Ansätze und Paradigmen *sehr viel systemtheoretisches Gedankengut* bergen, aber eben ver- statt entbergen. Durch entsprechende Umformulierungen gewännen diese sowohl an Stringenz als auch an Integrationsfähigkeit in weitere theoretische Zusammenhänge. Eine Hauptschwierigkeit dürfte in der möglichst produktiven Bestimmung von Systemen gelegen haben, d.h. von solchen Konstellationen, die den Zusammenhang von sonst isolierten Erklärungsansätzen deutlich machten. Die beschwerliche Erweiterung der Gatekeeperforschung ist hierfür exemplarisch. Ferner ist es offenkundig, dass das kommunikationswissenschaftliche Denken immer wieder mit Systemgrenzen befasst war, ohne sich der Generalisierbarkeit dieses Problems bewusst zu werden und damit zu weiteren Erkenntnissen vorzustoßen. Schließlich sind auch systemtheoretische Ansätze in Vergessenheit geraten, die bei Weiterverfolgung der Kommunikationswissenschaft manchen Irrweg erspart hätten.

Das vielleicht schlagendste diesbezügliche Beispiel kommunikationswissenschaftlicher Vergesslichkeit findet sich im Zusammenhang mit dem so genannten *Rieplschen Gesetz*. Der Historiker W. Riepl erkannte schon 1913, dass nicht Substitutionskonkurrenz gewöhnlich die Folge von neuen Medientechnologien ist, sondern funktionale Anpassung der bisherigen Medien an die gewandelte Situation und damit als Gesamtresultat Funktionsdifferenzierung und neue Medien-Komplementarität.[25] Dies aber heißt nichts anderes, als dass Riepl bereits den Systemzusammenhang zwischen den Medien erkannt hat und deshalb zu einer richtigen Prognose gekommen ist, sehr im Unterschied zu zahllosen späteren Medienanalytikern und -politikern, die die Ermordung des Buches bzw. des Kinofilms durch das Fernsehen ebenso wie die Lebensbedrohung der Lokalpresse durch Lokalradios prophezeiten.

Immerhin hat sich die *Qualität kommunikationswissenschaftlicher Theorienbildung* unter dem Einfluss soziologischen systemtheoretischen Denkens nicht nur zum Wandel von Kommunikationssystemen, dessen Ursachen und Folgen, sondern auch zur Medienproduktion, namentlich zum Journalismus, entschieden verbessert, d.h. diese hat sich überhaupt intensiviert, zugleich differenziert und vertieft. H. Schatz' „Fernsehen als Objekt und Moment des sozialen Wandels"[26] und M. Löffelholz' diskursives Handbuch „Theorien des Journalismus"[27] z.B. sind durch und durch systemtheoretisch geprägt und verdanken dieser Adoptionsleistung maßgeblich ihren Status als kommunikationswissenschaftliche Schlüsselwerke.

Die *systemtheoretische Neuinterpretation der Medien- und vor allem der journalistischen Produktion* zeigt sich besonders eindrücklich an der Entwicklung der Gatekeeperforschung.[28] Daran wird zugleich ein weiteres Optimierungsproblem systemtheoretischer Arbeit erkennbar, eben die Ansetzung des jeweils erklärungsmächtigsten und daher in der Untersuchung zu fokussierenden Systems. Interessanterweise erwies sich schon in der Untersuchung, die die ganze Gatekeeperforschung begründete, dass viel weniger als angenommen persönliche Charakteristika und Präferenzen des darin beobachteten Redakteurs dessen Nachrichtenselektion erklärten, denn Berufsroutinen und Produktionsabläufe. Entsprechend erweiterte man in der Gatekeeperforschung den Focus auf die institutionell-organisatorische Umwelt der Informationsjournalisten, aber auch auf die rückgekoppelten Lernprozesse (Redaktionsarchive, Datenbanken, Publikumsforschung etc.) von Medienunternehmen und schließlich zur Konzipierung von Gatekeeping als umfassendes System der Informationskontrolle zwischen einer Vielzahl von Systemen.[29] In geradezu exemplarischer Weise vollzog die Gatekeeperforschung die gemäß der Logik systemtheoretischen Arbeitens jeweils notwendigen Schritte von interpretationsresistenter Datenkomplexität zur Entwicklung immer erklärungsmächtigerer, weil komplexerer Bezugsrahmen und Untersuchungsanlagen bis hin zu ihrer Selbstauflösung in neuen Paradigmen.[30]

Schließlich muss bei dieser Darstellung des Verhältnisses von kommunikations-, vor allem publizistikwissenschaftlicher Tradition und Systemtheorie natürlich auch der elementarste und darum vielfältigste und entsprechend problembeladene Beziehungskomplex zwischen ihnen zumindest angesprochen werden. Dieser gründet im Umstand, dass die mit öffentlicher Kommunikation befasste Wissenschaft als maßgeblich mit den Konsequenzen von Kommunikationstechnologie konfrontierte zugleich auch Medienwissenschaft ist, sein muss. Die Mitglieder dieser scientific community sind oder vielmehr wären mithin seit eh und je, wie bereits bei der Konkurrenzthematik und der Wiederentdeckung des Rieplschen Gesetzes erkannt, von der Sache her herausgefordert, *intermediale und damit auch transmediale Zusammenhänge* zu theoretisieren und empirisch zu erhellen. Die Fachgeschichte verlief indes, aus vielen Gründen, entschieden anders: als „additive Aneignung undisziplinierter Gegenstände"[31], jeweils weiterer Medien nämlich, statt immer systematischerer Zusammenschau und als Rekonstruktion der Historie einzelner Medien und Mediengattungen statt als Kommunikationsgeschichte. Erst die Intensivierung des Denkens in Systemen inspirierte auch eine besser integrierte, da stärker sozialwissenschaftlich orientierte und theoriegeleitete publizistikwissenschaftliche Geschichtsschreibung.[32]

Angesichts solcher Fachtradition kann es nicht erstaunen, dass weder die Publizistikwissenschaft noch selbst die sich allmählich konstituierende Medienwissenschaft überzeugende Konzepte von „*Medium*" zu entwickeln vermochten.[33] Befremdlich ist viel eher, welch bescheidene Mühe aufgewendet wurde, zu einem begründeten oder immerhin expliziten und je einvernehmlichen Verständnis dieses für beide Wissenschaften konstitutiven Begriffs zu kommen. Wohl ist die Redeweise von „Mediensystemen" und „Mediengesellschaft" publizistikwissenschaftlich gängig geworden[34] und die Medienwissenschaft hat Systemanalyse zumindest als Erweiterung ihres Methodeninventars entdeckt.[35] Das Bestimmungswort „Medium" ist indes in der ersteren nach wie vor unbestimmt geblieben oder unter dem Etikett „symbolisch generalisierte Kommunikationsmedien"[36] systemtheoretisch dem Fach recht eigentlich entwunden worden.

Der Hauptgrund für diese konzeptuelle Dauerproblematik dieser Kommunikationswissenschaften liegt in der Doppelheit des Phänomens Medium. Dieses ist ja einerseits durch ein bestimmtes kommunikationstechnisches Potenzial – im Fall des Buches Materialität, Druck, Schrift, Schreib- und Lesefähigkeit – gekennzeichnet, andererseits durch bestimmte soziale Konstellationen wie einzelne Autoren und Autorenkollektive, Verlage, Kritiker, Lesezirkel oder anonyme Leserschaften und überhaupt die Gesellschaften, die dieses Potenzial in ihren Dienst nehmen. Entsprechend könnte ein kommunikationswissenschaftlich und systemtheoretisch konsentierbares *Konzept* lauten: Medien sind komplexe institutionalisierte Systeme um organisierte Kommunikationskanäle von spezifischem Leistungsvermögen.[37] Im Gefolge der kommunikationstechnologisch ermöglichten Medienkonvergenz und eigenständiger technologischer Innovationen, aber auch der zunehmenden Interdependenz und auch Entdifferenzierung vormals getrennter Funktionssysteme verändern sich indes auch die Funktionen der verschiedenen Medien und insbesondere ihre Systemgrenzen.[38] Diese Entwicklung problematisiert regelungspraktisch nicht bloß die institutionelle Positionierung von Medien, sondern theoretisch auch die ohnehin bereits prekäre Etablierung von Medientypologien zusätzlich.

Eine Möglichkeit, hier weiterzukommen, liegt immerhin in der systematischen Erweiterung dieses Medienkonzepts um die funktionale Präzisierung von *Medien als problemlösenden und –schaffenden Systemen*. Damit könnten die verschiedenen disparaten Charakterisierungen von Medien bzw. Medientypologien vergleichbarer und zugleich weiterer sozialwissenschaftlicher Theorienbildung zugänglicher gemacht werden. Am Typus Boulevard- oder Kaufzeitung z.B. lassen sich mit diesem Ansatz oft genannte Charakteristika stringenter in einen Zusammenhang bringen als bloß additiv, wie es gewöhnlich geschieht. Immerhin findet sich im Fischer Lexikon Publizistik/Massenkommunikation von 1989 bereits die Formulierung: „Publizistisch und wirtschaftlich bedeutet die Entscheidung für den Einzelverkauf als dominierende Vertriebsform die Festlegung des Organcharakters: lesewirksame Inhalte in plakativer Aufmachung müssen den Kaufentscheid des Lesers immer wieder neu herbeiführen (Boulevard-Zeitungen)."[39] Implizit wird also hier die Boulevardzeitung als problemlösendes System aufgefasst.[40] Sie hat als extrem offenes System in Bezug auf eine seiner relevantesten Umwelten, die potenzielle Leserschaft nämlich, ein ganz anderes elementares Systemproblem zu lösen als die Abonnementszeitung, eben die täglich neue Knüpfung der Leserbindung. Die Mechanismen zur Sicherung von Systemstabilität sind demnach mit Notwendigkeit bei den zwei Zeitungstypen zum Teil andere.

2.2. Systemgrenzen

Die *optimale Definition von Systemgrenzen* bereitet ebenso wie die optimale Konzipierung von Systemen überhaupt der Kommunikationswissenschaft seit eh und je erhebliche Probleme, auch wenn diese unter andern Fragestellungen perzipiert und angegangen werden. Eine systemtheoretische Optik führt eben auch zu andern Interpretationen der Wissenschafts- und Fachgeschichte als die herkömmlichen Schauweisen. Der beträchtliche Abstraktionsgrad ermöglicht es ihr, verschiedenartige Konstellationen vergleichbar zu machen und zusammenzusehen, die aus andern Perspektiven lediglich als Abfolge von Einzelphänomenen wahrgenommen werden. So wie die Grenzen der Zeitungs-, Publizistik-, Medien-, Kommunikationswissenschaft und damit auch ihre Positionierung als Integrationswissenschaft im disziplinären und transdisziplinären Kosmos der Wissenschaft Anlass für immer neue fachliche Selbstreflexion waren und sind, so geht es bei der theoretischen Durchdringung des Mikro-, Meso- und Makrobezugs des Gegenstandes öffentliche Kommunikation regelmäßig auch um die Problematik von Systemgrenzen. Weil Grenzen und Strukturen von Systemen deren Funktionalität bestimmen und die Festlegung von Grenzen und die Strukturbildung von Systemen sich gegenseitig bedingen, scheint die Grenzproblematik auch in der kommunikationswissenschaftlichen Theorietradition in mannigfaltiger Gestalt immer wieder auf.

Im Mikrobereich lässt sich z.B. die *Geschichte des Genres*, der journalistischen Darstellungsformen als Abfolge tradierter medialer Lösungen unterschiedlicher publizistischer Aufgaben interpretieren[41], also wiederum mit Hilfe der besonders anschlussfähigen Konzeption von Medien als problemlösende und -schaffende Systeme, aber auch als eine von institutionalisierten Abgrenzungen. Diese Geschichte ist ja maßgeblich durch das Eindringen des Räsonnements in die ursprünglich bloß dem Referat offenen Zeitungen im 18. Jahrhundert, durch die spätere Trennung von Information und Kommentar gemäß dem angelsächsischen „Comment is free, facts are sacred" (P.C. Scott) und daran anschließend deren Elaborierung zur Objektivitätsnorm[42] geprägt. Dahinter steht zuerst die Notwendigkeit, mit der Zensur zu Rande zu kommen, und dann der funktionale Imperativ, auch nach außen sichtbar verlässliche journalistische Information zu garantieren. Und dies geschieht eben durch Grenzziehung zwischen den Genres, die in beiden Fällen, wenn auch aus gegensätzlichen Gründen, das Meinen ausgrenzt. Maßgeblich im Gefolge des Aufkommens der elektronischen Medien wird dann, deren szenischem Charakter entsprechend, diese Grenzziehung in Richtung fiktionaler journalistischer Darstellungsformen wie Feature oder auch „Dokumentationen" verschiedentlichster Art relativiert.[43] Die in systemtheoretischer Sicht zentralen Prozesse der Systemdifferenzierung und -entdifferenzierung lassen sich also schon hier auf der Mikroebene systematisch verfolgen.

Grenzprobleme zwischen dem Medien- und dem Wirtschaftssystem dominieren sogar zu einem Gutteil die vor allem auch medienpolitisch orientierte Theoriebildung auf dem Meso- und Makrolevel. Der immer ungestümeren Expansion der Werbewirtschaft und der Kommunikationsstrategie der Public Relations, beide mit ständig wachsenden Instrumentarien, steht ja nach wie vor in Demokratien der Autonomieanspruch zumindest der ungebundenen Publizistik, im Unterschied etwa zur Verbands- oder Firmenpublizistik, gegenüber. Und analog zum Fall der Genres lässt sich auch hier Grenzziehung als Strukturbildung, und zwar im Dienste der Erhaltung kulturstruktureller Identität, erkennen.

Am bekanntesten ist hier die allmählich als Gegenstruktur zum wachsenden Einfluss der Werbung entwickelte *Trennung von Redaktions- und Anzeigenteil*. Das Verhältnis von Werbewirtschaft und Mediensystem wird ja nur in der angestrebten Weise symbiotisch, wenn beide vergleichbar befriedigende Leistungen einzubringen vermögen: das Medium eine Redaktion, die ihm Glaubwürdigkeit und Verbreitung und damit ein taugliches Umfeld für die Anzeigen sichert, die Werbewirtschaft ein Anzeigenaufkommen, das dem Medium die dauernde Wahrnehmung der redaktionellen Aufgaben gestattet. Mit zunehmender Abhängigkeit der Medien von Werbeeinnahmen wird diese ohnehin prekäre Balance zusätzlich labilisiert und erfordert differenzierende Auslegungen der Trennungsnorm von Seiten der Medienverantwortlichen, häufig durch Strukturbildung in Form von Richtlinien. Dies um so mehr, als die Konkurrenz um das Werbeaufkommen sich mit steigender Zahl der Werbeträger verschärft und die Kommunikationsstrategie der Public Relations bzw. das Sponsoring Ereignisse schaffen, die die Produktion eines autonomen redaktionellen Teils und damit die Transparenz der Berichterstattung weiter in Frage stellen.

Im Zusammenhang mit *Steuerungs- und Regelungsproblemen von Medienkommunikation* in modernen Gesellschaften, kumulieren vollends immer wiederkehrende Schwierigkeiten kommunikations- bzw. publizistikwissenschaftlicher Theoriebildung. Sie behindern nach wie vor die Ausdifferenzierung einer wissenschaftlichen Teildisziplin Kommunikations- bzw. Medienpolitik.[44] Hier sind ja zusätzlich zu den Anforderungen interdisziplinären Arbeitens auch noch diejenigen transdisziplinärer Kooperation zu meistern, d.h. wissenschaftlich qualifizierte soziotechnische Interventionen in die Mediensteuerung und -regelung realisieren zu helfen. Das Grundproblem aller demokratischen Medienpolitik ist dabei, ob und wie weit rechtsstaatliche Eingriffe in die demokratietheoretisch unabdingbare und daher verfassungsmäßig garantierte Medienfreiheit überhaupt verantwortbar, legitimiert sind. Ein elementares Grenzproblem belastet also von Anfang an entsprechende Initiativen und lässt insgesamt juristisch bloß defizitär ausdifferenzierte Medienordnungen zu. Als präventive Rahmenordnungen werden ja nationale Gesetzgebungen regelmäßig von der technologischen und wirtschaftlichen Dynamik überrollt oder behindern funktionale Medienentwicklung.

Eine vordringliche systemtheoretische Aufgabe für die *bessere Fundierung wissenschaftlicher Medienpolitik* wäre denn auch die systematische theoretische Durchdringung und empirische Erfassung medienpolitischer Systeme, d.h. abgrenzbarer Handlungszusammenhänge um die Optimierung von Medienordnungen mit den Hauptelementen Träger, Ziele und Mittel. Es handelt sich bei ihnen um Strategiesysteme, weil sie zweckrational operieren, und zwar in einem hochkomplexen Umfeld. Dementsprechend müssten sie auch besonders hohe Eigenkomplexität entwickeln, um ihre eigenen Adaptions-, Zielrealisierungs-, Integrations- und Strukturerhaltungsprobleme zu lösen. Dazu verfügen sie aber gewöhnlich nicht über ausreichende Machtressourcen. An vielen medienpolitischen Programmen fällt denn auch ein Missverhältnis zwischen Zielen und Mitteln auf – mit entsprechend geringen Realisierungschancen derselben.

Auch die erwähnte Erweiterung ihrer Gegenstandsbereiche beschert der Publizistik- und der Medienwissenschaft gravierende Grenzprobleme. Diese prägen also nicht bloß die Dimensionen der jeweiligen Beobachtungsobjekte, sondern auch die *Wissenschaftssysteme*, die diese bearbeiten. Ihr interdisziplinäres Selbstverständnis als Integrationswissenschaften trägt zwar der entsprechend gestiegenen Gegenstandskomplexität Rechnung, vergrößert aber – erst recht bei zusätzlichem sozialtechnologischem Engagement – noch einmal exponentiell den Bedarf an qualifizierten personellen und an wirtschaftlichen Ressourcen. Nur bei dessen Deckung vermögen diese kommunikationswissenschaftlichen Systeme genügend interne Organisationskomplexität aufzubauen und kontrollierte, produktive Interaktionen mit der steigenden Zahl relevanter Umwelten zu garantieren.

Tatsächlich ist die Geschichte der deutschen Publizistikwissenschaft durch erhebliche *Diskontinuitäten* im Gefolge intensiver Umweltabhängigkeit gekennzeichnet. Wohl entwickeln sich in ihr als vergleichsweise starke Binnenstrukturen verschiedene wissenschaftliche Schulen. Diese bleiben aber weitgehend isoliert, während das System Publizistikwissenschaft als Ganzes größtenteils erst vom Nationalsozialismus vereinnahmt, dann vom amerikanischen Wissenschaftspositivismus umgekrempelt und anschließend zum Teil marxistisch reideologisiert wurde. Und jedes Mal wurden natürlich die Kontrollstrukturen für die Qualität des wissenschaftlichen Outputs, nämlich Wissenschaftstheorie bzw. Methodologie, ausgewechselt oder zumindest empfindlich beeinträchtigt und auf jeden Fall labilisiert.

Unter diesen Umständen bleibt das System Publizistikwissenschaft selber in dysfunktionalem Maß seinem Gegenstand Publizistik bzw. Journalismus ähnlich, statt in ausreichendem Maß autonome Strukturen zu entwickeln, dessen Komplexität wissenschaftlich zu bewältigen. Relativ freier Zugang von verschiedenen Disziplinen her zu diesem Fachbereich, hohe Ideologisierbarkeit und eben nur bedingt konsentierte Qualitätsstandards kennzeichnen denn auch über lange Strecken die *Fachgeschichte*. Seit den 90er-Jahren haben indes mit steigender Nachfrage nach Erkenntnissen publizistikwissenschaftlicher Forschungstätigkeit und nach akademischen Aus- und

Fortbildungsangeboten für Kommunikationsberufe die gesellschaftlichen Investitionen in das Fach erheblich zugenommen und diesem damit die Möglichkeit zu verstärkter innerer Differenzierung gegeben.

3. Kommunikationssysteme und kommunikationswissenschaftliche Systeme

3.1. Kommunikationssysteme

3.1.1. Typenbildung

Abschließend soll noch versucht werden, dieses komplexe und auch disparate historisch-analytische Profil des Verhältnisses von Systemtheorie und Kommunikationswissenschaft kategorial und typisierend etwas *weiter zu strukturieren*. Dies wird konsequenterweise auch wieder mit systemischen Konzepten geleistet, es wird also nicht irgendeine undefinierte Ableitung vorgenommen. Dementsprechend bildet das Hauptkriterium der Weiterführung der Typologie von Kommunikationssystemen deren elementares funktionales Spezifikum, nämlich ihr je anderes Komplexitätsmanagement durch Realisierung von Sinn mittels Zeichentransfer, während die kommunikationswissenschaftlichen Systeme im Hinblick auf ihr wissenschaftliches Problemlösungs- und -schaffensvermögen gruppiert und evaluiert werden. Die anderswo schon erwähnten sonstigen Typisierungskriterien werden fallweise zur weiteren Charakterisierung der Typen von kommunikativem Komplexitätsmanagement herangezogen.

Vorrangig ist aber das *Kriterium der Komplexität* weiter zu differenzieren. Einigermaßen nah an der Alltagserfahrung, die aus dem Leben in modernen Gesellschaften resultiert, lassen sich – aus einer Fülle von weiteren – sieben, allerdings sehr unterschiedlich strukturierte, Komplexitätsdimensionen herausheben, für deren Management das Involvement von Medienkommunikation besonders wichtig ist, nämlich sachliche, soziale, zeitliche, räumliche, operative, kognitive und generative Komplexität. Allein schon diese Aufzählung vermittelt eine Ahnung von der funktionalen Ubiquität dieses modus operandi modernen Zusammenlebens. Entsprechend können tentativ erst Grundtypen und dann spezifischer typologische Varianten von kommunikativem Komplexitätsmanagement unterschieden werden.

3.1.2. Grundtypen von Kommunikationssystemen

Als systemtheoretisch entscheidende kommunikationswissenschaftliche Frage lässt sich im Lichte der voranstehenden Abschnitte formulieren: Welche Kommunikationssysteme reduzieren und produzieren auf welche Weise Umweltkomplexität? Medien sind ja in Mediengesellschaften selber ubiquitär Umwelt geworden und vermehren deren Komplexität durch Medienereignisse, Codes, Botschaften und Wirklichkeitsmanipulation jedweder Art ebenso wie sie Umweltskomplexität auf einsehbare Sinnstrukturen, auf Orientierungsmuster und Handlungsalternativen reduzieren. Diese Typisierung gemäß grundsätzlicher Funktionsausrichtung bedarf der weiteren Präzisierung im Sinne der funktional-strukturellen Systemtheorie, indem diese komplexitätsproduzierenden bzw.

-reduzierenden Systeme nach ihrer Funktionalität bzw. Dysfunktionalität klassifiziert werden sollten zum Zweck einer durchgängigen Funktionsanalyse, d.h. danach, wie und wie weit sie zu der Lösung von Systemproblemen beitragen bzw. solche verursachen. Dies ergibt die folgende *Matrix*:

Grundbau von Kommunikationssystemen

	Komplexitäts-produktion	Komplexitäts-reduktion
Funktionalität	A (+ +)	B (– +)
Dysfunktionalität	C (+ –)	D (– –)

Natürlich drohen auf diese Weise bis zu einem gewissen Grade die bekannten Schwierigkeiten, Funktionen und Dysfunktionen valide und reliabel[45] zu bestimmen. Das *äquivalenz-funktionalistische Verfahren*, erst Probleme von definierten Systemen zu nennen und hierauf die auf diese bezogenen Prozesse und Strukturen hinsichtlich ihres Problemlösungsvermögens zu evaluieren, ist aber immerhin transparent und entspricht zudem Vorgehensweisen der Strategieforschung. An dieser orientiert sich aber eine auf sozialtechnologische Legitimation bedachte Kommunikationswissenschaft mit Vorteil zumindest auch – um so mehr, als dort das Denken in Systemen und Systemzuständen, anzustrebenden und zu vermeidenden, längst selbstverständlich geworden ist.[46] Was also hier sehr provisorisch erörtert wird, ist lediglich der Umriss einer funktionalistischen Systemtypologie für die Kommunikationswissenschaft; unzählige andere Systemtypologien wären denkbar.

Die vier in der Matrix ausgewiesenen Grundtypen ergeben immerhin schon gewisse Orientierungspunkte, wie systemtheoretisch weiter analysiert werden könnte. Reich ausgestattete Mediensysteme entwickelter Gesellschaften produzieren viel vermehrte Umweltkomplexität. Diese kann aber in mannigfacher – und auch unerwarteter – Hinsicht funktional sein, namentlich indem sie Interaktion durch Kommunikation substituierbar macht oder ausbalanciert. Kompensation von Alltagsfrustrationen für psychische Systeme[47] kann als bedeutsamer Beitrag von Medien-, insbesondere Fernsehunterhaltung an deren Stabilisierung, Immobilisierung großer Bevölkerungssegmente während des Fernsehkonsums kann als ökologisches Plus verbucht werden: Fernsehen als Freund der Wälder ... Gerade die Ausgefallenheit dieses letzten Funktionsaspekts im Zusammenhang mit *Typ A (+ +)* veranschaulicht im Übrigen, dass die entwickelte funktional-strukturelle Analyse von Kommunikationssystemen die etablierten Funktionskataloge[48] mit Selbstverständlichkeit hinter sich lässt, weil die Vielfalt von Systemproblemen, in die Kommunikation funktional und dysfunktional involviert ist, unübersehbar ist.

Auch Komplexitätsreduktion durch Medienkommunikation ist natürlich in höchstem Maße funktional, *Typ B (– +)*, soweit sie die gewaltigen Organisationsprobleme der rasch sich wandelnden Großgesellschaften durch eine gewisse Homogenisierung des Bewusstseins, insbesondere der Kanalisierung der Handlungsmöglichkeiten auf vergleichsweise wenige Alternativen, mitlösen hilft.

Probleme für das demokratiegerechte Funktionieren des politischen Systems schafft hingegen *Typ C (+ –)*, wenn die durch Public Relations, Werbung und andere Formen von interessierter Publizistik maßgeblich mitverursachte kommunikative Überkomplexität die Transparenz der Vorgänge gerade verhüllt und so die Qualität der politischen Urteilsbildung beeinträchtigt. Die Eigenkomplexität des neuen Quartärsektors Information in Informations- bzw. Mediengesellschaften selber kann so groß werden, dass sie durch vermehrte Zielgruppenpublizistik erst selber wieder zurückgenommen werden muss, statt dass der Quartärsektor mittels Orientierung und Anweisung den längst undurchschaubar gewordenen Tertiärsektor der Dienstleistungen verstehbarer macht.

Typ D (– –) schließlich findet sich vielfach in Entwicklungsländern, als Mangel im Mangel sozusagen. Auf additive gesellschaftliche Strukturen, ein unverbundenes Nebeneinander von Stadt und Land, aber auch innerhalb der strukturschwachen Metropolen z.B., werden wenig differenzierte Mediensysteme, vornehmlich Radiosysteme, angesetzt, die auch noch die durch Alphabetisierung und Printmedien in Gang gebrachte Entwicklungsarbeit durch die erneute Einbettung der Bevölkerung in die Oralkultur gefährden.

Sucht man sich nun, zur weiteren Differenzierung dieser Grundtypen, Rechenschaft über *die bislang von der Kommunikationswissenschaft bearbeiteten Kommunikationssysteme* zu geben, so wird eine Typisierung durch den insgesamt schwachen expliziten Systembezug der kommunikationswissenschaftlichen Theorienbildung erschwert. Werden als Ausgangspunkt Probleme gewählt, so lassen sich in erster Linie reflexive Systeme, Produktions- und Rezeptionssysteme, raumerschließende und zeitstrukturierende Systeme, institutions- und situationsreferentielle Systeme erkennen, die in freilich sehr ungleichem Maß die Aufmerksamkeit der Kommunikationswissenschaft gefunden haben.

3.1.3. Typen referentieller Kommunikationssysteme

Was diese verschiedenen Typen von Kommunikationssystemen unterscheidet, sind die Art und der Grad von *Komplexität*, auf die sich ihre Kommunikationsleistungen beziehen. In diesem Sinn stellen sie einfach Spezifikationen der Grundtypen dar, und benannt wird jeweils ihre Referenzebene: räumliche, zeitliche oder soziale Konstellationen. Aus der unendlichen Vielfalt von Referenzkonstellationen und kommunikativen Interventionsweisen in diese können natürlich nur bestimmte Typen herausgegriffen werden, hier die publizistikwissenschaftlich vorrangig bearbeiteten oder zu bearbeitenden Medienkommunikationssysteme von besonderer gesellschaftlicher Relevanz.

1. Prozessreferentielle Kommunikationssysteme
   Systembildungen im Bereich der Medienproduktion haben am häufigsten das publizistikwissenschaftliche Interesse erweckt. Dies hängt unter anderem damit zusammen, dass Konnektivität als Charakteristikum von Systemhaftigkeit dort viel unmittelbarer nachweisbar ist als im Rezeptionsbereich. Auch behinderte die lange Zeit dominierende Ausrichtung von Theorie und Empirie an einzelnen Elementen des Kommunikationsprozesses im Sinne der als Gegenstands- und Forschungssystematik anerkannten Lasswell-Formel: Kommunikator, Aussage, Medium, Rezipient[49], die wissenschaftliche Einsicht in größere systemische Zusammenhänge. Solch

partielle prozessuale Systemreferenzen zu beobachten ist zwar mikroanalytisch weiterhin unentbehrlich, genügt aber spätestens seit der Etablierung des World Wide Web für das wissenschaftliche Verstehen von Mediengesellschaften immer weniger.

Ansätze zu *integraleren Systemkonzeptionen* wurden vor allem in der Diffusions- bzw. Innovationsforschung entwickelt. Die Erkenntnis, dass es sich bei Kommunikation nicht um lineare, sondern um systemische Prozesse von besonders hoher Generativität handelt, die also ihrerseits Systeme generieren, wurde durch die empirische Ermittlung der Verbreitungswege von Nachrichten und Innovationen in der Kommunikationswissenschaft weiter verfestigt.[50] Beim Bemühen, die Vorgänge um das Internet wissenschaftlich zu erfassen, werden dann ganz selbstverständlich technische und psychische Systeme über das Konzept des Netzwerks theoretisch integriert[51], und in demjenigen der „Netzwerkgesellschaft"[52] wird das Kommunikationsgeschehen systemtheoretisch ins Globale erweitert und zugleich gesellschaftsstrukturell tiefer verankert.

2. *Situationsreferentielle Kommunikationssysteme*

Weil Kommunikation ständig in *Situationen* interveniert, können solche als zweite Referenzebene von Kommunikationssystemen herausgehoben und diese entsprechend typisiert werden. „Situationen" sind Realitätsausschnitte, die von Handelnden bestimmt werden[53], und ihre Definition ist für Kommunikationsstrategien wie für sonstiges Handeln konstitutiv, da diese in der Beliebigkeit der Wahrnehmungs- und Handlungsmöglichkeiten dadurch „situiert" werden. Weil Situationen außer durch die Definitionen von Akteuren auch noch durch weitere materielle, raumzeitliche und soziale Gegebenheiten zu Gesamtkonstellationen addieren, ist kommunikationswissenschaftlich von besonderem Interesse, in welchem Maß psychische Befindlichkeiten und Kommunikation und wieweit solche anderen Elemente Situationen konstituieren.

Typologisch können daher situationsreferentielle Kommunikationssysteme danach spezifiziert werden, ob Ereignisse, die Situationen determinieren, z.B. primär institutionellen oder stärker perzeptionellen Ursprungs sind. Politische Wahlen begründen mithin institutionsreferentielle Kommunikationssysteme, oder in „Die Familie in der Rezeptionssituation"[54] bildet dieses Sozialsystem die referentielle Größe des Kommunikationssystems. Situationen hingegen, die als bedrohend oder risikohaft definiert werden, können ganz unterschiedliche Ereignisse und Ereignisverursacher zugrunde liegen, weshalb an ihrer Konstitution Akteursdefinitionen und an ihrer Bewältigung deren Kommunikationen einen viel entscheidenderen Anteil haben.

3. *Sozialsystem-referentielle Kommunikationssysteme*

Jede Art von *Sozialsystem* auf dem Mikro-, Meso- und Makrolevel, also jedes Interaktionssystem, jede Organisation und jede Gesellschaft funktioniert zugleich und nur als Kommunikationssystem und kann in dieser Eigenschaft Objekt kommunikationswissenschaftlicher Beobachtung werden. Im publizistikwissenschaftlichen Forschungsbetrieb dominierte bis dahin die auf das Verhalten von Individuen konzentrierte Mikroperspektive und dementsprechend handlungs- und nicht systemtheoretisches Argumentieren. Von der Sache her und unter integrationswissenschaftlicher Optik ist diese spezifische Ausrichtung als Ausdruck von fachlichem Theorien- und Methodenpluralismus durchaus begrüßenswert, und da sich eine stärkere publizistikwissenschaftliche Bearbeitung des Meso- und Makrolevels abzeichnet, dürften sich dort system- und handlungstheoretisches Denken ohnehin immer intensiver durchdringen.[55]

Im Zuge der Verlagerung der publizistikwissenschaftlichen Bemühungen auf die Entwicklung integraler Theorien ist denn auch eine intensivere *sozialstrukturelle und damit auch systemtheoretische Interpretation* situationsreferentieller Kommunikationssysteme, etwa solcher von Risikokommunikation[56], zu gewärtigen. Längerfristig wird wohl auch die Demoskopie um ihrer sozialwissenschaftlichen Geltung willen nicht darum herumkommen, ihre Untersuchungen stärker theorieorientiert anzulegen und entsprechend deren Resultate vermehrt auch auf systemtheoretisch fundierte sozialstrukturelle Erkenntnisse zu beziehen.

4. *Institutionsreferentielle Kommunikationssysteme*

Auch ihrer sind, der institutionellen Differenzierungs- und Entdifferenzierungsdynamik moderner Gesellschaften entsprechend, unendlich viele, und die Intensität von deren wissenschaftlichen Beobachtung ist auch wieder von Erfordernissen der Theorienbildung, aber auch etwaiger Auftraggeber und den verfügbaren Forschungsressourcen bestimmt. Insgesamt geht es indes bei diesem Typ referentieller Kommunikationssysteme am unmittelbarsten um *Konkretisierungen der vier Grundtypen*, um Funktionalität und Dysfunktionalität von Medienkommunikation hinsichtlich von Referenzinstitutionen bzw. institutionellen Ordnungen, die ja die Sozialgestalt der gesellschaftlichen Funktionssysteme bilden.

Vor dem konkreten Institutionenbezug von Kommunikationssystemen interessieren indes Publizistikwissenschafter im Allgemeinen und Systemtheoretiker im Besonderen die Institutionalisierungsmodalitäten *von Medien und Medienkommunikation* selber. Hier wird freilich einmal mehr offenkundig, wie wenig verbindlich diese wie jede andere Typologie von Kommunikationssystemen, zumal der referentiellen, ist. Je komplexer diese strukturiert sind, desto vielfältiger ist ihr Referenzbezug und umso abhängiger ihre Fokussierung von der jeweiligen Fragestellung. Wie Gesellschaften Medien in ihren Dienst stellen, sie institutionalisieren, ist zumal in Demokratien ein dermaßen vieldimensionales Geschehen, dass dieses, als medienpolitisches, ebenso als selbstreferentiell wie als auf die Rechtsordnung bezogen interpretiert werden kann. Immerhin vermag eine systemtheoretisch inspirierte Typologie der elementaren Modelle von Medieninstitutionalisierung als idealtypisches Schema deren verwirrende Variantenvielfalt in eine wissenschaftlich dienliche Ordnung zu bringen.[57]

Auf bestimmte Institutionen bezogene Kommunikationssysteme sind publizistikwissenschaftlich vor allem im Bereich der politischen Kommunikation analysiert worden, einem Feld, das von einem Handbuch[58] kommunikationswissenschaftlich integral abgedeckt wird. Entsprechend umfassende Werke zur Wirtschafts- und Kulturkommunikation und die diesbezüglichen Systeme sind bislang nicht publiziert worden. Von den Wirtschaftswissenschaften wurden eben lange Zeit kaum Kommunikationsprobleme aufgegriffen, so dass interdisziplinäre Anregungen von diesen für die Kommunikationswissenschaft weitgehend ausblieben. Die Intensivierung der Erforschung der Kommunikationsstrategie der Public Relations entspringt denn auch primär kommunikationswissenschaftlicher Initiative. Diese bilden ja ein ideales Beobachtungsfeld für transdisziplinäre Arbeit, die Interdisziplinarität und Anwendungsorientierung verbindet. Entsprechend begegnen sich auf ihm Mikro-, Meso- und Makroorientierung, Empirie und Normativität, Kommunikations- und Organisationswissenschaft, handlungs- und systemtheoretische Ansätze.[59] Im Bereich der Kulturkommunikation ist zumindest das – auch selbstreferentielle – kontinuierliche publizistikwissenschaftliche Interesse an Kommunikationssystemen im Zusammenhang mit der Institution Wissenschaft hervorzuheben[60], aber ebenso das Desinteresse dieser Disziplin für die Zusammenhänge von Kunst und Medienkommunikation, die doch für ihren Gegenstand zentral sind.

Auf der Makroebene von Kultur bedarf das kommunikative Neben-, Gegen- und Ineinanderwirken der *elementaren Systeme von Kulturorganisation und –diffusion*, von Volkskultur als der Kultur von Nichteliten für Nichteliten, Elitekultur als der Kultur von Eliten für Eliten und Populärkultur als der Kultur von wirtschaftlichen, politischen oder kulturellen Eliten für Nichteliten intensiverer kommunikationswissenschaftlicher Durchdringung. Zumal die Publizistikwissenschaft, im Verein mit den Cultural Studies[61], sollte systematisch die Rolle der Medien im neuzeitlichen Kulturwandel theoretisch und empirisch zu erfassen suchen. (Massen)mediale Mechanismen sind es ja in erster Linie, die zu einem gigantischen Kultursynkretismus führen, da sie in größtem Stil volks- und elitekulturelle Gehalte in massenmediale Populärkultur umwandeln. Die auf lebensdienliche Funktionalität in einem konkreten, überblickbaren Sozialsystem angelegte Volkskultur degeneriert z.B. im Fernsehen regelmäßig zum Ausstellungsobjekt, während an der Elitekultur durch Trivialisierung in den szenischen Medien zwecks besserer Konsumierbarkeit gerade dasjenige aufgezehrt wird, was nach Robert Musil ihre Unsterblichkeit gewährleistet, nämlich ihre Unverdaulichkeit. In der systemtheoretischen Analyse dieser Zusammenhänge könnte und müsste sich die Verbindung von Mikro-, Meso- und Makroperspektive kommunikationswissenschaftlich besonders gut realisieren lassen.

5. *Selbstreferentielle (reflexive) Kommunikationssysteme*

Reflexive oder selbstreferentielle Systeme thematisieren bzw. reproduzieren sich selbst und konditionieren auf diese Weise ihre Beziehungen zu ihren Umwelten. So wie sich das Individuum durch Reflexion ein inneres Abbild seiner Umwelt schafft und es mit seinem persönlichen Selbstbild verhaltenssteuernd verbindet, so operieren soziale Systeme zur Optimierung ihres Umweltbezugs stets auch selbstreferentiell und steigern damit ihre Eigenkomplexität. Kommunikation zumal ist ein vielfach reflexiver Prozess, als sich dessen Elemente, etwa Kommunikatoren oder Rezipienten je auf sich selber und aufeinander beziehen, im Element „Aussagen" Meinungen und Informationen bewerten und, auf einer zweiten Reflexionsstufe, selber auch wieder bewertet werden, der journalistische Kommentar also den Gegenkommentar nach sich zieht etc. Der ganze Prozess wird ja durch „Erwartungserwartungen" gesteuert und stabilisiert, als die Teilnehmer voneinander die Befolgung gewisser Kommunikationsregeln erwarten und auch, dass dies wiederum von ihnen erwartet wird.[62]

Bei dieser vielfältigen Selbstreferentialität von Kommunikation, die für ihr funktionales Gelingen, nämlich Sinnrealisierung, unabdingbar ist, kann die *Autonomisierung der hochentwickelten Mediensysteme* von institutionellen Bedingungen in modernen Gesellschaften nicht erstaunen. Längerfristig setzen sie ja selbst gegen totalitäre Kontrollen immer größere Freiheitsräume für ihre Aktivitäten durch. Publizistische Kommunikation, dank Feedbackstrukturen wie der Publikumsforschung zunehmend zielsicher, funktioniert als gigantischer Rückkoppelungsapparat gesellschaftlicher Selbstbeobachtung. Dieser entwickelt sich allerdings immer gemäß seiner Eigenrationalität und generiert dementsprechend aufgrund medialer Produktionsstandards wie dem Selektionsinstrument der Nachrichtenfaktoren auch selbst definierte Medienrealität(en).

Mit dem Begriff „Mediengesellschaft" wird denn auch der sehr hohe Grad von Reflexivwerden derselben in Gestalt ihrer Medien bezeichnet und mit „*Medienereignissen*"[63] der Umstand, dass in ihnen immer mehr Prozesse und Tatbestände von Medien ausgelöst bzw. im Hinblick auf diese in Gang gesetzt werden. Auf dieser immer häufigeren Verkehrung der erwarteten Verhältnisse, dass nämlich die Medien, statt Weltstoff einzufangen und diesen in Aussagen umzusetzen, selber an die Wurzel von Ereignissen rücken, haben die weitere Öffentlichkeit und auch die Kommunikationswissenschaft lange Zeit recht hilflos mit Empörungsvokalen wie „Manipulation" oder Negativbegriffen wie „Pseudo-Ereignis"[64] reagiert, statt sie als wichtiges Element in die publizistikwissenschaftliche Ereignistheorie einzubauen[65] und als Schlüssel zum Verständnis von Mediengesellschaften zu begreifen.

Reflexivität ist ja auch in jeder Redaktion angelegt, die in ihren Ressorts – zumindest ursprünglich – Strukturen der Umwelt abbilden[66] und darum, von einer gewissen Größe an, ihre Binnenstrukturen oft als Umwelt zu behandeln beginnt. Diese ausgeprägte *Selbstreferentialität der Medienproduktion* wird in prekärer Weise auch noch durch stark sender- und verlagsinterne Systeme von Journalistenaus- und -fortbildung verstärkt, weil solche kaum höhere Standards instruieren können als die im betreffenden Medienunternehmen üblichen, womit aber deren Produktqualität ständig bloß reproduziert statt verbessert wird.

3.2. Kommunikationswissenschaftliche Systeme

3.2.1. Wissenschaftswissenschaftliche Qualitätskriterien

Komplementär zur Charakterisierung von Kommunikationssystemen, die im Fokus der Publizistik-/Kommunikationswissenschaft stehen bzw. stehen sollten, sind abschließend auch noch kommunikationswissenschaftliche Systeme in ihrer problemlösenden und -schaffenden Qualität zu würdigen, gewissermassen systemtheoretisch selbstreferentiell, eben *wissenschaftswissenschaftlich.*[67] Die im Vorherigen unter verschiedenen Perspektiven geführte Theorieevaluation wird so zu einem – sehr vorläufigen – Ende gebracht. Bereits die Kriterien für eine solche sind ja, wie gerade die unterschiedliche Einschätzung des wissenschaftlichen Problemlösungspotentials der Systemtheorie einmal mehr zeigt, in der scientific community keineswegs konsentiert. Es ist daher noch einmal darauf hinzuweisen, dass hier wissenschaftswissenschaftlich auf den Linien des letztlich K. Popper verpflichteten spieltheoretischen Obligats argumentiert wird. Im Falle der Publizistik-/Kommunikationswissenschaft muss die Evaluation zudem auf einem weiten Spektrum von Qualitätskriterien basieren.

In diesem Sinne ist als erstes die *Qualität der Problemstellungen* zu beurteilen, die von Wissenschaftssystemen bearbeitet werden, weil dadurch überhaupt ihr Problemlösungspotential elementar bestimmt wird. Die Geschichte einer Disziplin verläuft umso erfolgreicher, je konsequenter in und von dieser Fragen und Antworten im Parallelschritt systematisiert werden. Das Resultat solcher Synchronizität sind Theorien mit einem genau definierten Lösungsvermögen für genau definierte Probleme. Eine der Hauptschwierigkeiten transdisziplinärer Kooperationen für die involvierten Wissenschafter ist, dass in solchen die zu lösenden Probleme meist von Praktikern aus Politik oder Wirtschaft vordefiniert werden, aber auch bei interdisziplinärer Arbeit beginnt der Dissens schon bei der Festlegung der relevanten Probleme. Bereits hinsichtlich dieses Kriteriums steht also die transdisziplinäre Integrationswissenschaft von der publizistischen Kommunikation vor besonders anspruchsvollen Aufgaben. Die Entwicklung der transdisziplinären Wissenschaftssysteme um die Institutionalisierung neuer Medien in Gestalt der Pilotprojekte bzw. der Begleitforschung[68], oder die Forschungs- und Aktionssysteme um die Gewaltdarstellungen in Medien[69] belegen dies zu Genüge.

Die *Sachgerechtheit des Problembezugs* von Wissenschaftssystemen, so das zweite Kriterium, wird allgemein durch Befolgung des „law of requisite variety" optimiert und im Einzelfall durch größtmögliche Ähnlichkeit der wissenschaftlichen Beschreibung mit ihrem Objekt, durch ihre Gültigkeit (Validität) dank dem Umstand, dass sie tatsächlich dasjenige misst, was sie gemäß ihrer Fragestellung messen sollte bzw. was die zu prüfende Hypothese behauptet.[70] Die Interpretationsschwierigkeiten im Zusammenhang mit Daten der Publikumsforschung weisen da ebenso auf grundsätzliche Validitätsprobleme dieses transdisziplinären Forschungssystems hin wie die vielen Kontroversen um die Gültigkeit publizistikwissenschaftlicher Inhaltsanalysen.[71]

Die *Anwendungstauglichkeit – im weitesten Sinn – wissenschaftlichen Wissens* kann als drittes Qualitätskriterium von Wissenschaftssystemen genannt werden. Dieses folgert letztlich aus dem zweiten Kriterium und bezieht sich auf die theoretische Anschlussfähigkeit des in ihm erarbeiteten Wissens und, im Falle angewandter Forschung, auf dessen lebenspraktische Dienlichkeit. Handlungs- und Systemtheorie oder Semiotik und symbolischer Interaktionismus ermöglichen als Basistheorien besonders viele theoretische Erweiterungen und Differenzierungen, die Systemtheorie u.a. in Gestalt der Interventionstheorie[72], und damit die Bildung entsprechender Handlungssysteme qualifizierter Wissensproduktion. Kommunikationswissenschaftlich fundierte sozialtechnologische Systeme, z.B. zur Verbesserung der Medienkompetenz oder von Firmenimages, werden gemäß ihrem Lösungserfolg dieser praktischen Probleme qualifiziert.

Die Qualität von Wissenschaftssystemen bemisst sich, viertens, danach, ob und wie deren *Organisation als Sozialsystem* die optimale Realisierung der Kriterien 1 bis 3 begünstigt oder behindert. Je nach struktureller Differenzierung und Beschaffenheit ihrer Grenzen z.B. vermögen solche Systeme ja die vier elementaren Probleme, die das AGIL-Schema auflistet, zugunsten oder zulasten qualifizierter Wissensproduktivität zu bewältigen. Die funktionalen und dysfunktionalen Folgen der zunehmenden Differenzierung der Kommunikationswissenschaften bedürften z.B. dringend eingehender Analyse.

3.2.2. Kommunikationssysteme als kommunikationswissenschaftlicher Gegenstand

So wie kommunikationswissenschaftliche Systeme diesen vier Qualitätskriterien sehr unterschiedlich entsprechen, so werden bis dahin auch die aufgeführten Typen von Kommunikationssystemen kommunikationswissenschaftlich sehr unterschiedlich intensiv und qualifiziert bearbeitet. Für deren Analyse verfügt die Systemtheorie über ein *besonders hoch entwickeltes, allerdings nicht für alle gleichermaßen optimales Instrumentarium von Konzepten und Theorien*. Dieses entfaltet im gesellschaftlichen Makrobereich, bei der Analyse funktionaler und struktureller Zusammenhänge und als heuristischer Anreger, als Hypothesengenerator sozusagen, sein größtes kognitives Problemlösungsvermögen.

Daraus folgt für die Anwendung dieses Instrumentariums, dass die weitere systemtheoretische Ausdifferenzierung und Analyse der vier Grundtypen von Kommunikationssystemen die Basis für die Entwicklung integraler publizistik-/kommunikationswissenschaftlicher Theorien bilden könnten. Die referentiellen Kommunikationssysteme könnten auf dieser Grundlage systematischer und zusammenhängender bearbeitet werden als bis dahin. Im Einzelnen ergibt sich ja ein höchst rudimentäres Fazit der diesbezüglichen Bemühungen zuhanden der weiteren kommunikationswissenschaftlichen *Agenda:*

1. *Prozessreferentielle Kommunikationssysteme*
   Bei deren Analyse als dem „Kerngeschäft" der mit öffentlicher medienvermittelter Kommunikation befassten Publizistikwissenschaft wird systemtheoretisches Wissen selbst in der Medien-Produktionsforschung erst zögerlich genutzt und in der *Medienwirkungsforschung* vollends nicht. Es wäre aber von der Sache her angezeigt, wenn diese nicht so ausschließlich als kommunikationspsychologische Mikroforschung angelegt wäre und statt dessen sich mit Hilfe systemtheoretischer Konzepte in Richtung soziologischer Meso- und Makroorientierung öffnete.
2. *Situationsreferentielle Kommunikationssysteme*
   Sie zu systematisieren und generelle Erklärungen für ihre Entstehung, ihre Beschaffenheit und ihr Problemlösungs- und -schaffenspotenzial zu finden, bereitet darum besonders *große Schwierigkeiten*, weil sie, durch verschiedenste Faktoren bedingt, entsprechend vielgestaltig und in ihrem Prozessverlauf vielfach flüchtig sind. Dass die Etablierung des Agenda-setting-Paradigmas maßgeblich zu Lasten der Diffusionsforschung erfolgte, deutet immerhin auf die Entwicklung besser verankerter Theorien bezüglich dieses Systemtyps hin.
3. *Sozialsystemreferentielle Kommunikationssysteme*
   In diesen Systemen realisiert sich die elementare *sozialstrukturelle Positionierung von Kommunikation*. Die Massenkommunikation hier zu verorten, stellt die einseitig am Kommunikationsprozess orientierten Publizistikwissenschafter vor große Probleme. Forschungsgeschichtlich bedeutete daher auch die – später freilich kritisch relativierte – Entdeckung des Zweistufen-Flusses der Kommunikation einen entscheidenden Schritt in Richtung soziologisch adäquaterer publizistikwissenschaftlicher Theorienbildung.
4. *Institutionsreferentielle Kommunikationssysteme*
   Deren Analyse, wenn systemtheoretisch fundiert, verbindet die Kommunikationswissenschaft am unmittelbarsten mit der *Soziologie* als einer ihrer wichtigsten Re-

ferenzwissenschaften. Umso unerlässlicher ist es, dass sie auch in ihrer eigenen Theorienbildung deren kommunikative Wende mitberücksichtigt, ohne aber einseitig auf die funktional-strukturelle Systemtheorie zu rekurrieren.

Auch ist dem Problemlösungsvermögen einer Publizistikwissenschaft, die sich als integrierende Sozialwissenschaft versteht, durchaus abträglich, wenn sie weiterhin die strukturelle Verankerung ihres Gegenstandes außer im Politiksystem in den Funktionssystemen Wirtschaft und Kultur und ihren Institutionen so wenig beachtet. Da der geisteswissenschaftlich orientierten Medienwissenschaft und dem Forschungssystem der Cultural Studies, die in erster Linie die *kulturellen Implikationen* von Medienkommunikation analysieren, systemtheoretisches Denken fremd geblieben ist, muss die Publizistikwissenschaft vermehrt auch diese Dimension ihres Gegenstandes fokussieren. Andernfalls entbehrt ihre Repräsentation desselben, zumal angesichts von dessen Entwicklung in Richtung zunehmender ökonomischer und kultureller Determiniertheit, der Isomorphie. Immerhin haben sich im Rahmen der Sozialisationsforschung, der Erziehungsinstitution also, schon kommunikationswissenschaftliche Systeme von erheblicher Eigenkomplexität und entsprechendem transdisziplinärem Leistungsvermögen, namentlich in Kooperationen zur Hebung von Medienkompetenz, entwickelt.[73]

5. *Selbstreferentielle (reflexive) Kommunikationssysteme*
Da mit Selbstreferentialität bzw. Reflexivität jenes Charakteristikum von Kommunikation benannt ist, das diese wider den Anschein linearer Prozesshaftigkeit als System ausweist, bildet dieser Typ gewissermaßen den *Ausgangspunkt systemtheoretischen kommunikationswissenschaftlichen Denkens*. Dieses setzt ja in der Moderne mit der kybernetischen Informationstheorie ein und ihrer Entdeckung des Feedbacks als Mechanismus, der für die Sicherung des Gelingens von Kommunikation konstitutiv ist. Diese Erkenntnis wider das Alltagsverständnis von Kommunikation ist für die Entwicklung einer Wissenschaft von ihr ebenso zentral wie diejenige, dass der elementare Kommunikationsprozess aus vier Elementen besteht und nicht, wie der common sense meint, bloß aus drei, nämlich Sprechern, ihren Aussagen und Zuhörern. Nicht minder konstitutiv für Kommunikation ist das Element Medium und damit Medialität als Modus, in dem allein diese ihre elementare Funktionalität: die Realisierung von Sinn erfüllen kann.

Reflexivität ist ja „das Basismodul einer Superstruktur"[74], erhöht also die Eigenkomplexität von Systemen und damit auch deren *Leistungsvermögen*. Darin gründen nicht nur die Nähe der Systemtheorie zum Funktionalismus, sondern auch ihr umfassendes Problemlösungspotential und freilich auch ihr beträchtlicher Anspruch an die Kompetenz derjenigen, die sie zur Theoriebildung einsetzen. Auf das kommunikationswissenschaftliche System Publizistikwissenschaft bezogen, heißt dies: Nur ständige kritische Selbstreferentialität bezüglich des Verhältnisses ihrer sich weitenden Grenzen und ihrer kognitiven personellen und wirtschaftlichen Ressourcen kann garantieren, dass dieses System genügend Eigenkomplexität für qualifizierte wissenschaftliche Produktivität zu entwickeln vermag.

ANMERKUNGEN

Im Zentrum des Fachs Publizistikwissenschaft steht die medial vermittelte öffentliche Kommunikation. Sie ist also eine spezielle Kommunikationswissenschaft. Wohl handelt dieser Beitrag in erster Linie vom Verhältnis der Systemtheorie zur Publizistikwissenschaft, stellt sie aber in einen weiteren, eben kommunikationswissenschaftlichen Argumentationszusammenhang. Darum ist in dem Beitrag von „Publizistikwissenschaft" nur dann die Rede, wenn es sich von der Sache her aufdrängt. Was die Bezeichnung des grammatikalischen Geschlechts anbelangt, so wird hier in traditioneller Weise verfahren.

[1] Rainer Prewo/Jürgen Ritsert/Elmar Stracke: Systemtheoretische Ansätze in der Soziologie. Hamburg 1973, S. 13.

[2] Helmut Willke: Systemtheorie I. Grundlagen. Eine Einführung in die Theorie sozialer Systeme. Stuttgart ^{6}2000, S. 17ff.

[3] Ross W. Ashby: Variety, Constraint, and the Law of Requisite Variety. In: Walter Buckley (Hrsg.): Modern Systems Research for the Behavioral Scientist. Chicago 1968, S. 129–136.

[4] Niklas Luhmann: Soziologische Aufklärung 2. Opladen ^{2}1982, S. 9ff.

[5] Ebd., S. 9.

[6] Hans-Joachim Schulze/Hartmann Tyrel/Jan Künzler: Vom Strukturfunktionalismus zur Systemtheorie der Familie. In: Rosemarie Nave-Herz/Manfred Markefka (Hrsg.): Handbuch der Familien- und Jugendforschung. Band 1: Familienforschung. Neuwied, Frankfurt a.M. 1989, S. 36.

[7] Helmut Willke (2000): a.a.O., S. 58ff. Als „Autopoiesis" wird, vor allem von Luhmann, der zentrale Evolutionsmechanismus moderner Gesellschaften verstanden und bezeichnet. Der Begriff lässt sich als „Selbstherstellung" verdeutschen. Das Charakteristikum autopoietischer Systeme ist, dass sich diese durch ständige Selbst-Reorganisation fortentwickeln. Die Bedeutung dieses Mechanismus für den sozialen Wandel ist freilich umstritten (vgl. z.B. Walter L. Bühl: Sozialer Wandel im Ungleichgewicht. Zyklen, Fluktuationen, Katastrophen. Stuttgart 1990, S. 156ff.); er scheint aber als Erklärung für technologische Dynamik geeignet.

[8] Niklas Luhmann: Soziale Systeme. Frankfurt a.M. 1984, S. 346ff.; ders.: Die Gesellschaft der Gesellschaft. 2 Bände. Frankfurt a.M. 1997.

[9] Talcott Parsons: Das System moderner Gesellschaften. München 1972, S. 12ff.

[10] Manfred Rühl: Organisatorischer Journalismus. Tendenzen der Redaktionsforschung. In: Kölner Zeitschrift für Soziologie und Sozialpsychologie. Sonderheft 30, 1989: Massenkommunikation, S. 253–269.

[11] Werner Leinfellner: Einführung in die Erkenntnis- und Wissenschaftstheorie. Mannheim ^{2}1967, S. 16f.

[12] Manfred Rühl: Systemdenken und Kommunikationswissenschaft. In: Publizistik, 14. Jg. (1969), H. 2., S. 186ff.; Walter Buckley (Hrsg.): Sociology and Modern Systems Theory. Englewood Cliffs (New Jersey) 1967.

[13] Ulrich Saxer: Kommunikations-, Publizistik- und Medienwissenschaft nach helvetischer Manier. In: Roy Oppenheim/Dieter Stolte/Franz A. Zölch (Hrsg.): Das Publikum als Programm. Bern 2002, S. 93ff.

[14] Hans-Joachim Flechtner: Grundbegriffe der Kybernetik. Eine Einführung. Stuttgart ^{4}1969; Rainer Prewo/Jürgen Ritsert/Elmar Stracke: a.a.O., S. 36–74.

[15] Manfred Rühl (1969): a.a.O., S. 190ff. Heinz Pürer: Einführung in die Publizistikwissenschaft. München ^{5}1993, S. 159ff.

[16] Armin Scholl: Weiterentwicklung oder Auslaufmodell? Systemtheoretische Ansätze in der Journalismusforschung – eine Sammelrezension. In: Medien & Kommunikationswissenschaft, 49. Jg. (2001), H. 3, S. 385–395. Grundsätzlich zum Verhältnis von System- und Handlungstheorie Anthony Giddens: Die Konstruktion der Gesellschaft. Grundzüge einer Theorie der Strukturierung. Frankfurt a.M., New York ^{3}1997.

[17] Vgl. Heinz Bonfadelli/Jürg Rathgeb (Hrsg.): Publizistikwissenschaftliche Basistheorien und ihre Praxistauglichkeit. Zürich 1997, und Martin Löffelholz (Hrsg.): Theorien des Journalismus. Ein diskursives Handbuch. Wiesbaden 2000.

[18] Günter Albrecht: Vorüberlegungen zu einer „Theorie sozialer Probleme". In: Kölner Zeitschrift für Soziologie und Sozialpsychologie. Sonderheft 19, 1977: Soziologie und Sozialpolitik, S. 144–185; Michael Schetsche: Wissenssoziologie sozialer Probleme. Wiesbaden 2000.

[19] Michael Kunczik/Astrid Zipfel: Publizistik. Ein Studienhandbuch. Köln, Weimar, Wien 2001, S. 83f.

[20] Helmut Willke (2000): a.a.O., S. 124f.

[21] Georg Kneer/Armin Nassehi/Markus Schroer (Hrsg.): Klassische Gesellschaftsbegriffe der Soziologie. München 2001.

[22] Helmut Willke: Systemtheorie entwickelter Gesellschaften. Weinheim, München 1989.

[23] Vgl. z.B. Peter Heintz: Die Weltgesellschaft im Spiegel von Ereignissen. Diessenhofen 1982.

[24] Eine begrüßenswerte Ausnahme bilden Günter Benteles semiotische Bemühungen; vgl. u.a. Günter Bentele: Semiotik und Massenmedien – eine Problemskizze. In: ders. (Hrsg.): Semiotik und Massenmedien. München 1981, S. 15–38; ders.: Zeichen und Entwicklung. Vorüberlegungen zu einer genetischen Semiotik. Tübingen 1984; ders./Ernest W.B. Hess-Lüttich (Hrsg.): Zeichengebrauch in Massenmedien. Tübingen 1985; Ernest W.B. Hess-Lüttich (Hrsg.): Medium, Texte und Maschinen. Wiesbaden 2001; oder auch filmwissenschaftliche Analysen. Sonst aber vgl. z.B. Elisabeth Noelle-Neumann/Winfried Schulz/Jürgen Wilke (Hrsg.): Publizistik/Massenkommunikation. Frankfurt a.M. 2002, wo der Begriff nur in diesem technischen Zusammenhang Erwähnung findet.

[25] Wolfgang Riepl: Das Nachrichtenwesen des Altertums. Mit besonderer Rücksicht auf die Römer. Leipzig, Berlin 1913, S. 5.

[26] Heribert Schatz (Hrsg.): Fernsehen als Objekt und Moment des sozialen Wandels. Opladen 1996.

[27] Vgl. Anmerkung 17.

[28] Michael Kunczik/Astrid Zipfel (2001): a.a.O., S. 241ff.

[29] George A. Donohue/Phillip J. Tichenor/Clarice N. Olien: Gatekeeping: Mass Media Systems and Information Control. In: F. Gerald Kline/Phillip J. Tichenor (Hrsg.): Current Perspectives in Mass Communication Research. Beverly Hills, London 1972, S. 41–69.

[30] Matthias Kohring: Komplexität ernst nehmen. Grundlagen einer systemtheoretischen Journalismustheorie. In: Martin Löffelholz (Hrsg.) (2000): a.a.O., S. 153–168; Thorsten Quandt: Das Ende des Journalismus? Online-Kommunikation als Herausforderung für die Journalismusforschung. In: Martin Löffelholz (Hrsg.) (2000): a.a.O., S. 496f.; Gertrude Joch Robinson: 25 Jahre „Gatekeeper"-Forschung: Eine kritische Rückschau und Bewertung. In: Jörg Aufermann/Hans Bohrmann/Rolf Sülzer (Hrsg.): Gesellschaftliche Kommunikation und Information. Band 1. Frankfurt a.M. 1973, S. 344–355.

[31] Ulrich Saxer: Von wissenschaftlichen Gegenständen und Disziplinen und den Kardinalsünden der Zeitungs-, Publizistik-, Medien-, Kommunikationswissenschaft. In: Beate Schneider/Kurt Reumann/Peter Schiwy (Hrsg.): Publizistik. Beiträge zur Medienentwicklung. Konstanz 1995, S. 39–55.

[32] Vgl. u.a. Manfred Bobrowsky/Wolfgang R. Langenbucher (Hrsg.): Wege zur Kommunikationsgeschichte. München 1987; Ib Bondeberg: Scandinavian Media Histories – A Comparative Study. Institutions, Genres and Culture in a National and Global Perspektive. In: Nordicom Review, vol. 23 (2002), N. 1–2. Special Issue: 15th Nordic Conference on Media and Communication Research; Jürgen Wilke (Hrsg.): Massenmedien und Zeitgeschichte. Konstanz 1999, S. 61–79; ders. (Hrsg.): Mediengeschichte der Bundesrepublik Deutschland. Köln, Weimar, Wien 1999.

[33] Roland Burkart: Kommunikationswissenschaft. Grundlagen und Problemfelder. Wien, Köln, Weimar ⁴2002, S. 39ff.

[34] Vgl. z.B. Ulrich Sarcinelli (Hrsg.): Politikvermittlung und Demokratie in der Mediengesellschaft. Opladen, Wiesbaden 1998.

[35] Gerhard Rusch: Medienwissenschaftliche Systemanalyse. In: ders. (Hrsg.): Einführung in die Medienwissenschaft. Wiesbaden 2002, S. 294–311.

36 Niklas Luhmann (1997): a.a.O.
37 Ulrich Saxer: Mediengesellschaft: Verständnisse und Missverständnisse. In: Ulrich Sarcinelli (Hrsg.) (1998): a.a.O., S. 54ff.
38 Vgl. z.B. Claudia Mast: Was leisten die Medien? Funktionaler Strukturwandel in den Kommunikationssystemen. Osnabrück 1986, S. 137ff.
39 Elisabeth Noelle-Neumann/Winfried Schulz/Jürgen Wilke (Hrsg.): Publizistik/Massenkommunikation. Frankfurt a.M. 1989, S. 318.
40 Vgl. auch Ulrich Saxer et al.: 20 Jahre BLICK. Analyse einer schweizerischen Boulevardzeitung. Zürich 1979.
41 Ulrich Saxer: Entwicklung, Funktionalität und Typisierung journalistischer Textsorten. In: Daniel Ammann/Heinz Moser /Roger Vaissière (Hrsg.): Medien lesen. Der Textbegriff in der Medienwissenschaft. Zürich 1999, S. 116–138.
42 Günter Bentele: Objektivität und Glaubwürdigkeit von Medien, Berlin 1988 (verv. Ms.).
43 Achim Baum/Siegfried J. Schmidt (Hrsg.): Fakten und Fiktionen. Ueber den Umgang mit Medienwirklichkeiten. Konstanz 2002; Christian Doelker: „Wirklichkeit" in den Medien. Zug 1979, S. 64ff.
44 Kurt Imhof/Otfried Jarren/Roger Blum (Hrsg.): Steuerungs- und Regelungsprobleme in der Informationsgesellschaft. Opladen, Wiesbaden 1999; Ulrich Saxer: Konstituenten wissenschaftlicher Kommunikationspolitik. In: Günter Bentele/Kurt R. Hesse (Hrsg.): Publizistik in der Gesellschaft. Konstanz 1994, S. 15–50.
45 Die Messung von Phänomenen sollte laut sozialwissenschaftlicher Methodologie valide und reliabel, d.h. gültig und zuverlässig sein. Es muss, mit anderen Worten, sichergestellt werden, dass verschiedene Personen in allen Fällen, beispielsweise bei Inhaltsanalysen, die gleichen Zuordnungen vornehmen (Reliabilität) und dass überhaupt dasjenige gemessen wird, was bei der Überprüfung einer Hypothese gemessen werden sollte (Validität).
46 Leider wurde eine entsprechende Anregung von Gerhard Maletzke im Jahre 1976 von der kommunikationswissenschaftlichen scientific community nicht aufgegriffen (Ziele und Wirkungen der Massenkommunikation. Hamburg 1976, S. 1ff.).
47 Dolf Zillmann: Über behagende Unterhaltung in unbehagender Medienkultur. In: Louis Bosshart/Wolfgang Hoffmann-Riem (Hrsg.): Medienlust und Mediennutz. Unterhaltung als öffentliche Kommunikation. München 1994, S. 41–57.
48 Z.B. von Roger Clausse: Publikum und Information. Köln 1962.
49 Michael Kunczik/Astrid Zipfel (2001): a.a.O., S. 17ff.
50 European Journal of Communication, Vol. 2 (1987), No. 2, Special Issue: News Diffusion; Everett M. Rogers: Diffusion of Innovations. New York 1983; Ulrich Saxer/Jürg Rathgeb: Lokalradiowerbung als Innovation. München 1992; Ulrich Saxer: Medieninnovation und Medienakzeptanz. In: Walter A. Mahle (Hrsg.): Medienangebot und Mediennutzung. Berlin 1989, S. 145–174.
51 Michael Latzer et al. (Hrsg.) : Die Zukunft der Kommunikation. Phänomene und Trends in der Informationsgesellschaft. Innsbruck, Wien 1999.
52 Manuel Castells: Der Aufstieg der Netzwerkgesellschaft. Teil 1 der Trilogie: Das Informationszeitalter. Opladen 2001.
53 Heinz Steinert (Hrsg.): Symbolische Interaktion. Arbeiten zu einer reflexiven Soziologie. Stuttgart 1973.
54 Angela Fritz: Die Familie in der Rezeptionssituation. Grundlagen zu einem Situationskonzept für die Fernseh- und Familienforschung. München 1984.
55 Otfried Jarren: Medien als Organisationen – Medien als soziale Systeme. in: Otfried Jarren/Heinz Bonfadelli (Hrsg.): Einführung in die Publizistikwissenschaft. Bern, Stuttgart, Wien 2001, S. 137–160.
56 Lucie Hribal: Risikokommunikation. In: Otfried Jarren/Heinz Bonfadelli (Hrsg.) (2001): a.a.O., S. 439–460.
57 Ulrich Saxer: Der gesellschaftliche Ort der Massenkommunikation. In: Hannes Haas/Otfried Jarren (Hrsg.): Mediensysteme im Wandel. Struktur, Organisation und Funktion der Massenmedien. Wien ³2002, S. 1–14.

[58] Otfried Jarren/Ulrich Sarcinelli/Ulrich Saxer (Hrsg.): Politische Kommunikation in der demokratischen Gesellschaft. Ein Handbuch. Opladen, Wiesbaden 1998.
[59] Beatrice Dernbach: Public Relations als Funktionssystem. In: Armin Scholl (Hrsg.): Systemtheorie und Konstruktivismus in der Kommunikationswissenschaft. Konstanz 2002, S. 129–145; Ulrike Röttger: Public Relations. In: Otfried Jarren/Heinz Bonfadelli (Hrsg.) (2001): a.a.O., S. 285–307.
[60] Vgl. z.B. die entsprechenden Themenhefte von Relation, Jg. 4 (1997), Nr. 1 und 2.
[61] Friedrich Krotz: Die Mediatisierung kommunikativen Handelns. Wiesbaden 2001.
[62] Klaus Merten: Wirkungen der Massenkommunikation. Ein theoretisch-methodischer Problemaufriß. In: Publizistik, 27. Jg. (1982), H. 1–2, S. 34ff.
[63] Vgl. u.a. Achim Baum/Siegfried J. Schmidt (Hrsg.) (2002): a.a.O.: John Fiske: O.J. Simpson: "The Juice is Loose". In: Rainer Winter/Lothar Mikos (Hrsg.): Die Fabrikation des Populären. Der John Fiske-Reader. Bielefeld 2001, S. 260ff.; Elihu Katz/Daniel Dayan: La diplomatie télévisée: Sadate à Jérusalem. In: Les Cahiers de la Communication, Band 2 (1982), Nr. 2, S. 83–104.
[64] Daniel Boorstin : The Image. A Guide to Pseudo-Events in America. New York 1964.
[65] Hans Mathias Kepplinger: Der Ereignisbegriff in der Publizistikwissenschaft. In: Publizistik, 46. Jg. (2001), H. 2, S. 117–139.
[66] Klaus Meier: Ressort, Sparte, Team. Wahrnehmungsstrukturen und Redaktionsorganisation im Zeitungsjournalismus. Konstanz 2002.
[67] Vgl. z.B. Urs Dahinden/Walter Hättenschwiler: Forschungsmethoden in der Publizistikwissenschaft. In: Otfried Jarren/Heinz Bonfadelli (Hrsg.) (2001): a.a.O., S. 494f.
[68] Ulrich Saxer: Probleme der Kabelpilotprojekte – Begleitforschung aus der Sicht der Kommunikationswissenschaft. In: Media Perspektiven 1983, H. 12, S. 825–833.
[69] Jessica Eisermann: Mediengewalt. Die gesellschaftliche Kontrolle von Gewaltdarstellungen im Fernsehen. Wiesbaden 2001; Michael Kunczik: Gewalt und Medien. Köln ^{2}1994.
[70] Klaus Merten/Petra Teipen: Empirische Kommunikationsforschung. Darstellung, Kritik, Evaluation. München 1991, S. 21ff.
[71] Klaus Merten/Petra Teipen (1991): a.a.O., S. 217ff.: Hans Mathias Kepplinger/Joachim Friedrich Staab: Ein Mann sieht schwarz. Mainz 1992.
[72] Helmut Willke: Systemtheorie II: Interventionstheorie. Grundzüge einer Theorie der Intervention in komplexe Systeme. Stuttgart ^{3}1999.
[73] Bertelsmann Stiftung (Hrsg.): Medienkompetenz als Herausforderung an Schule und Bildung. Gütersloh 1992.
[74] Klaus Merten: Erzeugung von Fakten durch Reflexivisierung von Fiktionen. Strukturen der Ausdifferenzierung des Kommunikationssystems. In: Achim Baum/Siegfried J. Schmidt (Hrsg.) (2002): a.a.O., S. 37.

Weiterführende Literatur zu Teil I

1.1. Übertragungsorientierte Position

Krippendorff, Klaus: Information Theory. Structural Models for Qualitative Data. Beverly Hills, London u.a.: Sage 1986.

Maser, Siegfried: Grundlagen der allgemeinen Kommunikationstheorie. Eine Einführung in ihre Grundbegriffe und Methoden (mit Übungen). Stuttgart: Kohlhammer 1971.

Seiffert, Helmut: Informationen über die Information. Verständigung im Alltag – Nachrichtentechnik – Wissenschaftliches Verstehen – Informationssoziologie – Das Wissen des Gelehrten. 3. Aufl. München: Beck 1971.

Shannon, Claude/Weaver, Warren: Mathematische Grundlagen der Informationstheorie. München: Oldenburg 1976 (zuerst: Illinois 1949).

1.2. Interaktionistische Position

Berger, Peter L./Luckmann, Thomas: Die gesellschaftliche Konstruktion der Wirklichkeit. Eine Theorie der Wissenssoziologie. Frankfurt am Main: Fischer 1970.

Blumer, Herbert: Symbolischer Interaktionismus. Aufsätze zu einer Wissenschaft der Interpretation. Hrsg. von Heinz Bude und Michael Dellwing. Frankfurt am Main: Suhrkamp 2013.

Goertz, Lutz: Wie interaktiv sind Medien? Auf dem Weg zu einer Definition von Interaktivität. In: Rundfunk und Fernsehen, 43. Jg. 1995, H. 4, S. 477–493.

Greve, Jens: Jürgen Habermas. Eine Einführung. Konstanz: UVK 2009.

Habermas, Jürgen: Theorie des kommunikativen Handelns. Band 1: Handlungsrationalität und gesellschaftliche Rationalisierung. Band 2: Zur Kritik der funktionalistischen Vernunft. Frankfurt am Main: Suhrkamp 1981.

Habermas, Jürgen: Vorstudien und Ergänzungen zur Theorie des kommunikativen Handelns. Frankfurt am Main: Suhrkamp 1995.

Helle, Horst Jürgen: Theorie der symbolischen Interaktion. Ein Beitrag zum verstehenden Ansatz in Soziologie und Sozialpsychologie. 3. Aufl. Wiesbaden: Westdeutscher Verlag 2001.

Jäckel, Michael: Interaktion. Soziologische Anmerkungen zu einem Begriff. In: Rundfunk und Fernsehen, 43. Jg. 1995, H. 4, S. 463–476.

McCarthy, Thomas: Kritik der Verständigungsverhältnisse. Zur Theorie von Jürgen Habermas. Frankfurt am Main: Suhrkamp 1980 (zuerst: Massachusetts 1978).

Mead, George Herbert: Geist, Identität und Gesellschaft aus der Sicht des Sozialbehaviorismus. Mit einer Einleitung von Charles W. Morris. Frankfurt am Main: Suhrkamp 1968.

Neuberger, Christoph: Interaktivität, Interaktion, Internet. Eine Begriffsanalyse. In: Publizistik, 52. Jg. 2007, H. 1, S. 33–50.

Quiring, Oliver/Schweiger, Wolfgang: Interaktivität – ten years after. Eine Bestandsaufnahme und ein Analyserahmen. In: Medien und Kommunikationswissenschaft, 54. Jg. 2006, H. 1, S. 5–24.

1.3. Umweltbezogene Position

Marxistischer Ansatz und Kritische Medientheorie

Baacke, Dieter (Hrsg.): Kritische Medientheorien. Konzepte und Kommentare. München: Juventa 1974.

Bisky, Lothar: Zur Kritik der bürgerlichen Massenkommunikationsforschung. Berlin/DDR: VEB Deutscher Verlag 1976.

Dröge, Franz: Wissen ohne Bewußtsein – Materialien zur Medienanalyse der Bundesrepublik Deutschland (unter Mitarbeit von Ilse Modelmog). Frankfurt am Main: Fischer-Athenäum 1972.

Enzensberger, Hans Magnus: Baukasten zu einer Theorie der Medien. In: Kursbuch, 5. Jg. 1970, H. 20, S. 159–186.

Heinze, Thomas: Medienanalyse. Ansätze zur Kultur- und Gesellschaftskritik. Opladen: Westdeutscher Verlag 1990.

Holzer, Horst: Die Privaten. Kommerz in Funk und Fernsehen. Köln: Pahl-Rugenstein 1989.

Hund, Wulf D.: Ware Nachricht und Informationsfetisch. Zur Theorie der gesellschaftlichen Kommunikation. Darmstadt, Neuwied: Luchterhand 1976.

Kausch, Michael: Kulturindustrie und Populärkultur. Kritische Theorie der Massenmedien. Frankfurt am Main: Fischer Taschenbuch Verlag 1988.

Prokop, Dieter: Der Medien-Kapitalismus. Lexikon der neuen kritischen Medienforschung. Hamburg: VSA 2000.

Robes, Jochen: Die vergessene Theorie: Historischer Materialismus und gesellschaftliche Kommunikation. Zur Rekonstruktion des theoretischen Gehalts und der historischen Entwicklung eines kommunikationswissenschaftlichen Ansatzes. Stuttgart: Silberburg-Verlag 1990.

Schicha, Christian: Kritische Medientheorien. In: Weber, Stefan (Hrsg.): Theorien der Medien. Von der Kulturkritik bis zum Konstruktivismus. Konstanz: UVK 2003, S. 108–131.

Schreiber, Erhard: Kritik der marxistischen Kommunikationstheorie. München: Saur 1984.

Systemtheoretischer Ansatz

Berghaus, Margot: Luhmann leicht gemacht. Eine Einführung in die Systemtheorie. 3. Aufl. Köln, Weimar, Wien: Böhlau/UTB 2011.

Görke, Alexander/Kohring, Matthias: Worüber reden wir? Vom Nutzen systemtheoretischen Denkens für die Kommunikationswissenschaft. In: Medien Journal, 21. Jg. 1997, H. 1, S. 3–14.

Kepplinger, Hans Mathias: Systemtheoretische Aspekte politischer Kommunikation. In: Publizistik, 30. Jg. 1985, H. 2–3, S. 247–264.

Luhmann, Niklas: Die Realität der Massenmedien. 3. Aufl. Wiesbaden: VS Verlag 2004.

Marcinkowski, Frank: Publizistik als autopoetisches System. Politik und Massenmedien. Eine systemtheoretische Analyse. Opladen: Westdeutscher Verlag 1993.

Rühl, Manfred: Systemdenken in der Kommunikationswissenschaft. In: Publizistik, 14. Jg. 1969, H. 2, S. 185–206.

Saxer, Ulrich: Mediengesellschaft. Eine kommunikationssoziologische Perspektive. Wiesbaden: Springer VS 2012.

Scholl, Armin (Hrsg.): Systemtheorie und Konstruktivismus in der Kommunikationswissenschaft. Konstanz: UVK 2002.

Weber, Stefan: Systemtheorien der Medien. In: ders. (Hrsg.): Theorien der Medien. Von der Kulturkritik bis zum Konstruktivismus. 2. Aufl. Konstanz: UVK 2010, S. 189–206.

II. Zum theoretischen Status kommunikationswissenschaftlicher Teildisziplinen. Eine Auswahl gegenständlicher Kommunikationstheorien

Roland Burkart/Walter Hömberg

Einführung zum Teil II

Trotz unterschiedlicher theoretischer und methodischer Zugänge gibt es in der Publizistik- und Kommunikationswissenschaft einen weitgehenden Konsens darüber, welches die wichtigsten Teilgebiete des Faches sind. Diesen ist gemeinsam, dass sie ausgewählte Bereiche der kommunikativen Wirklichkeit repräsentieren. Die Unterscheidung erfolgt allerdings nicht nach durchgängig homogenen Abgrenzungskriterien: Sowohl Gebiete, die sich primär mit Berufsfeldern identifizieren lassen (Journalismus, Öffentlichkeitsarbeit, Werbung), sind darunter als auch weiter gefasste Anwendungsbereiche (Medienpädagogik und Kommunikationspolitik) und Forschungsperspektiven (Kommunikationsgeschichte).

Die folgenden Aufsätze geben den gegenwärtigen Diskussionsstand der Theoriediskussion in den genannten Teildisziplinen wieder. Sie stammen von Autoren, die sich auf dem behandelten Gebiet besonders profiliert haben. Die eigene Position wird dabei sichtbar, ohne dass andere Ansätze unterschlagen würden. Die Beiträge sollen möglichst facettenreich über den „state of the art" unterrichten. Dass sie eher Denkansätze, Forschungsresultate und Reflexionsfragmente zusammenführen als ausgearbeitete (Teil-) Theorien im engeren Sinne zu präsentieren, entspricht dem Diskussionsstand.

Der *Journalismus* ist in den letzten vier Jahrzehnten Gegenstand vieler empirischer Studien geworden; dabei ging es vor allem um seine Vermessung als Berufsfeld. Über der Froschperspektive des Datensammelns aber ist die Vogelperspektive theoretischer Zusammenschau vernachlässigt worden – und dies, obwohl frühe Journalismusforscher wie Robert Eduard Prutz und Dieter Paul Baumert schon tragfähige Grundlagen geschaffen hatten. Als Ordnungsprinzip einer allgemeinen Theorie des Journalismus favorisiert Manfred Rühl in seinem für die dritte Auflage unseres Readers neu geschriebenen Beitrag das System/Umwelt-Paradigma, und er plädiert für die Anwendung der äquivalenz-funktionalen Methode.

Noch stärker als im Journalismus ist die Fachdiskussion im Bereich *Public Relations* lange Zeit von so genannter Praktikerliteratur bestimmt gewesen. Professionelle Öffentlichkeitsarbeiter haben hier – meist auf geringem Abstraktionsniveau – ihre beruflichen Erfahrungen mehr oder weniger systematisch niedergelegt. Nicht zuletzt die Expansion des Berufsfeldes und der zunehmende Einfluss institutionalisierter Public Relations auf die öffentliche Kommunikation haben inzwischen auch die wissenschaftliche Beschäftigung mit diesem Bereich stimuliert. Weiterführende Impulse für die

Theoriediskussion sind, wie Benno Signitzer in seinem stark erweiterten Beitrag zeigt, zunächst vor allem von Forschern aus dem angloamerikanischen Raum ausgegangen. Inzwischen liegen aber auch einschlägige Beiträge aus Europa vor.

Ähnliches gilt für die *Werbung*, ein Gebiet, das bisher eher in Disziplinen wie Sozialpsychologie und Betriebswirtschaftslehre als in der Kommunikationswissenschaft Aufmerksamkeit gefunden hat. Belastet mit einem pauschalen Manipulationsverdacht, wurde Werbung bestenfalls von ideologiekritischen Autoren beachtet. Holger Rust demonstriert in seinem Beitrag, dass Bausteine für eine Theorie der Werbung in sehr unterschiedlichen Forschungsfeldern bereitliegen: in der Thematisierungs- und der Kultivierungstheorie der Medien ebenso wie in rezipientenbezogenen Suggestions- und Wirkungstheorien. In einem aktuellen Anhang wird auf weitere theoretische Kontexte verwiesen.

Die *Medienpädagogik* hat einen weiten Weg zurückgelegt von der traditionellen Bewahrpädagogik und der Medienkritik zur sozial-ökologisch orientierten Handlungstheorie. Dieter Baacke benennt zentrale Stationen dieses Weges, wobei er den Schwerpunkt auf handlungstheoretische Positionen legt. Die Medienpädagogik wird hier nicht isoliert als spezieller Erziehungssektor, sondern im Kontext kommunikative Kompetenz – Lebenswelt – mediale Wirklichkeitskonstruktion – soziale Probleme – Individualisierungsprozess gesehen.

Wie der theoretische Diskurs über Medienpädagogik, so wurde auch jener über *Kommunikationspolitik* durch die stürmischen medientechnischen Entwicklungen der Siebzigerjahre des vergangenen Jahrhunderts intensiviert. Kommunikationspolitik ist ein neues Wort für einen alten politischen Handlungsbereich, dessen je unterschiedliche Spielregeln sich schon in den Stadtstaaten der Antike und in den Fürstenstaaten des Mittelalters studieren lassen. Franz Ronneberger entwickelt in interdisziplinärem Zugriff sein Verständnis von Kommunikationspolitik als sozialem Handlungssystem, wobei Kommunikationswandel als Spezialfall von sozialem Wandel definiert wird.

Wie die wissenschaftliche Beschäftigung mit anderen Teilgebieten des Faches, so unterlag auch die Zuwendung zur *Kommunikationsgeschichte* manchen Konjunkturschwankungen. Nachdem in der frühen Zeitungs- und Publizistikwissenschaft die historische Forschung besonders gepflegt worden war, ließ das Interesse an geschichtlichen Tatbeständen und Fragestellungen mit dem Empirisierungsschub seit Ende der Sechzigerjahre deutlich nach. Neuerdings wird der Kommunikationsgeschichte wieder mehr fachliche Aufmerksamkeit zuteil, wobei die theoretischen und methodischen Fragen stärker reflektiert werden als zuvor. Michael Schmolke hat seinen Beitrag sehr breit angelegt: Ausgehend von der Frage nach dem Sinn der Geschichte behandelt er Aspekte der Epochenbildung und analysiert verschiedene Konzepte des historischen Zugriffs. Sein strukturgeschichtlicher Überblick zeigt allgemeine Entwicklungstrends auf und mündet in Empfehlungen für die weitere Forschung.

Während es sich bei den genannten Aufsätzen jeweils um Originalbeiträge handelt, fasst der abschließende Beitrag bereits früher veröffentlichte Überlegungen zur theoretischen Reflexion aktueller Entwicklungen zusammen. Dabei wird die durch den Computer ermöglichte *„Elektronisch mediatisierte Gemeinschaftskommunikation"* als Herausforderung für die kommunikationswissenschaftliche Modellbildung begriffen.

2.1. Journalismus

Manfred Rühl

Theorie des Journalismus

1. Journalistik der Kommunikationswissenschaft

Wer wissenschaftsfähige Aussagen über den Journalismus machen will, muss mit wissenschaftsfähigen Begriffen, Methoden und Theorien arbeiten. Nur dann können solche Aussagen vergleichend kritisiert werden. Die Wissenschaften arbeiten selbstkritisch mit Methodentheorien (Methodologie) und Erkenntnistheorien (Epistemologie), einst philosophische Teilbereiche, die heutzutage von der Journalistik in Lehre und Forschung zur Bearbeitung von Journalismustheorien – den Normaltheorien – herangezogen werden.

Das Wort „Journalismus" ist seit dem 19. Jahrhundert bekannt. Es gibt allerdings zahlreiche Hinweise auf Sachverhalte, Sozialverhältnisse und Zeitfragen, wonach schon vor der Erfindung der Presse journalistisch gedacht wird. Altgriechische Philosophen und Wissenschaftler beobachten nicht nur den gestirnten Himmel, sondern auch die Praxis der öffentlichen Kommunikation, das Publizieren.[1] Seit dem ausgehenden 17. Jahrhundert diskutiert man gesellschaftliche Probleme der Alltagspublizistik, bis im 19. Jahrhundert der Journalismus als eigener Problembereich von so verschiedenen erkenntnistheoretischen Standorten wie Hermeneutik, Dialektik, Phänomenologie, später: Empirik beobachtet und bearbeitet wird, als eine Form der öffentlichen Kommunikation (Publizistik).

Heute beobachten und bearbeiten wir das wissenschaftliche Journalismuswissen maßgeblich aus der Warte und mit dem Denkzeug der Kommunikationswissenschaft. Das Fach kann mit besonderen Reflexions- und Methodenleistungen aufwarten. Von einer Journalistik spricht man seit einhundert Jahren, von einer Kunstlehre[2], aber auch im Sinne einer wissenschaftlichen Disziplin.[3] Wird der Journalismus als Kommunikationssystem der Gesellschaft begriffen, dann mit je eigener Produktions- und Rezeptionsseite. Das Journalismussystem produziert organisationsförmig in Kooperation und Koordination[4], während es in Konkurrenzverhältnissen seine Produktionsmittel beschafft und die Produktionen vertreibt. Dass die journalistische Rezeption durch Haushalte erfolgt (durch „kaufende" und „lesende" Familien, Ein-Person-Haushalte, Heime etc.) hat die Journalismusforschung noch nicht so recht entdeckt. Gesellschaftsfähig geworden ist der Journalismus als Funktionssystem durch marktförmige Leistungen und Gegenleistungen, wobei ihm Organisationen und Haushalte, vor allem die gesellschaftlichen Funktionssysteme Politik, Wirtschaft, Wissenschaft, Kunst, Erziehung, Religion usw. gegenüberstehen. Märkte dienen der Beschaffung von Mitteln (Ressourcen), um „lesbare Werke", die gleichzeitig „käufliche Waren" sind, produzieren und rezipieren zu können.[5] Ein dreibändiges Lehrbuch der Journalistik gewichtet vor allem die Produktion.[6]

Originalbeitrag.

Die neuere kommunikationswissenschaftliche Forschung macht darauf aufmerksam, dass Journalismus, Public Relations, Werbung und Propaganda im 19. Jahrhundert als alltagspublizistische Bereiche der Gesellschaft – mit unterschiedlichen Funktionen – konstituiert und heute als Alltagspublizistik wiederbeschrieben werden.[7] Als Kunstlehre pflegt die Journalistik eine Tradition „praktischer" Arbeitsanleitungen für die journalistisch-redaktionelle Produktion, die heute mehr und mehr zur Lehre der Aus-, Fort- und Weiterbildung umgebaut wird. Als Fach nimmt die Journalistik an Problemen des allgemeinen Wissenschaftsbetriebs teil: in Hochschulen, in Wissenschaftsgesellschaften und in der Wissenschaftsförderung.

Zur Verbesserung ihrer Gewissheitsgrundlagen freundet sich die Journalistik zunehmend mit erkenntnistheoretischen und methodentheoretischen Selbstreflexionen an. Daran muss sie sich in ihrer Tradition als „Praxislehre" noch gewöhnen. Postulieren Laien für jedermann einen gemeinen Menschenverstand (common sense), und bauen die Fachleute auf ihr beruflich erworbenes Erfahrungswissen (Know-how) als dem Realgrund jeden Journalismuswissens, dann ist von Journalistikern ein wissenschaftsfähiges Wissen zu erwarten, das befähigt, journalistische Innovationen für die Zukunft zu bedenken, ohne in Spekulationen über moralische Risiken und mediale Verfallszeiten abzugleiten.[8]

Zu den methodischen Innovationen der Journalistik zählt das Zirkelmodell. Mit dessen Hilfe kann die Kommunikationskomplexität der Welt journalistisch bearbeitet und verarbeitet werden, ohne Anfang und ohne Ende. Journalistikprobleme alltagsvernünftig zu formulieren, um sie mit Daten und Fakten zu unterfüttern, ist ein überholtes Unternehmen, nicht anders die Vorstellung, den Journalismus könnten prominente Schreiber oder gar ein Idealtypus wie der Homo oeconomicus repräsentieren.[9] Die moderne Journalismusforschung kann den sozialwissenschaftlichen Theorienpluralismus nicht ignorieren. Anders gesagt: Ohne Theorien der Kommunikation, des Handelns und des Entscheidens, der Produktion und der Rezeption, der Arbeit und der Berufe, der Publika und der Öffentlichkeiten, der öffentlichen Meinung und des öffentlichen Vertrauens ist keine Journalismustheorie möglich. Ein genauerer Blick auf die Theoriegeschichte des Journalistischen lässt uns erkennen, dass Probleme des Journalismus als Probleme der Gesellschaft seit dem 17. Jahrhundert studiert werden.

2. Wege einer kommunikationswissenschaftlichen Journalistik

Für das wissenschaftliche Beobachten, Beschreiben und Erkennen gibt es nichts besseres als Theorien. In diesem allgemeinen Verständnis sind Theorien die Anweisungen für das Vergleichen von Beziehungen. In der zweiten Hälfte des 15. Jahrhunderts wird der Buchdruck marktreif. Er produziert im „Typographeum"[10], vulgo: „Avisen-Häusern" und „Zeitungsbuden", und zwar handwerklich-künstlerisch „fremde Texte" in den Formen Buch, Ablassformular, Kalender, Flugschrift, Traktat, Pasquill, Messrelation. Am Herstellungsprozess sind dutzende arbeitsteilig kooperierender Buchdruckerberufe beteiligt, so dass die Kennzeichnung des Typographeums als Manufaktur – das ist eine Vorform der Fabrik – nahe liegt.

Einhundertfünfzig Jahre später beginnt man „eigene Texte" über Alltagsthemen in der kontinuierlich erscheinenden Form Zeitung zu produzieren. Die Themen wiederholen sich als Typus, die Zeitung kennt noch keine Anzeigen, und sie muss sich auf breiten Verkaufsmärkten durchsetzen. Fünfzig Jahre später erscheinen „gelehrte Texte" in der Form Zeitschrift, die sich nicht nur an Gelehrte wendet. Buchdrucker und Verleger verrichten journalistische Arbeiten in Personalunion. Ein Journalismus, der sich als Redaktionsarbeit verselbstständigt und die Redaktion als Abteilung des Verlagsunternehmens integriert, wird erst im 19. Jahrhundert bekannt. Nunmehr wird durch Maschinensatz, Rotation, Großauflagen, Eisenbahnvertrieb usw. aus der Manufaktur ein Industriebetrieb.[11]

Wissenschaftliche Aufmerksamkeit erregen journalistische Produktionen und Rezeptionen gegen Ende des 17. Jahrhunderts.[12] Im gesellschaftlichen Kontext von Reformation und Aufklärung entstehen über das Machen und Lesen von Zeitungen und Zeitschriften neuartige Ideen-, Begriffs- und Theoriengeschichten, in Variation zu unterschiedlichen Strukturen der damals vorherrschenden Schichtengesellschaft.

2.1. Klassiker der Journalistik

„Klassisch" werden wissenschaftliche Theorien, wenn sie für Gegenwarts- und Zukunftsprobleme wissenschaftsfähige Lösungen anbieten können.[13] In diesem Sinne sind die Journalismustheorien von Christian Thomasius, Kaspar Stieler, August Ludwig Schlözer, Georg Wilhelm Friedrich Hegel und Robert Eduard Prutz klassisch, obwohl zur Zeit ihres Entstehens noch niemand „Journalismus" oder „Journalistik" sagte. Die Lehr- und Forschungsleistungen dieser Autoren zur Journalistik können hier nur kurz skizziert werden.

Christian Thomasius (1655–1728) gilt als der entscheidende Begründer der deutschen Aufklärung. Der Philosoph und Jurist wird als „ärgerlicher Neuerer" geschätzt, als ein „deutscher Gelehrter ohne Misere", als die „Anti-Perücke schlechthin".[14] Thomasius soll als erster in deutscher Sprache Vorlesungen gehalten haben (nicht mehr lateinisch), in eleganter Kleidung (nicht mehr im Talar), der Wissenschaft verpflichtet (nicht einem absolutistischen Herrscher). Sein Hauptanliegen ist die moralische Erneuerung der freien Kommunikation in der bürgerlichen Gesellschaft. Dafür erscheinen ihm „gelehrte Zeitschriften" hilfreich zu sein. Das Schlüsselwerk des Thomasius ist eine Aufklärungsethik christlicher Nächstenliebe, die „Kunst Vernünfftig und Tugenhafft zu lieben" (1692).[15] Mit ihr kämpft er gegen politisch und religiös begründete Folter und Hexenverbrennungen.

Für Thomasius wird der Mensch durch die Gesellschaft zum Menschen. Die Gesellschaft besteht nach seinem Dafürhalten aus kommunizierenden Menschen: „… der Mensch wäre ohne menschliche Gesellschafft nichts … Ein Mensch müsste verderben/ wenn sich andere Menschen nicht seiner annähmen … Ein Mensch wäre kein Mensch ohne andere menschliche Gesellschaft. Was wären ihm die Gedanken nütze/wenn keine andere Menschen wären? … Die Gedanken sind eine innerliche Rede. Wozu brauchte er diese innerliche Rede/wenn niemand wäre, mit dem er seine Gedanken communiciren sollte?"[16]

Nach französischem Vorbild gründet Thomasius 1688 die erste „gelehrte Zeitschrift" in deutscher Sprache. Der Titel wechselt, der Kurztitel „Monats-Gespräche" bürgert sich ein. Von Gelehrten geschrieben, ist die Zeitschrift nicht nur für Gelehrte bestimmt.

In Deutschland erschien vorher die lateinisch geschriebene Gelehrtenzeitschrift „Acta Eruditorum" von Otto Mencke (1682). Nach den „Monats-Gesprächen" publizieren in England Daniel Defoe die „Review" (1704), Richard Steele und Joseph Addison „The Tatler" (1709), dessen Fortsetzungen „Spectator" und „Guardian" und in Deutschland Johann Christoph Gottsched „Die vernünfftigen Tadlerinnen" (1725).

Die „Monats-Gespräche" behandeln religiös-moralische, naturrechtliche, staatsgeschichtliche, literarische und philosophische Fragestellungen. Stilistisch werden sie „sowohl in der dialogischen Form wie in der Form einer einrahmenden Erzählung, mit erfundenen Personen und Situationen, wie in der Abwechslung des ernsten Verstandes mit Spott und Genrebild" verfasst.[17] Thomasius schreibt zum Geleit der ersten Ausgabe, man werde in der Zeitschrift „durchgehend die Sachen, die darin enthalten sind/auff eine Comische Weise abgehandelt finden". Er betreibt eine fröhliche Wissenschaft, voll Ironie, mitunter aus der „Essigfabrik der Satire" (Jean Paul).

Die in den „Monats-Gesprächen" rezensierten wissenschaftlichen Bücher dienen dem „Zeitungskollegium" als „Zeitungsliteratur".[18] Zeitungskollegien verwirklicht Thomasius als Professor der brandenburgisch-preußischen Universität Halle, die er mitbegründet, und die als Gegenstück zu der von der protestantischen Scholastik bestimmten kursächsischen Universität seiner Heimatstadt Leipzig verstanden wird. Der Privatdozent Thomasius flieht aus Leipzig, als er 1690 mit einem Vorlesungs- und Schreibverbot belegt wird. In Halle liest auch der Kameralist Johann Peter Ludewig (1668–1743) über Zeitungen und unterrichtet die Studenten des Staatsrechts und der Staatskunde in einem „Relations-Collegium" anhand der Nachrichtenpresse.[19]

Für den wissenschaftlichen Fortschritt und für die mögliche Kommunikation einer unabhängigen Wissenschaft macht Christian Thomasius das Kriterium Freiheit zentral verantwortlich: „Es ist ungebundene Freyheit, ja die Freyheit ist es, die allem Geiste das rechte Leben giebet, und ohne welche der menschliche Verstand, er möge sonsten noch so viel Vortheil haben als er wolle, gleichsam todt und entseelt zu seyn scheinet."[20]

Kaspar Stieler (1632–1707), der rund zwei Jahrzehnte älter als Thomasius ist, studiert die vier klassischen Universitätsfächer Medizin, Theologie, Recht und Eloquenz. In mehreren Ländern Europas arbeitet er als Hofmeister, Söldner, Kammerherr, Theaterschriftsteller, Sprach- und Literaturwissenschaftler, als Pagenlehrer und Zeitungsvorleser bei Hofe, als Autor von Ratgebern, als Universitäts- und Gerichtssekretär – nie als Universitätsprofessor. Stieler propagiert in seinem Ratschlagbuch „Zeitungs Lust und Nutz" von 1695 eine gesellschaftspolitische Theorie des Zeitungslesens für alle Schichten der Bevölkerung der ständisch gestuften Gesellschaft – im Unterschied zum Lesen von Büchern der Dichter und Denker. Das Lesen (und Vorlesen) von Zeitungen soll helfen, dass sich alle in der „Stats-Handels- und Bürgerl. Gesellschaft" auskennen: „ ... bey der Kaufmannschaft ... bey grosser Herren Höfe ... im Kriege ... bey der Kirche ... auf hohen Schulen... im Frauen-Zimmer... im Hause ... auf der Reise ... in Unglücksfällen ... beym Trunke und Zusammenkunften ... bey der Staatskunde Beflissenen insonderheit".[21] Zeitungslesen soll eine neuartige Klugheit vermitteln, die für das Volk wichtiger sei als die Buchgelehrsamkeit: „Wir ehrlichen Leute/die wir itzt in der Welt leben/müssen auch die jetzige Welt erkennen: und hülft uns weder Alexander/Caesar/noch Mahomet nichts/wann wir klug seyn wollen."[22]

August Ludwig Schlözer (1735–1809) wird der Protagonist eines akademischen Zeitungslesens. Der „Aufklärer aus dem Bilderbuch" ist der Vater von Dorothea Schlözer-Rhode (1770–1825), der ersten zum Doktor der Philosophie promovierten Frau in Deutschland.[23] Vierzig Jahre lang lehrt und forscht Schlözer als Professor für Politik an der Reformuniversität Göttingen, wo er zum Mitbegründer mehrerer Disziplinen wird: der politisch-empirischen Geschichtswissenschaft, der Statistik (als Staatskunst), der Wirtschaftspolitik und des Staatsrechts. Wegen seiner Verdienste um die Geschichtsschreibung Russlands wird er von Zar Alexander I. geadelt.

Schlözers Lehre und Forschung werden als gelungene Verbindung zwischen einem theoretischen Erkenntnisgewinn und der praktischen Vernunft beschrieben. Regelmäßig in den Wintersemestern kündigt er ein Reise- und Zeitungs-Kollegium an, zur Diskussion aktueller Zeitungen und Zeitschriften. In einer Programmschrift verneint er die Absicht, den Studenten die Mühe des Zeitungslesens abnehmen zu wollen, ihnen das Geheime, das, was nicht in den Zeitungen steht, zu verraten, und am allerwenigsten will er mit den Studenten anhand der Zeitungen lediglich politisieren, rechten und weissagen.[24] Politik als Wissenschaft theoretisch-methodisch zu lehren, dazu dient Schlözer die Zeitungslektüre als Quelle. Die Weltlage wird im Reise- und Zeitungskollegium analysiert.

Georg Wilhelm Friedrich Hegel (1770–1831), zwischen 1807 und 1808 für eineinhalb Jahre Alleinredakteur und Mitverleger der „Bamberger Zeitung", kann für die Emergenz der Journalistik zweifach beansprucht werden: als Philosoph des historisch Neuen und als Pionier des Redaktions- und Verlagsmanagements. In dem 1807 in Bamberg veröffentlichten Buch „Phänomenologie des Geistes" reflektiert Hegel die Information als das historisch Neue. Das Neue ist im Alten „aufgehoben", und Hegel veranschaulicht sein Hervortreten an einem organischen Beispiel: „Die Knospe verschwindet in dem Hervorbrechen der Blüte, und man könnte sagen, daß jene von dieser widerlegt wird; ebenso wird durch die Frucht die Blüte für ein falsches Dasein der Pflanze erklärt, und als ihre Wahrheit tritt jene an die Stelle von dieser. Diese Formen unterscheiden sich nicht nur, sondern verdrängen sich auch als unverträglich miteinander."[25]

Über seine Redaktions- und Verlagsarbeit verfasst Hegel keine eigene Schrift. Aus Briefen an Freunde und Bekannte kann gleichwohl eine „Lehre von der Zeitungsredaktion" rekonstruiert werden. Die Zeitung wird als staatsdienstlich definiert, „Zusammenhang mit dem Staate und in der Arbeit für denselben". Hegels Staatsbegriff umfasst die Familie und die bürgerliche Gesellschaft. „Staats-Arbeit" ist für ihn die höchste Stufe der Arbeit. Kritik am Staat und Meinungsbildung der Leser sind Prämissen eines demokratischen Journalismus, für den Robert Prutz dreißig Jahre später eine Theorie entwirft. Nach Hegel ist es Aufgabe der Zeitung, die Staatsgesamtheit zu stabilisieren. Konsequenterweise hält er es für die Aufgabe des Staates, die Zeitung zu subventionieren. Im Zentrum des Hegelschen Redaktions- und Verlagsmanagements stehen Organisationsaufgaben, die er strategisch plant. Die sieben Mal in der Woche erscheinende „Bamberger Zeitung" darf ihm nur wenige Arbeitsstunden am Tage abverlangen, um „meiner wissenschaftlichen Arbeit fortzuleben".[26] Obwohl er als Redakteur zum ersten Mal in seinem Leben richtig Geld verdient, übernimmt er 1808 die Stelle eines „Professors der philosophischen Vorbereitungswissenschaften" und Rektors des Aegidien-Gymnasiums in Nürnberg – unter Einbuße eines Drittels seiner Bamberger Einnahmen.

Robert Eduard Prutz (1816–1872) erkennt im Journalismus „eines der vorzüglichsten Werkzeuge", mit dem das „demokratische Prinzip der Geschichte" zu verwirklichen ist.[27] Vor dem Orientierungshorizont der Freiheit, wie sie der von Prutz hochgeschätzte Christian Thomasius als gesellschaftliche Notwendigkeit gefordert hatte, postuliert die Déclaration des droits de l'homme et du citoyen von 1789 die Rede-, Meinungs- und Pressefreiheit, die dann zwei Jahre später im „Ersten Zusatzartikel" (First Amendment) zur US-Constitution (von 1787) Verfassungsrang erlangt.[28]

Ohne Freiheitspostulat erscheint sieben Jahre vor Prutzens Journalismustheorie die „Preßwissenschaft" von Franz Adam Löffler (1808–1880). In dieser, wahrscheinlich im Auftrag seines Herrschers verfassten „Wissenschaft der Presse für Zeit und Zukunft" konzipiert der „Rechtshegelianer" Löffler die Presse als Werkzeug des absolutistischen Gesetzesstaates.[29] Die Presse könne dem Staat verderblich werden, weshalb dem „Irrthum des großen schriftstellernden Heerhaufens" entgegenzutreten sei, und zwar mit einer totalen Gesetzgebung und Beaufsichtigung der Presse. Löffler stellt die „Preßwissenschaft" in den Dienst des absolutistischen Staates, den er den „Vater aller wahren Wissenschaft" nennt und von dem auch die Presse ihre Bestimmung bekommen müsse.

Robert Prutz arbeitet als Journalist, Literaturwissenschaftler, Romancier, Dramatiker, zeitweise als Hochschullehrer und als Privatgelehrter. Zum ersten Mal wird der Journalismus unter dieser Kennzeichnung zum Gegenstand der Forschung gemacht. Reflexionstheoretisch nimmt Prutz eine „linkshegelsche" Position ein; methodentheoretisch überrascht er (in einer Habilitationsschrift) damit, dass er allein aus dem Quellenmaterial und eigener Quellenkritik arbeitet. Sein Forschungsplan postuliert ein „Gesetz der Ordnung", mit dem das „labyrinthische Gebiet" des Stoffes transparent gemacht werden soll. „Es ist dasselbe Gesetz, das den Gang unserer Geschichte und den Gang unserer Zeitungen bestimmt; die Epochen unsrer Entwicklung im Allgemeinen. Die Frage daher, nach welchem Prinzip die Geschichte unsres Journalismus einzutheilen und anzuordnen ist, schließt vielmehr die andere in sich, welche Stadien unsre Entwicklung überhaupt durchgemacht hat und in welche Gruppen im Allgemeinen die Geschichte unsrer Bildung sich zusammenstellt."[30]

Unter Journalismus versteht Prutz „das Selbstgespräch ... welches die Zeit über sich selber führt ... das Tagebuch gleichsam, in welches sie ihre laufende Geschichte in unmittelbaren, augenblicklichen Notizen einträgt".[31] Der Journalismus ist Gedächtnis und Wortführer der Zeitgespräche, deren Stimmungen er artikuliert. Von der Suche nach den Ursprüngen des Zeitungswesens erwartet Prutz wenig Erkenntnisgewinn. Der Journalismus sei nicht notwendigerweise – heute würden wir sagen – medienabhängig, da schon das mündlich überlieferte Volkslied als journalistische Leistung gelten könne. Der Journalismus werde, längerfristig betrachtet, zum Hersteller von Publikum, ja zum Schöpfer der öffentlichen Meinung. Er sei notwendig zur gleichmäßigen Erfüllung der Ansprüche an Glück und Wohlfahrt aller Menschen. Zusammen mit Buchdruck, Eisenbahn und anderen „epochemachenden Erfindungen" erhofft sich Prutz, dass der Journalismus dafür sorgen könne, dass der wissenschaftliche Fortschritt zum Besitz aller werde.[32] „Mithin, wie das Leben der Völker und ihre Erscheinung selbst, so muß auch der Journalismus als eine Totalität erfaßt werden, in welcher Politik und Literatur nur verschiedene Formen eines Inhalts sind: solche Formen zumal, die, in ewiger Wechselwirkung, jeden Augenblick bereit sind, in einander überzugehen, und die daher nicht einseitig, zu dauernder Absonderung, fixiert werden dürfen... Der Journalismus hat keinen Inhalt an sich, sondern er empfängt seinen Inhalt erst von den Zuständen, die er wiederspiegelt."[33]

Mehr als siebzig Seiten widmet Prutz dem journalismustheoretischen Werk des Christian Thomasius. Die Zeit bis zur Mitte des 19. Jahrhunderts unterteilt er in drei Epochen, die je eine eigene Journalismusform aufweisen. Die erste Epoche erstreckt sich von der Reformation bis zu Klopstock mit dem „theologisch-gelehrten" Journalismus. Die zweite Epoche, von Klopstock zu Goethe, wird durch den „belletristisch-kritischen" Journalismus charakterisiert, und die dritte Epoche, die politisch mit der Französischen Revolution und philosophisch mit Kant beginnt, bringt den „philosophisch-politischen" Journalismus hervor und damit die „Autonomie des Geistes" und „die unendliche Berechtigung des Individuums".[34]

Für Prutz gehört die Leserschaft zum Journalismus in der Demokratie, den er kreislaufförmig konzipiert.[35] Im Gedanken von der „Wesensverwirklichung" der Demokratie durch den Journalismus verschmelzen bei Prutz die gesellschaftspolitischen Probleme der Normativität und der Faktizität. Der Journalismus kann nur in einer gesellschaftlichen Umwelt faktisch werden, in der die Normen der Demokratie gelten. Journalismus und Demokratie sind stufentheoretisch geordnete Entwicklungsprodukte. Wie bei den historisch argumentierenden Nationalökonomen des 19. Jahrhunderts, vor allem bei Karl Bücher, birgt auch für Prutz die Stufentheorie eine Fortschrittsidee. Jede Stufe beherrscht die Zustände, Erfahrungen und Kenntnisse der vorangegangenen Stufe, und mit der nächsten werden verbesserte Zustände erreicht. Mit der auf drei Bände konzipierten, aber nur im ersten Teil realisierten „Geschichte des deutschen Journalismus" gelingt Robert Eduard Prutz eine Mischung aus einer Ereignisgeschichte und einer Theoriegeschichte (Dogmengeschichte).[36]

Albert Schäffle (1831–1903) ist kein Journalistikklassiker. Er zählt zu den kühnen Entdeckern der öffentlichen Kommunikation in einer gesellschaftlichen Umwelt und kann als Anreger einer Publizistikwissenschaft gelten, die das Studium des Journalismus einschließt. Schäffle muss das Theologiestudium aus politischen Gründen abbrechen und wird mit 19 Jahren Auslandsredakteur des „Schwäbischen Merkurs". Autodidaktisch studiert er die Staatswissenschaften, publiziert umfangreich und wird als Professor für Nationalökonomie, Politik, Staats- und Polizeiwissenschaft an die Universität Tübingen berufen. Jeweils kurzfristig ist er württembergischer Landtagsabgeordneter, Professor an der Universität Wien und österreichischer Minister für Handel, Gewerbe und Ackerbau. Vierzigjährig entschließt sich Schäffle, nur noch als freier sozialwissenschaftlicher Publizist zu arbeiten. Unter anderem veröffentlicht er von 1875 bis 1878 mit „Bau und Leben des socialen Körpers" eine vierbändige Gesellschaftstheorie. Darin markiert Schäffle ein Problemfeld für die Publizistik, indem er so heterogene Theorie- und Strukturformen wie Bewusstsein, Homo symbolicus, Kommunikation, Gesellschaft, Persuasion, Organisation, Markt, Öffentlichkeit, öffentliche Meinung, Zivilisation, Volk und Nation einander zuordnet.[37] Eine vergleichbare Konzeption entwirft fünfzig Jahre später John Dewey in „The public and its problems" (1927) für die Vereinigten Staaten von Amerika.

2.2. Entwicklung der Journalistik im 20. Jahrhundert

In der Kommunikationswissenschaft nahezu unbekannt ist die anwendungsorientierte Journalismustheorie von Adolf Koch. Gegen erhebliche Widerstände seiner Heidelberger Fakultät, an der er „nur" den Rechts- und Besoldungsstatus eines Privatdozenten mit Professorentitel innehat, bietet der als Historiker habilitierte Koch (1855–1922) ab 1897 wissenschaftlich reflektierte „Praktische Übungen zur Einführung in die Journalistik" an. Sie bilden das Komplement zu der seit 1895 angebotenen Vorlesung „Geschichte der Presse und des Journalismus".[38] Einschlägige Veröffentlichungen Kochs wurden nicht bekannt. Nach zwanzig Lehrsemestern publizieren Schüler und Freunde für Adolf Koch eine Festschrift.[39]

Max Weber (1864–1920), als sozialwissenschaftlicher Neuerer bereits eine Berühmtheit, ist zeitweilig Fakultätskollege von Koch. Weber plant ein theoretisch-methodisch komplexes Forschungsprojekt über den Journalismus[40], an dem Adolf Koch nicht beteiligt ist. Er gerät in einen von Weber angestrengten Rechtsstreit, der Koch die akademische Karriere und wahrscheinlich die berufliche Existenz kostet. Als Journalistiklehrer wird Koch nicht nur von Studenten, sondern auch von Verlegern sehr geschätzt. Max Weber wiederum ist für die Durchführung seines Projekts auf die Kooperation von Verlegern angewiesen. Sein Forschungsvorhaben wird nicht realisiert.

Um die Jahrhundertwende regt der schweizerische Presseverein an, die Hochschulen sollten Journalistik als Lehrfach anbieten. Die Staatswissenschaftliche Fakultät der Universität Zürich habilitierte 1903 mit Oscar Wettstein einen Schüler Adolf Kochs, der bei dem Habilitationsverfahren „die erste Bresche in den Wall von Vorurteilen gelegt [hat], die der akademischen Einbürgerung der Journalistik entgegenstand".[41] Wettstein gelang es, an der Universität Zürich ein längerlebiges Journalistikstudium aufzubauen.

In Deutschland und Österreich sind zu Beginn des 20. Jahrhunderts keine weiteren akademischen Studien zur Qualifikation für journalistische Berufe geplant. Die Zeitungskunde gewinnt universitätsextern Konturen, bevor Karl Bücher ab 1915 an der Universität Leipzig „ein universitäres Lehrprogramm für die berufsvorbereitende Ausbildung künftiger Journalisten" umsetzen kann.[42] Bestrebungen nach einer sozialwissenschaftlichen Zeitungswissenschaft sind Ende der Zwanziger-, anfangs der Dreißigerjahre zu beobachten, bleiben aber ohne anhaltende Erfolge.[43]

Seit Beginn des 20. Jahrhunderts unterrichten Colleges in den USA mit „Journalism" eine handwerkliche Journalismuslehre ohne nennenswerte wissenschaftliche Züge. Dieses Fach gilt in der US-amerikanischen Literatur als der disziplinäre Vorläufer von „Communications" alias „Communication Science". Diese Kommunikationswissenschaft tritt in amerikanischen Universitäten zunächst sporadisch auf und kann sich dann in den Sechzigerjahren in eigenen Schools bzw. Departments etablieren.[44]

Die beiden Großdiktaturen in Deutschland, die nationalsozialistische und die sowjetsozialistische, degradieren den liberal-demokratischen Journalismus sowie die Ansätze einer wissenschaftlichen Journalistik zur praktizistischen Agitations- und Propagandalehre. In der Bundesrepublik Deutschland entsteht ein Wettbewerbsjournalismus, in der Deutschen Demokratischen Republik ein sozialistischer Journalismus, der doktrinär auf die Leninsche Pressetheorie verpflichtet wird, als kollektiver Propagandist,

Agitator und Organisator für die marxistisch-leninistische Klassenpolitik der SED.[45] Mit den Prozessen der Wiedervereinigung Deutschlands, der europäischen Vereinigung und den technologisch-technischen Veränderungen in der Weltgesellschaft sind im Journalismussystem zunehmend Brüche und Ausdifferenzierungen zu beobachten.

Die bundesdeutsche Hochschulpolitik konfrontiert das Fach, das seit den Siebzigerjahren Publizistik- und Kommunikationswissenschaft genannt wird, mit der Journalistenausbildung. Die Journalistik als Kunstlehre war kein Vorbild.[46] Eine kommunikationswissenschaftlich begründete Journalismusforschung gab es ansatzweise; die Journalistik wird als kommunikationswissenschaftliches „Anwendungsfach" ausgebaut. Ihr attachiert man bald Public Relations/Öffentlichkeitsarbeit, während Werbung und Propaganda von der Kommunikationswissenschaft ziemlich unberührt gelassen werden.

Zukunftsweisende Berufsbilder für Kommunikationsberufe sind nicht bekannt. Die institutionalisierten akademischen Studiengänge haben zwischenzeitlich Praktika integriert, die teils vor, teils während des Studiums in außeruniversitären Lehrstätten zu absolvieren sind, oft im fließendem Übergang zum Erwerbsberuf.[47] Die von Verlagskonzernen unterhaltenen Journalistenschulen trainieren Universitätsabsolventen verschiedener Studiengänge und orientieren die Ausbildungszahlen zunächst am Eigenbedarf. Die Zeitungsverlage und Rundfunkanstalten praktizieren das Volontariat als „training on the job". Die beiden außeruniversitären Ausbildungswege sind nach innen, auf hausspezifisches Erfahrungswissen ausgerichtet. Arbeitsmärkte für Kommunikationsberufe sind für sie keine Orientierungsgrößen. Der von Praktikern mitunter geäußerte Wunsch, „Wissen nachzutanken", kann nicht funktionieren, solange kein grundständiges Journalistikstudium vorausgesetzt werden kann, um durch Fort- und Weiterbildung daran anzuknüpfen. Praxisbezogene „How-to-do-books" lassen nicht erkennen, dass die Autoren mit ihrem Erfahrungswissen an die Wissensstände der Journalistik anknüpfen können. Weder in der nordamerikanischen noch in der deutschsprachigen Kommunikationswissenschaft gibt es den Lehrbuchtypus „Dogmengeschichte". In der Nationalökonomie sind Dogmengeschichten die Geschichten „abgeschlossener" wissenschaftlicher Theorien. Derart könnte der „Journalismus als eine Totalität" (Robert Prutz) theoretisch-vergleichend studiert werden. „Die Geschichte der deutschen Zeitungswissenschaft" von Otto Groth kommt einer Dogmengeschichte recht nahe, ausgerichtet auf die Zeitung, nicht auf den Journalismus.[48]

3. Vorwissenschaftliche Ansichten über den Journalismus

Ob wir es wissen oder nicht: Alle heutigen Vorstellungen vom Journalismus haben ein wissenschaftliches Fundament. Alle Vorstellungen vom Recherchieren, Informieren, Meinen und Wissen, von Themen, Fakten, Daten, Organisationen, Märkten, von Pressefreiheit, Demokratie, Öffentlichkeit und öffentlicher Meinung, selbst die Semantik der Begriffe Journalismus und Journalistik sind, so oder so, wissenschaftlich vorgeprägt. Die Vermutung, es gäbe in einer Epoche mehrere journalistische Wissensformen, besteht zurecht. Aber welche? Gibt es ein „hypothetisches Wissen" im Unterschied zum wissenschaftlichen Journalismuswissen?[49] Können wir im Journalismus ein laienhaftes „Bescheidwissen" für ein alltägliches „Gebrauchsverstehen" annehmen?[50] Welches

Wissen ist in Talk-Shows im Gespräch, welches bei Akademietagungen, wenn journalistische Probleme in Rede stehen? Ein Erlebniswissen? Ein Erfahrungswissen? Ein wissenschaftliches Wissen? Möglicherweise erfahren wir Unterschiede, wenn wir zunächst das Journalismuswissen von Laien und Praktikern beschreiben, bevor wir uns einen Überblick über das wissenschaftliche Journalismuswissen verschaffen.

3.1. Laienansichten

Laien sind Nicht-Fachleute, die ihre Ansichten und Meinungen über den Journalismus anhand von Normen und Werten alltagsvernünftig äußern. Kein Mensch ist nur Laie, nur Experte oder nur Wissenschaftler. Laien operieren im Journalismussystem überwiegend auf der Rezeptionsseite, in den schwach formalisierten Rollen Leser, Hörer, Zuschauer, Käufer, Abonnent. Laien wissen im Großen und Ganzen über den Journalismus Bescheid. Sie reflektieren ihr Bescheidwissen vorwiegend mit dem gemeinen Menschenverstand (common sense) und drücken das Ergebnis subjektiv aus – durch Formulierungen wie: „Nach meinen Begriffen ..." Methodisch operieren Laien nach „Versuch und Irrtum" (trial and error), etwa nach dem Motto: „Probier ma's halt!" oder „Schau ma mal'".

Laien personifizieren den Journalismus als diffusen Plural („die Journalisten", „die Medien"). Seit dem 19. Jahrhundert charakterisiert die Bühnen- und Erzähllliteratur Journalisten meist negativ, als oberflächlich, sensationsversessen, schmierig, bestechlich, versoffen, kurz: als sozial randständig.[51] In der zweiten Hälfte des 20. Jahrhunderts porträtieren Literatur, Film und Fernsehen „die Journalisten" mit Vorliebe in psychosozialen Krisen und Konfliktsituationen, im Kontext Krieg, Krimi, Katastrophen.

Dass Journalisten bei Zeitungen, Zeitschriften, Rundfunkanstalten und Nachrichtenagenturen ihr Geld als Angestellte oder als freie Mitarbeiter verdienen, ist vielen Laien bekannt. Weniger bekannt ist, dass viele Journalisten in Industrie und Gewerbe, in Verbänden, Parteien, Ministerien und bei der Bundeswehr, in Krankenhäusern und in Star-Image-Verwertungsgesellschaften der organisierten Weltgesellschaft arbeiten. Selten unterscheiden Laien zwischen Journalismus, Public Relations und Werbung, zwischen Journalisten, Verlegern und Managern. Zum Image gehört, dass Journalisten parteipolitisch „nach links" tendieren, „den Kapitalismus" wenig sympathisch finden, dafür mehr „sozial engagiert" sind.

Sprechen Laien vom Journalismus als einer Gesamtheit, dann selten in der Vorstellung eines organisations- und marktförmig vernetzten Kommunikationssystems mit einer Produktionsseite und einer Rezeptionsseite. Sich selbst zum Journalismussystem zu rechnen, ist Laien ziemlich fremd. Vage sind ihre Vorstellungen von der verfassungsrechtlich und einzelgesetzlich normierten Stellung des Journalismus: Was dürfen Journalisten und was dürfen sie nicht, in Demokratien, in Autokratien oder Diktaturen? Laien neigen dazu, Nachrichten, Fakten und Informationen gleichzusetzen und Journalisten die Aufgabe zuzuschreiben, sie in Reinkultur zu berichten. Meinungsäußerungen durch Kommentare, Glossen, Karikaturen werden eher einzelnen in privilegierten Stellungen zugeordnet. Journalistische Verfallserscheinungen sind für Laien der Schlüsselloch-Journalismus, die Dominanz von Medien-Tycoons und das Menschenjagen in der Absicht, Auflagen zu steigern und Einschaltquoten zu erhöhen.

3.2. Praktikeransichten

Äußern sich journalistische Praktiker – alias Fachleute, Sachverständige, Experten – über den Journalismus, dann üblicherweise aus der Perspektive eines unklaren „Berufsstandes". Die Aussagen basieren gewöhnlich auf einem „zünftigen" Erfahrungswissen (Know-how), das durch Arbeitstheorien (working theories) beschrieben wird. Für die alltägliche Arbeit und zur Lösung von Berufsproblemen brauchen Praktiker Zeit und Geld. Diese Mittel werden selten als gesellschaftlich knappe Ressourcen betrachtet, um sie mit sinnvollen Informationen, öffentlicher Aufmerksamkeit, spezifischem Recht oder mitmenschlicher Achtung in Zusammenhang zu bringen. „Der Leser" (Hörer, Zuschauer, Käufer, Abonnent) ist für Praktiker ein verhaltenstheoretischer Kollektivsingular mit demoskopisch bestimmbaren Eigenschaften und Merkmalen – kurz gesagt: ein empirisch ziemlich unbekanntes Wesen. Dennoch soll „der Leser" journalistisch gewonnen werden. Das Verhältnis zwischen Publikum und Öffentlichkeit bleibt nebulös, ebenso die Selbstcharakterisierung als „Journaille". Selbstironie oder „fishing for opposition"? In der publizistischen Öffentlichkeit sind Praktiker bereit, ein Journalistenethos für einen geeigneten Maßstab zu halten, dessen Mangel gern „den Medien" zugeschrieben wird, und damit sind immer die anderen gemeint. Gleichwohl wird offenkundiges journalistisches Fehlverhalten als beruflich notwendig oder unumgänglich entschuldigt, das nur von Insidern beurteilt werden kann.

Autoren praktischer Lehrbücher für ein „training on the job" können sich vorstellen, eine in Einzeljournalisten ruhende „Kreativität" zu wecken und zu steigern. Dieser Lehrbuchtyp betont das journalistische Schreiben, insbesondere Stil- und Darstellungsformen (Nachrichten, Berichte, Reportagen, Features, Kommentare, Glossen etc.). Deren „richtigen" Aufbau kann man lehren, ebenso die Verwendung einer korrekten Sprache, einer richtigen Rechtschreibung und eines besseren Layouts. Journalistische Vorzüglichkeit (excellence) soll durch Techniken des Marketing und des Management erreichbar sein – das sind Techniken aus dem Wirtschaftssystem, die auf das Journalismussystem übertragen werden.

Möchten Praktiker die Grundlage ihrer Praxis auszeichnen, dann preisen sie ein „journalistisches Handwerk" ohne organisatorische und marktförmige Entscheidungsprozesse, ohne Planung, Programmierung und Prognosen. Die Praktikerrationalität schöpft bevorzugt aus der persönlichen Vernunft, versucht durch die Berufung auf „Fakten, Fakten, Fakten" zu imponieren. Fakten, ob aus der Politik, der Wirtschaft, der Wissenschaft oder aus der Gesellschaft, spielen unreflektiert „faktisch" keine Rolle. Zudem wird Faktengenauigkeit in den anwendungsorientierten Sozialwissenschaften nur noch marginal angestrebt.

4. Kommunikationswissenschaftliche Journalistik

Martin Löffelholz charakterisierte unlängst die journalismustheoretischen Tendenzen im deutschen Sprachraum als Spannungsfelder zwischen Journalistik und Kommunikationswissenschaft. Drei Richtungen werden unterschieden: „Journalistik *ohne* Kommunikationswissenschaft"[52], „Journalistik *mit* Kommunikationswissenschaft"[53] und „Journalistik *in der* Kommunikationswissenschaft".[54] Erkenntnistheoretisch markiert werden acht Einzelkonzepte der Journalismusforschung: (1) Normativer Individualismus, (2) Materialistische Medientheorie, (3) Analytischer Empirismus, (4) Legitimistischer Empirismus, (5) (Kritische) Handlungstheorie, (6) Funktionalistische Systemtheorie, (7) (Konstruktivistische) Integrationstheorie, (8) Cultural Studies.[55]

Für die Aufgabe, in einem Textbuch über Kommunikationstheorien die „Theorien des Journalismus" vergleichbar zu machen, wählen wir die System/Umwelt-Rationalität als Erklärungshilfe, um zu unterscheiden, was zum Journalismus gehört und was nicht. Seit den Journalistik-Klassikern wird der Journalismus in Bezug zur Gesellschaft begriffen. Als Persuasionsform ist der Journalismus seit dem 19. Jahrhundert von Public Relations, Werbung und Propaganda abzugrenzen. Als Persuasionsformen versuchen sie zu überreden und zu überzeugen.[56] Francis Bacon hat im frühen 17. Jahrhundert mit der Idolenlehre die wohl erste Persuasionstheorie entworfen.[57] Ungeachtet der Differenzierung in Journalismus, Public Relations, Werbung und Propaganda ist Persuasionssystemen als Alltagspublizistik gemeinsam, dass sie organisiert und programmiert, von Berufs und Arbeits wegen Kommunikationsprogramme herstellen, mit anderen Persuasionsformen konkurrieren, in der Absicht, aus der alltagspublizistischen Öffentlichkeit immer wieder Publika zu gewinnen und deren Wissensstände zu verändern.[58] Manipulation wird alltagspublizistisch evident, wenn ihre Produzenten sich der Kritik und der kommunikativen Gegensteuerung entziehen können, so dass Rezipienten keine Chancen haben, alternative Kommunikationen einzugehen.[59]

Das Journalismussystem produziert und rezipiert zeitlich vorab programmierte Programme zur öffentlichen Kommunikation. Auf der journalistischen Produktionsseite arbeiten Fachleute in Berufs- und Arbeitsrollen (Journalisten, Verleger, Manager, andere Kommunikationsberufe), und zwar organisationsförmig für und in Verlagen, Rundfunkanstalten, Nachrichtenagenturen etc. Auf der Rezeptionsseite operieren journalistische Laien in „nicht-organisatorischen" Rollen (Leser, Hörer, Zuschauer, Käufer, Abonnenten), eingebunden in Haushalte (Familien, Ein-Person-Haushalte, Heime). Produktionsorganisationen und Rezeptionshaushalte beschaffen sich über soziale Märkte Ressourcen zur Produktion bzw. zur Rezeption: Erwerbsarbeit, öffentliche Aufmerksamkeit, unterscheidbare Informationen, durchsetzungsfähige Themen, mitmenschliche Achtung, gültiges Geld, einklagbares Recht, verfügbare Zeit. Diese Ressourcen sind gesellschaftlich knapp, sie sind auch andernorts begehrt und einsetzbar – um journalistische Ressourcen besteht ein Wettbewerb.

Auch Wissenschaftler gehören zum Journalismussystem, wenn sie an Hochschulen Journalistik lehren und den Journalismus erforschen. Dieselben Personen können als Experten oder Laien im Journalismussystem mitproduzieren oder als Leser, Hörer und Zuschauer mitrezipieren. Als Journalistiker bearbeiten sie bewahrtes wissenschaftliches Journalismuswissen, das sind Journalismustheorien, die in Lehre und Forschung als wissenschaftsfähiges Wissen (researchable knowledge) rekonstruiert werden können.

4.1. Journalistischer Praktizismus

Die Kommunikationswissenschaft, die menschliche Kommunikationsprozesse problematisiert, operiert uneinheitlich auf der Grundlage von Verhalten, Handeln und/oder Kommunikation. Im deutschen Sprachraum beschränkt sie ihre Interessen weithin auf Probleme medialisierter öffentlicher Kommunikation (Publizistik). ‚Journalism' war noch nicht wissenschaftsfähig[60], als Emil Dovifat in den Zwanzigerjahren den „amerikanischen Journalismus" anschaulich beschrieb. Seine Forschungen sind am Einzeljournalisten orientiert, genauer: an den Idealbildern „führender Publizist" und „publizistische Persönlichkeit". Deren Verhalten wird normativ vorgeschrieben, wenn von ihnen „Gesinnung", „angeborene Gaben", „innere Berufung", „faustisch-ruhelose Getriebenheit", „seelisch-charakterliche Eignungen", „Gespür für das öffentliche Interesse", „Triebkraft publizistischen Wollens" und dergleichen gefordert werden.[61] Aufgabe der Journalisten sei es, Nachrichten „von öffentlichem Interesse" zu sammeln, zu sichten und zu verarbeiten, soweit sie dem Wohl der Allgemeinheit dienen.

Ob, und wenn ja, welche schulische Vorbildung, praktische Ausbildung, universitäres Studium und berufliche Sozialisation vorauszusetzen sind, bleibt unausgesprochen. Das Gewissen wird nicht näher bestimmt, auch nicht der Ort, wo es zu finden ist. Dovifats Gewissensnormen sind subjektive Überzeugungserlebnisse. Warnt der Autor vor nationalsozialistischen und sowjetsozialistischen Publizistikpraktiken, mahnt, appelliert und bezieht er Stellung gegen sie, dann sind die normativ-präskriptiven Handlungsanweisungen einem innenorientierten Denkstil geschuldet, ohne Hinweise und Erwägungen, sie durch Gewissen als gesellschaftliche Regelungen und Veränderungen des Journalismus zu erzielen.[62] Normen des Rechts, der Ethik, des Vertrauens, der Organisation und des Marktes sowie deren Wirkungen auf den Journalismus werden nicht als strukturelle Stabilisatoren des Journalismussystems begriffen.[63] Im journalistischen Praktizismus verschmelzen Normativität und Faktizität im Bezugssystem „publizistische Persönlichkeit" und einem „richtigen" journalistischen Handeln.[64]

Ein Neo-Praktizismus forciert ehrgeizige Überlegungen in Richtung „Qualitätsmanagement" und „Qualitätssicherung". Für dieses Streben nach „Excellence", nach Höherem also, suchen in den USA seit einem halben Jahrhundert so heterogene „Branchen" wie die Autoindustrie, die Universitäten, die Medizin und der Journalismus nach Vorbildern. Unklar blieb, was Qualität meint, die zu sichern sei.[65] Freilich gibt es in Deutschland operative Anstrengungen, journalistische Qualität organisatorisch und programmatisch zu begründen und prüfend zu vergleichen, ob für den praktischen Journalismus verbesserte Selektions- und Variationsstrukturen möglich sind.[66] Ob dazu die Münchhausen-Technik notwendig ist?[67] Nachvollziehbare Versuche liegen nicht vor.

Der journalistische Praktizismus beansprucht eine wissenschaftliche Herkunft, ohne eine wissenschaftsfähige Position offen zu bekennen. Väterzeugnisse genügen nicht. Ein methodologischer Individualismus versagt, sozialwissenschaftliche Fragen zu stellen. Ist der Journalismus eine zu bewahrende zivilisatorische Errungenschaft? Was geht in journalistischen Organisationen vor? Wie werden im Journalismus organisatorische Aufgaben und marktförmige Leistungen und Gegenleistungen koordinations- und kooperationsfähig? Wandeln sich die Verhältnisse zwischen Journalismus, Werbung, Public Relations und Propaganda, und wenn ja, wie? Wer nicht bereit ist, über die journalismuspolitischen Unterschiede zwischen Deutschland und den USA einfach hinwegzuhuschen, wird etwas subtilere Fragen nach Qualitätsunterschieden stellen. Ein Journalismus ist immer der Journalismus einer Gesellschaft im Wandel. An dieser These orientiert sich die empirische Journalismusforschung im deutschen Sprachraum[68], nicht dagegen der Neo-Praktizismus.

Seit einem Jahrhundert werden Organisationen, Haushalte und Märkte als sozialwissenschaftliche Erkennungsregelungen gesellschaftlicher Produktions- und Rezeptionsverhältnisse analysiert und politisch, im Sinne der Verbesserung je gegenwärtiger Zustände, synthetisiert.[69] Stephan Ruß-Mohl erhofft für die künftige Journalismusforschung zweierlei Hilfen: von Joseph A. Schumpeters zeitweise populären Unternehmerfunktion und von der Denkfigur Homo oeconomicus, einer empiriefeindlichen Idee eines rein zweckrationalen Verhaltens.[70] Im Jahre 2002 erhalten David Kahneman und Vernon Smith den Nobelpreis für Wirtschaftswissenschaften nicht zuletzt deshalb, weil sie das unpraktikable Homo-oeconomicus-Modell auf die Parkplätze der Dogmengeschichte verfrachtet haben.[71] Ob dieses ökonomische Denkzeug von vorgestern für die Lösung komplexer Journalistikprobleme von übermorgen hilfreich sein kann? Heinz von Foerster ist in solchen Fällen skeptisch: „Je tiefer das Problem, das ignoriert wird, desto größer sind die Chancen, Ruhm und Erfolg einzuheimsen."[72]

4.2. Redaktionelles Entscheiden in organisierten Sozialsystemen

Mit Kurt Lewins Gatekeeper-Modell aus seiner „ökologischen Feldforschung"[73] beginnt die Kommunikationswissenschaft Mitte des 20. Jahrhunderts Probleme des Journalismus als empirische Entscheidungsprobleme zu untersuchen. Sie geht streng erfahrungswissenschaftlich vor und beschränkt ihre Aussagen auf sichtbares Verhalten (behavior). Der journalistische Gatekeeper ist ein Individuum, ein „Redakteur am Fernschreiber" (wire editor), dessen Verhalten bei der Auswahl der Agenturmeldungen persönlichen Vorlieben zugeschrieben wird.[74] Redaktionen (newsrooms) werden genannt, ohne organisationstheoretisch untersucht zu werden.[75] Die nachfolgenden „kybernetischen" Gatekeeper-Untersuchungen interessieren sich für Prozesse redaktioneller Selbstregulierung gegenüber Umwelteinflüssen.[76] Nunmehr wird der Journalismus als zweckgerichtetes Tauschhandeln in einem komplexen Entscheidungsnetz organisatorischer Gegebenheiten verstanden.[77] Das Gatekeeper-Modell als Individualmodell wird in der Forschung bald obsolet – nicht in der Lehre.

In den Siebzigerjahren interessiert die Journalismusforschung das Machen und Fabrizieren von Nachrichten (making and manufacturing news) als Herstellen von Realität.[78] Der Journalismus wird auf die Produktion von Nachrichten reduziert, gleichzeitig wird Abstand genommen von der Idee, Nachrichten könnten die Welt als Wirklichkeit widerspiegeln. Der Ablauf des Journalismus findet routiniert in einer zweigeteilt vorgestellten Organisation statt: einem Aufbau von Herrschaft mittels Hierarchie und einem Ablauf zweckhafter Warenproduktionen.[79] Es werden Journalisten befragt, aber nicht nach ihrer Arbeit in der Redaktion, sondern in erster Linie nach Abhängigkeiten.[80]

Gegen die alte Idee, Individuum und Gesellschaft als zwei getrennte Existenzen zu begreifen, opponiert seit den Sechzigerjahren eine Kommunikationswissenschaft, die Franz Ronneberger an der Universität Erlangen-Nürnberg institutionalisiert hat.[81] Systemtheoretisch untersucht man dort Redaktionszusammenhänge, zumindest teilweise mit dem vergleichenden Funktionalismus als Methode. Vernunftrationale Personalsysteme werden nicht aus der Forschung hinauskatapultiert, sondern als Personen in der Umwelt der Redaktionen beobachtet, von wo aus sie, als eigene, psychisch-organische Systeme, an den komplexen, sinnmachenden Handlungs- und Kommunikationszusammenhängen der Redaktionen mitwirken. Redaktionen werden als „eigenwillig" organisierte Sozialsysteme konzipiert, als ein Innen, eingebettet, aber unterscheidbar von einem gesellschaftlichen Außen (soziale Umwelt). Personen sind keine Bestandteile der Organisationen „mit Leib und Seele", sondern sie arbeiten als bewusst lebende Menschen zeitlich befristet daran mit. Ihr Handeln und ihr Kommunizieren reicht über die Grenzen der Redaktionen hinaus.

Diese Redaktionsforschung setzt sich mit der systemtheoretischen Organisationsforschung[82], und mit dem Funktionalismus auseinander. Niklas Luhmann entwirft, in Differenz zur Theorie der Handlungssysteme Talcott Parsons, eine System/Umwelt-Rationalität als sozialwissenschaftliche Erkenntnishilfe. An die Stelle des teleologischen Funktionalismus von Parsons und Robert K. Merton wird der vergleichende Funktionalismus (Äquivalenzfunktionalismus) gesetzt. Der teleologische Funktionalismus ist dem Zweck/Mittel-Denken verhaftet und konstatiert (positive) Eufunktionen oder (negative) Dysfunktionen als Ursachen und Wirkungen. Sein Erkenntnisgewinn liegt in der Feststellung dieser „sicheren" Beziehungen. Für den vergleichenden Funktionalismus, der als methodisches Komplement zur erklärenden System/Umwelt-Theorie verstanden wird[83], liegt der Erkenntnisgewinn in den Beziehungen zwischen einer für das System (vorläufig) festgelegten Funktion und alternativen Handlungen und Kommunikationen, die strukturell unterschiedlich, aber funktional vergleichbar sein können.[84]

Mit der funktional-vergleichenden System/Umwelt-Theorie wird in einer handlungstheoretischen Fallstudie die Redaktion einer regionalen Tageszeitung als gesellschaftsabhängiges Entscheidungssystem untersucht. Forschungsmethodisch wird mit der (passiv) teilnehmenden Beobachtung und dem Leitfadengespräch vorgegangen.[85] Auch die anschließenden Redaktionsstudien arbeiten empirisch, systemtheoretisch und forschungsmethodisch uneinheitlich. Zunächst wird der „Informationsbereich" des Hörfunks einer öffentlich-rechtlichen Rundfunkanstalt organisationssoziologisch untersucht.[86] Am „Unterhaltungsbereich" dieser Anstalt interessiert der Gesichtspunkt sozialer Regenerations- und Rekreationsbedürfnisse der Hörer.[87] Erkenntnistheoretisch an der Kybernetik erster Ordnung anknüpfend, richtet eine weitere Redaktionsstudie ihr Augenmerk auf die rapide ansteigende Technisierung und auf zu erwartende Leistungsveränderungen in der Redaktion.[88]

Die Umwelt der Redaktion wird eigens fokussiert.[89] Die System/Umwelt-orientierten Redaktionsforschungen belegen, dass der „westliche" Journalismus in komplexen Sozialordnungen operiert, abhängig von den hohen Handlungs- und Kommunikationsniveaus der Gesellschaft. Die zunehmenden Konzentrationsprozesse in der Tagespresse und die daraus resultierenden lokalen Alleinstellungen[90] beleben das Interesse fürs Lokale als Forschungsfeld. Fünf unternehmerisch unterschiedlich organisierte Redaktionssysteme werden hinsichtlich ihrer Rollenstrukturen untersucht.[91] Das Problem der Freiheit journalistischer Berufsarbeit, vulgo: „innere Pressefreiheit", wird mittels des Konzepts „autonomes Handeln" als Geflecht der internen und externen Beziehungen in sechs Lokalredaktionen analysiert.[92] Es werden redaktionsinterne Entscheidungsverläufe über Public Relations-Material in einer Wirtschaftsredaktion getestet.[93] Eine deutsch-deutsche Sonderproblematik resultiert aus den internen Beziehungen zwischen den DDR-Korrespondenten und den Zentralredaktionen so genannter Qualitätszeitungen bei der Themenwahl und beim Herstellungsprozess, unter den DDR-Regierungsvorgaben.[94]

Probleme der Journalismusforschung, die zwischen organisatorischen und gesellschaftlich-institutionellen Fragestellungen oszillieren, werden in Amerika durchaus gesehen.[95] Vergleichende Fallstudien anhand der sozialwissenschaftlichen Organisationsforschung[96], die zudem den problemorientierten Fortschritt der Organisationskommunikation erkennen[97], bleiben auf den deutschen Sprachraum beschränkt. Sie beschäftigen sich neuerdings mit dem organisatorisch-technologischen Wandel als Einflussgröße auf Redaktionsstrukturen, deren Umbau und Folgeproblemen.[98]

Zeitungsverlage als Entitäten in ihren Arbeitsweisen zu studieren, wird in den Sechzigerjahren angeregt.[99] Außer einer Beschreibung des Aufbaus und Ausbaus des „NN-Modells" wurde in Deutschland keine weitere Studie bekannt.[100] In den USA gelang eine mit einem Mehrmethoden-Mix über drei Jahre hinweg durchgeführte Untersuchung in einer großen Regionalzeitung (metropolitan newspaper).[101] Forschungsleitend war der organisationstheoretische Ansatz „action learning by cognitive maps".[102] Es interessieren primär Kriterien der Selbstprüfung zur Selbstregulierung des Unternehmens. Das Personal des „Daily Planet" (Deckname) bezweifelt die Erkenntnismöglichkeiten des Organisationsforschers Chris Argyris. Ein Seminar, in dem den Mitgliedern des Unternehmens organisatorische Probleme und problematische Abläufe nahegebracht werden sollen, muss mangels Kooperationsbereitschaft abgebrochen werden. Verleger, Verlagsmanager, Chefredaktion und Redakteure wollen sich alternativen Sichtweisen nicht stellen.

Fragen nach journalistischen Märkten, genauer: nach organisationsexternen Prozessen journalistischer Leistungen und Gegenleistungen, werden zur Diskussion gestellt[103], bleiben lange ohne Echo und werden erst neuerdings wieder aufgegriffen.[104]

4.3. Job, Beruf, Profession – und Arbeit?

Für den Alltagsverstand hängen Beruf und Arbeit eng zusammen. Selbst viele Journalismusforscher unterscheiden unzulänglich. Für Sozialwissenschaftler hat die Arbeit als Erwerbsarbeit Marktrelevanz für arbeitsteilige Produktionen und Dienstleistungen. Arbeitsleistungen sind gesellschaftliche Leistungen, die in modernen Gesellschaften durch Geld entgolten werden. Journalistische Romanfiguren und Theaterrollen[105] müssen ebenso wie der „Berufsmensch" des praktizistischen Gesinnungsjournalismus[106] augenscheinlich kein Geld verdienen. Sie werden auch nicht arbeitslos, krank und alt, so dass dafür mit journalistisch verdientem Geld vorzusorgen kein Thema ist.

Dagegen hält der journalistische Praktizismus viel von Berufung im Sinne der transzendenten Anrufung im Mittelalter. Martin Luther unterschied bereits für alle „in Stand und Amt" zwischen göttlicher und weltlicher Berufung.[107] Von den Berufsforschungen der Sozialwissenschaftler Emile Durkheim, Georg Simmel, Werner Sombart und Max Weber führt eine breite Spur zur Frage: Ist Journalismus Kunst, Handwerk oder Profession?[108] Diese Fragestellung wird anfangs der Siebzigerjahre untersucht.[109] Vorschnelles Analogisieren zwischen Arbeit, Job, Beruf und Profession wird vermieden, doch die anschließende Berufsforschung konzentriert sich weithin auf die Professionalisierung, ohne deren soziale, sachliche und zeitliche Dimensionen hinreichend zu problematisieren.[110]

Die heutige empirische Berufsforschung bevorzugt subjekttheoretisch erfragte subjektive Wertsetzungen, Meinungen, Einstellungen und Motive. Die Ergebnisse bilden die Quelle für journalistische Berufsbilder. Abstrakte hypothetische Annahmen, in Auseinandersetzung mit der allgemeinen Arbeits- und Berufsforschung, kommen nicht zum Zuge. Fragen der praktischen Machbarkeit von Befragungen, bezogen auf die Kategorie „Medienmacht" verdunkeln berufs- und arbeitsanalytische Fragestellungen.[111] Die Leitvorstellung Legitimation wird normativ-präskriptiv bestimmt. Journalistisch-gesellschaftliche Produktions- und Rezeptionsprozesse, die außerhalb des individuellen Bewusstseins zu beobachten sind, werden nicht in Frage gestellt. Normativ-präskriptive und empirisch-analytische Forschungsmethoden bilden ein Methodenschisma[112], das der „legitimistische Empirismus" übersieht.[113]

Werden intrapersonale Vollzüge zu Leitlinien der Journalismusforschung gemacht, dann wird von vornherein auf sozialwissenschaftliche Fragestellungen verzichtet. „Angepaßte Außenseiter"[114] sowie „Spürhunde und Missionare"[115] sind Subjekttypisierungen, die nicht zulassen, den Journalismus gesellschaftstheoretisch zu problematisieren, ihn lokal, regional, national oder international als Organisations- und Marktproblem zu prüfen. Werden vorher abgeschlossene deutsche und britische Berufsgruppen alltagsvernünftig nach „dem Journalismus" gefragt, ohne sozialstrukturelle Unterschiede zu vermuten[116], dann kann man Schematisierungen wiederfinden, die der Alltagsverstand schon immer vermutet hat.

Seit Jahren rotiert ein Teil der Interessen der journalistischen Berufsforschung im deutschen Sprachraum um Beziehungen zwischen Studieninhalten, Arbeitsplätzen und beruflicher Rekrutierungspraxis.[117] Zu einer Arbeitsmarktforschung ist es nicht gekommen. Zu den beobachteten Gewichtsverlagerungen zwischen „Angestellten" und „freien Mitarbeitern" kam mit einem hochtechnisierten, organisations- und marktförmig orientierten „Ich-Journalisten" ein dritter Typus hinzu.[118] Grundsätzliche Fragen drängen sich auf: Steht dem Journalismussystem ein Umbau der Verhältnisse zwischen beruflich höher qualifizierter Arbeit und Kapital ins Haus? Veranlassen, bei zunehmender Europäisierung und Globalisierung, die Verhältnisse des Wettbewerbs zwischen Journalismus, Public Relations, Werbung und Propaganda nicht neue Herausforderungen, mit alltagspublizistischen Konsequenzen?

Aus der allgemeinen Arbeits- und Berufsforschung kann man lernen, dass weder ungelernte Journalistenjobs noch antrainierte Fertigkeiten eine kommunikationsberufliche Zukunft gewährleisten. Journalistikorientierte akademische Berufe mit einer kommunikativen Professionalisierung liefern die Grundlagen für Anschlüsse zu einem sinnmachenden lebenslangen Lernens.[119] Eine kommunikationsberufliche Professionalisierung, die Persuasion von Arbeits und Berufs wegen weltgesellschaftsverträglich macht, kann nie frei machen von Manipulationsversuchen. Eine alltagspublizistische Professionalisierung, die eine, für klassische Professionen typische Selbstverpflichtung (commitment) der Beteiligten einbaut, kann Manipulationen regulieren und minimieren.

5. Journalismussysteme in der Alltagspublizistik der Weltgesellschaft

Christian Thomasius formuliert 1692 die These von der Gesellschaft, die nicht wäre, „wenn niemand wäre, mit dem er [der Mensch] seine Gedanken communiciren solte".[120] Zweihundert Jahre später konkretisiert Emile Durkheim: „ ... die Gesellschaft [ist] nicht bloß eine Summe von Individuen, sondern das durch deren Verbindung gebildete System".[121] Ein weiteres Jahrhundert danach vernetzt Niklas Luhmann beide Sichtweisen: „Geht man von Kommunikation als der elementaren Operation aus, deren Reproduktion Gesellschaft konstituiert, dann ist offensichtlich in *jeder* Kommunikation Weltgesellschaft impliziert, und zwar ganz unabhängig von der konkreten Thematik und der räumlichen Distanz zwischen den Teilnehmern."[122]

Seit Jahrzehnten wird beobachtet, dass sich der Journalismus gesellschaftlich selbst reproduziert, in Interdependenz mit den Parallelentwicklungen Public Relations, Werbung und Propaganda. Sie werden als die Alltagspublizistik der Weltgesellschaft zu rekonstruieren versucht. Gemeinsam ist der Alltagspublizistik, dass sie von Arbeits und Berufs wegen, organisationsförmig und marktförmig, Kommunikationsprogramme programmiert, zur Reduktion von Komplexität und Veränderlichkeit der Weltereignisse, in der Absicht, die Welt für alltagspublizistische Öffentlichkeiten lesbarer und somit transparenter (Komparativ!) zu machen. Das Verstehensniveau des Bescheidwissens wird als Orientierungshorizont gesucht.

Die wiederholt gestellte Frage, ob dies oder jenes „noch" Aufgabe des Journalismus sei, setzt klammheimlich eine Instanz voraus, die solche „Aufgaben" zuweist. Journalistische Aufgabenzuweisungen gibt es in Diktaturen und Autokratien. In demokratisch regierten Gesellschaften hat sich der Journalismus, haben sich andere Persuasionssysteme schon immer selbst sinnmachende Funktionen gegeben und sie auch verändert – nie autark, aber immer autonom. Die Frage ist: Wer kann die gesellschaftliche Funktion des Journalismussystems „besser" leisten, als gesellschaftliche Alternative, in Abhängigkeit von Politik, Wirtschaft, Wissenschaft, Religion, Recht, Ethik und so weiter?

ANMERKUNGEN

[1] Vgl. Manfred Rühl: Publizieren. Eine Sinngeschichte der öffentlichen Kommunikation. Opladen, Wiesbaden 1999.

[2] Vgl. Richard Wrede: Handbuch der Journalistik. Berlin 1902. – Die Endung „-ik" kennzeichnet seit der Antike viele Wissensgebiete der menschlichen Kommunikation, namentlich Rhetorik, Grammatik, Dialektik, Epik, Lyrik.

[3] Im Jahre 1903 wird der Jurist Oscar Wettstein von der Universität Zürich habilitiert und zum Privatdozenten für Journalistik ernannt. Vgl. Oscar Wettstein: Das jüngste Kind der Alma Mater. In: J. Friedrich Meissner (Hrsg.): Studien über das Zeitungswesen. Professor Dr. Adolf Koch, dem Begründer und Leiter des journalistischen Seminars der Universität Heidelberg anläßlich der Vollendung des 20. Seminar-Semesters gewidmet von seinen Schülern und Freunden. Frankfurt am Main 1907, S. 3–11.

[4] Vgl. Klaus-Dieter Altmeppen: Redaktionen als Koordinationszentren. Beobachtungen journalistischen Handelns. Opladen, Wiesbaden 1999.

[5] Vgl. Manfred Rühl: Zeitungslesen und die Lesbarkeit der Welt. In: Heinz Bonfadelli/ Priska Bucher (Hrsg.): Lesen in der Mediengesellschaft. Stand und Perspektiven der Forschung. Zürich 2002, S. 82–96.

⁶ Vgl. Siegfried Weischenberg: Journalistik. Theorie und Praxis aktueller Medienkommunikation. Bd. 1: Mediensystem, Medienethik, Mediensituationen. Opladen 1992; Siegfried Weischenberg: Journalistik. Theorie und Praxis aktueller Medienkommunikation. Bd. 2: Medientechnik, Medienfunktionen, Medienakteure. Opladen 1995; Siegfried Weischenberg/Markus Kriener: Journalistik. Bd. 3: Fragen/Antworten, Diskussion, Evaluation. Opladen 1998.

⁷ Vgl. Franz Ronneberger/Manfred Rühl: Theorie der Public Relations. Ein Entwurf. Opladen 1992; Manfred Rühl: Alltagspublizistik. Eine kommunikationswissenschaftliche Wiederbeschreibung. In: Publizistik, 46. Jg. 2001, S. 249–276.

⁸ Vgl. Manfred Rühl: Zur Technisierung freiheitlicher Publizistik – jenseits von Neuen Medien und Neuer Technik. In: Walter Bungard/Hans Lenk (Hrsg.): Technikbewertung. Philosophische und psychologische Perspektiven. Frankfurt am Main 1988, S. 343–377.

⁹ Vgl. Stephan Ruß-Mohl: Arrivederci Luhmann? Vorwärts zu Schumpeter! Transparenz und Selbstreflexivität: Überlegungen zum Medienjournalismus und zur PR-Arbeit von Medienunternehmen. In: Hermann Fünfgeld/Claudia Mast (Hrsg.): Massenkommunikation. Ergebnisse und Perspektiven. Opladen 1997, S. 193–211.

¹⁰ Vgl. Michael Giesecke: Der Buchdruck in der frühen Neuzeit. Eine historische Fallstudie über die Durchsetzung neuer Informations- und Kommunikationstechnologien. Frankfurt am Main 1991.

¹¹ Vgl. Jörg Requate: Journalismus als Beruf. Entstehung und Entwicklung des Journalistenberufs im 19. Jahrhundert. Deutschland im internationalen Vergleich. Göttingen 1995; Bernd Blöbaum: Journalismus als soziales System. Geschichte, Ausdifferenzierung und Verselbständigung. Opladen 1994.

¹² Vgl. zum Folgenden Rühl: Publizieren, a.a.O.

¹³ Vgl. Manfred Rühl: Zu einer Programmatik von Lehrprogrammen der Public Relations. In: Günter Bentele/Peter Szyszka (Hrsg.): PR-Ausbildung in Deutschland. Entwicklung, Bestandsaufnahme und Perspektiven. Opladen 1995, S. 297–315, hier S. 300.

¹⁴ Ernst Bloch: Christian Thomasius, ein deutscher Gelehrter ohne Misere. 2. Aufl. Frankfurt am Main 1968, S. 7, 13.

¹⁵ Vgl. Christian Thomasius: Einleitung zur Sittenlehre [Von der Kunst Vernünfftig und Tugenhafft zu lieben. Als dem einzigen Mittel zu einer glückseligen/galanten und vergnügten Leben zu gelangen/oder Einleitung zur SittenLehre] (=Ausgewählte Werke, Bd. 10). Nachdruck: Hildesheim u.a. 1995, S. 89.

¹⁶ Ebd.

¹⁷ Bloch: Christian Thomasius, a.a.O., S. 11.

¹⁸ Vgl. Otto Groth: Die Geschichte der deutschen Zeitungswissenschaft. Probleme und Methoden. München 1948, S. 26.

¹⁹ Vgl. ebd., S. 39–41.

²⁰ Christian Thomasius: Die neue Erfindung einer wohlgegründeten und für das gemeine Wesen höchstnöthigen Wissenschaft. In: Kleine teutsche Schriften (=Ausgewählte Werke, Bd. 22). Nachdruck Hildesheim 1994, S. 449–490, hier S. 458f.

²¹ Vgl. Kaspar Stieler: Zeitungs Lust und Nutz. Vollständiger Neudruck der Originalausgabe von 1695. Hrsg. von Gert Hagelweide. 2. Aufl. Bremen 1996, passim.

²² Ebd., S. 4. Vgl. Claude D. Conter: Zu Besuch bei Kaspar Stieler. „Zeitungs Lust und Nutz" – ein Beitrag zur historischen Kommunikationsforschung. In: Publizistik, 44. Jg. 1999, S. 75–93.

²³ Vgl. Theodor Heuß: Schattenbeschwörung. Randfiguren der Geschichte. Frankfurt am Main 1954; Bärbel Kern/Horst Kern: Madame Doctorin Schlözer. Ein Frauenleben in den Widersprüchen der Aufklärung. 2. Aufl. München 1990.

²⁴ Vgl. August Ludwig Schlözer: Entwurf zu einem Reise-Collegio, nebst einer Anzeige seines Zeitungs-Collegii. Göttingen 1777.

²⁵ Georg Wilhelm Friedrich Hegel: Phänomenologie des Geistes (=Werke, Bd. 3). Frankfurt am Main 1986, S. 12.

[26] Georg Wilhelm Friedrich Hegel: Briefe von und an Hegel. Hrsg. von Johannes Hoffmeister. Bd. 1 (1785–1812), 3. Aufl. Hamburg 1969, S. 176.

[27] Robert E. Prutz: Geschichte des deutschen Journalismus. Erster Teil (1845) 2. Aufl. Göttingen 1971, S. 84.

[28] Zur Geschichte und Dokumentation der Pressefreiheit vgl. Jürgen Wilke (Hrsg.): Pressefreiheit. Darmstadt 1984.

[29] Vgl. Franz Adam Löffler: Ueber die Gesetzgebung der Presse. Ein Versuch zur Lösung ihrer Aufgabe auf wissenschaftlichem Wege. Erster Theil. Leipzig 1837.

[30] Vgl. Prutz: Geschichte, a.a.O., S. 81ff.

[31] Ebd., S. 7.

[32] Ebd., S. 81ff.

[33] Ebd., S. 60f.

[34] Ebd., S. 59–78. Eine sozialgeschichtliche Epochalisierung entwirft Dieter Paul Baumert: Die Entstehung des deutschen Journalismus. Eine sozialgeschichtliche Studie. München, Leipzig 1928.

[35] Vgl. Michael Schmolke: R[obert] E[duard] Prutz (1845): Geschichte des deutschen Journalismus. In: Christina Holtz-Bacha/Arnulf Kutsch (Hrsg.): Schlüsselwerke für die Kommunikationswissenschaft. Wiesbaden 2002, S. 356–359.

[36] Zu Prutz vgl. auch Winfried B. Lerg: Pressegeschichte oder Kommunikationsgeschichte? In: Presse und Geschichte. München 1977, S. 9–24; Groth: Geschichte, a.a.O., S. 175–191; Wolfgang R. Langenbucher: Robert Prutz als Theoretiker und Historiker der Unterhaltungsliteratur. In: Hans Otto Burger (Hrsg.): Studien zur Trivialliteratur. Frankfurt am Main 1968, S. 117–136.

[37] Vgl. Albert Schäffle: Bau und Leben des socialen Körpers. 4 Bde., Tübingen 1875–1878, bes. Bd. 1. Dazu Frank Andert: Albert Schäffle (1875): Bau und Leben des socialen Körpers. In: Holtz-Bacha/Kutsch (Hrsg.): Schlüsselwerke, a.a.O., S. 392–394; Hanno Hardt: Social Theories of the Press. Early German & American Perspectives. Beverley Hills, London 1979, S. 41–97.

[38] Vgl. Bernhard Obst: Das Ende der Presse-Enquete Max Webers. Der Heidelberger Professorenprozeß von 1912 und seine Auswirkungen auf die deutsche Zeitungswissenschaft. In: Rüdiger vom Bruch/Otto B. Roegele (Hrsg.): Von der Zeitungskunde zur Publizistik. Biographisch-institutionelle Stationen der deutschen Zeitungswissenschaft in der ersten Hälfte des 20. Jahrhunderts. Frankfurt am Main 1986, S. 45–62.

[39] Vgl. Meissner: Studien über das Zeitungswesen, a.a.O.

[40] Vgl. Arnulf Kutsch: Max Webers Anregung zur empirischen Journalismusforschung. In: Publizistik, 33. Jg. 1988, S. 5–31.

[41] Wettstein: Das jüngste Kind, a.a.O., S. 5.

[42] Vgl. Arnulf Kutsch: Karl Bücher, Gesammelte Aufsätze zur Zeitungskunde. In: Holtz-Bacha/Kutsch (Hrsg.): Schlüsselwerk, a.a.O., S. 80–83; Hans Bohrmann: Grenzüberschreitung? Zur Beziehung von Soziologie und Zeitungswissenschaft 1900–1960. In: Sven Papcke (Hrsg.): Ordnung und Theorie. Beiträge zur Geschichte der Soziologie in Deutschland. Darmstadt 1986, S. 93–112.

[43] Vgl. Stefanie Averbeck: Kommunikation als Prozess. Soziologische Perspektiven in der Zeitungswissenschaft 1927–1934. Münster 1999.

[44] Vgl. Everett M. Rogers/Steven H. Chaffee: Communication and Journalism from „Daddy" Bleyer to Wilbur Schramm. A palimpsest. Columbia, SC 1994; Everett M. Rogers: A History of Communication Study. A Biographical Approach. New York u.a. 1994.

[45] Vgl. Art. Journalismus. In: Emil Dusiska (Hrsg.): Wörterbuch der sozialistischen Journalistik. Leipzig 1973, S. 113–115; Wolfgang R. Langenbucher/Verena Blaum: Journalismus. In: Wolfgang R. Langenbucher/Ralf Rytlewski/Bernd Weyergraf (Hrsg.): Kulturpolitisches Wörterbuch Bundesrepublik Deutschland/Deutsche Demokratische Republik im Vergleich. Stuttgart 1983, S. 289–293; Manfred Rühl: Journalism and Journalism Education in the Two Germanies Today. In: Journalism Quarterly, 50. Jg. 1973, S. 767–771.

[46] Vgl. Klaus-Dieter Altmeppen/Walter Hömberg (Hrsg.): Journalistenausbildung für eine veränderte Medienwelt. Diagnosen, Institutionen, Projekte. Wiesbaden 2002; Walter Hömberg/

Renate Hackel-de Latour (Hrsg.): Studienführer Journalismus, Medien, Kommunikation. 3. Aufl. Konstanz 2005.

[47] Dabei werden die unterschiedlichen Denk- und Arbeitsvoraussetzungen in Wissenschaft und Praxis offenkundig. Vgl. Manfred Rühl: Wissenschaft kann nicht einer herrischen Praxis als Magd oder Hebamme dienen. In: Aviso, Jg. 2002, Nr. 31, S. 3.

[48] Vgl. Groth: Geschichte, a.a.O.

[49] Vgl. Christoph Neuberger: Journalismus als Problembearbeitung. Objektivität und Relevanz in der öffentlichen Kommunikation. Konstanz 1996.

[50] Vgl. Manfred Rühl: Verstanden? Publizistische Freiheit und öffentliches Gebrauchsverstehen. In: Wolfgang Wunden (Hrsg.): Öffentlichkeit und Kommunikationskultur. Hamburg 1994, S. 65–77.

[51] Vgl. Franz Anselm Schmitt: Beruf und Arbeit in deutschen Erzählungen. Ein literarisches Lexikon. Stuttgart 1952. – Das von Robert Ezra Park erfundene makrosoziale Konzept randständiger Menschen (marginal man) hat sich in mehreren sozialwissenschaftlichen Forschungsbereichen (Migration, Emigration, Stadtkultur, Flucht, Verbannung, Journalismus, Public Relations) bewährt. Vgl. Manfred Rühl/Beatrice Dernbach: Public Relations – soziale Randständigkeit – organisatorisches Helfen. Herkunft und Wandel der Öffentlichkeitsarbeit für sozial Randständige. In: PR Magazin, 27. Jg. 1996, H. 11, S. 43–50; Rolf Lindner: Die Entdeckung der Stadtkultur. Soziologie aus der Erfahrung der Reportage. Frankfurt am Main 1990.

[52] Vgl. Ulrich Pätzold: Journalismus und Journalistik. Definitionsprobleme und theoretische Perspektive. In: Martin Löffelholz (Hrsg.): Theorien des Journalismus. Wiesbaden 2000, S. 417–428.

[53] Vgl. Michael Haller: Die zwei Kulturen. Journalismustheorie und journalistische Praxis. In: Löffelholz (Hrsg.): Theorien des Journalismus, a.a.O., S. 101–122.

[54] Vgl. Weischenberg: Journalistik, a.a.O., Bd. 1.

[55] Vgl. Löffelholz: Theorien, a.a.O.

[56] Vgl. Ronneberger/Rühl: Theorie der Public Relations, a.a.O., S. 135–152.

[57] Vgl. Rühl: Publizieren, a.a.O., S. 75–82.

[58] Vgl. Ronneberger/Rühl: Theorie der Public Relations, S. 135–152.

[59] Vgl. Manfred Rühl: Persuasion und Manipulation – zwei ganz normale Schwestern der Publizistik? (Thesen). In: Public Relations Forum, 5. Jg. 1999, H. 4, S. 181–182.

[60] Vgl. Rogers/Chaffee: Communication and Journalism, a.a.O.; Rogers: A History of Communication Study, a.a.O., S. 18–23.

[61] Vgl. Emil Dovifat: Der amerikanische Journalismus. Mit einer Darstellung der journalistischen Berufsbildung (1927). Neudruck hrsg. von Stephan Ruß-Mohl. Mit einer Einführung „Zeitungsjournalismus in den USA – Ein Rückblick auf Dovifats Frühwerk" von Stephan Ruß-Mohl und Bernd Sösemann. 2. Aufl. Berlin 1990.

[62] Vgl. Manfred Rühl: Journalismus und Gesellschaft. Bestandsaufnahme und Theorieentwurf. Mainz 1980, S. 13ff.

[63] Vgl. Rühl: Journalismus und Gesellschaft, a.a.O., S. 286–296; Armin Scholl/Siegfried Weischenberg: Journalismus in der Gesellschaft. Theorie, Methodologie und Empirie. Opladen, Wiesbaden 1998, S. 246–257.

[64] Vgl. Sibylle Reiter/Stephan Ruß-Mohl (Hrsg.): Zukunft oder Ende des Journalismus? Medienmanagement – Publizistische Qualitätssicherung – Redaktionelles Marketing. Gütersloh 1994.

[65] Vgl. Horst Pöttker: Kompensation und Komplexität. Journalismustheorie als Begründung journalistischer Qualitätsmaßstäbe. In: Löffelholz (Hrsg.): Theorien des Journalismus, a.a.O., S. 375–390.

[66] Vgl. Bernd Blöbaum: Zwischen Redaktion und Reflexion. Integration von Theorie und Praxis in der Journalistenausbildung. Münster 2000, bes. S. 281ff.

[67] Vgl. Stephan Ruß-Mohl: Am eigenen Schopfe ... Qualitätssicherung im Journalismus – Grundlagen, Ansätze, Näherungsversuche. In: Publizistik, 37. Jg. 1992, S. 83–96.

⁶⁸ Vergleiche die Zustandsberichte in Rühl: Journalismus und Gesellschaft, a.a.O.; Blöbaum: Journalismus als soziales System, a.a.O.; Scholl/Weischenberg: Journalismus in der Gesellschaft, a.a.O.; Löffelholz: Theorien des Journalismus, a.a.O.

⁶⁹ Vgl. zu deren Wandel Niklas Luhmann: Funktionen und Folgen formaler Organisation. Berlin, 1964, mit Niklas Luhmann: Organisation und Entscheidung. Opladen 2000. Zur synthetisierenden Kommunikationspolitik siehe Franz Ronneberger: Kommunikationspolitik I. Institutionen, Prozesse, Ziele; Kommunikationspolitik II. Kommunikationspolitik als Gesellschaftspolitik; Kommunikationspolitik III. Kommunikationspolitik als Medienpolitik. Mainz 1978–1986.

⁷⁰ Vgl. Joseph A. Schumpeter: Theorie der wirtschaftlichen Entwicklung. Eine Untersuchung über Unternehmergewinn, Kapital, Kredit, Zins und den Konjunkturzyklus. 6. Aufl. Berlin 1964, S. 111.

⁷¹ Vgl. „Den Homo oeconomicus habe ich noch nicht getroffen". Der neue Wirtschaftsnobelpreisträger Vernon Smith über rationale Entscheidungen und Spekulationsblasen an den Börsen. In: Frankfurter Allgemeine Zeitung, Nr. 254 vom 1.11.2002, S. 12.

⁷² Vgl. Heinz von Foerster: Die Verantwortung der Experten. In: Heinz von Foerster: Sicht und Einsicht. 2. Aufl. Braunschweig 1985, S. 17–23, hier S. 17.

⁷³ Vgl. Kurt Lewin: Frontiers in group dynamics II. Channels of group life, social planning and action research. In: Human Relations, 1. Jg. 1947, S. 179–193.

⁷⁴ Vgl. David Maning White: The „Gatekeeper". A Case Study in the Selection of News. In: Journalism Quarterly, 27. Jg. 1950, S. 383–390. Ein deutsches Gatekeeper-Beispiel: Rüdiger Hentschel: Der Redakteur als Schlüsselfigur im Kommunikationsprozess der Zeitung. Wirtsch.- und sozialwiss. Diss. Köln 1974.

⁷⁵ Vgl. Alphons Silbermann: Redaktion. In: Handwörterbuch der Massenkommunikation und Medienforschung. Bd. 2., Berlin 1982.

⁷⁶ Vgl. Christian Kristen: Nachrichtenangebot und Nachrichtenverwendung. Eine Studie zum gate-keeper-Problem. Düsseldorf 1972.

⁷⁷ Vgl. Gertrude Joch Robinson: Fünfundzwanzig Jahre „Gatekeeper"-Forschung: Eine kritische Rückschau und Bewertung. In: Jörg Aufermann/Hans Bohrmann/Rolf Sülzer (Hrsg.): Gesellschaftliche Kommunikation und Information. Forschungsrichtungen und Problemstellungen. Bd. 1, Frankfurt am Main 1973, S. 344–355; Gertrude Joch Robinson: Tito's Maverick Media. The Politics of Mass Communications in Yugoslavia. Urbana 1977.

⁷⁸ Vgl. Bernard Roshcoe: Newsmaking. Chicago 1975; Gaye Tuchman: Making News. A study in the construction of reality. New York 1978.

⁷⁹ Dieses Aufbau/Ablauf- Organisationsschema hat sich in der Betriebswirtschaftslehre auffallend lange erhalten. Vgl. Erich Kosiol: Grundlagen und Methoden der Organisationsforschung. Berlin 1959.

⁸⁰ Vgl. Warren Breed: The Newspaperman: news, and society. Ph.D. Diss. Columbia University 1952; Warren Breed: Soziale Kontrolle in der Redaktion: eine funktionale Analyse. In: Aufermann/Bohrmann/Sülzer (Hrsg.): Gesellschaftliche Kommunikation, a.a.O., S. 356–378; Rüdiger Schulz: Entscheidungsstrukturen der Redaktionsarbeit. Eine vergleichende empirische Analyse des redaktionellen Entscheidungshandelns bei regionalen Abonnementzeitungen unter besonderer Berücksichtigung der Einflußbeziehungen zwischen Verleger und Redaktion. Rer. pol. Diss. Mainz 1974.

⁸¹ Vgl. Manfred Rühl: Systemdenken und Kommunikationswissenschaft. In: Publizistik, 14. Jg. 1969, S. 185–206.

⁸² Vgl. Luhmann: Funktionen und Folgen, a.a.O.

⁸³ Vgl. Niklas Luhmann: Funktionale Methode und Systemtheorie. In: Soziale Welt, 15. Jg. 1964, S. 1–25. Angeregt wird der vergleichende Funktionalismus von Immanuel Kants: „Kritik der reinen Vernunft" (1787).

⁸⁴ Ein umgangssprachliches Beispiel: Bekannt ist die Behauptung, Äpfel und Birnen könne man nicht vergleichen. Dies mag, äußerlich betrachtet, zutreffen. Funktional-abstrakt kann man

Äpfel und Birnen sehr wohl vergleichen, im Hinblick auf Farbe, Süße, Saftigkeit, Wachstum, jährliche Ernte, Lagerfähigkeit, Angebot, Nachfrage, Preise usw.

[85] Vgl. Manfred Rühl: Die Zeitungsredaktion als organisiertes soziales System. Düsseldorf 1969; Manfred Rühl: Der Forscher als teilnehmender Beobachter der Arbeit und Organisation der Massenmedien. Probleme und Erfahrungen. In: Rundfunk und Fernsehen, 18. Jg. 1970, S. 156–168.

[86] Vgl. Ilse Dygutsch-Lorenz: Die Rundfunkanstalt als Organisationsproblem. Düsseldorf 1971.

[87] Vgl. Arthur Hofer: Unterhaltung im Hörfunk. Ein Beitrag zum Herstellungsprozeß publizistischer Aussagen. Nürnberg 1978.

[88] Vgl. Ulrich Hienzsch: Journalismus als Restgröße. Redaktionelle Rationalisierung und publizistischer Leistungsverlust. Wiesbaden 1990.

[89] Vgl. Margarete Eichinger: Redaktion und Umwelt. Die Redaktion „Aktueller Dienst" des ORF-Fernsehen und ihre Beziehungen zu sechs ausgewählten Umweltbereichen. Phil. Diss. Salzburg 1975.

[90] Vgl. Wolfgang Stofer: Auswirkungen der Alleinstellung auf die publizistische Aussage der Wilhelmshavener Zeitung. Nürnberg 1975.

[91] Vgl. Roland R. Rückel: Lokalredakteure. Eine vergleichende Rollenanalyse. Opladen 1975.

[92] Vgl. Barbara Koller: Lokalredaktion und Autonomie. Eine Untersuchung in Außenredaktionen regionaler Tageszeitungen. Nürnberg 1981.

[93] Vgl. Josef Hintermeier: Public Relations im journalistischen Entscheidungsprozeß, dargestellt am Beispiel einer Wirtschaftsredaktion. Düsseldorf 1982.

[94] Vgl. Beatrice Dernbach: DDR-Berichterstattung in bundesdeutschen Qualitätszeitungen. Eine empirische Untersuchung. Nürnberg 1990.

[95] Vgl. Paul M. Hirsch: Occupational, organizational, and institutional models in mass media research: Toward an integrated framework. In: Paul M. Hirsch/Peter V. Miller/F. Gerald Kline (Hrsg.): Strategies for Communication Research. Beverly Hills 1977, S. 13–42.

[96] Vgl. Günther Ortmann/Jörg Sydow/Klaus Türk (Hrsg.): Theorien der Organisation. Die Rückkehr der Gesellschaft. Opladen 1997.

[97] Vgl. Anna Maria Theis: Organisationskommunikation. Theoretische Grundlagen und empirische Forschungen. Opladen 1994; Fredric M. Jablin/Linda L. Putnam/Karlene H. Roberts/Lyman W. Porter (Hrsg.): Handbook of organizational communication. An interdisciplinary perspective. Newbury Park u.a. 1987.

[98] Vgl. Klaus Meier: Ressort, Sparte, Team. Wahrnehmungsstrukturen und Redaktionsorganisation im Zeitungsjournalismus. Konstanz 2002; Blöbaum: Journalismus als soziales System, a.a.O.

[99] Vgl. Manfred Rühl: Zur sozialen Struktur des Zeitungsverlages. In: Publizistik, 10. Jg. 1965, S. 207–219.

[100] Vgl. Karl Vogel: Das NN-Modell. Verlegerisches Handeln als kommunikationspolitisches Programm. Nürnberg 1981.

[101] Vgl. Chris Argyris: Behind the front page. Organizational self-renewal in a metropolitan newspaper. San Francisco 1974.

[102] Vgl. Chris Argyris/Donald A. Schön: Organizational learning. Reading 1978.

[103] Vgl. Manfred Rühl: Markt und Journalismus. In: Manfred Rühl/Jürgen Walchshöfer (Hrsg.): Politik und Kommunikation. Festgabe für Franz Ronneberger zum 65. Geburtstag. Nürnberg 1978, S. 237–271.

[104] Vgl. Klaus-Dieter Altmeppen: Funktionale Autonomie und organisationale Abhängigkeit. Inter-Relationen von Journalismus und Ökonomie. In: Löffelholz (Hrsg.): Theorien des Journalismus, a.a.O., S. 225–239.

[105] Vgl. Cecilia von Studnitz: Kritik des Journalisten. Ein Berufsbild in Fiktion und Realität. München 1983.

[106] Vgl. Emil Dovifat (Hrsg.): Handbuch der Publizistik. Bd. 1: Allgemeine Publizistik. 2. Aufl. Berlin 1971, S. 97.

[107] Vgl. Rühl: Journalismus und Gesellschaft, a.a.O., S. 26.
[108] Vgl. Penn Kimball: Journalism: art, craft or profession? In: Kenneth S. Lynn (Hrsg.): The professions in America. Boston 1967; Rühl: Journalismus und Gesellschaft, a.a.O., S. 100–111.
[109] Vgl. Thomas Gruber/Barbara Koller/Manfred Rühl: Berufsziel: Journalist. Vorstellungen, Einstellungen und Bedingungen beim Eintritt in den Beruf. In: Publizistik, 19./20. Jg. 1974–1975, S. 337–359; Thomas Gruber: Die Übernahme der journalistischen Berufsrolle. Eine sozialwissenschaftliche Analyse. Nürnberg 1975.
[110] Ein Überblick bei Scholl/Weischenberg: Journalismus in der Gesellschaft, a.a.O., S. 44–47, 78–83.
[111] Vgl. Wolfgang Donsbach: Legitimationsprobleme des Journalismus. Gesellschaftliche Rolle der Massenmedien und berufliche Einstellungen von Journalisten. Freiburg 1982.
[112] Vgl. Manfred Rühl: Ordnungspolitische Probleme eines künftigen Rundfunks in der Bundesrepublik Deutschland. In: Florian H. Fleck (Hrsg.): Zukunftsaspekte des Rundfunks. Stuttgart 1986, S. 77–101, bes. S. 86–90.
[113] Vgl. Klaus-Dieter Altmeppen/Martin Löffelholz: Zwischen Verlautbarungsorgan und „vierter Gewalt". Strukturen, Abhängigkeiten und Perspektiven des politischen Journalismus. In: Ulrich Sarcinelli (Hrsg.): Politikvermittlung und Demokratie in der Mediengesellschaft. Opladen 1998, S. 97–123.
[114] Vgl. Hans Mathias Kepplinger: Angepaßte Außenseiter. Was Journalisten denken und wie sie arbeiten. Freiburg 1979.
[115] Vgl. Renate Köcher: Spürhund und Missionar. Eine vergleichende Untersuchung über Berufsethik und Aufgabenverständnis britischer und deutscher Journalisten. Phil. Diss. München 1985.
[116] Vgl. Frank Esser: Journalismus vergleichen. Journalismustheorie und komparative Forschung. In: Löffelholz (Hrsg.): Theorien des Journalismus, a.a.O., S. 123–145; Frank Esser: Die Kräfte hinter den Schlagzeilen. Englischer und deutscher Journalismus im Vergleich. Freiburg 1998.
[117] Vgl. Jürgen Wilke (Hrsg.): Zwischenbilanz der Journalistenausbildung. München 1987.
[118] Vgl. Manfred Rühl: Publizistische Arbeit im Internet; Beatrice Dernbach: Braucht die Multimedia-Gesellschaft Berufskommunikatoren? Aufgaben und Aufforderungen im Wandel. Beide in: Beatrice Dernbach/Manfred Rühl/Anna Maria Theis-Berglmair (Hrsg.): Publizistik im vernetzten Zeitalter. Berufe – Formen – Strukturen. Opladen 1998, S. 17–42 bzw. S. 53–67.
[119] Vgl. Martin Löffelholz: Entwicklungen, Erkenntnisse, Erfindungen – eine metatheoretische und historische Orientierung. In: Löffelholz (Hrsg.): Theorien des Journalismus, a.a.O., S. 185–208; Alexander Görke: Systemtheorie weiterdenken. Das Denken in Systemen als Herausforderung für die Journalismusforschung. In: ebd., S. 435–454.
[120] Thomasius: Einleitung zur Sittenlehre, a.a.O., S. 89.
[121] Emile Durkheim: Regeln der soziologischen Methode. Hrsg. von René König. Neuwied 1961, S. 187.
[122] Niklas Luhmann: Die Gesellschaft der Gesellschaft. Bd. 1, Frankfurt am Main 1997, S. 150.

2.2. Public Relations

Benno Signitzer

Theorie der Public Relations

1. Der Kontext: Infrastrukturen für eine Public Relations-Wissenschaft[1]

Nachdem eine einigermaßen systematische und theoretische Auseinandersetzung mit Public Relations etwa Mitte der Siebzigerjahre eingesetzt hat[2], ist ein anhaltender Trend zur Verankerung von Public Relations in universitärer Lehre und Forschung sowie zum Entstehen von Ansätzen einer Public Relations-wissenschaftlichen Kultur und Infrastruktur in vielen Ländern zu beobachten. Als quantitative und äußere Hinweise dafür können illustrativ aufgelistet werden:

- Die meisten internationalen und nationalen kommunikationswissenschaflichen Vereinigungen verfügen seit geraumer Zeit über eigene Sektionen für Public Relations[3]; auf europäischer Ebene hat sich der Fachverband „European Public Relations Education and Research Association" (EUPRERA)[4] etabliert; aber auch die meisten Berufsverbände für Public Relations haben in Form von Ausschüssen und Arbeitskreisen für Ausbildung und Wissenschaft die Kooperation mit der Public Relations-Wissenschaft institutionalisiert.[5]
- Eine zunehmende Anzahl von Studienplänen kommunikationswissenschaftlicher Studienrichtungen sieht das Fach Public Relations in der einen oder anderen Form vor, sei es als Pflicht- oder Wahlpflichtfach, sei es als Schwerpunktfach, Studienzweig oder – noch in der Minderheit der Fälle – als eigener Studiengang. Bereits 1992 wurden an 700 der insgesamt 1500 US-amerikanischen kommunikationswissenschaftlichen Universitätsinstitute Public Relations-Lehrveranstaltungen angeboten, die sich an 260 Instituten zu Studienschwerpunkten bzw. Studienrichtungen verdichten.[6] Ein von EUPRERA herausgegebener Überblick der universitären Public Relations-Ausbildungsprogramme listet 136 solche Programme in zusammen 21 europäischen Ländern auf.[7]
- Auch die Produktion wissenschaftlicher Public Relations-Literatur kann sich zunehmend auf Ansätze einer sich entwickelnden Infrastruktur stützen: Neben der Zeitschrift „Public Relations Review" (seit 1976) stehen nunmehr u.a. auch das „Journal of Public Relations Research" (seit 1989; für Grundlagenforschung), das „Journal of Communication Management" (seit 1997), das „Journal of Corporate Communications" (seit 1996), und das „Public Relations Forum für Wissenschaft und Praxis" (seit 1995) zur Verfügung; Vorträge auf Fachkonferenzen (wie z.B. jene der BMW-Quandt-Stiftung in der ersten Hälfte der Neunzigerjahre[8]) bzw. auf den Tagungen der Public Relations-Sektionen kommunikationswissenschaftlicher Gesellschaften finden ihren Niederschlag in Sammelbänden; schließlich stellt das

Originalbeitrag.

Vorhandensein einer zunehmenden Anzahl von Einführungslehrbüchern[9] sowie – vielleicht noch wichtiger – die Tatsache, dass Public Relations in der aktuellen allgemeinen kommunikationswissenschaftlichen Einführungsliteratur ein gößerer Stellenwert eingeräumt wird[10], gleichfalls einen Beitrag zur Entwicklung einer Public Relations-wissenschaftlichen Infrastruktur dar.

Diesen Erfolgen bei der Bildung einer Infrastruktur für eine Public Relations-Wissenschaft stehen jedoch einige deutliche *Minuspunkte* gegenüber. Trotz ihrer bedeutenden Stellung im Kommunikationsgefüge von Staat, Wirtschaft und Gesellschaft (z.B. die schiere Omnipräsenz ihres Vorkommens, die große Rolle im Arbeitsmarkt) bleibt die Beschäftigung mit Public Relations innerhalb der Kommunikationswissenschaft weiterhin ein Minderheitenprogramm, mit einer gewissen Tendenz zur Ghetto-Bildung und Überspezialisierung innerhalb der wissenschaftlichen Community; unbeschadet deutlich erkennbarer Ausnahmen, würden Mainstream-Kommunikationswissenschaftler in ihren unterschiedlichen Facetten typischerweise Public Relations nach wie vor nicht in den Katalog ihrer ernsthaft betriebenen Interessensgebiete aufgenommen haben. In einschlägigen Nachbardisziplinen, wie beispielsweise Managementwissenschaft, Betriebswirtschaftslehre, Verwaltungswissenschaft, aber auch Soziologie und Sozialwissenschaften generell, hat die Beschäftigung mit Public Relations noch kaum Fuß fassen können, was ein nicht unbeträchtliches Akzeptanzproblem darstellen kann.[11] Die Berufspraxis der Public Relations, die planerischer, strategischer und evaluationsbezogener Fähigkeiten bedarf, ist zwar strukturell wissenschaftsnäher als beispielsweise der Journalismus[12], zu breiter angelegten Kooperationsprojekten zwischen Wissenschaft und Praxis kommt es aber erst in Ansätzen.

2. Generelle Ansätze

Der Anfang des 21. Jahrhunderts erreichte Entwicklungsstand der Diskussion über Public Relations-Theorien und Theorieansätze lässt eine offene Vorgangsweise bei der Präsentation einiger Aspekte dieser Diskussion als sinnvoll erscheinen. Es wird hier somit nicht von *einer* allgemeinen Public Relations-Theorie oder von nur von einem Ansatz der Public Relations ausgegangen, sondern von unterschiedlichen Ansätzen, Sichtweisen und Zugängen. Diese Unterschiede ergeben sich zum einen aus den verschiedenen wissenschaftlichen Kulturen und Disziplinen, denen die Theoretiker der PR entstammen, aber auch aus den unterschiedlichen Ansprüchen, die an Reichweite und Anwendungsfähigkeit des jeweiligen Theorieansatzes gestellt werden.

Zum anderen hat der von der modernen Organisationslehre entwickelte situative Ansatz[13] auch Eingang in die sich mit Fragen des Kommunikationsmanagements beschäftigende Kommunikationswissenschaft und – immer häufiger – auch in die Public Relations-Praxis gefunden. Das heißt: In unterschiedlichen Situationen können sich jeweils unterschiedliche Sichtweisen, Ansätze und Modelle sowohl theoretisch als auch praktisch als sinnvoll erweisen. Die Entsprechung der plakativen Formel „There is no *one* best way to organize!" lautet für die Kommunikation: „There is no *one* best way to communicate!". Gegenwärtig scheinen demnach sowohl theoretische als auch berufspolitisch-praktische Einengungen bzw. Dogmatisierungen nicht angebracht. Nach einem weiteren Jahrzehnt Public Relations-Theoriearbeit könnten sich dann allerdings schärfere Fokussierungen – via kräftige Modelle als „Dogmen im positiven Sinn" – durchaus als fruchtbar erweisen.[14]

Für die folgende Darstellung einiger ausgewählter Beiträge zur Public Relations-Theoriediskussion erscheint es folgerichtig, zwischen gesellschaftstheoretischen und organisationstheoretischen Sichtweisen (und innerhalb der letzteren nochmals einen marketingtheoretischen Ansatz) zu unterscheiden.

Der *organisationstheoretische* Ansatz begreift Public Relations als eine Kommunikationsfunktion von Organisationen (z.B. Unternehmen, Nonprofit-Organisationen). Die bekannteste Definition, die aus dieser Sichtweise hervorgeht, ist jene von Grunig und Hunt: „Public Relations is the management of communication between an organisation and its publics".[15] Die Elemente dieser Definition, nämlich „Kommunikation", „Zielgruppen" (publics) und „Management"/"Organisation" drücken recht klar das Reichweitenpotential dieses Public Relations-Verständnisses aus, wobei vor allem die Beziehung zwischen der Kommunikationsdimension und den anderen Elementen von Bedeutung ist. Die tatsächliche Reichweite hängt von der jeweils verwendeten Organisationstheorie ab, z.B. „klassische" Theorie, Human-Relations-Theorie, Systemtheorie, situative Ansätze und interpretative Ansätze.[16] Vom Prinzip her ist Public Relations mit allen diesen Verständnisweisen kompatibel. In der Praxis der dem organisationsbezogenen Ansatz folgenden Public Relations-Theoriebildung war jedoch in den Neunzigerjahren das Organisationsverständnis einfacher kybernetischer bzw. systemtheoretischer Modelle dominierend.[17] Dies wird aus der Definition von Long und Hazleton deutlich, die akzentuierter noch als jene von Grunig und Hunt die organisationstheoretische Sichtweise von Public Relations repräsentiert: „Public Relations is a communication function of management through which organizations adapt to, alter, or maintain their environment für the purpose of achieving organizational goals."[18] Mehr noch als in der oben zitierten Definition von Grunig und Hunt werden hier sowohl die Kontinuitäts- als auch die Machtdimensionen, die Public Relations innewohnen, angesprochen.

Die zentrale Frage für Forschung (und Praxis) lautet bei diesem Ansatz: „Welchen Beitrag leistet Public Relations zur Erreichung von Organisationszielen?" Dieser Satz steht stellvertretend für die zentralen Elemente des Public Relations-Prozesses; er mag als Checkliste für die Praxis dienen, kann aber auch für die Forschungstätigkeit im Zusammenhang mit Fallstudien seine ordnende Nützlichkeit haben: Was sind die Ziele meiner Organisation? Welche können in welchem Ausmaß mit Kommunikation erreicht werden? Welche Kommunikationsziele verfolge ich bei welchen Zielgruppen? Welche Kommunikationsprogramme und -instrumente setze ich mit welchen Ressourcen ein? Habe ich meine Kommunikationsziele erreicht? (Evaluation I). Habe ich durch die Erreichung der Kommunikationsziele einen Beitrag zur Erreichung der Organisationsziele geleistet? (Evaluation II).

Sicherlich: Entwickeltes Organisationsdenken verfügt über Theorien, wie Organisationen als Teile des Systems „Gesamtgesellschaft" agieren und wie die Kommunikation der Organisation zur Kommunikation der Gesellschaft insgesamt in Beziehung steht; realistischerweise wird bei diesem Ansatz das Zentrum des Interesses für Forschung (und Praxis) jedoch meist bei der geplanten, zielgerichteten („managed") Kommunikation im Sinne des Public Relations-Prozesses liegen – zum Unterschied übrigens von der allgemeinen Organisationskommunikation (einer gleichfalls expandierenden kommunikationswissenschaftlichen Teildisziplin[19]), die sich auch ungeplanten, „naturwüchsigen" Kommunikationsphänomenen in, von und zwischen Organisationen generell zuwendet und nicht nur der geplant und strategisch eingesetzten Kommunikation.

Gesellschaftstheoretische Ansätze hingegen fragen nach den gesellschaftlichen Bedingungen für das Auftreten von Public Relations und den Leistungen, die Public Relations für gesellschaftliche Systeme erbringt. Die zentrale Forschungsfrage lautet hier zunächst: „Welchen Beitrag leistet Public Relations für Dasein und Funktionsweisen von Gesellschaften, z.B. der westlich-pluralistischen Demokratien, der Reformstaaten Osteuropas oder von Entwicklungsländern?"[20] Dieser Beitrag wird abgestuft auf zwei Ebenen zu verorten sein: a) direkt im Sinne des Beitrages von Public Relations zu den Kommunikationsverhältnissen von Gesellschaften; b) indirekt insofern, als sich die Frage stellt, welchen Beitrag die durch Public Relations mitgeprägten Kommunikationsverhältnisse zur Entwicklung von Gesellschaften insgesamt leisten. Ergänzend zu dieser eher aktiv zu fassenden Frage nach dem Impact von Public Relations auf die gesellschaftlichen Verhältnisse wendet sich dieser Ansatz auch der Frage zu, wann und warum Public Relations in bestimmten zu untersuchenden Gesellschaften überhaupt entsteht und wie sich ihre Entwicklungsverläufe gestalten.

Als eine direkte Form des Wirkens von Public Relations auf die Kommunikationsverhältnisse in Gesellschaften könnte das Ausmaß, in dem Public Relations die Transparenz der Kommunikation erweitert oder einschränkt, gesehen werden. Die subjektive Komponente wäre zu orten in der Frage, ob und wie durch die Summe der Public Relations-Aktivitäten in einer Gesellschaft die Zielgruppen von den PR-Trägern eher „hinters Licht geführt" werden oder eher Wahrhaftigkeit erfahren. Objektiv stellt sich die Frage, ob durch die Summe der Public Relations-Vorkommnisse in einer Gesellschaft die Zielgruppen von ihren „wahren Interessen" eher entfernt oder zu diesen eher hingeführt werden. Dieser letzte Gedanke lässt sich plakativ mit folgender verkürzter Frage illustrieren: Führt die Gesamtheit der Public Relations-Vorkommnisse in einer bestimmten Gesellschaft in einem bestimmten Zeitraum in Summe zu „richtigeren" Wahlentscheidungen, zu „richtigeren" Kaufentscheidungen, zu „richtigeren" Arbeitsplatzentscheidungen etc. als es ohne Public Relations der Fall gewesen wäre – oder ist es gerade umgekehrt, dass die Summe der Public Relations-Aktivitäten die Zielgruppen von solchen „richtigen" Entscheidungen eher wegführt?

Die indirekte Form des Wirkens von Public Relations hat einerseits mit der Machtfrage, andererseits mit der Vertrauensfrage zu tun. Die Machtfrage könnte u.a. so gefasst werden: Werden durch die Summe der Public Relations-Vorkommnisse in einer Gesellschaft strukturell schwache Gruppierungen relativ gestärkt (dadurch, dass sie Public Relations-Strategien und -Techniken gekonnt einsetzen) oder ist es so, dass strukturell bereits starke Gruppen durch den Einsatz von Public Relations noch stärker werden? Die Vertrauensfrage ist noch breiter angelegt: In seiner „Theorie des öffentlichen Vertrauens" weist Bentele Public Relations eine Schlüsselrolle bei der Gestaltung von Vertrauensprozessen in der Gesellschaft zu, die von „Vertrauensfaktoren" (wie Sachkompetenz, Kommunikationsadäquatheit, kommunikative Konsistenz) wesentlich bestimmt werden.[21] Die Frage, ob soziales Vertrauen nicht letztendlich auch zu mehr

Macht führt (Macht der Gesellschaft insgesamt über Individuen und Organisationen, aber auch Macht von Organisationen und Personen, die über Vertrauenskapital verfügen) sei hier in den Raum gestellt; ihre Beantwortung dürfte aber außerhalb der Reichweite von Public Relations-Theorien liegen.

Während eine positive Antwort auf die Frage nach der Anwendungsfähigkeit des über einen organisationstheoretischen Ansatz generierten Wissens vergleichbar schlüssig erscheint, stellt sie sich hinsichtlich des gesellschaftstheoretischen Ansatzes eher indirekt. Der Anspruch auf Praxisrelevanz ist hier zweifelsohne ein deutlich reduzierter, es erscheint auch legitim, ihn gar nicht zu stellen. Dennoch kann die Empfehlung an die Praktiker, sich auch mit diesem Ansatz zu beschäftigen, plausibel begründet werden. Immer dann nämlich, wenn die Public Relations-Funktion von den Zielgruppen grundsätzlich („fundamentalistisch") in Frage gestellt wird, werden jene Praktiker, die sich – via gesellschaftstheoretischem Ansatz – auch an die Abgründe von Public Relations herangewagt haben (etwa die Erkenntnis, dass Public Relations in der Gesellschaft auch negativ bzw. erfolglos wirken kann), eher in der Lage sein, sensibel und situationsadäquat zu agieren als jene, denen nur die Paramter eines organisationstheoretischen Ansatzes vertraut sind. Wenn beispielsweise bei einer öffentlichen Podiumsdiskussion allein schon die Vorstellung des PR-Verantwortlichen eines Unternehmen mit seiner Funktionsbezeichnung durch den Moderator vom anwesenden Publikum mit einem schrillen Pfeifkonzert quittiert wird (bevor er noch ein einziges Wort gesagt hat), dann erscheint nachvollziehbar, dass hier der auch im gesellschaftstheoretischen Ansatz geschulte Praktiker situationsadäquater wird reagieren können.

Ebenso wie der organisationstheoretische Ansatz eine Konzeption der Organisation voraussetzt, ist für die gesellschaftstheoretische Sichtweise ein Bild der Gesellschaft von Nöten. Ronneberger, der als ein Vertreter dieses Ansatzes gilt, sieht das Gesamtsystem der pluralistischen Gesellschaften bestimmt durch die Komponenten Interessensorganisation, Interessenskonkurrenz und öffentliche Kommunikation.[22] Wenn nun Ronneberger allerdings einige Funktionen von Public Relations im Einzelnen anführt – z.B. Analyse und Selektion von Erwartungen der Umwelt an die eigene Organisation, Bewusstmachen der eigenen Interessen, Artikulierung dieser Interessen im Rahmen des öffentlichen Mediensystems, Konfrontation der Interessen in der Öffentlichkeit und Suche nach Kompromissen (Integration)[23] – dann scheint er sich einer organisationsbezogenen Sichtweise doch mehr anzunähern, als dies in der Fremdwahrnehmung in der PR-wissenschaftlichen Community bisher gesehen wurde. Der Umstand, dass sich Organisationen – u.a. via Public Relations – an ihre Umwelt anpassen, diese z.T. in ihren Zielfindungsprozess integrieren, die Umwelt aber auch, wenn möglich, zu kontrollieren suchen, macht die von ihnen betriebene Public Relations noch zu keiner „gesellschaftlichen", sondern belässt sie nach wie vor „organisationsbezogen", wenngleich auf einem hohen und ausdifferenzierten Niveau.[24] Es wird somit vorgeschlagen, das Konzept des gesellschaftlichen bzw. gesellschaftstheoretischen Ansatzes zu reservieren für jene Sichtweisen von Public Relations, in denen die Gesellschaft selbst (und die Rolle von Public Relations in ihr) als zentrale Analyseeinheit in den Vordergrund tritt.[25]

Die *marketingtheoretische* Sichtweise der Public Relations setzt herkömmlich bei den von der Organisation produzierten Waren oder Dienstleistungen an. Die Forschungsfrage lautet hier: „Welchen Beitrag leistet Public Relations zur Erreichung der Marketingziele von Organisationen, insbesondere (aber nicht ausschließlich) in Ergänzung und/ oder Erweiterung anderer kommunikationspolitischer Maßnahmen wie Absatzwerbung, Verkaufsförderung und Marktkommunikation generell?" Hier hängt die Reichweite des Public Relations-Verständnisses mit der jeweiligen Breite des Marketingbegriffes zusammen. Ob Marketing als „Absatz von Gütern und Leistungen" im engeren Sinne, als „die bewusst marktorientierte Führung des gesamten Unternehmens" oder die „Befriedigung von Wünschen und Bedürfnissen durch Austauschprozesse" im weiteren Sinne verstanden wird[26], hat einen Einfluss darauf, ob die Funktion der Public Relations eng als Product Publicity[27] bzw. nur als Teilaspekt der Marketing-Säule „Kommunikationspolitik" oder – am anderen Ende des Kontinuums, wie von Haedrich[28] – breit und gleichberechtigt mit Marketing als „übergeordnetes strategisches Denk- und Handlungssystem" beschrieben wird, dessen Aufgabe es ist, den Umgang mit den strategischen Anspruchsgruppen der Organisation (Unternehmung) zu gestalten. Diese eben angeführte Sichtweise, die sich aus einer umfassenden Marketing-Konzeption ergibt, weist wiederum deutliche Schnittstellen sowohl mit dem organisationstheoretischen als auch einem herkömmlichen Verständnis des gesellschaftstheoretischen Ansatzes auf.

Im seit Mitte der Neunzigerjahre entwickelten Konzept der integrierten Unternehmenskommunikation[29] spiegelt sich das eben erwähnte Kontinuum der Bedeutungszuweisung für Public Relations insofern wider, als auf der einen Seite Public Relations eher technisch als „die Pflege der Beziehungen zur Öffentlichkeit und zu den Meinungsführern" gesehen wird (so typischerweise von Autoren mit einem BWL/Marketing-Background),[30] andererseits für sie – etwa von Caywood – eine übergeordnete Rolle in der Unternehmensführung insgesamt beansprucht wird: Die Führungsrolle der Public Relations werde bestimmt von der Fähigkeit dieser Funktion, „to integrate at several levels of business and society and create more integrated management processes".[31] Auch die (wieder-)entdeckte Bedeutung der Marke und der Markenpolitik (Branding) führt zu einer vermehrten Aufmerksamkeit für die mögliche Beitrag von Public Relations; eine Definition, die von dieser Sichtweise geprägt ist, lautet: „Public relations is the profitable integration of an organization's new and continuing relationships with stakeholders including customers by managing all communication contacts with the organization that create and protect the brand and reputation of the organization."[32] Zentral ist hier die Absicht, den „Relations"-/Beziehungsaspekt im Begriff „Public Relations" voll aufzugreifen und „relationship building" mit dem Ziel der Integration als Hauptaufgabe von Public Relations zu definieren. Fünf Phasen der Integration werden in aufsteigender Linie unterschieden: image integration, functional integration, consumer-based integration, stakeholder integration, utopian integration.[33] Während anfänglich das Konzept der integrierten Kommunikation deutlich vom Marketingbereich bestimmt wurde und von dort auch seine Dynamik bezog (was auf Public Relations-Seite gelegentlich zu eher defensiven Reaktionen und Vorwürfen des „Marketing-Imperialismus" führte)[34], hat sich das Blatt neuerdings insofern gewendet, als einerseits der bedeutende Beitrag von Public Relations zur integrierten Kommunikation zunehmend auch von Marketingseite gesehen wird und andererseits – zunächst einmal auf der Ebene der Praktiker-Literatur – eine „Gegenoffensive" begonnen zu haben scheint; ein Buchtitel aus neuester Zeit mag dies illustrieren: „The Fall of Advertising and the Rise of PR".[35]

Jeder der genannten Ansätze kann für sich Vorteile beanspruchen, wird aber seinerseits wiederum einer Kritik unterworfen. Für den *marketingbezogenen* Ansatz spricht die Möglichkeit, den mittlerweile recht weit entwickelten Stand der Operationalisierbarkeit in der Marketingforschung (z.B. Segmentierungs- und Evaluationsverfahren) für die derzeit durchaus notwendige Klein- und Knochenarbeit der kommunikationswissenschaftlich-empirisch orientierten Public Relations-Forschung nutzbar machen zu können.[36] Der neuerdings im Rahmen der integrierten Kommunikation (und Branding) entwickelte Fokus auf den *Relations*-Aspekt von Public Relations (verbunden mit dem Konzept der Relationship-Integration), der die Idee von Marketing als der Wissenschaft und Praxis von Austauschbeziehungen weiterführt, könnte in seiner Radikalität auch das Denken über Public Relations befruchten und den „endgültigen" Abschied von einer Public Relations-Konzeption als wie immer definierter „Verlautbarung" erleichtern.[37] Der gewichtige Einwand gegen den marketingtheoretischen Ansatz besteht darin, dass auch bei Verwendung eines breiten Marketingbegriffs realistischerweise tendenziell immer eine Vernachlässigung der elementar kommunikativen und politischen Dimensionen von Public Relations zu befürchten steht. Konkreter ausgedrückt: Neben den für Marketing so zentralen Dimensionen wie Produkt, Preis, Distribution, Positionierung etc. wird Public Relations in vielen Einzelfällen nur eine begrenzte Aufmerksamkeit (und nur eine begrenzte theoretische Durchdringung des Kommunikationsbegriffes) für sich reklamieren können – und so wird es mit jenen Zielgruppen sein, die auch im erweiterten und übertragenen Sinne kaum jemals als „Kunden" zu begreifen sind. Immer dann, wenn Protestgruppen mit ihren Transparenten vor der Werkstür stehen, wenn mit Politikern zu verhandeln ist oder wenn die Motivation der Mitarbeiter möglicherweise auch mit verbesserter Kommunikation zu steigern ist, wird sich aus der Realität der Abläufe bis auf Weiteres ergeben, dass Marketing sowohl konzeptuell als hinsichtlich der Sozialisierung der in diesem Bereich Tätigen nicht die erste Wahl für Analyse- und Lösungskompetenz erscheint. Sollte sich dieses Kompetenzspektrum allerdings künftig erweitern, wäre dies ein begrüßenswerter Schritt zur realen inhaltlichen Anreicherung des Konzeptes der integrierten Kommunikation, das ja nach wie vor eher einen programmatischen Charakter hat.

Das kaum zu schlagende Argument für den *gesellschaftsorientierten* Ansatz von Public Relatons ist der umfassende und ambitionierte Anspruch der Fragestellung. Unter wissenschaftlichen wie auch gesellschafts- und professionalisierungspolitischen Gesichtspunkten ist der Ausgangspunkt „Gesellschaft" sicherlich ertragreicher als jener der Organisation oder gar nur einer bestimmten Organisationsfunktion (z.B. Marketing). Ethische Fragen, die zunächst durchaus einmal auch auf der Ebene des organisationstheoretischen Ansatzes formuliert werden können, gewinnen an Bedeutung und Brisanz erst auf der gesellschaftlichen Ebene. Desgleichen ist die Einführung einer interkulturell-komparatistischen Dimension zwar auch auf der Organisationsebene möglich (insbesondere im Hinblick auf Branchenvergleiche), ihre Zuspitzung erfährt sie jedoch durch eine gesellschaftliche Betrachtungsweise, wo es nicht nur darum geht, Entwicklungsverläufe von Public Relations in unterschiedlichen Gesellschaften und Kulturen zu vergleichen, sondern auch die Frage zu stellen, wie sich das Reichweitenpotential von geplanter Kommunikation in den jeweiligen Gesellschaften überhaupt darstellt.

Die Einwände gegen und die skeptischen Fragen an den gesellschaftstheoretischen Ansatz ergeben sich aus der Umkehrung seiner Vorteile: Wird es jene umfassende Gesellschaftstheorie jemals geben, die ja die Voraussetzung für eine gesellschaftsorientierte Public Relations-Theorie ist? Oder: Ist es die Ambition der Kommunikationswissenschaft (konkreter: einer „Public Relations-Wissenschaft"), eine Kommunikationstheorie der Gesellschaft zu entwerfen? Entsteht nicht ein Glaubwürdigkeitsproblem dadurch, dass der Anspruch eines gesellschaftstheoretischen Ansatzes gelegentlich vor sich hergetragen wird, wenn ganz offensichtlich nur eine mittels Public Relations behauptete Orientierung von Organisationen an gesellschaftlichen Normen gemeint ist, man also noch tief in einer organisationsbezogenen Betrachtungsweise verfangen ist? Wenn es Public Relations-Praktiker sind, die ihre Tätigkeit als eine dem gesellschaftstheoretischen Ansatz folgende beschreiben, wird die Glaubwürdigkeitsproblematik besonders deutlich erkennbar. Aus dem Bauch heraus würde jemand vielleicht sagen: Da ist mir ehrliche und offen deklarierte Organisationsbezogenheit schon lieber!

Der *organisationstheoretische* Ansatz hat den Vorteil, dass er auf ein breit gefächertes, interdisziplinäres Theoriensystem über Organisationen (und Management) zurückgreifen kann und dass zugleich die Kommunikationswissenschaft diese Welt – via ihre Teildisziplin „Organisationskommunikation" – bereits recht gut für sich erschlossen hat. Mit den Ausgangspunkten „Kommunikation", „Organisation" und „Management" besteht die Möglichkeit der scharfen Fokussierung der Forschungsfragen u.a. im Hinblick auf die Beziehung zu anderen Organisationsfunktionen, zu den verschiedenen Umweltsystemen und zur Evaluationsforschung, was konkrete Beiträge sowohl zur Wissenssystematik (Professionalisierung) als auch zur Praxiskritik zulässt. Auch die brisante Frage nach dem Reichweitenpotenzial von Public Relations zur Lösung von Problemen ist in einem Organisations- (und Marketing-)Kontext konkreter zu beantworten als in einem gesellschaftlichen Zusammenhang: Wie unterscheiden sich Kommunikationsprobleme (und -chancen) von Organisationen, für deren Lösung bzw. Wahrnehmung zunächst einmal eine Public Relations-Kompetenz anzunehmen ist, von „anderen" Problemen (und Chancen) von Organisationen, wie z.B. von Produktproblemen, Distributionsproblemen oder Mitarbeiterproblemen bzw. welche Kommunikations*anteile* verbergen sich auch in Produkt-, Verteilungs- und Mitarbeiterproblemen (z.B. mangelnde Motivation)? Auch der Herausforderung, PR-Kommunikationsziele möglichst konkret und genau *vor* Beginn einer Public Relations-Aktion zu definieren (um überhaupt eine Grundlage für Evaluation zu haben), wird man via einen organisationsbezogenen Ansatz eher gerecht werden können als über gesellschaftstheoretische Zugänge. Gemeint ist hier die möglichst situativ-ausdifferenzierte Formulierung von Zielen wie Kontakt, Genauigkeit der Erinnerung, Veränderung (bzw. Stabilisierung) von Einstellungen, Veränderung (bzw. Stabilisierung) von Verhalten. Insgesamt erscheint mit der Verwendung breiterer Organisationsbegriffe eine gewisse Hinwendung zu gesellschaftlichen Problemstellungen durchaus denkbar.

Die Kritik an diesem Ansatz ist, dass sich zwar nicht die Organisationskommunikationsforschung, aber doch die Mainstream-Public Relations-Forschung (insbesondere in Nordamerika) der offensiven Zuwendung zu breiteren Organisationsbegriffen bislang verschlossen hat und dass – verstärkt noch durch die Umarmung des Kontingenzansatzes in der neueren Managementlehre -– letztendlich ein destruktiver Relativismus

Platz greift, der buchstäblich alles (z.B. auch ethische Fragen) in Bezug zur Organisation setzt. Darüber hinaus ist kritisch die Frage nach einer kulturellen Enge dieses Ansatzes zu stellen, der möglicherweise das Public Relations-Verhalten von Organisationen in entwickelten westlichen Industriegesellschaften zu erklären vermag, aber zu kurz greift, wenn die Funktion Public Relations in Entwicklungsländern oder den Reformstaaten Osteuropas möglicherweise in Kategorien wie „nation-building" gefasst werden müsste.[38]

Das Nebeneinander von gesellschafts-, organisations- und marketingtheoretischen Zugängen zu Public Relations wird uns sicherlich noch einige Zeit begleiten, unbeschadet aller Forderungen nach Integration. Trotz dieses verständlichen Wunsches nach einer Zusammenführung der unterschiedlichen Ansätze kann aber auch argumentiert werden, dass in der derzeitigen Phase der Theoriebildung durchaus etwas für die weitere Entwicklung und Verfeinerung der jeweiligen Stärken (und Minimierung der Schwächen) der einzelnen Zugänge spricht, wenn man will: zu deren „Radikalisierung". Zu einem späteren Zeitpunkt könnten dann auf einem höheren Niveau der (vor allem auch empirischen) Absicherung wieder Versuche der Integration unternommen werden.

In *einer* Hinsicht jedoch scheint schon seit einiger Zeit die Notwendigkeit, zu einer Integration der Ansätze zu gelangen, geboten zu sein. Das hier anzusprechende Stichwort ist „Professionalisierung"; und die Frage lautet: Welche Art von Public Relations-Theorie ist erforderlich, um den Professionalisierungsprozess voranzutreiben?[39] Denn offensichtlich hat Public Relations-Theorieentwicklung nicht nur mit der Erweiterung von Wissen und Verständnis für die gegenständliche Materie zu tun und auch nicht nur mit der Produktion von Handlungsanleitungen, sondern zentral auch mit berufspolitischen Fragen der Professionalisierung.

Unter Anwendung des so genannten Strategie-Ansatzes der Berufssoziologie kann der Professionalisierungsprozess in einem Zwei-Stufen-Modell gesehen werden:[40] Dieser Prozess schreitet fort von einer vorwiegend *ökonomischen* Funktion (Herstellung einer Verknüpfung zwischen Ausbildung und Arbeitsmarkt; Geltendmachung von Gebietsansprüchen durch die Erstellung von Wissenssystematiken, Definition des Einsatzfeldes und Abgrenzung gegenüber konkurrierenden Ansprüchen; zentraler Adressat: der Markt) zu einer vorwiegend *ideologischen* Funktion (die Legitimierung erreichter Gebietsansprüche durch Staat und Gesellschaft sowie die Durchsetzung von Zugangsbeschränkungen; zentraler Adressat: der Staat).[41] Die organisationsbezogene-Sichtweise von Public Relations wird sich besonders für die erste Phase, die gesellschaftsbezogene Sichtweise besonders für die zweite Phase des Professionalisierungsprozesses eignen. *Beide* Zugänge sind gleichermaßen notwendig. Die ökonomische Funktion wird durch den Nachweis bzw. die geglaubte Behauptung der Nützlichkeit für die Organisation, die ideologische Funktion durch den Nachweis bzw. die geglaubte Behauptung der Nützlichkeit für die Gesellschaft erfüllt. Die Sequenz der Phasen ist bedeutend: Ohne das erfolgreiche Durchlaufen der ersten Phase kann es keine zweite Phase und damit auch keinen Professionalisierungserfolg geben. Der Versuchung, die Knochenarbeit der ersten Phase zu umgehen und kopfüber in die zweite Phase zu springen, wird nicht immer widerstanden – sowohl in theoretischen Zugängen als auch in der einschlägigen Berufspolitik.

3. Spezielle Ansätze

Es folgt die kurze, überblicksartige Präsentation einiger ausgewählter spezieller Ansätze zur Public Relations-Theorie, wobei es im Rahmen dieses Aufsatzes eher um deren Darstellung und Dokumentation und weniger um eine eingehende und kritische Würdigung geht.

3.1. Public Relations als Theorie der „öffentlichen Beziehungen" moderner Gesellschaften

Eine wichtige Position innerhalb der gesellschaftstheoretischen Ansätze nimmt das von Ronneberger und Rühl 1992 vorgelegte Werk „Theorie der Public Relations. Ein Entwurf"[42] ein. Den Verfassern geht es um spezifische Bedingungen und Funktionen von Public Relations in der Gegenwartsgesellschaft; die Kernfunktion umschreiben sie folgendermaßen: „Die Funktion, deretwegen Public Relations/Öffentlichkeitsarbeit gesellschaftlich ausdifferenziert ist, liegt in autonom entwickelten Entscheidungsstandards zur Herstellung und Bereitstellung durchsetzungsfähiger Themen (effective topics oder effective issues), die – mehr oder weniger – mit anderen Themen in der öffentlichen Kommunikation um Annahme und Verarbeitung konkurrieren. Die besondere gesellschaftliche Wirkungsabsicht von Public Relations ist es, durch Anschlußhandeln, genauer: durch Anschlußkommunikation und Anschlußinteraktion öffentliche Interessen (Gemeinwohl) und das soziale Vertrauen der Öffentlichkeit zu stärken – zumindest das Auseinanderdriften von Partikularinteressen zu steuern und das Entstehen von Mißtrauen zu verhindern."[43]

Diese Funktionsumschreibung wollen Ronneberger und Rühl keineswegs als eine Universaldefinition von Public Relations verstanden wissen, die Public Relations quasi für alle Zeiten und alle Gesellschaften festlege[44], wie sich die Verfasser insgesamt gegen die Festschreibung von Seinsgründen für Public Relations in Definitionen (sowohl von Wissenschaftlern als auch von Praktikern und Berufsverbänden) wenden. Plakativ in einer Überschrift formuliert Rühl dies so: „Public Relations ist, was Public Relations tut"; eine zeitgemäße Theorie der Public Relations behandle „keine universalistischen Was-Fragen", vielmehr müsse sie für Public Relations eine „gesellschaftsspezifische Funktion thematisieren".[45]

Zum Unterschied von manchen Autoren, die versuchen, die Existenz von Public Relations bis ins Altertum zurückzuverfolgen, wird hier Public Relations eng mit der Entstehung moderner Gesellschaften verbunden: „Vermutlich emergieren entwickelte Gesellschaften erst dann ein PR-System, wenn ihr gesamtgesellschaftliches Kommunikationspotential ein relativ hohes Komplexitätsniveau erreicht hat."[46]

Ronneberger/Rühl konzipieren Public Relations als ein autopoietisches (selbstreferentielles) System, dessen Verhältnis zu anderen Sozialsystemen auf drei verschiedenen Ebenen festgemacht wird. Die Einheit des Systems Public Relations ergibt sich durch seine gesamtgesellschaftliche *Funktion.* Sie bezieht sich auf die *makropolitische* „Durchsetzung von Themen durch Organisationen auf Märkten mit der Wirkungsabsicht, öffentliche Interessen (Gemeinwohl) und öffentliches Vertrauen zu stärken".[47] Auf einer *Mesoebene* bestimmen *PR-Leistungen* das Verhältnis des PR-Systems zu nahezu allen anderen gesellschaftlichen Funktionssystemen (Politik, Wirtschaft, Wissenschaft, Recht, Familie, Journalismus, Werbung usw).[48] Auf der *Mikroebene* gibt es schließlich Beziehungen zwischen dem PR-System und einzelnen Organisationen bzw. Teilen von Organisationen. Diese „inner- und interorganisatorischen" Beziehungen werden zu PR-*Aufgaben*, die aber erst dann erfolgreich gelöst sind, „wenn die durch PR-Kommunikationen gewonnenen Publika im Sinne der *persuasiven* PR-Kommunikation *handeln*".[49]

Insgesamt wird hier Public Relations als eine Sonderform der öffentlichen Kommunikation (Publizistik) verstanden; für die begriffliche Durchdringung wird eine Kommunikationstheorie (mit den Sachelementen Thema, Mitteilung, Sinn und Information) und eine System/Umwelttheorie herangezogen.[50] Wesentlich für den Public Relations-Theorieentwurf von Ronneberger/Rühl ist der Systembegriff Luhmannscher Prägung. Psychische Systeme, Sozialsysteme und gesellschaftliche Systeme „definieren als autopoietische (selbstbezügliche) Einheiten ihre Sinnstiftung selbst und nehmen externe Einflüsse nur vor dem Hintergrund dieser systemspezifischen Bestimmung wahr".[51] Luhmann versteht „psychische Systeme als konstituiert auf der Basis eines einheitlichen (selbstreferentiellen) Bewusstseinszusammenhanges und soziale Systeme als konstituiert auf der Basis eines einheitlichen (selbstreferentiellen) Kommunikationszusammenhanges".[52]

3.2. Konstruktivistische Ansätze

Diese Ansätze greifen die in der Kommunikationswissenschaft seit einiger Zeit diskutierten Konzepte des Konstruktivismus auf[53] und stellen direkte Bezüge zu Public Relations her. Verkürzt beschreibt Merten das Basistheorem des Konstruktivismus so: „Der Verstand des Menschen ist als geschlossenes kognitives System gebaut. Daraus folgt, dass das kognitive System des Menschen sich kein wie auch immer geartetes Abbild der Wirkichkeit erzeugen kann, sondern sich seine Wirklichkeit notwendig subjektiv und eigenverantwortlich erzeugt und dies durch Kommunikation. Es gibt demnach so viele Wirklichkeiten, wie es Menschen gibt. Objektivität hat nur mehr den Rang einer operativen Fiktion, freilich mit strategischer Bedeutung – und auch sie lässt sich nur intersubjktiv, also wiederum nur durch Kommunikation garantieren."[54]

Vor einem solchen Hintergrund wird Public Relation als „ein Prozess intentionaler und kontingenter Konstruktion wünschenswerter Wirklichkeiten durch Erzeugung und Befestigung von Images in der Öffentlichkeit" definiert.[55] Im Sinne einer strategischen Management-Funktion konstruiert Public Relations aus Unternehmen Unternehmenspersönlichkeiten.

Für die konstruktivistische Perspektive ist der Image-Begriff von zentraler Bedeutung; in dieser spezifischen Sichtweise werden Images als „variable, unter dem Einfluss von Öffentlichkeit konsentierte Schemata von Meinungen und Informationen über eine Objekt"[56] gefasst. In diesem Sinne sind Images fiktionale Strukturen, deren „objektiver" Wahrheitsgehalt nicht wesentlich ist. Vielmehr liege die Funktion eines Images in der Produktion von Wissen und Sichtweisen über Objekte, die durch reale Erfahrung nicht beschafft werden können „und gegen die ein Image daher unempfindlich sein darf".[57]

In der Konstruktion von Images wird nun die zentrale Aufgabe von Public Relations gesehen – und ein ständig wachsender Bedarf dafür. Der Bedarf wächst mit der Notwendigkeit der Medien, ein Angebot an Wirklichkeitsentwürfen zu bieten und dafür über eine entsprechende Auswahl zu verfügen. Da Public Relations diese Imagekonstruktion für jeweils bestimmte Zielgruppen von Organisationen und unter Vorgabe jeweils spezifizierter Ziele vornimmt, hat sie flexibel und kontingent – nach Sachlage – vorzugehen, d.h. der Einsatz fiktionaler Elemente wird eine große Spannbreite umfassen: von der Image-Werbung bis zum Sponsoring.

Vertreter der konstruktivistischen Sichtweise sehen allerdings auch Probleme für Public Relations – zum einen ethischer Art (wenn sozusagen alles erlaubt ist, wenn es nur Erfolg hat), zum anderen Probleme der Glaubwürdigkeit: die Image-Konstrukteure müssten zunächst einmal ihr eigenes Image konstruieren – im Hinblick auf Seriosität: Das Hantieren mit fiktionalen Elementen könne nämlich nur in dem Maße wirkungsvoll sein, „wie funktionale Konstrukte de facto von den Rezipienten akzeptiert und geglaubt werden: Dieser Typ von Fiktionalität ist kontraproduktiv, wenn er durchschaubar wird."[58] Auch das Problem der Wirkungskontrolle ergibt sich, weil die beabsichtigten Effekte sich für jeden Adressaten anders darstellen, weil diese ihnen eine jeweils „subjektive, kontextabhängige Bedeutung" zusprechen.[59]

3.3. Verständigungsorientierte Ansätze

Die Ansätze von Pearson[60] und Burkart[61] sehen in Public Relations breit ein Medium zur „Optimierung gesellschaftlicher Verständigungsverhältnisse". In der konkreten Situation bedeutet dies, dass das Ziel von Public Relations – vor allem in Konfliktsituationen – darin besteht, *Einverständnis* herbeizuführen zwischen der Organisation, die über Öffentlichkeitsarbeit ihre Interessen durchsetzen will, und jenen Gruppen, die von dieser Interessensdurchsetzung betroffen sind.[62]

Beide Verfasser legen ihren Überlegungen die Theorie des kommunikativen Handelns von Habermas[63] zugrunde und gehen davon aus, dass sich die generellen Bedingungen von Verständigung auf die Öffentlichkeitsarbeit übertragen lassen. Burkart fasst die Habermassche Theorie für die Zwecke des Ansatzes einer verständnisorientierten Öffentlichkeitsarbeit wie folgt zusammen: Verständigung, gemeint als Prozess der Herbeiführung eines Einverständnisses, komme nur dann zustande, „wenn

– die jeweiligen Kommunikationspartner einander die *Wahrheit* ihrer Aussagen, die *Wahrhaftigkeit* ihrer Absichten und die *Richtigkeit/Angemessenheit* ihrer Äußerungen unterstellen,
– bei allen beteiligten Kommunikationspartnern ein Hintergrundkonsens – also eine gemeinsame Überzeugung – darüber besteht, dass sie im Falle eines Anzweifelns (auch nur eines) dieser Ansprüche diese *selbst* zum Thema von Kommunikation machen können,
– Einigkeit darüber besteht, dass in solchen Fällen ein *Diskurs* eingeleitet werden kann, der auf ein rational motiviertes Einverständnis hin ausgerichtet ist, d.h. in dem Behauptungen nur auf der Basis von Gründen Gültigkeit erhalten können, die von allen Teilnehmern akzeptiert werden, und wenn sich

– derartige Diskurse an der „*idealen Sprechsituation*" orientieren, in der für alle Teilnehmer die gleichen Chancen bestehen, Sprechakte (wie z.B. Behauptungen, Wünsche, Aufforderungen, Verurteilungen etc.) zu wählen und auszuführen."[64]

Auf dieser Basis lassen sich die Ziele der verständigungsorientierten Öffentlichkeitsarbeit in folgendem Schema zusammenfassen:

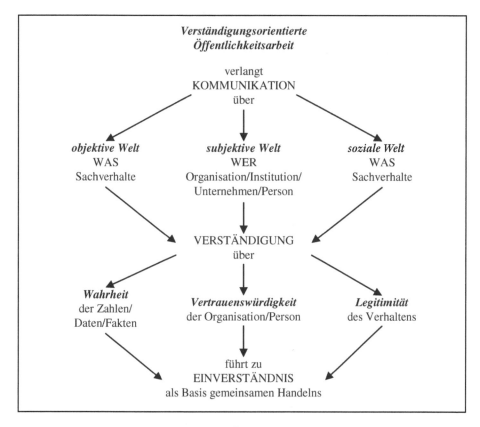

Abb. 1: Ziele der verständigungsorientierten Öffentlichkeitsarbeit
Quelle: Roland Burkart: Verständigungsorientierte Öffentlichkeitsarbeit: Der Dialog als PR-Konzeption. In: Günter Bentele/Horst Steinmann/Ansgar Zerfaß (Hg.): Dialogorientierte Unternehmenskommunikation. Grundlagen – Praxiserfahrungen – Perspektiven. Berlin: Vistas 1996, S. 256

Die im obigen Schema enthaltenen Kommunikationsbereiche der *objektiven*, der *subjektiven* und der *sozialen* Welt beziehen sich auf drei Wirklichkeitsdimensionen oder Weltbezüge, die von Habermas[65] unterschieden werden: Jede Äußerung bezieht sich auf die objektive Welt der Gegenstände, auf die subjektive Welt der einzelnen Akteure und die soziale Welt aller legitim geregelten sozialen Beziehungen.

Aufgabe von Öffentlichkeitsarbeit ist es nun, Einverständnis zwischen Organisationen und Betroffenen herzustellen mit Bezug auf (1) das eigentliche Thema (=wechselseitiges Anerkennen allfälliger Wahrheitsansprüche), auf (2) die Vertrauenswürdigkeit der Organisation (=wechselseitiges Anerkennen allfälliger Wahrhaftigkeitsansprüche) und auf (3) Legitimität der vertretenen Interessen (=wechselseitiges Anerkennen allfälliger Richtigkeitsansprüche). Dies führt nun zu Einverständnis, was wiederum die Basis für gemeinsames Handeln sein kann.

Diese Idealvorstellung von gelungener Kommunikation wird in der Realität kaum jemals zu verwirklichen sein; es kann folglich nur um Annäherungen an diese Zielvorstellung gehen und um das Aufzeigen von Wegen zur Zielerreichung. Im folgenden Schema werden vier Phasen in Richtung Zielrealisierung verständigungsorientierter Öffentlichkeitsarbeit unterschieden:

	Kommunikation über		
PR-Phasen	Themen Sachverhalte objektive Welt	Organisation/Institution/Personen subjektive Welt	Legitimität des Interesses soziale Welt
1. Information	Festlegung/Definition relevanter Sachverhalte und Begriffe und Erläuterung der Konsequenzen	Erläuterung des Selbstbildes und der Absichten; Bekanntgabe von Ansprechpartnern	Rechtfertigung des Interesses durch Angabe von Gründen
2. Diskussion	Auseinandersetzung mit den relevanten Sachverhalten bzw. Begriffen	(Kann nicht diskutiert werden)	Auseinandersetzung über die Angemessenheit der Begründungen
3. Diskurs	Einigung über Richtlinien zur Einschätzung von Sachurteilen	(Kann nicht diskursiv eingelöst werden)	Einigung über Richtlinien zur Einschätzung von moralischen Urteilen
4. Situationsdefinition	Einigung über Sachurteile	Einigung über die Vertrauenswürdigkeit der Handlungsträger	Einigung über moralische Urteile

Abb. 2: Phase verständigungsorientierter Öffentlichkeitsarbeit
Quelle: Roland Burkart: Verständigungsorientierte Öffentlichkeitsarbeit: Der Dialog als PR-Konzeption. In: Günter Bentele/Horst Steinmann/Ansgar Zerfaß (Hg.): Dialogorientierte Unternehmenskommunikation. Grundlagen – Praxiserfahrungen – Perspektiven. Berlin: Vistas 1996, S. 264

Zunächst geht es um die Aufbereitung von *Informationen* zum in Frage stehenden Thema mit dem Ziel, die Sichtweise der Organisation darzulegen. Die *Diskussion* bringt eine inhaltliche Auseinandersetzung mit dem entsprechenden Sachverhalt; der *Diskurs* soll eine Einigung über Verfahrensrichtlinien für die Klärung strittiger Fragen produzieren. Als letzter Schritt wird schließlich ein rationales Einverständnis angestrebt, entweder in Form eines breiten Konsenses über die Gesamtproblematik oder nur über einzelne Aspekte. Zerfaß ergänzt: „Es ist durchaus denkbar, dass ein Unternehmen seine Glaubwürdigkeit im Dialog mit Kritikergruppen unter Beweis stellen kann, ohne dass deshalb schon eine Übereinstimmung in Sachfragen (z.B. der Legitimität bestimmter Werbepraktiken) besteht."[66] Was die Anwendungsfähigkeit des verständigungsorientierten Ansatzes betrifft, wird man sie am ehesten in Konfliktsituationen vermuten können, weniger jedoch in den vielen Situationen, wo die Aufgabe von Public Relations mit Publicity, Information oder auch Persuasion zu umschreiben wäre.[67]

3.4. Public Relations als Kommunikationsmanagement

Innerhalb des organisationstheoretischen Ansatzes hat sich die von Grunig und Hunt entwickelte Konzeption von Public Relations als Kommunikationsmanagement als einflussreich erwiesen.[68] Die Notwendigkeit von Public Relations ergibt sich deshalb, weil Organisationen nicht allein auf der Welt bestehen, sondern von einer Vielzahl von Menschen bzw. Gruppen von Menschen oder anderen Institutionen umgeben sind, die das Verhalten der Organisation beeinflussen oder deren Verhalten von der Organisation beeinflusst wird. Um als Organisation gut „funktionieren" zu können, d.h. ihre Ziele möglichst unbehindert verfolgen zu können, müssen die vielfältigen Beziehungen zu diesem Umfeld – z.B. eigene Mitarbeiter, Kunden, Regierungsstellen, Aktionäre, Standortgemeinde etc. – systematisch koordiniert und gepflegt werden. Eine wichtige Voraussetzung für ein solches Beziehungsmanagement – sowohl auf der Analyse- als auch auf der Implementationsebene – besteht in der Kommunikation mit diesen Umfeldgruppen, die gemeinhin als Zielgruppen bezeichnet werden.[69]

Organisationen, die mit den Zielgruppen, mit denen sie Beziehungen haben, gut kommunizieren, kennen die Erwartungen dieser Zielgruppen an die Organisation, und die Zielgruppen kennen die Sichtweisen der Organisation. Dies muss nicht notwendigerweise zu freundschaftlichen Beziehungen oder gar zu Zustimmung oder Kooperation führen; mit dem Gelingen von wechselseitigem Verstehen der jeweiligen Erwartungshaltungen ist ein zentrales Ziel von Public Relations jedoch schon erreicht. Abhängig von den Machtverhältnissen, kann die Organisation dann in der Folge gezwungen sein, Ziele von wichtigen („strategischen") Zielgruppen in ihren eigenen Zielkatalog aufzunehmen, oder aber die Zielgruppen müssen in der Realisierung ihrer Zielvorstellungen zurückstecken. Insgesamt werden Organisationen, die u.a. mit Hilfe von Public Relations zu einer gewissen Abstimmung ihrer Ziele mit denen ihrer Zielgruppen gelangen, ihre Ziele effektiver verfolgen können als solche Organisationen, die die Erwartungshaltungen bzw. auch Verhaltensweisen ihrer Zielgruppen ignorieren oder gar nicht kennen.[70]

Eng mit der organisationstheoretischen Public Relations-Konzeption von Grunig und Hunt verknüpft ist auch ihre Modellbildung, die in ihrer ursprünglichen Form erstmals 1984 vorgestellt wurde.[71] Sie enthält die Charakteristika von vier Public Relations-Modellen. Sie werden von den Verfassern sowohl historisch als auch aktuell-situativ gesehen: Publicity, Informationstätigkeit, asymmetrische Kommunikation und symmetrische Kommunikation.

Einerseits zeichnen die Modelle den Weg von einer niedrigen (Publicity) zu einer höheren (symmetrische Kommunikation) Entwicklungsstufe von Public Relations im Zeitraum eines runden Jahrhunderts (1890–1990) nach; zum anderen stellen sie auch

Charakteristik	Modelle			
	Publicity	Informationstätigkeit	Asymmetrische Kommunikation	Symmetrische Kommunikation
Zweck	Propaganda	Verbreiten von Info	Überzeugen auf der Basis wissenschaftlicher Erkenntnis	Wechselseitiges Verständnis
Art der Kommunikation	Einweg; vollständige Wahrheit nicht wesentlich	Einweg; Wahrheit ist wesentlich	Zweiweg; unausgewogene Wirkung	Zweiweg; ausgewogene Wirkung
Kommunikationsmodell	Sender ⟶ Empfänger	Sender ⟶ Empfänger	Sender ⟶ ⟵ Empfänger Feedback	Gruppe ⟶ Gruppe ⟵
Art der Forschung	Kaum vorhanden; quantitativ (Reichweite)	Kaum vorhanden; Verständlichkeitsstudien	Programmforschung; Evaluierung von Einstellungen	Programmforschung; Evaluierung des Verständnisses
Typischer Vertreter	P.T. Barnum	Ivy Lee	Edward L. Bernays	Bernays; PR-Professoren; Berufsverbände
Anwendungsfelder heute	Sport, Theater; Verkaufsförderung	Behörden; Non-Profit; Verbände; Unternehmen	Freie Wirtschaft; Agenturen	Gesellschaftsorientierte Unternehmen; Agenturen
Geschätzter Anteil von Organisationen, die Modelle heute anwenden	15 v.H.	50 v.H.	20 v.H.	15 v.H.

Abb. 3: Vier Modelle der Public Relations

Quelle: James E. Grunig/Todd Hunt: Managing Public Relations. New York: Holt, Rinehart and Winston 1984, S. 21; deutschsprachige Übertragung nach Benno Signitzer: Theorie der Public Relations. In: Roland Burkart/Walter Hömberg (Hg.): Kommunikationstheorien. Ein Textbuch zur Einführung. Wien: Braumüller 1992, S. 139

in der Gegenwart situationsbedingte Handlungsalternativen dar, wobei es von der jeweiligen Beziehungsstruktur Organisation-Umwelt abhängt, welches der vier Modelle das am besten geeignete ist.

Zahlreiche Studien der letzten Jahre[72] haben die Verwendung der „Vier Modelle" sowohl zu verschiedenen Ländern und Organisationstypen als auch zu anderen unabhängigen Variablen wie Wertsystem des Managements, Organisationskultur, Vorhandensein von Konflikten, Qualifikation von Public Relations-Fachleuten, Macht der Public Relations-Abteilung usw. in Beziehung gesetzt, und ein zentrales Ergebnis war, dass Organisationen dazu neigen, situationsbedingt mehrere Modelle gleichzeitig anzuwenden. Die in der letzten Zeile von Abb. 3 angeführten Anteile der verschiedenen Modelle haben demnach eher eine illustrative und wissenschaftsgeschichtliche (sie geben den Entwicklungsstand der Modellentwicklung in der ersten Hälfte der Achtzigerjahre wieder) als eine absolute Aussagekraft, da diese Anteile heute kumulativ gesehen werden.

Die Konstruktion der „Vier Modelle der Public Relations" erfolgte sowohl auf der Basis der historischen Entwicklung als auch zweier miteinander verbundener dichotomischer Dimensionen, nämlich der Richtung der Kommunikation (Einweg versus Zweiweg) und der Ausgewogenheit bzw. Unausgewogenheit der Wirkungen (asymmetrisch versus symmetrisch). Die Unterscheidung von asymmetrischer und symmetrischer Kommunikation, die mit diesen Modellen auf Public Relations angewandt wird, hat verschiedene Vorläufer in der allgemeinen Kommunikationstheorie, beispielsweise im Konzept der symmetrischen und komplementären Interaktion von Watzlawick u.a.[73], in Carters Kommunikationstheorie der affektiven Beziehungen,[74] im Begriff der „Koorientierung" von Chaffee/McLeod[75] oder in Thayers[76], Begriffspaar der synchronischen und diachronischen Kommunikation. Bei Thayer ist das Ziel der synchronischen Kommunikation (bei Grunig/Hunt: „asymmetrisch") vor allem die Gleichschaltung der Rezipienten („synchronization" of participants), jenes der diachronischen Kommunikation (bei Grunig/Hunt: „symmetrisch") hingegen das Aushandeln eines Sachverhaltes oder eines Zustandes durch gleichberechtigte und einander respektierende Partner.

Das *„Publicity"-Modell* wird von den Verfassern missverständlich als „propagandistische" Public Relations beschrieben, wobei es in erster Linie darum geht, Organisationen (bzw. Produkte oder Dienstleistungen dieser Organisationen) durch einseitiges und undifferenziertes Hervorheben ihrer positiven Aspekte („marktschreierisch") ins Zentrum öffentlicher Aufmerksamkeit zu rücken. Beispiel: Wenn ich wenige Tage vor der Premiere eines Theaterstückes unbedingt noch Karten verkaufen muss, um nicht vor einem halbleeren Haus zu spielen, und zusätzlich zu den Werbemaßnahmen (z.B. Radio-Spots) auch noch kurzfristig eine Pressekonferenz ankündige, in der der prominente Hauptdarsteller als interessante Persönlichkeit präsentiert wird (eigentlich gedacht für die Gesellschaftsjournalisten), dann wende ich sinnvollerweise das „Publicity"-Modell an.

Das Modell *„Informationstätigkeit"* wird am besten von der Rolle des „Regierungssprechers" illustriert, dessen Aufgabe es ist, punktuell korrekte (aber nicht notwendigerweise umfassende, kontextuelle oder gar selbst-kritische) Informationen an die Zielgruppen weiterzuleiten, ohne sich viel um Wirkung bzw. Feedback zu kümmern. Beispiel: Wenn ich im Rahmen einer AIDS-Kampagne in einer bestimmten Phase ganz einfach über neu eingerichtete Beratungsstellen und deren Öffnungszeiten informieren will, dann werde ich dieses Public Relations-Modell verwenden.

„Asymmetrische Kommunikation" bezeichnet jenes Modell, wo Public Relations-Programme zwar Feedback von den Zielgruppen einholen, das gewonnene Wissen aber in erster Linie dazu verwenden, diese effizienter im Sinne des Standpunktes der Organisation beeinflussen zu können. Beispiel: Wenn ich mit Public Relations – über Produkt-Publicity hinausgehend – die Einführung einer neuen Produkt-Linie unterstützen möchte (z.B. die Aufnahme von Vollwertkostlinie in mein bereits bestehendes Tiefkühlprogramm) und für diesen Zweck Markt- und Meinungsforschung einsetze, dann ist das Persuasions-Modell der „asymmetrischen Kommunikation" das geeignetste.

Das Modell der *„symmetrischen Kommunikation"* umschreibt Public Relations-Programme, die Verhandlungs- und Konfliktlösungsstrategien einsetzen, um symbiotische Veränderungen in den Einstellungen und Verhaltensweisen sowohl der Organisation als auch der Zielgruppen herbeizuführen – und zwar in der Form, dass ein neutraler Beobachter die Wirkungen als wechselseitig vorteilhaft beschreiben würde. Beispiel: Wenn Protestgruppen eine Verhaltensänderung meiner Organisation verlangen und abzusehen ist, dass zusätzliche einflussreiche Zielgruppen den Grad meiner sozialen Verantwortlichkeit an meinem Verhalten in der gegebenen Konfliktsituation messen werden, dann ist es am sinnvollsten, das symmetrische Modell einzusetzen – etwa im Umgang mit Umweltschutzgruppen, deren Anliegen „berechtigt" sind oder als „berechtigt" eingeschätzt werden.[77]

Wenngleich sich Grunig vom situativen Charakter seiner Modellentwicklung entfernt hat und das symmetrische Modell zur Norm exzellenter Public Relations-Praxis erhebt, scheint ihr konzeptueller Wert allerdings gerade in ihrer ursprünglichen Fassung zu liegen. Wenn die Modelle nämlich ihrer „Überdehnung" als Erklärungen für Public Relations generell – aber auch innerhalb des organisationstheoretischen Ansatzes – entkleidet werden, dann können Sie in ihrer Reduktion als situative Public Relations-Stile neu gefasst werden, die auf die Frage nach dem „Wie" der Kommunikation Antworten geben: Je nach Situation (Beschaffenheit der Organisation-Zielgruppen-Struktur) kann Public Relations eben publicitymäßig/marktschreierisch vorgehen, sachlich-informativ, persuasiv oder verständigungsorientiert.[78] Die Entwicklung weiterer solcher Stile wäre hier jedenfalls denkbar.

Auch die Frage, wie Kommunikation als Definitionsbestandteil von Public Relations zu verstehen ist, wenn doch zwei der vier Modelle offensichtlich keine Kommunikation im herkömmlichen Sinn eines Informations*austausches* enthalten, kann besser beantwortet werden, wenn die Modelle als Stile gesehen werden: In der Analysephase, wenn u.a. die Entscheidung vorbereitet wird, welcher der Stile in einer bestimmten Situation einzusetzen ist, wird Kommunikation immer notwendig sein (im Sinne von Hinhören zu den Zielgruppen), in der Durchführungsphase wird Kommunikation nur dann eingesetzt werden, wenn es die Situation verlangt. Der hier vertretene pluralistische Zugang zu Public Relations und Public Relations-Theorie – plakativ: es gibt nicht nur eine Art Public Relations zu tun und zu sehen/erklären – findet somit auch im Mikrokosmos der Stile seine Entsprechung.

Der organisationstheoretische Ansatz hat auch eine spezifische Sicht der für ihn zentralen Frage der Public Relations-Zielgruppen herausgebildet. Ende der Sechzigerjahre hat Hundhausen jene Elemente angesprochen, die im Zusammenhang mit einer Zielgruppe zu beachten sind: eine Gruppe von Menschen, ein gemeinsamer Sachverhalt oder eine Streitfrage, geteilte Meinungen über Lösungsmöglichkeiten sowie Diskussionen darüber.[79] Diese Grundgedanke wird auch von Grunig und Hunt aufgegriffen: Sie verstehen unter einer Zielgruppe (a public) eine Gruppe von Menschen,

a) die einem ähnlichen Problem gegenüberstehen,
b) die erkennen, dass dieses Problem besteht und
c) die sich organisieren, um mit diesem Problem umzugehen.[80]

Aufgrund dieser Konzeption können folgende Typen von Zielguppen unterschieden werden:

– *Nicht-Zielgruppe*: Es besteht kein Problem, a) bis c) in der Liste oben treffen nicht zu;
– *latente* Zielgruppe: Das Problem wird (noch) nicht erkannt, ist aber schon vorhanden, nur a) trifft zu;
– *bewusste* Zielgruppe: Das Problem wird als solches erkannt, a) und b) treffen zu;
– *aktive* Zielgruppe: Man beginnt, sich zu organisieren, um mit dem Problem umzugehen, a) bis c) treffen zu.[81]

Grunig hat die Existenz eines weiteren Typs nachgewiesen, nämlich jenen der *aktivistischen* Zielgruppe; es handelt sich dabei um Gruppen, die eine besonders einflussreiche Rolle bei der Aktivierung der bewussten Zielgruppen spielen.[82]

Aus einer organisationstheoretischen Sichtweise der Public Relations entsteht eine Zielgruppe dadurch, dass das Verhalten einer Organisation für eine Gruppe von Menschen Auswirkungen oder Konsequenzen hat und/oder dass das Verhalten dieser Gruppe (Zielgruppe) für die Organisation Auswirkungen hat. Das Erkennen solcher Auswirkungen zu einem frühen Zeitpunkt stellt die wohl analytisch anspruchsvollste Aufgabe für den Public Relations-Praktiker dar; unter systemtheoretischen Gesichtspunkten ist damit seine „Grenzstellen"-Funktion[83] angesprochen. Sind keinerlei solche Auswirkungen bzw. Konsequenzen vorhanden, gibt es somit keine Zielgruppe und auch keine Notwendigkeit für Public Relations-Programme.[84]

Das „Problem" (oder die Auswirkungen von Verhalten), die die jeweilige Zielgruppe überhaupt erst zum Entstehen bringt, ist in diesem Zusammenhang wertneutral, d.h. nicht notwendigerweise negativ zu sehen. Die Zielgruppe muss keineswegs immer eine „Gefahr" für die Organisation darstellen, die deren Handlungsspielraum und Autonomie einschränkt (z.B. eine Umwelt-Bürgerinitiative), sondern kann auch eine positive Chance bedeuten (z.B. die „latente" Zielgruppe der Eltern, die möglicherweise bereit wären, den Universitätsinstituten, an denen ihre Kinder studieren, finanziell unter die Arme greifen, um eine bessere Ausbildung zu gewährleisten).[85] Das Erkennen von Zielgruppen, genauer: das Erkennen von (ggf. wechselseitigen) Auswirkungen, bedarf in der Alltagsarbeit einer einigermaßen leicht handhabbaren Operationalisierung, beispielsweise in der Beantwortung folgender Fragen: Wer kann unseren Handlungsspielraum erweitern und uns so bei der Verfolgung unserer Ziele unterstützen? Wer kann unseren Handlungsspielraum einengen und uns so bei der Verfolgung unserer Ziele behindern? Wen können wir bei der Verfolgung seiner Ziele unterstützen? Wen können wir bei der Verfolgung seiner Ziele behindern?

In einer spezifischeren Form der Operationalisierung haben Grunig und Hunt Kriterien für die die Analyse des zu erwartenden Grades der Aktivität einer Zielgruppe entwickelt:

- *Problembewusstsein* – Menschen, die ein Problem als solches erkennen (z.B. Bewusstsein über die Gefährlichkeit bestimmter Emissionen einer Fabrik), werden eher aktiv als solche, denen es nicht bewusst wird;
- *Betroffenheitsgrad* – Menschen, die von einem Problem direkt betroffen sind (z.B. die unmittelbaren Anrainer einer luftverschmutzenden Fabrik), werden eher aktiv als weniger direkt Betroffene;
- *Restriktionsempfinden* – Menschen, die den Eindruck haben, nichts oder nur wenig an der als problemhaft empfundenen Situation ändern zu können (z.B. ein oben genannter Anrainer, der zugleich ein wenig einflussreicher Mitarbeiter in der Fabrik ist), werden weniger aktiv;
- *aktive Informationssuche versus passive Kommunikationsaufnahme* – Menschen, die Informationen über ein Problem aufsuchen (z.B. in der Tageszeitung gezielt nach einschlägigen Meldungen Ausschau halten oder entsprechende Flugblätter lesen), werden eher aktiv als solche, die Informationen nur passiv aufnehmen (typisches Beispiel: Durchblättern von Zeitschriften im Wartezimmer des Arztes).[86]

Diese deutlich vom organisationstheoretischen Ansatz geprägte Sicht der Public Relations-Zielgruppen unterscheidet sich wesentlich von anderen Formen der Publikumssegmentierung, etwa den Zielgruppen des Marketing oder jenen von Informationskampagnen. Der Fokus liegt hier nicht primär bei den Charakteristiken der Zielgruppe (auch nicht der Organisation und ihren Produkten), sondern bei jenen der Organisation-Zielgruppe-Beziehung. Die Diskussion über Zielgruppen ist noch in keiner Weise abgeschlossen; so wären Verknüpfungen mit Theorien der sozialen Identifikation erst noch herzustellen, wo die Bildung von Zielgruppen viel deutlicher als bei Grunig und Hunt als ein kollektiver Prozess verstanden wird.[87] Was die Benennung der Zielgruppen betrifft, so ist in den letzten Jahren eine zunehmend verwirrende *Begriffsvielfalt* in der Literatur, teilweise auch in der Praxis festzustellen; u.a. werden folgende Begriffe verwendet: Bezugsgruppen, Teilöffentlichkeiten, Dialoggruppen, Publika, Stakeholders, Anspruchsgruppen etc. Die Unterschiedlichkeit der Begriffsverwendung ist auf unterschiedliche Public Relations-Theorieansätze – ob explizit ausgeführt oder nur implizit – zurückzuführen. Wenn man zur Meinung tendiert, dass in der derzeitigen Phase der Theorieentwicklung einheitlich-gesamthafte Theoriegebäude im Sinne einer „grand theory" nicht möglich (vielleicht auch nicht wünschenswert) sind, dann wird man sich wohl oder übel damit abfinden müssen, dass es derzeit auch keinen einheitlichen, die verschiedenen Ansätze übergreifenden Zielgruppenbegriff gibt. Es wird daher hier der Weg gewählt, sich in dieser Übergangsphase bewusst – und trotz aller damit verbundenen Problematik – auf die alltagssprachliche Bezeichnung „Zielgruppe" zurückzuziehen, von der noch am ehesten eine gemeinsame Verständnisbasis erwartet werden kann.[88]

3.5. Public Relations im System der Unternehmenskommunikation

Zerfaß beschränkt sich in seiner Analyse auf den erwerbswirtschaftlichen Bereich und sieht Public Relations eingebettet in das breitere Konzept der Unternehmenskommunikation; darunter versteht er „alle kommunikativen Handlungen von Organisationsmitgliedern, mit denen ein Beitrag zur Aufgabendefinition und -erfüllung in gewinnorientierten Wirtschaftseinheiten geleistet wird".[89] Konzepte der Unternehmensführung (Betriebswirtschaftslehre), der Kommunikation und der sozialen Integration werden miteinander verknüpft, wobei bei letzterer der „integrativen Kraft kommunikativer Handlungen" eine besondere Bedeutung beigemessen wird. Zerfaß unterscheidet drei Handlungsfelder, in denen soziale Integration über Unternehmenskommunikation stattfinden kann: Organisationskommunikation, Marktkommunikation und Public Relations.

Organisationskommunikation wird als zugehörig zur internen, Marktkommunikation und Public Relations als zugehörig zur externen Unternehmenskommunikation gesehen. Die *Organisationskommunikation* wiederum gestaltet einerseits die verfassungskonstituierenden Beziehungen (mit einflussreichem Führungspersonal wie Vorstands- oder Aufsichtsratsmitgliedern), andererseits die Organisationsbeziehungen (mit weiteren Organisationsmitgliedern; das, was gemeinhin undifferenziert als „Mitarbeitkommunikation" bezeichnet wird), wobei im ersteren Fall typischerweise eher verständigungsorientierte Kommunikationsstile (z.B. direkte Gespräche, bei Zerfaß „Argumen-

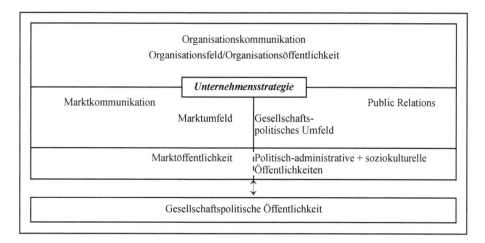

Abb. 4: Handlungsfelder und Teilbereiche der Unternehmenskommunikation
Quelle: Ansgar Zerfaß: Unternehmensführung und Öffentlichkeitsarbeit. Grundlegung einer Theorie der Unternehmenskommunikation und Public Relations. Opladen: Westdeutscher Verlag 1996, S. 289

tation" genannt), im letzteren Fall eher persuasions- und informationsorientierte Stile (z.B. Mitarbeiterversammlungen, Mitarbeiterzeitschriften) im Vordergrund stehen.[90] Die *Marktkommunikation* umfasst „alle kommunikativen Handlungen von Organisationsmitgliedern, mit denen Transaktions- und Wettbewerbsbeziehungen gestaltet werden".[91] Kommunikation habe im Marktumfeld allerdings nur eine unterstützende Funktion, als hier das zentrale Medium das Geld sei. Marktkommunikation sei prinzipiell persuasiv (entweder direkt über Kaufanreize in werblichen Botschaften oder indirekt in Form der Imagewerbung), das Ziel seien „nicht gemeinsame Orientierungen, sondern schlicht anschlussfähige Handlungen".[92]

Public Relations hingegen agiert in dieser Konzeption im gesellschaftspolitischen Umfeld. Hier geht es darum, die Unternehmensstrategie in Bereichen wie Politik, Bildung, Kultur etc. zu erklären und durchzusetzen, um so Handlungsspielräume für das Unternehmen abzusichern. Es werden drei Typen von Zielgruppen im Sinne unterschiedlicher Arenen der Kommunikation unterschieden: politisch-administrative Zielgruppen (z.B. Regierungen, Behörden, Parteien etc), soziokulturelle Zielgruppen (z.B. Anrainer, Kritikergruppen, Wissenschaftler etc.) sowie gesellschaftspolitische Zielgruppen (z.B. Bürger, Meinungsführer, Journalisten etc). Als Kommunikationsstile kommen häufig Argumentation (Dialog), aber auch Information und Persuasion zum Tragen.[93] Zerfaß spricht von einer dualen Rolle der Public Relations: Auf der einen Seite werden Beziehungen zu diesen Zielgruppen mit der Absicht gepflegt, um spezifische Gewinnziele zu erreichen (z.B. Lobbying in Richtung Steuergesetze, die Investititionen begünstigen); auf der anderen Seite können regulative Beziehungen auch genutzt werden, „um einen originären Beitrag zum Gemeinwohl zu leisten, um beispielsweise gesamtgesellschaftliche Lösungsprozesse anzustoßen oder strategiespezifische Konflikte im Dialog mit den jeweiligen Anspruchsgruppen beizulegen".[94] Durch die Einbettung von Public Relations in das Konzept der Unternehmenskommunikation stellt sich hier die Begründung für die Notwendigkeit einer *Integration* der verschiedenen Handlungsfelder der Unternehmenskommunikation (Organisationskommunikation, Marktkommunikation und Public Relations) vergleichsweise kräftig und konkret dar: Zerfaß nennt drei spezifische Gründe für die Integration: Rollenvielfalt der Kommunikationspartner, Verflechtung verschiedener Kommunikationsarenen und sphärenübergreifender Charakter konkreter Zielgruppen.[95]

3.6. Weitere Ansätze

Seit Anfang der Neunzigerjahre sind weitere theoretische Annäherungen sichtbar geworden, die mal eher gesellschaftsbezogen, mal eher organisationsbezogen Erklärungszusammenhänge für Public Relations herzustellen suchen und teilweise auch um eine konzeptuelle Verknüpfung dieser beiden Theoriestränge bemüht sind. Im Folgenden werden einige davon hier nur kurz illustrativ – ohne jeglichen Anspruch auf Vollständigkeit oder Integration – aufgelistet und mit ein paar groben Strichen nachgezeichnet.[96]

Dorer[97] analysiert Public Relations vor dem Hintergrund des *Machtbegriffes von Foucault*[98] und fasst Public Relations als eine Form der Teilnahme an öffentlicher Macht. Im Übergang vom „Informationsdispositiv" zum „Kommunikationsdispositiv" spielt Public Relations eine wichtige Rolle: „Es existiert kein Schweigen, keine Unterdrückung, keine Zensur, sondern nur ein allen Institutionen auferlegter Zwang zur permanenten Rede in Form eines allumfassenden ‚Geständniszwangs'."[99]

Eine Erklärung der Beziehung zwischen *Journalismus und Public Relations* wird in einer reichen Forschungstradition einerseits von Baerns Determinationsthese – Public Relations habe sowohl die Themen als auch das Timing der Berichterstattung unter Kontrolle[100] – andererseits vom Intereffikationsmodell von Bentele/Liebert/Seeling gegeben. Bei letzterem (Intereffikation = gegenseitige Ermöglichung), das von einer komplexen Gesamtbeziehung von gegenseitigen Einflüssen, Anpassungen, Erwartungen und Orientierungen ausgeht, werden Induktionen (kommunikative Anregungen, die Resonanzen hinterlassen) und Adaptionen (Anpassungshandeln) von beiden Seiten unterschieden.[101]

Im Hinblick auf die *internationale staatliche Öffentlichkeitsarbeit* (Public Diplomacy, beinhaltend die beiden Grundformen „politische Information" und „kulturelle Kommunikation") hat Signitzer[102] Verknüpfungen zwischen Public Relations-Modellen und vier Grundstrukturen von Auslandskulturpolitik hergestellt, nämlich Selbstdarstellung, Information, einseitige Übertragung der eigenen Kultur auf das Partnerland sowie Austausch und Zusammenarbeit.[103]

Saxers[104] Zugang zu Public Relations erfolgt über die *Innovationstheorie* von Everett M. Rogers[105] und unterscheidet einerseits historisch drei Phasen der gesellschaftlichen Durchsetzung von Public Relations (reaktive Systembildung, sektorspezifische Ausdifferenzierung, gesamtgesellschaftliche Ausdifferenzierung), andererseits fünf Funktionalitätstypen von Public Relations: Wirtschaftsfunktionalität, Funktionalität für das Sozialsystem, Politikfunktionalität, Kulturfunktionalität und Funktionalität für das Mediensystem.

***

In der derzeit erreichten Phase der Public Relations-Theorieentwicklung erscheint ein besonderer Bedarf darin zu liegen, eine Vielzahl kommunikationswissenschaflicher (Teil-) Theorien systematisch auf PR-bezogene Fragestellungen anzuwenden, um deren konkrete Brauchbarkeit zu überprüfen. Für diese notwendige Klein- und Knochenarbeit würde sich ein mehrjähriges Forschungsprogramm anbieten, in dem u.a. auch akademische Abschlussarbeiten koordiniert integriert werden könnten. Eine solcherart zu vollziehende Verknüpfung mit unterschiedlichen Ansätzen der Kommunikationswissenschaft (innerhalb wie außerhalb des Mainstreams) erscheint sowohl inhaltlich als auch fachpolitisch von Interesse zu sein. Eine weitere Anstrengung sollte in die Richtung gehen, Vertreter anderer Disziplinen für eine Beschäftigung mit Public Relations aus deren jeweiligen disziplinären Sichtweisen zu gewinnen. Zu denken wäre hier einerseits an die verschiedenen Ausformungen der Management-Wissenschaften[106] und anderer Nachbardisziplinen, die sowohl gesellschafts-, organisations- als auch marketingorientierte Zugänge zu Public Relations aufgreifen könnten, andererseits durchaus aber auch an augenscheinlich weiter entfernt liegende Disziplinen, bei denen Verknüpfungspotenziale auszuloten wären. Da mag zwar vieles weit herbeigeholt erscheinen (und die Bereitschaft zum Scheitern müsste hier wohl mitgedacht sein) – aber warum sollte beispielsweise ein Verwaltungswissenschaftler nicht einmal versuchen, bestehende Modelle über die Beziehungen zwischen Verwaltungseinheiten und deren Umwelten mit Hilfe von Public Relations-Kategorien zu verfeinern, und warum sollte ein Sozialgeograph nicht einmal versuchen, räumliche Dimensionen von Public Relations festzumachen und zu systematisieren?

ANMERKUNGEN

[1] Dieser Beitrag ist eine aktualisierte Fassung des in der ersten Auflage dieses Bandes erschienenen Aufsatzes von Benno Signitzer: Theorie der Public Relations. In: Roland Burkart/Walter Hömberg (Hg.): Kommunikationstheorien. Ein Textbuch zur Einführung. Wien: Braumüller 1992, S. 134–152; weiters hat der Verfasser zurückgegriffen auf Benno Signitzer: Einige Linien der aktuellen Public Relations-Theorieentwicklung. In: Rudi Renger/Gabriele Siegert (Hg.): Kommunikationswelten. Wissenschaftliche Perspektiven zur Medien- und Informationsgesellschaft. Innbruck: Studienverlag 1997, S. 183–211.

[2] Somit hinkt Public Relations der Theoriebildung in der allgemeinen – sozialwissenschaftlich orientierten – Kommunikationswissenschaft zwar 30 bis 40 Jahre nach; sie kann aber zeitlich im Einklang gesehen werden mit der damals beginnenden Ausdifferenzierung von kommunikationswissenschaftlichen Teildisziplinen wie etwa politische Kommunikation oder Gesundheitskommunikation (vgl. etwa Benno Signitzer: Ansätze und Forschungsfelder der Health Communication. In: Klaus Hurrelmann/Anja Leppin [Hg.]: Moderne Gesundheitskommunikation. Vom Aufklärungsgespräch zur E-Health. Bern: Huber 2001, S. 22–35). Der Zeitpunkt Mitte der Siebzigerjahre kann für Nordamerika markiert werden mit dem Beginn des Erscheinens der damals ersten und einzigen wissenschaftlichen Fachzeitschrift für Public Relations, dem „Public Relations Review", für den deutschsprachigen Raum mit der Veröffentlichung von Ronnebergers einflussreichem Essay „Legitimation durch Information", in dem Public Relations als eine Funktion des gesellschaftlichen Systems interpretiert wird (vgl. Franz Ronneberger: Legitimation durch Information. Düsseldorf: Econ 1977).

[3] Z.B. International Communication Association (ICA), Association for Education in Journalism and Mass Communication (AEJMC), National Communication Association (NCA), Deutsche Gesellschaft für Publizistik und Kommunikationswissenschaft (DGPuK).

⁴ EUPRERA ist die Nachfolgeorganisation von CERP-Education, der Ausbildungs- und Forschungsorganisation des europäischen Berufsverbandes Confédération Européenne de Relations Publiques (CERP); im Rahmen von CERP agiert auch eine Vereinigung europäischer Public Relations-Studenten, die European Association of Public Relations Students (CERP Students). Das nordamerikanische Gegenstück ist die Public Relations Students Society of America, eine Unterorganisation der PRSA.

⁵ Als Beispiele seien hier die Educators Section der Public Relations Society of America (PRSA), die Educators Academy und die Research Foundation der International Association of Business Communicators (IABC), der Educators Advisory Council der International Public Relations Association (IPRA), der Ausbildungsbeirat der Deutschen Public Relations Gesellschaft (DPRG) oder der Arbeitskreis für Wissenschaft und Bildung im Public Relations Verband Austria (PRVA) angeführt. Interessanterweise sind es auch die Berufsverbände gewesen, die damit begonnen haben, Preise für hervorragende Public Relations-Diplomarbeiten und Dissertationen zu verleihen (etwa den von CERP initiierten und derzeit von Euprera ausgeschriebenen Jos Willems Communication Award, den Albert-Oeckl-Nachwuchspreis der DPRG oder den Österreichischen Wissenschaftspreis für Public Relations des PRVA.

⁶ Vgl. Benno Signitzer: Universitäre Public Relations-Ausbildung in den Vereinigten Staaten von Amerika: Daten, Fakten, Diskussionen. In: Günter Bentele/Peter Szyszka (Hg.): PR-Ausbildung in Deutschland. Entwicklung, Bestandsaufnahme und Perspektiven. Opladen: Westdeutscher Verlag 1995, S. 63–75.

⁷ In dieser Zahl sind außeruniversitäre Einrichtungen (z.B. Fachhochschulen) nicht inkludiert; European Public Relations Education and Research Association: EUPRERA PR Course Survey. www.euprera.org/intranet/prsurvey.asp (3. September 2003).

⁸ Vgl. Wolfgang Armbrecht/Horst Avenarius/Ulf Zabel (Hg.): Image und PR. Kann Image Gegenstand einer Public Relations-Wissenschaft sein? Opladen: Westdeutscher Verlag 1993; Wolfgang Armbrecht/Ulf Zabel: (Hg.): Normative Aspekte der Public Relations. Grundlagen und Perspektiven. Eine Einführung. Opladen: Westdeutscher Verlag 1994; Horst Avenarius/Wolfgang Armbrecht (Hg.): Ist Public Relations eine Wissenschaft? Eine Einführung. Opladen: Westdeutscher Verlag 1992.

⁹ Traditionell in großer Zahl vorhanden in den USA (nur einige wenige Beispiele: Philip H. Ault u.a.: Public Relations. Strategies and Tactics. 7. Aufl. New York: Longman 2002; Doug Newsom u.a.: This is PR. The Realities of Public Relations. 7. Aufl. Belmont: Wadsworth 2000; Otis W. Baskin/Craig E. Aronoff: Public Relations. The Profession and the Practice. 4. Aufl. New York: McGraw-Hill 1996); nunmehr auch im deutschsprachigen Raum: vgl. u.a. Michael Kunczik: Public Relations. Konzepte und Theorien. 4. Aufl. Köln: Böhlau 2002 (ein breiter Überblick wichtiger theoretischer Ansätze); Werner Faulstich: Grundwissen Öffentlichkeitsarbeit. Stuttgart: UTB 2000 (Public Relations wird als eine „spezielle System-Umwelt-Interaktion" konzipiert). Beachtenswert ist auch die Tatsache, dass der Reihe der vom Sage Verlag herausgegebenen Handbücher über kommunikationswissenschaftliche Teildisziplinen nunmehr auch eines über Public Relations hinzugefügt wurde; vgl. Robert L. Heath (Hg.): Handbook of Public Relations. London: Sage 2001.

¹⁰ Z.B. Otfried Jarren/Heinz Bonfadelli (Hg.): Einführung in die Publizistikwissenschaft. Bern: Haupt 2001; Klaus Merten: Einführung in die Kommunikationswissenschaft. Bd. 1: Grundlagen der Kommunikationswissenschaft. Münster: Lit Verlag 1999; Roland Burkart: Kommunikationswissenschaft. Grundlagen und Problemfelder. Umrisse einer interdisziplinären Sozialwissenschaft. 4. Aufl. Stuttgart: UTB 2002; Joseph R. Dominick: The Dynamics of Mass Communication. 7. Aufl. New York: McGraw-Hill 2001; Warren K. Agee u.a.: Introduction to Mass Communication. 12. Aufl. Boston: Addison-Wesley 1997.

¹¹ Für Ausnahmen vgl. etwa Ansgar Zerfaß: Unternehmensführung und Öffentlichkeitsarbeit. Grundlegung einer Theorie der Unternehmenskommunikation und Public Relations. Opladen: Westdeutscher Verlag 1996 oder Günther Haedrich: Public Relations im System des Strategischen Managements. In: Horst Avenarius/Wolfgang Armbrecht (Hg): Ist Public Rela-

tions eine Wissenschaft. Eine Einführung. Opladen: Westdeutscher Verlag 1992, S. 257–278. Als Analogie mag die kommunikationswissenschaftliche Teildisziplin der Gesundheitskommunikation (Health Communication) herangezogen werden: Trotz einer äußerst erfolgreichen Entwicklung innerhalb der Kommunikationswissenschaft seit Mitte der Siebzigerjahre, ist der eigentliche Durchbruch in den USA erst in den Neunzigerjahren gelungen, als medizinische Fakultäten begonnen haben, eigene Institute für Gesundheitskommunikation einzurichten.

[12] Vgl. Günter Bentele/Tobias Liebert: Innovation in der Tradition: Praxisbezogenes PR-Studium an der Universität Leipzig. In: Günter Bentele/Peter Szyszka (Hg.): PR-Ausbildung in Deutschland. Entwicklung, Bestandsaufnahme und Perspektiven. Opladen: Westdeutscher Verlag 1995, S. 93.

[13] Vgl. dazu Wolfgang H. Staehle/Peter Conrad/Jörg Sydow: Management. Eine verhaltenswissenschaftliche Perspektive. 8. Aufl. München: Vahlen 1999. Alfred Kieser/Herbert Kubicek: Organisation. 3. Aufl. Berlin: de Gruyter 1992, S. 33ff.; Fred Luthans: Organizational Behavior. 9. Aufl. New York: McGraw-Hill 2001; Michele Tolela Myers/Gail E. Myers: Managing by Communication. An Organizational Approach. Auckland u.a.: McGraw-Hill 1982, S. 51ff.; Wolfgang Armbrecht: Innerbetriebliche Public Relations. Grundlagen eines situativen Gestaltungskonzeptes. Opladen: Westdeutscher Verlag 1992.

[14] Vgl. ähnlich: Joep Cornelissen/Danny Moss/Phil Harris: The Advance of Public Relations as a Discipline: Retrospect and Prospect. In: Angela Schorr/William Campbell/Michael Schenk (Hg.): Communication Research and Media Science in Europe. Perspectives for Research and Academic Training in Europe's Changing Media Reality. Berlin: Mouton de Gruyter 2003, S. 417.

[15] James E. Grunig/Todd Hunt: Managing Public Relations. New York: Holt, Rinehart and Winston 1984, S. 6.

[16] Frederic M. Jablin/Linda Putnam (Hg.): The New Handbook of Organizational Communication. Advances in Theory, Research, and Methods. London: Sage 2001.

[17] Vgl. auch Larissa A. Grunig: How Organization Theory Can Influence Public Relations Theory. In: Horst Avenarius/Wolfgang Armbrecht (Hg.): Ist Public Relations eine Wissenschaft? Eine Einführung. Opladen: Westdeutscher Verlag 1992, S. 223–244.

[18] Larry W. Long/Vincent Hazleton, Jr.: Public Relations: A Theoretical and Practical Response. In: „Public Relations Review", 13. Jg. 1987/H. 2, S. 3–13, hier S. 6; vgl. auch Vincent Hazleton: Toward a Systems Theory of Public Relations. In: Horst Avenarius/Wolfgang Armbrecht (Hg.): Ist Public Relations eine Wissenschaft? Eine Einführung. Opladen: Westdeutscher Verlag 1992, S. 33–45.

[19] Vgl. u.a. Frederic M. Jablin/Linda Putnam (Hg.): The New Handbook of Organizational Communication. Advances in Theory, Research, and Methods. London: Sage 2001; Neal M. Ashkanasy/Celeste P. Wilderom/Mark F. Peterson (Hg.): Handbook of Organizational Culture and Climate. London: Sage 2000.

[20] Franz Ronneberger: Theorie der Public Relations. In: Dieter Pflaum/Wolfgang Pieper (Hg.): Lexikon der Public Relations. Landsberg: Verlag Moderne Industrie 1989, S. 426–430, hier S. 430.

[21] Günter Bentele: Kommunikatorforschung: Public Relations. In: Günter Bentele/Hans-Bernd Brosius/Otfried Jarren (Hg.): Öffentliche Kommunikation. Handbuch Kommunikations- und Medienwissenschaft. Wiesbaden: Westdeutscher Verlag 2003, S. 63.

[22] Franz Ronneberger: Theorie der Public Relations. In: Dieter Pflaum/Wolfgang Pieper (Hg.): Lexikon der Public Relations. Landsberg: Verlag Moderne Industrie 1989, S. 426–430, hier S. 428.

[23] Ebd.

[24] Vgl. auch Vincent Hazleton: Toward a Systems Theory of Public Relations. In: Horst Avenarius/Wolfgang Armbrecht (Hg.): Ist Public Relations eine Wissenschaft? Eine Einführung. Opladen: Westdeutscher Verlag 1992, S. 33–45.

[25] Siehe dazu auch Günter Barthenheier: Zur Notwendigkeit von Öffentlichkeitsarbeit – Ansätze und Elemente zu einer allgemeinen Theorie der Öffentlichkeitsarbeit. In: Günther Haedrich/Günter

Barthenheier/Horst Kleinert (Hg): Öffentlichkeitsarbeit. Dialog zwischen Institutionen und Gesellschaft. Ein Handbuch. Berlin: de Gruyter 1982, S. 15–26, hier S. 16f. Für eine Kurzdarstellung der für das Verständnis der gesellschaftstheoretischen Sichtweise wichtigen Neopluralismustheorie siehe Georg Neuwert: Wirkungen Interner Öffentlichkeitsarbeit. Eine empirische Fallstudie zur Modellfunktion der Werkzeitschrift. Bayreuth: Verlag P.C.O. 1989, S. 20–23. Zur Frage der interkulturellen Übertragbarkeit des „westlichen" Konzeptes von Public Relations vgl. Carl H. Botan: Public Relations as a Science: Implications of Cultural Differences and International Events. In: Horst Avenarius/Wolfgang Armbrecht (Hg.): Ist Public Relations eine Wissenschaft? Eine Einführung. Opladen: Westdeutscher Verlag 1992, S. 17–31; vgl. diesbezüglich auch Kenneth Starck/Dean Kruckeberg: Public Relations and Community. A Reconstructed Theory Revisited. In: Robert L. Heath (Hg.): Handbook of Public Relations. London: Sage 2001, S. 51–59.

[26] Siehe dazu Günther Haedrich/T. Tomczak: Strategische Markenführung. Bern 1990, S. 20: „Marketing ist eine Führungskonzeption, mit der eine Organisation das Ziel verfolgt, Bedürfnisse und Anforderungen aus Markt und Gesellschaft möglichst früh zu erkennen und auf der Basis einer Analyse der eigenen Stärken und Schwächen im Verhältnis zum Wettbewerb Strategien zur aktiven Gestaltung der Beziehungen zwischen Organisation und Umwelt zu entwickeln und zu implementieren"; siehe dazu u.a. Friedhelm Jaspert: Marketing. Intensivkurs. 4. Aufl. München: Oldenburg 1989, S. 11; Heribert Meffert: Marketing. Gundlagen der Absatzpolitik. 7. Aufl. Wiesbaden: Gabler 1991, S. 31; Philip Kotler/Gary Armstrong: Principles of Marketing; 9. Aufl. London: Prentice Hall; Barton Weitz/Robin Wensley (Hg.): Handbook of Marketing. London: Sage 2002; Paul N. Bloom/Gregory T. Gundlach (Hg.): Handbook of Marketing and Society. London: Sage 2001.

[27] Vorrangig mit dem Ziel des Aufbaus eines positiven Firmenimages – vgl. dazu Gerhard L. Laube: Betriebsgrößenspezifische Aspekte der Public Relations. Frankfurt am Main: Lang 1986, S. 50ff. Aus Raumgründen wird hier auf den äußerst heterogenen Imagebegriff nicht näher eingegangen.

[28] Günther Haedrich: Public Relations im System des strategischen Managements. In: Horst Avenarius/Wolfgang Armbrecht (Hg.): Ist Public Relations eine Wissenschaft? Eine Einführung. Opladen: Westdeutscher Verlag 1992, S. 257–278.

[29] Vgl. dazu eine Definition von Bruhn: „Unter integrierter Unternehmenskommunikation wird ein Prozess der Planung und Organisation verstanden, der darauf ausgerichtet ist, aus den differenzierten Quellen der internen und externen Kommunikation von Unternehmen eine Einheit herzustellen, um ein für sämtliche Zielgruppen der Unternehmenskommunikation konsistenten Erscheinungsbild über das Unternehmen zu vermitteln" (Manfred Bruhn: Integrierte Unternehmenskommunikation. 2. Aufl. Stuttgart: Schäffer-Poeschel 1995, S. 13); vgl. auch Karin Kirchner: Das Management der integrierten Unternehmenskommunikation. In: Rudi Renger/Gabriele Siegert (Hg.): Kommunikationswelten. Wissenschaftliche Perspektiven zur Medien- und Informationsgesellschaft. Innbruck: Studienverlag 1997, S. 213–242.

[30] Manfred Bruhn: Integrierte Unternehmenskommunikation. 2. Aufl. Stuttgart: Schäffer-Poeschel 1995, S. 76.

[31] Clarke L. Caywood: Twenty-First Century Public Relations: The Strategic Stages of Integrated Communications. In: Clarke L. Caywood (Hg.): The Handbook of Strategic Public Relations and Integrated Communication. New York: McGraw-Hill 1997, S. XI.

[32] Ebd.

[33] Ebd, S. XV.

[34] Larissa A. Grunig/James E. Grunig/David M. Dozier: Excellent Public Relations and Effective Organizatios. A Study of Communication Management in Three Countries. Mahwah, N. J.: Erlbaum 2002, S. 213.

[35] Al Ries/Laura Ries: The Fall of Advertising and the Rise of PR. New York: HarperCollins Publishers 2002.

[36] Dies gilt unbeschadet der Tatsache, dass es in den letzten zehn Jahren zu nicht unbeträchtlichen methodologischen Fortschritten in der empirischen Public Relations-Forschung gekommen ist; vgl. Don W. Stacks: Primer of Public Relations Research. London: Guilford Press 2002 bzw.

früher Glen M. Broom/David M. Dozier: Using Research in Public Relations. Applications to Program Management. Englewood Cliffs: Prentice Hall 1990.

[37] Gemeint ist hier Public Relations als *Prozess*; einzelne Public Relations-*Maßnahmen* werden sicherlich immer wieder auch Verlautbarungstechniken beinhalten; siehe weiter unten den Abschnitt „Public Relations als Kommunikationsmanagement" (3.4.). Der Ruf nach einer verstärkten Konzentration auf die *Beziehungs*dimension von Public Relations ertönt gelegentlich auch in der Public Relations-Wissenschaft selbst; vgl. zuletzt John A. Ledingham: Explicating Relationship Management as a General Theory of Public Relations. In: Journal of Public Relations Research, 15. Jg. 2003, Nr. 2, S. 181–198; John A. Ledingham: Public Relations as Relationship Management. A Relational Approach to the Study and Practice of Public Relations. Mahwah: Erlbaum 2000; andere Vertreter dieses „Beziehungs-Ansatzes" von Public Relations gehen so weit, in der interpersonellen Kommunikation das zenrale Modell für Public Relations zu sehen (so z.B. W. Timothy Coombs: Interpersonal Communication and Public Relations. In: Robert L. Heath (Hg.): Handbook of Public Relations. London: Sage 2001, S. 105–114; vgl. auch Joep Cornelissen/Danny Moss/Phil Harris: The Advance of Public Relations as a Discipline: Retrospect and Prospect. In: Angela Schorr/William Campbell/Michael Schenk (Hg.): Communication Research and Media Science in Europe. Perspectives for Research and Academic Training in Europe's Changing Media Reality. Berlin: Mouton de Gruyter 2003, S. 415.

[38] Siehe dazu auch Carl H. Botan: Public Relations as a Science: Implications of Cultural Differences and International Events. In: Horst Avenarius/Wolfgang Armbrecht (Hg.): Ist Public Relations eine Wissenschaft? Eine Einführung. Opladen: Westdeutscher Verlag 1992, S. 17–31; Larissa A. Grunig/James E. Grunig/David M. Dozier: Excellent Public Relations and Effective Organizations. A Study of Communication Management in Three Countries. Mahwah, N. J.: Erlbaum 2002; Robert L. Heath (Hg.): Handbook of Public Relations. London: Sage 2001 (bes. Section 5: Gobalizing Public Relations, S. 625–689); Hugh M. Culbertson (Hg.): International Public Relations. A Comparative Analysis. Mahwah: Erlbaum 1996.

[39] Die grundsätzliche Frage der Wünschbarkeit von Professionalisierung generell – etwa unter demokratietheoretischen Vorzeichen – wird hier aus Platzgründen bewusst nicht thematisiert.

[40] Für eine Darstellung unterschiedlicher Ansätze zur Professionalisierung mit einer expliziten Bezugnahme auf Public Relations siehe Benno Signitzer: Professionalisierungstheoretische Ansätze und Public Relations: Überlegungen zur PR-Berufsforschung. In: Wolfgang Armbrecht/Ulf Zabel (Hg.): Normative Aspekte der Public Relations. Grundlagen und Perspektiven. Eine Einführung. Opladen: Westdeutscher Verlag 1994, S. 265–280; vgl. auch Benno Signitzer: Professionalisierung durch Ausbildung? In: Medienjournal, 22. Jg. 1998, Nr. 3, S. 25–34; Ulrike Röttger: Public Relations – Organisation und Profession. Öffentlichkeitsarbeit als Organisationsfunktion. Eine Bestandsaufnahme. Wiesbaden: Westdeutscher Verlag 2000; Magda Pieczka/Jacquie L'Etang: Public Relations and the Question of Professionalism. In: Robert L. Heath (Hg.): Handbook of Public Relations. London: Sage 2001, S. 223–235.

[41] Vgl. Magali Sarfatti Larson: The Rise of Professionalism. A Sociological Analysis. Berkely: University of California Press 1977, S. XVIIIf.; Benno Signitzer: Professionalisierungstheoretische Ansätze und Public Relations: Überlegungen zur PR-Berufsforschung. In: Wolfgang Armbrecht/ Ulf Zabel (Hg.): Normative Aspekte der Public Relations. Grundlagen und Perspektiven. Eine Einführung. Opladen: Westdeutscher Verlag 1994, S. 271.

[42] Franz Ronneberger/Manfred Rühl: Theorie der Public Relations. Ein Entwurf. Opladen: Westdeutscher Verlag 1992.

[43] Ebd., S. 252.

[44] Manfred Rühl: Zu einer Programmatik von Lehrprogrammen der Public Relations. In Günter Bentele/Peter Szyszka (Hg.): PR-Ausbildung in Deutschland. Entwicklung, Bestandsaufnahme und Perspektiven. Opladen: Westdeutscher Verlag 1995, S. 297–315.

[45] Manfred Rühl: Public Relations ist, was Public Relations tut. Fünf Schwierigkeiten, eine allgemeine PR-Theorie zu entwerfen. In: PR-Magazin, 23. Jg. 1992, H. 5, S. 35; für eine Kritik am „Begriffsrealismus" vgl. Manfred Rühl: Die Praxis der Public Relations-Theorie. Ist die Frage

,Was nützt die Theorie der Praxis?' noch zulässig. In: Public Relations Forum, 6. Jg. 2000, Nr. 3, S. 150.

⁴⁶ Franz Ronneberger/Manfred Rühl: Theorie der Public Relations. Ein Entwurf. Opladen: Westdeutscher Verlag 1992, S. 178f.; an anderer Stelle formuliert Rühl so: „(Public Relations) emergieren ... durch gesellschaftliche und semantische Erschütterungen und Krisen" (Manfred Rühl: Die Praxis der Public Relations-Theorie. Ist die Frage ‚Was nützt die Theorie der Praxis?' noch zulässig. In: Public Relations Forum, 6. Jg. 2000, Nr. 3, S. 149).

⁴⁷ Ebd., S. 283.

⁴⁸ Ebd., S. 250.

⁴⁹ Ebd., S. 249.

⁵⁰ Ebd., S. 115ff.; vgl. auch Manfred Rühl: Kommunikation und Öffentlichkeit. Schlüsselbegriffe zur kommunikationswissenschaftlichen Rekonstruktion der Publizistik. In: Günter Bentele/Manfred Rühl (Hg.): Theorien öffentlicher Kommunikation. Problemfelder, Positionen, Perspektiven. München: Ölschläger 1993, S. 77–102.

⁵¹ Ansgar Zerfaß: Unternehmenskommunikation und Öffentlichkeitsarbeit. Grundlegung einer Theorie der Unternehmenskommunikation und Public Relations. Opladen: Westdeutscher Verlag 1995, S. 50.

⁵² Niklas Luhmann: Soziale Systeme. Grundriss einer allgemeinen Theorie. Frankfurt: Suhrkamp 1984, S. 92, zitiert nach Ansgar Zerfaß: Unternehmenskommunikation und Öffentlichkeitsarbeit. Grundlegung einer Theorie der Unternehmenskommunikation und Public Relations. Opladen: Westdeutscher Verlag 1995, S. 50.

⁵³ Vgl. dazu Klaus Merten/Siegfried J. Schmidt/Siegfried Weischenberg (Hg.): Die Wirklichkeit der Medien. Eine Einführung in die Kommunikationswissenschaft. Opladen: Westdeutscher Verlag 1994; aber auch u.a. Klaus Krippendorff: Schritte zu einer konstruktivistischen Erkenntnistheorie der Massenkommunikation. In: Günter Bentele/Manfred Rühl (Hg.): Theorien der öffentlichen Kommunikation. Problemfelder, Positionen, Perspektiven. München: Ölschläger 1993, S. 19–51; Klaus Merten: Kommentar zu Klaus Krippendorff. In: ebd., S. 52–55; Ulrich Saxer: Fortschritt als Rückschritt? Konstruktivismus als Epistemologie einer Medientheorie. In: ebd., S. 65–73; Siegfried J. Schmidt: Kommunikation – Kognition – Wirklichkeit. In: ebd., S. 105–117; Günter Bentele: Wie wirklich ist die Medienwirklichkeit? Einige Anmerkungen zum Konstruktivismus und Realismus in der Kommunikationswissenschaft. In: ebd., S. 152–171.

⁵⁴ Klaus Merten: Neue Grundkonzepte der Kommunikation. Vortragsmanuskript, 11.4.1995, Konferenz „Kom:M", Düsseldorf, S. 2f.

⁵⁵ Klaus Merten/Joachim Westerbarkey: Public Opinion und Public Relations. In: Klaus Merten/Siegfried J. Schmidt/Siegfried Weischenberg (Hg.): Die Wirklichkeit der Medien. Eine Einführung in die Kommunikationswissenschaft. Opladen: Westdeutscher Verlag 1994, S. 208.

⁵⁶ Ebd.; zum Imagebegriff führen Merten und Westerbarkey weiter aus: „Ein Image unterscheidet sich von einer Einstellung, weil es kein subjektives, sondern ein soziales Konstrukt darstellt, an dem sich der einzelne orientieren kann. Es ist daher weder stabil noch objektiv, sondern veränderbar und selektiv und vor allem: Es läßt sich mit fiktionalen Strukturelementen kombinieren und konstruieren und antwortet damit in geradezu idealer Weise auf neuzeitliche Kommunikationsbedürfnisse in der Mediengesellschaft" (ebd., S. 206). Kritisch dazu u.a. Ansgar Zerfaß/Andreas Georg Scherer: Die Irrwege der Imagekonstrukteure. Ein Plädoyer gegen die sozialtechnische Verkürzung der Public Relations-Forschung. Nürnberg: Lehrstuhl für Allgemeine Betriebswirtschaftslehre und Unternehmensführung der Universität Erlangen-Nürnberg 1993 (Diskussionsbeitrag Nr. 77); James E. Grunig: On the Effects of Marketing, Media Relations, and Public Relations: Images, Agendas, and Relationships. In: Wolfgang Armbrecht/Horst Avenarius/Ulf Zabel (Hg): Image und PR. Kann Image Gegenstand einer Public Relations-Wissenschaft sein? Opladen: Westdeutscher Verlag 1993, S. 263–295 sowie weitere Beiträge in diesem Band.

⁵⁷ Klaus Merten/Joachim Westerbarkey: Public Opinion und Public Relations. In: Klaus Merten/Siegfried J. Schmidt/Siegfried Weischenberg (Hg.): Die Wirklichkeit der Medien. Eine Einführung in die Kommunikationswissenschaft. Opladen: Westdeutscher Verlag 1994, S. 208.

⁵⁸ Ebd., S. 211.
⁵⁹ Ebd.
⁶⁰ Ron Pearson: Business Ethics as Communication Ethics: Public Relations Practice and the Idea of Dialogue. In: Carl Botan/Vincent Hazleton (Hg.): Public Relations Theory. Hillsdale: Erlbaum 1989, S. 111–131; Ron Pearson: Beyond Ethical Relativism in Public Relations: Coorientation, Rules, and the Idea of Communication Symmetry. In: Public Relations Research Annual, 1. Jg. 1989, S. 67–86.
⁶¹ Roland Burkart: Verständigungsorientierte Öffentlichkeitsarbeit: Der Dialog als PR-Konzeption. In: Günter Bentele/Horst Steinmann/Ansgar Zerfaß (Hg.): Dialogorientierte Unternehmenskommunikation. Grundlagen – Praxiserfahrungen – Perspektiven. Berlin: Vistas 1996, S. 245–270; Roland Burkart/Sabine Probst: Verständigungsorientierte Öffentlichkeitsarbeit: Eine kommunikationswissenschaftlich begründete Perspektive. In: Publizistik, 35. Jg. 1991, H. 1, S. 56–76.
⁶² Roland Burkart: Verständigungsorientierte Öffentlichkeitsarbeit: Der Dialog als PR-Konzeption. In: Günter Bentele/Horst Steinmann/Ansgar Zerfaß (Hg.): Dialogorientierte Unternehmenskommunikation. Grundlagen – Praxiserfahrungen – Perspektiven. Berlin: Vistas 1996, S. 255.
⁶³ Jürgen Habermas: Theorie des kommunikativen Handelns. Band 1: Handlungsrationalität und gesellschaftliche Rationalisierung. Frankfurt: Suhrkamp 1981; Jürgen Habermas: Theorie des kommunikativen Handelns. Band 2: Zur Kritik der funktionalistischen Vernunft. Frankfurt: Suhrkamp 1981.
⁶⁴ Roland Burkart: Verständigungsorientierte Öffentlichkeitsarbeit: Der Dialog als PR-Konzeption. In: Günter Bentele/Horst Steinmann/Ansgar Zerfaß (Hg.): Dialogorientierte Unternehmenskommunikation. Grundlagen – Praxiserfahrungen – Perspektiven. Berlin: Vistas 1996, S. 253 (Hervorhebungen durch B.S.).
⁶⁵ Jürgen Habermas: Theorie des kommunikativen Handelns. Band 1: Handlungsrationalität und gesellschaftliche Rationalisierung. Frankfurt: Suhrkamp 1981, S. 149.
⁶⁶ Ansgar Zerfaß: Unternehmensführung und Öffentlichkeitsarbeit. Grundlegung einer Theorie der Unternehmenskommunikation und Public Relations. Opladen: Westdeutscher Verlag 1996, S. 59.
⁶⁷ Siehe dazu das folgende Kapitel: „Public Relations als Kommunikationsmanagement".
⁶⁸ James E. Grunig/Todd Hunt: Managing Public Relations. New York: Holt, Rinehart and Winston 1984; dazu auch James E. Grunig (Hg.): Excellence in Public Relations and Communication Management. Hillsdale: Erlbaum 1992; Larissa A. Grunig/James E. Grunig/David M. Dozier: Excellent Public Relations and Effective Organizations. A Study of Communication Management in Three Countries. Mahwah: Erlbaum 2002.
⁶⁹ Grunig und Hunt verwenden dafür den Begriff „public" für eine Zielgruppe, aber in der Regel die Pluralform „publics" für Zielgruppen; vgl. James E. Grunig/Todd Hunt: Managing Public Relations. New York: Holt, Rinehart and Winston 1984, S. 145; auf Fragen der Begrifflichkeit wird weiter unten nochmals kurz eingegangen.
⁷⁰ Todd Hunt/James E. Grunig: Public Relations Techniques. Fort Worth: Harcourt Brace 1994, S. 5.
⁷¹ James E. Grunig/Todd Hunt: Managing Public Relations. New York: Holt, Rinehart and Winston 1984, S. 21; zu Modellbildungen in der Kommunikationswissenschaft generell vgl. Dennis McQuail/Sven Windahl: Communication Models for the Study of Mass Communications. London: Longman 1981.
⁷² Zusammengefasst u.a. in James E. Grunig (Hg.): Excellence in Public Relations and Communication Management. Hillsdale: Erlbaum 1992; Larissa A. Grunig/James E. Grunig/David M. Dozier: Excellent Public Relations and Effective Organizations. A Study of Communication Management in Three Countries. Mahwah: Erlbaum 2002.
⁷³ Paul Watzlawick/Janet H. Beavin/Don D. Jackson: Menschliche Kommunikation. Formen, Störungen, Paradoxien. Bern: Huber 1969, S. 69.
⁷⁴ Richard F. Carter: Communication and Affective Relations. In: Journalism Quarterly, 42. Jg. 1965, H. 2, 1965, S. 203–212.

[75] Steven H. Chaffee/Jack M. McLeod: Sensitization in Panel Design: A Coorientation Experiment. In: Journalism Quarterly, 45. Jg. 1968, H. 4, S. 661–669.

[76] Lee Thayer: Communication and Communication Systems. Homewood: Irwin 1968, zitiert in James E. Grunig: Organizations, Environments, and Models of Public Relations. In: Public Relations Research and Education, 1. Jg. 1984, H. 1, S. 7.

[77] Die Verbreitung interaktiver Medien könnte langfristig die Bedeutung symmetrischer Kommunikation steigern: „... in these media the power in information exposure and processing increasingly lies with the individual, reflecting a development from external pacing, i.e., medium and message control by the ‚sender', to internal pacing, i.e., medium and message control by the ‚receiver'" (Joep Cornelissen/Danny Moss/Phil Harris: The Advance of Public Relations as a Discipline: Retrospect and Prospect. In: Angela Schorr/William Campbell/Michael Schenk [Hg.]: Communication Research and Media Science in Europe. Perspectives for Research and Academic Training in Europe's Changing Media Reality. Berlin: Mouton de Gruyter 2003, S. 414).

[78] Vgl. hier auch Zerfaß, der – ähnlich – die Public Relations-Stile Information, Persuasion und Argumentation unterscheidet; Ansgar Zerfaß: Unternehmensführung und Öffentlichkeitsarbeit. Grundlegung einer Theorie der Unternehmenskommunikation und Public Relations. Opladen: Westdeutscher Verlag 1996, S. 349ff. Allegorisch könnten wir auch von unterschiedlichen „Tonalitäten" der Public Relations sprechen: laut oder leise, aufdringlich oder zurückhaltend etc.

[79] Carl Hundhausen: Public Relations. Theorie und Systematik. Berlin: de Gruyter 1969, S. 17.

[80] Vgl. James E. Grunig/Todd Hunt: Managing Public Relations. New York: Holt, Rinehart and Winston 1984, S. 145; diese Definition basiert u.a. auf John Dewey: The Public and Its Problems. Chicago: Swallow 1927 und Herbert Blumer: The Mass, the Public, and Public Opinion. In: Bernard Berelson/Morris Janowitz (Hg.): Reader in Public Opinion and Communication. 2. Aufl. New York: Free Press 1966, S. 43–50. Die bedeutende Rolle, die Kommunikation bei der Entstehung von Zielgruppen spielt, wird auch von „Generalisten" der Forschung über die öffentliche Meinung hervorgehoben, beispielsweise von Price: „It is *communication* surrounding a point of conflict or uncertainty that allows a public to form out of separate individuals" (Vincent Price: On the Public Aspects of Opinion. Linking Levels of Analysis in Public Opinion Research. In: Communication Research, 15. Jg. 1988, H. 6, S. 659–679, hier S. 675; Hervorhebung im Original).

[81] James E. Grunig/Todd Hunt: Managing Public Relations. New York: Holt, Rinehart and Winston 1984, S. 145.

[82] James E. Grunig: Sierra Club Study Shows Who Becomes Activists. In: Public Relations Review, 15. Jg. 1989, H. 3, S. 3–24.

[83] Vgl. auch das „Grenzstellen"-Konzept von Niklas Luhmann: Funktionen und Folgen formaler Organisationen. 2. Aufl. Berlin: Duncker&Humblot 1972, S. 220ff.

[84] Der Begriff „Konsequenzen" wird hier unter praktischen, handlungsanleitenden Gesichtspunkten verwendet. Ein Beispiel: Ein Universitätsinstitut, das ein Kommunikationsprogramm für seine Absolventen entwickelt, wird sowohl bei jenen Absolventen beginnen, die vom „Image" des Instituts besonders betroffen sind (etwa bei der Job-Suche), als auch bei jenen, die als Meinungsführer über das Institut besonders einflussreich erscheinen. Public Relations-Programme für Absolventen, die gänzlich branchenfremd bzw. in einflussloser Position in Australien tätig sind, werden nachrangig bzw. überhaupt nicht durchgeführt. Von einem theoretischen Standpunkt ist jedoch Stuiber zuzustimmen, der feststellt, dass „soziales Handeln niemals folgenlos sein" könne und deshalb sinnvollerweise „die Schwellenwerte" zu definieren seien, „von welchen aus gestufte Public Relations-Aktivitäten ausgelöst würden" (Heinz-Werner Stuiber: Theorieansätze für Public Relations – Anmerkungen aus sozialwissenschaftlicher Sicht. In: Horst Avenarius/Wolfgang Armbrecht [Hg.]: Ist Public Relations eine Wissenschaft? Grundlagen und interdisziplinäre Ansätze. Opladen: Westdeutscher Verlag 1992, S. 214).

[85] Eine gegenteilige Meinung vertritt Ehling, der eine PR-Situation dann entstehen sieht, wenn „the focal group perceives that an actual or potential conflict exists, the conflict is serious and threatening, and undesirable, und communication is the principle means to be used to mit-

tigate conflict or advance cooperation" (William Ehling: Application of Decision Theory in the Construction of a Theory in Public Relations Management II. In: Public Relations Research and Education, 1. Jg. 1984, H. 2, S. 4–22.

[86] James E. Grunig/Todd Hunt: Managing Public Relations. New York: Holt, Rinehart and Winston 1984, S. 149.

[87] Vgl. dazu Price: „People are not so much deciding where they stand individually but with whom (with which side) they stand ... Media reports about group differences of opinion will induce members of the public to respond to the issue primarily *as members of those groups* rather than as individuated or isolated persons" (Vincent Price: On the Public Aspects of Opinion. Linking Levels of Analysis in Public Opinion Research. In: Communication Research, 15. Jg. 1988, H. 6, S. 659–679, hier S. 668 und 670; Hervorhebung im Original). Siehe bei Price auch Quellenhinweise zur Theorie der sozialen Identifikation.

[88] Der Begriff „Zielgruppe" trägt dem „Beziehungs"-Aspekt von Public Relations nicht ausreichend Rechnung. Der vom Verfasser in der ersten Auflage dieses Sammelbandes verwendete Begriff der „Teilöffentlichkeit" kann die *beiden* Theorieansätze mit Gesellschafts- *und* Organisationsbezug nicht gleichermaßen abdecken; Ähnliches gilt für die anderen Begriffe. Vgl. zum Begriff der strategischen „Anspruchsgruppen" Günther Haedrich: Public Relations im System des Strategischen Managements. In: Horst Avenarius/Wolfgang Armbrecht (Hg): Ist Public Relations eines Wissenschaft. Eine Einführung. Opladen: Westdeutscher Verlag 1992, S. 257–278; zum Begriff „Stakeholder" Archie B. Carroll: Business and Society. Ethics and Stakeholder Management. 3. Aufl. Cincinnati: South-Western College Publishing 1997, S. 71f. (Carrolls Beschreibung lautet: „a stakeholder may be thought of as any individual or group who can affect or is affected by the actions, decision, policies, practices, or goals of the organization", S. 74; der Begriff wurde ursprünglich entwickelt von R. Edward Freeman: Strategic Mangement: A Stakeholder Approach. Boston: Pitman 1984) ; zum Begriff „Bezugsgruppe" kritisch Michael Kunczik: Public Relations. Konzepte und Theorien. 4. Aufl. Köln: Böhlau 2002, S. 347; zur Grunig/Hunt-Konzeption der „situative theory of publics" kritisch Horst Avenarius: Public Relations. Die Grundform der gesellschaftlichen Kommunikation. Darmstadt: Wissenschaftliche Buchgesellschaft 1995, S. 183; kulturelle Aspekte der Organisation-Zielgruppen-Beziehung werden aufgegriffen von Greg Leichty/Ede Warner: Cultural Topoi: Implication for Public Relations. In: Robert L. Heath (Hg.): Handbook of Public Relations. London: Sage 2001, S. 61–74; ein narrativer Ansatz wird präsentiert von Gabriel M. Vasquez/Maureen Taylor: Research Perspectives and ‚the Public'. In: Robert L. Heath (Hg.): Handbook of Public Relations. London: Sage 2001, S. 139–154.

[89] Ansgar Zerfaß: Unternehmensführung und Öffentlichkeitsarbeit. Grundlegung einer Theorie der Unternehmenskommunikation und Public Relations. Opladen: Westdeutscher Verlag 1996, S. 287.

[90] Da Zerfaß für den Bereich der internen Unternehmenskommunikation mit der Organisationskommunikation eine eigene Kategorie vorstellt, entfällt bei ihm der in vielen anderen, auch praxisbezogenen Konzeptionen enthaltene Begriff der „internen Public Relations" bzw. „innerbetrieblichen Public Relations".

[91] Ansgar Zerfaß: Unternehmensführung und Öffentlichkeitsarbeit. Grundlegung einer Theorie der Unternehmenskommunikation und Public Relations. Opladen: Westdeutscher Verlag 1996, S. 298.

[92] Ebd., S. 299; bedeutsam ist hier die von Zerfaß angedeutete Unterscheidung zwischen Problemen, die vorrangig mit Kommunikation gelöst werden können (und Chancen, die vorrangig mit Kommunikation wahrgenommen können), die auch im generelleren Bereich der Kommunikationsplanung eine wesentliche ist, vgl. dazu Sven Windahl/Benno Signitzer: Using Communication Theory. An Introduction to Planned Communication. 8. Aufl. London: Sage 1998.

[93] Ansgar Zerfaß: Unternehmensführung und Öffentlichkeitsarbeit. Grundlegung einer Theorie der Unternehmenskommunikation und Public Relations. Opladen: Westdeutscher Verlag 1996, S. 301ff.

[94] Ebd., S. 302.

[95] Ebd., S. 307ff.

[96] Für eine umfassende Darstellung unterschiedlicher Ansätze siehe Michael Kunczik: Public Relations. Konzepte und Theorien. Köln: Böhlau 2002; Kurzdarstellungen von Modellen und Forschungsergebnissen sind auch enthalten bei Günter Bentele: Kommunikatorforschung: Public Relations. In: Günter Bentele/Hans-Bernd Brosius/Otfried Jarren (Hg.): Öffentliche Kommunikation. Handbuch Kommunikations- und Medienwissenschaft. Wiesbaden: Westdeutscher Verlag 2003, S. 54–78.

[97] Johanna Dorer: Changes in Public Discourse: The Power of Public Relations and Public discourse. Arbeitspapier präsentiert auf der Second European Conference for Sociology, 30.8.–2.9.1995.

[98] Ebd.; Dorer bezieht sich folgendermaßen auf Foucault: „Definiert man nun Macht als eine komplexe, strategische Situation, welche sich in einem Spiel ungleicher und beweglicher Beziehungen vollzieht, so ist Macht weder gebunden an eine Institution, eine Person oder eine Struktur, sondern der Name für eine komplexe gesellschaftliche Situation."

[99] Johanna Dorer/Matthias Marschik: Kommunikation und Macht. Public Relations – eine Annäherung. Wien: Turia & Kant 1993, S. 1; für einen der Rhetorik-Theorie verpflichtenden Ansatz von Public Relations vgl. Robert L. Heath: A Rhetorical Enactment Rationale for Public Relations. The Good Organization Communicating Well. In: Robert L. Heath (Hg.): Handbook of Public Relations. London: Sage 2001, S. 31–50.

[100] Barbara Baerns: Öffentlichkeitsarbeit und Journalismus – Normen, Berufsbilder, Tatsachen. In: Günther Haedrich/Günter Barthenheier/Horst Kleinert (Hg.): Öffentlichkeitsarbeit. Dialog zwischen Institutionen und Gesellschaft. Berlin: de Gruyter 1982, S. 161–173.

[101] Günter Bentele/Tobias Liebert/Stefan Seeling: Von der Determination zur Intereffikation. Ein integriertes Modell zum Verständnis von Public Relations und Journalismus. In: Günter Bentele/Michael Haller (Hg.): Aktuelle Entstehung von Öffentlichkeit. Konstanz: UVK Medien 1997, S. 225–250; vgl. auch Günter Bentele: Kommunikatorforschung: Public Relations. In: Günter Bentele/Hans-Bernd Brosius/Otfried Jarren (Hg.): Öffentliche Kommunikation. Handbuch Kommunikations- und Medienwissenschaft. Wiesbaden: Westdeutscher Verlag 2003, S. 54–78, hier S. 65–66. Obwohl es sich hier „nur" um Theorien mittlerer Reichweite mit vielen praktischen Implikationen handelt, sind sie doch deutlich dem gesellschaftstheoretischen Ansatz zuzuordnen, da die Kommunikationsverhältnisse in der Gesellschaft (und der Einfluss von Public Relations darauf) angesprochen werden. Aus einer organisationstheoretischen Perspektive ist die Frage der Beziehungen zwischen Journalismus und Public Relations eher von sekundärer Bedeutung, da es hier letztlich immer nur um die Verknüpfung (linkage) von Organisationen mit ihren Zielgruppen und von Zielgruppen mit „ihren" Organisationen geht und die Frage des „Wie" der kommunikativen Ausgestaltung dieser Verknüpfung situationsbezogen, pragmatisch und „technisch" abgehandelt wird.

[102] Benno Signitzer: Anmerkungen zur Begriffs- und Funktionswelt von Public Diplomacy. In: Wolfgang Armbrecht/Horst Avenarius/Ulf Zabel (Hg.): Image und PR. Kann Image Gegenstand einer Public Relations-Wissenschaft sein? Opladen: Westdeutscher Verlag 1993, S. 199–211; Benno Signitzer/Timothy Cooms: Public Relations and Public Diplomacy: Conceptual Convergences. In: Public Relations Review, 18. Jg. 1992, Nr. 2, S. 137–147; Benno Signitzer: Staaten im internationalen System. In: Otfried Jarren/Ulrich Sarcinelli/Ulrich Saxer (Hg.): Politische Kommunikation in der demokratischen Gesellschaft. Ein Handbuch mit Lexikonteil. Opladen: Westdeutscher Verlag 1998, S. 496–505; vgl. auch Michael Kunczik: Images of Nations and International Public Relations. Mahwah: Erlbaum 1997.

[103] Vgl. Hans Peisert: Die auswärtige Kulturpolitik der Bundesrepublik Deutschland. Sozialwissenschaftliche Analysen und Planungsmodelle. Stuttgart: Klett-Cotta 1978.

[104] Ulrich Saxer: Public Relations als Innovation. In: Horst Avenarius/Wolfgang Armbrecht (Hg.): Ist Public Relations eine Wissenschaft? Grundlagen und interdisziplinäre Ansätze. Opladen: Westdeutscher Verlag 1992, S. 47–76.

[105] Vgl. die neueste Auflage von Everett M. Rogers: Diffusion of Innovations. 5. Aufl. New York: Free Press 2003.

[106] Vgl. Mark Easterby-Smith/Richard Thorpe/Andy Lowe: Management Research: An Introduction. 2. Aufl. London: Sage 2002 sowie Bentele, der auf die unterschiedlichen Paradigmen von Kommunikationswissenschaft und Sozialforschung auf der einen und Managementforschung (Operations Research) auf der anderen Seite hingewiesen hat (Günter Bentele: Kommunikatorforschung: Public Relations. In: Günter Bentele/Hans-Bernd Brosius/Otfried Jarren [Hg.]: Öffentliche Kommunikation. Handbuch Kommunikations- und Medienwissenschaft. Wiesbaden: Westdeutscher Verlag 2003, S. 71).

2.3. Werbung

Holger Rust

Theorie der Werbung

1. Werbung als geheime Verführung? Über Vorurteile und wissenschaftliche Einsichten

Eines der bekanntesten Bücher über die Werbung erschien vor gut drei Jahrzehnten in den Vereinigten Staaten: Vance Packards „The Hidden Persuaders", 1957. Ein Jahr später wurde es ins Deutsche übersetzt und – ebenso wie in den USA – rasant verkauft.[1] Es war eines der ersten (zumindest halbwegs) wissenschaftlichen Werke, die mit der Unsicherheit den Medien und insbesondere dem Fernsehen gegenüber große kommerzielle Erfolge erzielten. Was diese Werke (wie etwa später Neil Postmans Unterhaltungsapokalypse über das Amüsement zum Tode[2]) auszeichnet und was sie vermutlich populär macht, ist ihre theoretische Totalität. Sie gründen sich auf eine medienzentrierte Sicht, aus der sich die Hilflosigkeit des ausgelieferten Publikums spektakulär beschreiben lässt. Sie sind auf die Erfahrungen von Millionen Menschen ausgerichtet und angsterregend. Zwar beinhalten sie gelegentlich Handlungshinweise (wie Jerry Manders „Das Fernsehen abschaffen")[3], aber diese Hinweise setzen der negativen Rigorosität eine undurchführbare Lösung entgegen, die sich im Alltag nicht verwirklichen lässt, die aber als lichtvoller Hintergrund der dunklen Beschreibung noch präzisere Konturen gibt.

Vance Packard schrieb auf diese Weise einen Bestseller über Manipulation, über die Hilflosigkeit des Menschen gegenüber der Werbung. Er beschrieb Taktiken und Strategien, mit deren Hilfe die Botschaften über Produkte und Dienstleistungen in die Köpfe der Menschen übertragen wurden und scheute dabei auch nicht vor der Schilderung subversiver Einblendungen in Filmsequenzen zurück (eine Limonadenflasche erscheint für den 24. Teil einer Sekunde, also auf einem Bild des Films, kognitiv nicht wahrzunehmen, aber dennoch vermeintlich wirkungsvoll), von denen wir heute wissen, dass sie nie in der Öffentlichkeit angewendet worden sind. Die Leser solcher Bücher fühlen sich ertappt, weil die Totalität der Schilderung keine Handlungsweise auslässt und die Werbung generell mit den geschilderten Manipulationstaktiken identifiziert.

Für die Fünfzigerjahre mag diese hermetische Theorie der manipulativen Potenzen des Fernsehens noch verständlich sein. Eine Reihe düsterer Buchprojekte verdeutlicht heute noch das irritierte Denken, das in diesen Jahren dem Fernsehen gegenüber an der Tagesordnung war, Buchprojekte, die damals vornehmlich von Pädagogen realisiert wurden. Die Stichworte umschrieben die „Macht des Bildschirms" und die Gefahren, die von „heimlichen" oder „unheimlichen Miterziehern" ausgehen. Postman, Manders, Marie Winn und andere publizistische Intendanten der Medien-Apokalypse sind über

---

Originalbeitrag.

diese Argumentation nicht hinausgekommen, möglicherweise, weil sie eine bestimmte Fernsehpraxis beschreiben wollten, die in den amerikanischen Unter- und unteren Mittelschichten verbreitet ist. Wer sich aber heute in Europa in der wissenschaftlichen Argumentation auf diese Arbeiten und ihre Vorläufer aus den Fünfzigerjahren stützt, darunter eben auch auf den Klassiker der Manipulationstheorie in der Werbung, verbreitet unzeitgemäße Einsichten.

Nun finden, wenn auch nicht so spektakulär, auch die Zweifel an den Manipulationstheorien, wie sie sich in der kapitalismuskritischen Sozialwissenschaft der späten Sechziger- und der Siebzigerjahre mit politischem Anspruch fortsetzten, ihren literarischen Niederschlag. 1988 erschien zum Beispiel ein deutlich gegen die immer noch benutzten Thesen Packards gerichtetes Werk des Soziologen Michael Schudson: „Advertising – The Uneasy Persuasion."[4] Schudson betrachtete die Szene aus dem Blickwinkel eines publikumsorientierten Ansatzes und behauptete, dass man niemandem etwas gegen seinen Willen oktroyieren könne. Diese Position hätte mit einiger wissenschaftlicher Unterstützung auch schon in den Fünfzigerjahren formuliert werden können. Immerhin hatten zehn Jahre vor Packards Ausführungen Herbert Hyman und Paul Sheatsley in der Folge von Irritationen über fehlgeschlagene Bemühungen von Kampagnen Erörterungen über die Widerspenstigkeit des Publikums angestellt und in einem weithin beachteten Aufsatz niedergeschrieben: „Some Reasons why Information Campaigns Fail".[5] Diese Position ist in den folgenden Jahrzehnten immer wieder und mit zunehmender Deutlichkeit formuliert worden, zum Beispiel 1968 in Raymond Bauers wissenschaftlicher Zusammenfassung über das „obstinate" Publikum[6] oder in den frühen Siebzigerjahren (mit deutlichem Bezug zu Hyman und Sheatsley) im optimistisch gewendeten Beitrag von Harold Mendelsohn über die Grundbedingungen, die beachtet werden müssen, wenn Informationskampagnen Erfolg haben sollen.[7] Alle diese Autoren argumentierten „sozialökologisch", das heißt aus der Betrachtung der Umweltbedingungen des täglichen Lebens heraus, die sich den Menschen als handlungsleitende Werte, Normen und Konventionen darstellen und die ihnen in einem intensiven Sozialisationsprozess vermittelt werden.

Dieser Ansatz ist weiterhin gültig: Ohne den alltagskulturellen Kontext lässt sich die Wirkung von Werbung nicht beschreiben. Vance Packards Darstellungen und die seiner vielfältigen Epigonen nutzten hingegen eine Argumentationsstrategie, die sich allenfalls für sozialpsychologische Theorien von geringer Reichweite[8] eignet: Er schilderte die Wirkung der Werbung auf den einzelnen Menschen und übertrug die Charakteristika dann auf die Gesellschaft. Aber selbst wenn das Buch in jeder Hinsicht plausibel gewesen wäre, könnte es heute keine Geltung mehr beanspruchen. Das liegt in seiner eigenen Logik, denn als weit verbreitetes Aufklärungswerk, das auch die Alltagsdiskussion mit beeinflusste, gestaltete es ja die Wirklichkeit, die es beschrieb, in einer Art „self destroying prophecy" um.

Verallgemeinert gesagt: Die Pädagogik, die Soziologie und schließlich die Kommunikationswissenschaft als letzter Zweig einer bestimmten Art von Kulturwissenschaften, die das Verhältnis der zivilisatorischen Errungenschaften auf das Zusammenleben der Menschen betrachten, sorgten in den mehr als drei Jahrzehnten, die zwischen der werbegewendeten Orwelliade des Vance Packard und den Neunzigerjahren liegen, für eine stete Diskussion. Wie schon angedeutet, behandelten zwischen 1968 und 1975 ungezählte politologische, soziologische, pädagogische und psychologische Arbeiten kapitalismuskritisch den manipulativen Schein der „Warenästhetik"[9] und (angeregt durch Herbert Marcuse) die „repressive Toleranz"[10] der Konsumgesellschaft. Die Theorie der Warenästhetik ging von der Auffassung aus, daß die spätkapitalistische Produktion die Menschen zusehends von ihren ursächlichen („objektiven") Bedürfnissen entfremde und ihnen den schönen Schein vielfach nutzloser Konsumgüter als Entschädigung vermittle. Damit war schon die in der trefflichen Vokabel von Marcuse angesprochene Funktion der gesellschaftspolitischen Blendung berührt: Konsum und konsumgestützte Freiheiten waren Ausdrucksformen einer gesellschaftspolitischen Toleranz, die nur deshalb gewährt wurde, weil sie verhinderte, daß das bestehende System ins Schwanken geriet. Man nannte dies die „affirmative" Funktion der Medien, und die Werbung spielte die Rolle der Manifestation gesellschaftlicher Leit- und Vorbilder.

Spätere kommunikationswissenschaftliche Präzisierungen dieser kritischen Theorien befassten sich mit der Problematik der Glaubwürdigkeit[11] und der Ethik der Werbung[12], mit den Rollenbildern, die in den Spots und Anzeigen vermittelt wurden,[13] und mit den Facetten der Wirkungen bis hin zur Frage der Konsequenz eines steten, schon alltäglichen Informationsüberflusses.[14] Probleme dieser Art beschäftigen allerdings nicht nur die kritischen Bereiche der Kommunikationswissenschaft.

2. Medien- und rezipientenorientierte Theorien als Grundlagen der Werbeforschung

Parallel zur pragmatischen „Trendwende" in der Politik der frühen Siebzigerjahre, als man von der gesellschaftspolitischen Diskussion zur Tagesordnung der Sicherung eines neuen wirtschaftlichen Aufschwungs nach der ersten Ölkrise überging, etablierten sich neue Zweige der Gesellschaftswissenschaft. Soweit sie sich mit der Werbung befassten, zielten sie auf die instrumentelle Verwertbarkeit der Werbung im Besonderen und der „persuasiven Kommunikation" im Allgemeinen. Sie stützten sich dabei vornehmlich auf sozialpsychologische Einsichten der Steuerungsfähigkeit von Menschen in kleinen Gruppen.[15]

Das war nicht mehr die Kritik an manipulativen Taktiken der Überredung, sondern wissenschaftliche Arbeit an Strategiekonzepten. Interessanterweise erhielt diese Variante der wissenschaftlichen Beschäftigung mit der Werbung ihre Anregung aus der zunehmenden Irritation der Bevölkerung gegenüber jeglicher persuasiver Kommunikation: Verfeinerte Methoden der Werbewirkungsforschung hatten nämlich zutage gefördert, dass die „geheimen Verführer" immer weniger Erfolge verbuchen konnten. Das mag auch damit zu erklären sein, dass die westlichen Industrienationen zwanzig, fünfundzwanzig oder dreißig Jahre nach Vance Packard in einem Zustand der relativen Sättigung mit Konsumgütern waren und insofern für werbevermittelte Botschaften über das „Standardpaket" haushaltstechnischer Ausstattungen, Automobile, Reisen, Kleidung nicht mehr ansprechbar waren, sondern eher das Bedürfnis einer individuellen Nuancierung des Konsums entwickelten. Die soziologische Einsicht, dass sich die moderne Gesellschaft zusehends segmentiere, fand in der werbepsychologischen Sprache ihr Äquivalent, wenn vom unberechenbaren Konsumenten die Rede war.[16]

In diesem Zusammenhang sind die genuin kommunikationswissenschaftlichen Theorien präzis einzuordnen. Da sind zunächst die allgemein gefassten Orientierungen, wie sie durch die Alternative der „medien-" und der „rezipientenorientierten" Perspektiven geboten werden. In ihnen präzisieren Theorien mittlerer Reichweite das Terrain, in dem sich die Argumentation bewegt. Zum Beispiel die Theorie des „Agenda Setting". Mit diesem Ansatz ist jene Auffassung etikettiert, die in der Kommunikationspolitik der Medien eine Voraussetzung für die Gestaltung der öffentlichen Diskussion sieht. Nach dieser Annahme setzen die Medien die Tagesordnung des öffentlichen Zeitgesprächs fest. Es gibt einige Differenzierungen, die hier nur angedeutet werden können – etwa die Auffassung, dass die Medien zwar in der Lage seien, die Themen der öffentlichen Agenda zu setzen, aber nicht die Art und Weise zu beeinflussen, in der über diese Themen nachgedacht oder kommuniziert wird.[17]

Ein zweites Beispiel geben die geheimnisvollen „Suggestionstheorien" mit einer starken Fundierung in der Psychoanalyse ab. Sie gehen davon aus, dass spektakuläre Ereignisse Nachahmungen provozieren, die möglicherweise den Handelnden nicht bewusst sind. In einer variierten Form umspielen diese (bislang in der Kommunikationswissenschaft nicht sonderlich verbreiteten) Theorien den Gedanken, dass durch medial verbreitete Informationen die bereits „strukturell" für ein bestimmtes Handeln anfälligen Menschen verleitet werden. Die Suggestionstheorie spielt neuerdings eine wichtige Rolle bei der Frage nach der Wirkung von Gewaltdarstellungen in Film und Fernsehen.[18]

Ein drittes Beispiel medienorientierter Erklärungsansätze wird durch die Kultivationstheorie geboten.[19] Nach ihrer Auffassung werden Menschen durch die beständigen Leitbilder der Fernseh-Wirklichkeit zu einer verzerrten Wahrnehmung der Realität verführt. Diese theoretischen Ansätze werden weiter unten noch im einzelnen im Kontext ihrer Bedeutung für die Erklärung von Werbewirkungen diskutiert.

Auf der anderen Seite finden sich die fälschlicherweise als „alternative Ansätze" deklarierten publikumsorientierten Auffassungen, die unter dem Begriff des „Uses and Gratifications" die Perspektive umkehren.[20] Die Frage lautet nun nicht mehr: „Was machen die Medien mit den Menschen?" Sie zielt vielmehr auf die Nutzung der Medien durch die Menschen nach Maßgabe ihrer alltäglichen Interessen.

Es wird sich später zeigen, dass keine dieser Theorien, auf welcher Ebene auch immer, ohne die Berücksichtigung der jeweils anderen sinnvoll formuliert werden kann, und dass sie ihren Erklärungsgehalt erst durch die Integration in den bereits erwähnten ganzheitlichen Ansatz einer sozialökologischen Betrachtung des Verhältnisses von Medien und Menschen gewinnen. Diese Betrachtungsweise ist auf dem Sektor der Theorien mittlerer Reichweite durch ein spezifisches Modell verdeutlicht worden, das als „transaktional-dynamischer Ansatz" in die Literatur eingegangen ist.[21] Mit diesem Begriff ist meist die stete, wenngleich indirekte „Kommunikation" der Medien und der Rezipienten angesprochen – der Medien, die sich nach den Bedürfnissen der Menschen richten, und der Menschen, die ihre Bedürfnisse wiederum im Spiegel der medial artikulierten Ausgestaltungen präzisieren oder nuancieren.

So lassen sich die Erkenntnisse der theoretischen Auseinandersetzung mit der persuasiven Kommunikation folgendermaßen zusammenfassen:

1. Medien artikulieren auf der Grundlage statistischer Daten über ihr Publikum (Leserreichweiten und qualitative Forschung) bestimmte Meinungen, verdeutlichen Ein-

stellungen durch Leitbilder und vermitteln Informationen. Sie setzen damit weitgehend die Tagesordnung der öffentlichen Diskussion über solche Themen fest, zu denen Menschen keinen unmittelbaren Zugang besitzen.
2. Diese Festsetzung der Tagesordnung öffentlicher Diskussionen ist deshalb möglich, weil sich die mediale Umsetzung von Leitbildern, Meinungen und Informationen bereits auf die Bedürfnisse der jeweiligen Publika bezieht.
3. Der Begriff der Medien muss in diesem Zusammenhang weitläufig und differenziert verstanden werden: Medien sind sowohl die klassischen Medien der Massenpublizistik – Hörfunk, Fernsehen, Tageszeitungen, Publikumszeitschriften, Monatsmagazine für unterschiedliche Interessen und gesellschaftlichen Segmente – als auch die engeren Medien der Werbung: Plakate, Direct-Mailings, Broschüren etc. Will man eine innere Differenzierung zwischen beiden Bereichen etablieren, dann wird man im ersten Fall von „Werbeträgern" sprechen, im zweiten Fall von „Werbung" selbst.
4. Die öffentliche Wertschätzung der Werbeträger, ihre Wirkung und ihre Verbreitung in bestimmten Publikumssegmenten, hat nachhaltige Rückwirkungen auf die Werbung, die in ihnen transportiert wird. Je deutlicher ein Werbeträger-Medium im Zielpublikum etabliert ist, desto wirksamer werden die Informationen der Werbung beim Publikum ankommen. Insofern ist die Analyse der Medien und ihrer Wirkung unmittelbar an die Analyse der Werbung und ihrer Wirkung gebunden. Ausnahmen sind die reinen Werbeträger – wie die eben beschriebenen Plakatwände und andere Werbeträger ohne redaktionelles Umfeld.
5. Schließlich lässt sich auf dieser Grundlage einer Synergie zwischen Werbeträger (und seinen Wirkungen) und Werbung (und ihren Wirkungen) das Ensemble als ein Teil der Kultur komplexer Massendemokratien mit industrieller oder postindustrieller Infrastruktur beschreiben. Werbung ist Teil dieser Kultur, indem sie über die Produktinformationen die Selbstverständlichkeiten des alltäglichen Handelns artikuliert und damit die Grundlagen der bestehenden Gesellschaft affirmativ bestätigt.

Die Theorien der persuasiven Kommunikation sind in dieser Hinsicht also als Modelle zu verstehen, mit deren Hilfe sich im Rahmen einer ganzheitlichen Kultur bestimmte Erscheinungsformen dieser Kultur empirisch untersuchen lassen. Sie sind keine Erklärungen der Kultur, sondern nur Hilfsmittel, Beiträge zu ihrem besseren Verständnis zu erarbeiten und dabei die jeweiligen Teilaspekte auf eine für jeden Forscher sichtbare und nachvollziehbare Weise zu formulieren. Gleichzeitig dient diese theoriegeleitete Forschung dem pragmatischen Aspekt der besseren, effektiveren und wirkungsvolleren Gestaltung der persuasiven Kommunikation, oft zum Leidwesen der Wissenschaftler, die ihre Arbeit als kritische Auseinandersetzung mit der Werbung und mit werbeverwandten Formen der öffentlichen Kommunikation verstehen. Als Ergebnis der Arbeit präzisieren eine Reihe von Rahmenmodellen die Prozesse von Persuasionsabsicht und Rezeption. Hier soll eines der Modelle dokumentiert werden, das aus der weit reichenden Beschäftigung des amerikanischen Sozialpsychologen William McGuire mit Formen und Wirkungen von Kampagnen stammt (Schaubild 1).[22] Es ist deshalb ausgewählt, weil sein Differenzierungsgrad die Komplexität des Prozesses der persuasiven Kommunikation angemessen beschreibt und dabei die beiden Aspekte der „medien-" und der „rezipientenorientierten" Ansätze integriert:

Theorie der Werbung

Schaubild 1: Ablaufmodell der Wirkungen und Wirkungsbedingungen medialer Kampagnen nach McGuire

OUTPUT: Dependent Variables (Response Steps Mediating Persuasion) \ INPUT: Independent (Communication) Variables	SOURCE — number, unanimity, demographics, attractiveness, credibility	MESSAGE — type appeal, type information, inclusion/omission, organization, repetitiveness	CHANNEL — modality, directness, context	RECEIVER — demographics, ability, personality, life style	DESTINATION — immediacy/delay, prevention/cessation, direct/immun
1. E: Exposure to the communication					
2. A: Attending to it					
3. L: Liking, becoming interested in it					
4. C: Comprehending it (learning what)					
5. S: Skill acquisition (learning how)					
6. Y: Yielding to it: attitude change					
7. M: Memory storage of content and/or agreement					
8. I: Information search and retrieval					
9. D: Deciding on basis of retrieval					
10. B: Behaving in accord with decision					
11. P: Reinforcement of desired acts					
12. P: Post-behavioral consolidating					

Beschreiben wir die einzelnen Elemente der Matrix mit einfachen Worten: Ein Mensch sitzt vor dem Fernsehapparat (1) und stößt zufällig auf eine Werbebotschaft. Er betrachtet sie (2) und entwickelt Sympathie oder Interesse für die Mitteilung (3); auf dieser Grundlage versteht er (4), um was es sich handelt, erhält (5) weitere Anweisungen zum tieferen Verständnis und fühlt (6) das Bedürfnis, entsprechend zu handeln oder sich zumindest vorstellen zu können, der Botschaft entsprechend zu handeln. Zunächst wird die Mitteilung (7) einmal abgespeichert; später dann möglicherweise (8) mit harmonisierenden Informationen verknüpft bzw. durch die Suche nach solchen Informationen konsolidiert. Dann fällt eine Entscheidung (9), die vermutlich aus einem akuten Handlungsbedarf (10) heraus getroffen wird und die in Konformität mit der Werbebotschaft vollzogen wird. Schließlich muss die einmal getroffene Entscheidung (11) emotional oder kognitiv abgesichert und später noch einmal (12) gegen mittel- oder längerfristige Gefährdungen erneut aufgebaut werden.

3. Sozialpsychologische Theorien des menschlichen Verhaltens als Grundlagen der Werbeforschung

In die einzelnen Felder können nun die Funktionen und Charakteristika eingetragen werden, die in diesem Prozess der persuasiven Kommunikation zu berücksichtigen sind. Dabei zeigt sich zum Beispiel, dass schon die erste Stufe, das Erreichen von möglichen Rezipienten, von einer Reihe „intervenierender Variablen"[23] abhängt, zum Beispiel von der demographischen Besonderheit, der kognitiven Fähigkeit oder der Persönlichkeitsstruktur sowie dem Lebensstil der Rezipienten. Dabei sind schließlich auch die jeweiligen Situationen zu berücksichtigen, in denen sich die Rezipienten befinden können. Zu ihrer Beschreibung wiederum gibt es eine Reihe sozialpsychologischer Theorien, die zur weiteren Präzisierung verwendet werden können. Auch sie sind von William McGuire in beispielhafter Systematik übersichtlich dargestellt (Schaubild 2).[24]

Schaubild 2: Theoretische Modelle des menschlichen Verhaltens nach McGuire

INITIATION OF ACTION / TERMINATION OF ACTION	Need / Provocation / Relationship	Stability		Growth	
State		Active	Reactive	Active	Reactive
Cognitive	Internal	1. Consistency	2. Categorization	5. Autonomy	6. Problemsolver
	External	3. Noetic	4. Inductional	7. Stimulation	8. Teleological
Affective	Internal	9. Tensionreduction	10. Ego-defensive	13. Assertion	14. Identification
	External	11. Expressive	12. Repetition	15. Empathy	16. Contagion

Auch diese Matrix kann wieder mit einfachen Worten beschrieben werden (wobei in den einzelnen Zellen die jeweiligen wissenschaftlichen Bezeichnungen für die entsprechenden Theorien zu finden sind):

1. Menschen tendieren dazu, ihr bestehendes kognitives Weltbild durch die Suche nach bestätigenden Informationen zu stabilisieren.
2. In vielen Fällen wird eine Strategie der Kategorisierung angewendet, die neue Informationen, mit denen man konfrontiert wird, in das bestehende Begriffsraster einordnet.
3. Auf die soziale Umwelt bezogen, wird oft eine Attribuierung von Personen vorgenommen, mit denen man möglicherweise gar nicht in Kontakt gerät (darunter fallen z.B. verbreitete Urteile über Polizei, Bürokratie, Lehrer, Sozialarbeiter usw.).
4. Soziale Kontakte werden nach dem Muster der bestehenden Vorurteile bewertet.
5. Im Prozess der Persönlichkeitsbildung werden kontinuierlich neue Informationen gesucht.
6. Neue Herausforderungen werden unter dem Gesichtspunkt des Zuwachses an persönlichem Nutzen bewertet.
7. Manche Menschen neigen dazu, neue Kontakte und Herausforderungen zu suchen, wobei es offen bleibt, ob diese Expansion der sozialen Beziehungen wiederum zur Stabilisierung des Weltbildes auf einer anderen Ebene führen soll.
8. Es besteht zudem oft die Tendenz, auf äußere Herausforderungen mit Hilfe eines zielgerichteten Konzeptes zu reagieren, also im Laufe der Zeit bestimmte soziale, politische oder religiöse Vorstellungen umzusetzen.
9. Die auf emotionale Stabilisierung der psychischen Situation bezogenen Verhaltensmotivationen lassen sich beispielsweise beim Versuch der Reduktion sexueller oder aggressiver Spannungen beobachten.
10. Weiter besteht die starke Tendenz der Ich-Verteidigung bei persönlichen Herausforderungen, wobei die Aufrechterhaltung des Selbstbildes durch emotionale Reaktionen angesprochen ist.
11. Vor allem bei Jugendlichen lässt sich mitunter ein starker Hang zur Expressivität beobachten, mit der die eigene Person stilisiert wird.
12. Die in einer sozialen Situation gelernten Verhaltensweisen werden als Sicherheit vermittelnde Handlungsmuster wiederholt.
13. Hier ist die Selbstbehauptung durch Machtzuwachs, Herausforderung anderer Menschen oder Leistungswillen angesprochen.
14. Wieder vornehmlich bei Jugendlichen lässt sich die Tendenz zur Identifikation mit Idolen und Symbolen feststellen, die der immer weiter ausgreifenden Bestätigung der Persönlichkeit durch Anpassungsprozesse dient.
15. Durch eigene Initiative wird der Hang zur sozialen Mitlebigkeit befriedigt.
16. Schließlich zeigt sich oft die Bereitschaft zur modellhaften Nachahmung sozialen Verhaltens insbesondere bei solchen Jugendlichen, die eine geringe Ich-Identität entwickelt haben.

4. Die Theorie der „Effekt-Hierarchie"

Trotz ihrer Komplexität hat diese Darstellung ein Problem: Sie unterscheidet zwischen affektiven und kognitiven Voraussetzungen des Handelns, das heißt in diesem Falle der Rezeption einer Werbebotschaft und der anschließenden Entscheidung für oder gegen ihre Akzeptanz. Aus einer Reihe sozialpsychologischer Theorien wissen wir nun allerdings, dass affektive und kognitive Handlungsgrundlagen nicht unbedingt als Alternativen zu betrachten sind, sondern in enger Verbindung miteinander stehen. Ohne die Argumentation sehr in Einzelheiten treiben zu wollen, sollen nur die Konzepte der „funktionalen Autonomie" unterschiedlicher Bedürfnisse von Gordon Allport[25] oder Zajonc[26] erwähnt werden, in denen sich emotionale und kognitive Aspekte sowohl miteinander verknüpfen als auch gegeneinander wenden können wie bei der Entscheidung für Alkoholkonsum oder Rauchen trotz der Einsicht in gesundheitsschädigende Konsequenzen.

Von Bedeutung für die kommunikationswissenschaftliche Theorie der Werbung und der persuasiven Kommunikation ist ferner die Auseinandersetzung von Michael Ray mit der Hierarchie der Effekte, das heißt mit der Frage, in welcher Reihenfolge emotionale und kognitive Handlungsgrundlagen nach der Rezeption einer Werbebotschaft erfolgen.

Unter dem Titel „Marketing Communication and the Hierarchy of Effects" stellt er verschiedene Reaktionsmodelle des Publikums zusammen, die für die angewandte Kommunikationspolitik von Interesse sind.[27] Ray behandelt das Verhältnis „kognitiver", „emotionaler" und „konativer" Komponenten des Prozesses der persuasiven Kommunikation. Die kognitiven Aspekte einer Kampagne sind „Aufmerksamkeit", „Wahrnehmung", „Verstehen" und „bewusstes Lernen". „Interesse", „Wertschätzung", „Einstellungen", „Gefühle", „Überzeugung" stellen die emotionalen Aspekte dar. „Handlungsabsichten", „Verhalten" und „Aktionen" schließlich sind die konativen Aspekte dieser differenzierten Definition von Medieneffekten.

Ray dokumentiert auf der Grundlage der bis zu seiner Arbeit verfügbaren kommunikationswissenschaftlichen Studien die unterschiedlichen Möglichkeiten der Wirkungsprozesse, wobei die drei Elemente in jeweils unterschiedlicher Reihenfolge auftreten können. Für die Strategie öffentlicher Kampagnen sind insbesondere drei Hierarchien von Bedeutung: die „Lern-Hierarchie", die so genannte „Dissonanz-Attributions-Hierarchie" und die im englischen Original so genannte „Low Involvement-Hierarchie". Alle drei prozessualen Modelle umfassen jeweils eine Reihe der von McGuire in der Theorie-Matrix dargestellten Reaktionsweisen.

Die „Lernhierarchie" setzt voraus, dass das Publikum bereits am Thema interessiert ist und Klarheit über die Alternativen des Umgangs mit einem Thema herrscht. Die neu verbreiteten Ideen müssen sich deutlich von der bisherigen Praxis absetzen und ihren Sinn unter Beweis stellen. Das Publikum wird auf die publizistisch vermittelten Alternativen aufmerksam, freundet sich mit ihnen an (die emotionale Reaktion folgt also der kognitiven) und richtet das künftige Handeln entsprechend ein – das konative Element steht also am Ende der Hierarchie.

In der „Dissonanz-Attributions-Hierarchie" kehrt sich diese Reihenfolge um. Ray beschreibt Situationen, in denen Publikumssegmente oder Individuen in Handlungsabläufe einbezogen sind, die sie nicht bewusst kontrollieren. Diese Situationen sind häufig dadurch gekennzeichnet, dass große Teile des Publikums zwangsläufig in einen Handlungsprozess involviert sind, aber mangels sichtbarer Alternativen zunächst weder kognitiv noch emotional reagieren. Erst im Prozess der bewussten Auseinandersetzung mit den Konsequenzen des Handelns (nach einem situationsbedingten Fehlverhalten etwa oder in der ungewöhnlichen Situation von Massenbewegungen) wird die Konsequenz des Handelns deutlich. Gleichzeitig vollzieht sich (zumindest in positiven Fällen) auch die emotionale Absicherung. Diese Hierarchie geht also von einer Handlung aus, führt dann über die gefühlsmäßige Selbstbestätigung zum Wunsch nach Information, nach Lernprozessen, die das einmal absolvierte Handeln dann auch rational legitimieren.

Die „Low Involvement-Hierarchie" erweist sich häufig dann als angemessene Beschreibung der Situation, wenn für große Publikumssegmente nur minimale Differenzen zwischen den angebotenen Alternativen herrschen. Kognitive Reaktionen, denen unmittelbar Verhaltenskorrekturen folgen, die dann möglicherweise auch zu einer emotionalen Fundierung führen (dies aber nicht zwangsläufig), stellen den Ausgangspunkt in dieser Hierarchie dar. Die „Low Involvement-Hierarchie" stellt nach den bislang vorliegenden Forschungen über die Prozesse der persuasiven Kommunikation die häufigste Situation dar, in der Werbung auf Rezipienten und damit auf potenzielle Käufer von Waren oder Nutzer von Dienstleistungen trifft. Vor allem bei Produkten, die auf einem Massenmarkt kaum spezifische Unterschiede zu den jeweiligen Konkurrenzangeboten aufweisen (Waschmittel, Grundausstattung der Körperpflege, Kaffee, leichte Getränke) ist das emotionale oder kognitive Engagement gering. Nach den vorliegenden Forschungen scheint es eher so, dass erstens langfristig aufgebaute Konventionen und zweitens die Bewertung von Marken durch die Mitglieder der Bezugsgruppen im Alltag von größerer Bedeutung sind als die Informationen, die durch Werbung übermittelt werden.

Aber auch bei Produkten, die einen starken öffentlichen Reizwert besitzen (wie etwa Autos) zeigt sich die Gültigkeit dieser Einsicht. Die Involviertheit der Konsumenten ist relativ stark. Das Thema ist in der öffentlichen Diskussion breit verankert – durch die alltägliche Präsenz des Autos zum Beispiel, durch Gespräche über Vor- und Nachteile bestimmter Marken, durch die soziale Bewertung und die Positionierung im Merkmalsraum der Statussymbole und nicht zuletzt auch durch eine auflagenstarke Special-Interest-Publizistik, die sich an ein breites Publikum richtet. In Österreich ist zum Beispiel die „Auto-Revue" das reichweitenstärkste frei verkäufliche Magazin auf dem Pressemarkt.[28]

Für eine stete Information über das Thema ist also gesorgt. Auch der Differenzierungsgrad der Information ist angemessen hoch: Technische Informationen verbinden sich mit der Manifestation von Images und den Hinweisen auf emotionalen Zusatznutzen; Preise, Folgekosten, Wertverlust, Sinn und Unsinn von Ausstattungsdetails bieten kognitive Handreichungen für die Entscheidung. Die Alternativen sind klar. Dennoch verbindet sich mit der Nutzung einer Marke eine starke Tradition. Ähnlich wie bei Zahnpasta oder Waschmitteln ist die Markenloyalität der Autofahrer weltweit relativ groß. Mit kognitiven Argumenten ist dieses Phänomen bei der Angebotslage nicht mehr zu erklären. Dennoch muss die emotional begründete Markenloyalität in der Öffentlichkeit kognitiv abgesichert werden. Dabei könnten Dissonanzen entstehen, die zu einer neuerlichen Bewertung der traditionell genutzten und der möglichen Konkurrenzprodukte führen, zu einer Umorientierung der kognitiven Bewertung, der dann eine emotionale Absicherung folgt. An dieser Stelle setzt das erste Erklärungsmodell ein, das Ray mit dem Terminus der „Lern-Hierarchie" beschrieben hat.

5. Frühe Kompetenz einer kontextuellen Theorie: „Opinion-leading" und „Two Step Flow"

Doch auch die Dynamisierung der von McGuire dokumentierten Vielfalt möglicher Reaktionen auf Werbebotschaften durch die Hierarchie-Theorie von Ray vernachlässigt den wiederum deutlich sichtbaren Zusammenhang der Alltagskultur, die sich hier in einer Art „Konventionalität" zeigt, das heißt in einer Beharrung auf sozial legitimierte Handlungsweisen, die die Position der Menschen in einem alltagskulturellen Kontext mitbestimmen. Diese Einsicht erinnert an die überraschenden Befunde, die Paul Lazarsfeld, Hazel Gaudet und Bernard Berelson bei ihrer ersten Wahlstudie 1940 im Erie County erarbeiteten und die unter dem Stichwort der „limited effects of mass media" in die Literatur eingingen.[29] Lazarsfeld und seine Mitarbeiter mussten zur Kenntnis nehmen, dass die Botschaften der Wahlwerbung weit weniger Bedeutung hatten als die alltägliche Kommunikation und dass in ihr die massenmedialen Mitteilungen erst von einer Gruppe einflussreicher „Opinion Leader" interpretiert und dann verbreitet wurden. Das wissenschaftliche Modell, das diesen Prozess abbildete, wurde unter dem Begriff des „Two-Step-Flow of Communication" bekannt.[30] Es besagt, mit einfachen Worten, dass die Zuwendung von Menschen zu massenmedialen Botschaften nicht direkt erfolgt, sondern durch die Vermittlung der für bestimmte Themen als kompetent erachteten Personen des näheren sozialen Umfeldes.

Diese Theorie ist im Rahmen der Wahlkampfforschung entwickelt worden, zudem in den Vierzigerjahren. Deshalb hat es eine Reihe von Diskussionen über ihre spätere Geltung gegeben. Diese Diskussionen müssen allerdings insofern relativiert werden, als sie häufig zu eng an den Ausgangsbedingungen festhielten und einem Prinzip nicht folgten, das als Handlungsprinzip wissenschaftlicher Argumentation grundsätzlich beachtet werden muss: der Strategie der „strukturellen Relativierung".[31] Dieses Prinzip richtet sich darauf, die Grundbestandteile eines einmal beobachteten Prozesses aus den jeweiligen zeitlichen und räumlichen Bedingungen zu lösen und im Sinne eines idealtypischen Modells zu verdichten. An diesem Modell wird dann die Wirklichkeit geprüft. Wenn man so vorgeht, zeigt sich, dass das Grundmodell des „Two-Step Flow of Communication" in einer interessanten Variabilität weiterhin das Verhältnis von Massenmedien und Rezipienten prägt. Einer der ersten, die es für die Werbepraxis anwendete, war ein Mann, der in Wien im Umfeld der frühen akademischen Welt Paul Lazarsfelds gearbeitet hatte und der wie Lazarsfeld davon ausging, dass zwischen der Vermittlung politischer Werbung und der Werbung für Seife kaum ein Unterschied besteht, wenn man die Motive, die für den Kauf eines Produkts oder für eine politische Entscheidung bedeutsam sind, ins Zentrum der Argumentation stellt. Dieser Mann war Ernest Dichter.[32]

Er dokumentierte dies in einer mittlerweile klassischen Kampagne für den damals neuen Plymouth aus dem Chrysler-Konzern. Durch eine Reihe von Tiefeninterviews stieß Dichter auf die Tatsache, dass die Kaufentscheidung der Männer für „ihre" Autos in starkem Maß von den Ehefrauen beeinflusst war. Die logische Schlussfolgerung war, Anzeigen für den neuen Plymouth auch in Frauenmagazinen zu schalten. Sozialpsychologisch interessant und in dieser Hinsicht eine gute Illustration für die enge Verflechtung emotionaler und kognitiver Handlungsgrundlagen (zum Teil auch für die widerstreitenden Funktionen, wie sie in den Konzepten der funktionalen Autonomie beschrieben worden sind), war dabei ein Befund über das Verhältnis von Kaufentscheidungen für Limousinen und für Cabriolets. Der Marktanteil für Cabriolets lag damals bei etwa 2 Prozent. Als Dichter und seine Mitarbeiter im Zuge der Motivforschung in einem Autogeschäft in unterschiedlichen Schauräumen jeweils eine Limousine und ein Cabriolet präsentieren ließen, zeigte sich bei den Männern ein unproportional hohes Verhältnis zu Gunsten der Cabriolets. Offensichtlich überwog die kognitive Entscheidung zu Gunsten der funktionalen Aspekte einer Limousine: Familientauglichkeit etc. Die Werbeeinschaltungen in den Frauenzeitschriften berücksichtigten in der Folge auch die empirisch erarbeiteten, eher emotional begründeten Sympathien für die Cabriolets dadurch, dass Ehefrauen in den Anzeigen ihre Faszination für das Cabriolet ausdrückten und dabei auch den sozialen Vergleich anstrengten: „Imagine *Us* in a Car like that!"[33]

Ernest Dichters Forschung bezog das soziale Umfeld, bezog die Alltagskultur der Menschen mit ein und gründete sich auf die kulturanthropologische Einsicht, dass Konsumgüter auch Ausdrucksformen eines Anspruches auf eine bestimmte soziale Position darstellen. Im Zuge eines Sozialisationsprozesses lernen Kinder bereits, mit diesen „Status-Symbolen" umzugehen und ein soziales Bewertungssystem zu gebrauchen, dessen Dokumentationen eben im Konsum bestimmter materieller und immaterieller Güter besteht. Durch die Präsenz der Werbung entsteht gleichzeitig neben der Darstellung bestimmter Produkte auch eine Art von kultureller Dokumentation der Konsumgesellschaft. Damit wird ein „Kultivierungseffekt" erzeugt, der die Selbstverständlichkeit einer stetig verfügbaren Warenwelt nahelegt. Durch Werbung lernen Kinder weniger über einzelne Produkte als über die Tatsache, in einer bestimmten Kultur zu leben, in der die Verfügbarkeit der Produkte und ihre stete Manifestation in den Massenmedien zum Alltag gehören. Man könnte die entsprechende Theorie aus den Arbeiten George Gerbners zur „Kultivierung" durch Gewaltdarstellungen und Aggressionen im Fernsehen ableiten.[34]

6. Die „Kultivierungs"-Theorie

Diese Theorie besagt, dass Menschen, die ihr Weltbild vor allem aus den audiovisuellen Medien beziehen, durch die großen Anteile gewalttätiger Szenen (auch in den Nachrichten) die Wirklichkeit für gewaltbedrohter halten als andere, die weniger fernsehen. Im übertragenen Sinne könnte nun die These geprüft werden, dass Menschen, die sehr viel mit Medien umgehen, sich deutlich stärker an die Selbstverständlichkeit der allgegenwärtigen Konsumumwelt gewöhnen als Menschen, die weniger mit Medien umgehen. Diese These ist allerdings zu eng formuliert. Eine „Kultivierungs-Theorie", die sich auf die kulturelle Bedeutung der Werbung bezieht, kann sich nicht nur auf die klassischen Medien beziehen, sondern muss spezifische Werbemedien miterfassen (etwa das Plakat oder die Postwurfsendung in einer Direct Mail-Aktion, den Warenhauskatalog oder Medien – wie beispielsweise die Autozeitschriften, Modemagazine, Wohn- und Essmagazine usw.). Bezieht man diese Publikationen, die direkt oder indirekt zur Dokumentation der Konsumumwelt produziert werden, mit ein, dann entsteht eine unausweichliche publizistische Präsenz der Warenwelt, in der es im Prinzip keine „Wenigseher" mehr gibt. Das bereitet der empirischen Arbeit zwar einige Probleme beim Vergleich unterschiedlicher Gruppen, spricht theoretisch aber für die Auffassung der steten „Kultivierung".

Auch in den einzelnen Werbungen selbst ist diese Umwelt der sozial positiv bewerteten Produkte unabhängig vom Produkt realisiert. Dabei lassen sich die Küchen- und Wohnungseinrichtungen in Werbespots für Wasch- und Putzmittel, die modischen Accessoires von Menschen in der Getränke- oder Wäschewerbung ebenso nennen wie die Ausgestaltungen der Szenen in Kriminalfilmen oder Serien mit gesellschaftlichem Charakter. Dabei werden gelegentlich Produkte gezeigt, die deutlich identifizierbar sind – wieder etwa Autos. In Filmen hat die pragmatische Umsetzung dieser wissenschaftlichen Einsicht der kommunikationswissenschaftlichen Sozialisationstheorien längst zu deutlichen Konsequenzen des „Product Placement" geführt: Waren werden klar identifizierbar in ihrer jeweiligen „natürlichen" Umwelt präsentiert. In einer (meist vorgeblich) dokumentarischen Redlichkeit ist die Marke des Bieres, der Zigaretten oder der Long Drinks zu erkennen. Verbunden mit den Leitbildern, die durch bestimmte Stars gesetzt werden („Opinion Leading" durch Prominente, aus dem Alltagskontext in den Bereich der Imagebildung über den Alltag verlegt), erhalten die so plazierten Produkte eine Zusatzdefinition. Verhaltensweisen werden mit dem Gebrauch bestimmter Produkte assoziiert und, wenn sie sich für die Nachahmung im Alltag eignen (was bei Fernsehserien stärker der Fall ist als bei Kinofilmen, weshalb das Product-Placement im Fernsehbereich auch eine wesentlich stärkere Debatte herausgefordert hat), möglicherweise als Accessoires des eigenen Alltagsverhaltens genutzt. Prominente werden oft dann auch außerhalb der Filme, in denen sie ihr Image aufgebaut haben, als Promotoren bestimmter Produkte genutzt, um über „Testimonials" (so der Fachausdruck) ihre Anhänger von der Qualität eines Produkts zu überzeugen.

In einer etwas schwächeren Variation dieses pragmatisch umgesetzten „Opinion Leading"-Grundmodells, das sich mit dem sozialökologischen Ansatz verknüpft, werden prototypische Leitbilder aus den jeweiligen Sympathien der angesprochenen Zielgruppe konstruiert und als Imago des Angesprochenen verbreitet. Die empirische Grundlage für derlei „qualitative Faktorenanalysen"[35] ist die in den letzten Jahren intensivierte „Life-Style"-Forschung, aus deren Befunden sich so genannte „Typologien" entwickelt haben, die die Lebensstile unterschiedlicher Publikumssegmente widerspiegeln. Es gibt eine Reihe von bildhaften Verdichtungen, in denen modische Accessoires, Namen, Konsumumwelt, Vorlieben, Zukunftserwartungen usw. veranschaulicht sind.[36]

In der zunehmenden empirischen Arbeit über den Lebensstil der Menschen, als Umsetzung des sozialökologischen Ansatzes und der Befunde einer erweiterten „Kultivierungs-Theorie" mit Hilfe eines kombinierten Theoriespektrums medien- und rezipientenorientierter Modelle, hat sich in den letzten Jahren allerdings ein Problem gezeigt: die Segmentierung der Gesellschaft in immer kleinere und immer nuanciertere Lebenswelten. Die fünfziger Jahre waren noch von einer formierten allgemeinen Konsumerwartung geprägt. David Riesman hat sie für die Vereinigten Staaten beschrieben und dabei auch der europäischen Forschung mit dem Terminus der „Konsumlaufbahn" eine attraktive Idee vorgegeben.[37] Ziel des beruflichen und privaten Lebens war der Erwerb des allgemein akzeptablen „Standardpaktes" des an Mittelschicht-Normen ausgerichteten Konsums. Als (wie weiter oben bereits angedeutet) eine relative Sättigung mit den alltäglichen Konsumgütern und schließlich auch mit den Konsumgütern des gehobenen Bedarfs (Autos, Fernsehapparate, Haushaltstechnik, Reisen) erreicht war, setzte die von der Publizistik unterstützte Nuancierung der Lebensstile ein, die sich in der Mode, in Essgewohnheiten, im Stil der Möblierung und in der Auswahl der touristischen Ziele äußerte. Die Achtzigerjahre waren vor allem in den Altersschichten zwischen 25 und 45 Jahren deutlich von dieser Entwicklung geprägt, die ihre Parallele in einer zunehmenden Spezialisierung der Massenmedien fand. Die Erklärung für die begleitende publizistische Segmentierung liegt zum Teil in der Suche nach neuen Zielgruppen als Adressaten eng umgrenzter redaktioneller Konzepte und damit auch eng umgrenzter Werbung. Die entsprechenden Medien (Zeitgeistmagazine zum Beispiel oder zielgruppenorientierte Medien für Frauen bestimmter Schichten, für ökologisch Interessierte, Kunstfreunde, Gourmets usw.) entwickelten im Laufe der Zeit eine starke artikulative Macht. Sie definierten Ausdrucksformen eines Lebensstils, der sich dann in den Produkten der in diesen Medien geschalteten Werbung verlängerte.[38]

7. Werbung unter dem Einfluss des gesellschaftlichen Wertewandels – Ein soziologischer Ansatz

Gleichzeitig entwickelte sich eine neue Sensibilität für gesellschaftspolitische, ökologische, kulturelle und wirtschaftliche Probleme. Wirtschaftsmagazine betonten die „neue Ethik", die Umweltproblematik wurde zum allgemeinen Thema, „postmaterialistische" Einstellungen verstärkten sich – mit einem Schlagwort ausgedrückt: Die fortgeschrittenen Industriegesellschaften erlebten einen Wertewandel.[39] Auch die in diesem Begriff angesprochenen Aspekte wurden durch die Berichterstattung der Massenmedien verbreitet. Neben der Nuancierung des Konsums entwickelte sich eine differenzierte und gelegentlich distanzierte Haltung. Sie hat ihre Grundlagen in einer Reihe von Entwicklungen, die teils demographischer Natur sind, teils mit gesellschaftlichen Neuorientierungen zu tun haben:

1. Die Verschiebung der Alterspyramide: Die geburtenstarken Jahrgänge, die in den zwei Jahrzehnten zwischen 1946 und 1965 auf die Welt kamen und die in einer Mischatmosphäre des gesellschaftspolitischen Liberalismus und des wirtschaftspolitischen Pragmatismus aufwuchsen, bilden nun die stärkste demographische Gruppe mit relativ großem Einfluss. Da diese Gruppe nun über 40 Jahre alt ist, richten sich naturgemäß die bislang eher pragmatisch und karrieristisch orientierten Gedanken auch auf die Sicherung der eigenen Zukunft und der Zukunft der Kinder. Die Frage nach dem kulturellen und ökologischen Sinn von Waren und Dienstleistungen wird immer pointierter gestellt.
2. Im Zuge der gesellschaftspolitischen Liberalisierung der letzten Jahrzehnte wurde die Rolle der Frauen neu definiert. Diese Definition erstreckte sich nicht nur auf die gesellschaftlichen und kulturellen Standorte, sondern auch auf die wirtschaftlichen Positionen. Aus beiden Aspekten, aus der demographischen Umstrukturierung unserer Gesellschaft und dem gleichzeitigen Bedeutungswandel der Frauenrolle, entstehen neue Bedürfnisse, Produktinteressen und Ansprüche an die Dienstleistungsindustrie.

3. Die Europäisierung der Nationen und die Liberalisierung der ehemaligen „Ostblock"-Staaten ermöglichen ein neues kulturelles, wirtschaftliches und gesellschaftspolitisches Gesamtklima.
4. Einer der wichtigsten Aspekte, die die Gesellschaft der Zukunft betreffen, ist die zunehmende Integration von Informations- und Kommunikationstechniken in Beruf und Alltag. Mit ihr geht eine „Entgrenzung der Märkte" einher, die ihren regionalen Charakter zum Teil verlieren werden.
5. Durch den Anstieg der formalen Bildung in den letzten Jahrzehnten und den Anstieg der (zumindest partikularen) Kompetenz breiter Bevölkerungsschichten hat sich eine neue kritische Sensibilität gegenüber dem Produktions- und Dienstleistungssektor entwickelt. An diesem Kompetenzzuwachs sind die Medien mit der einschlägigen Berichterstattung über Umweltprobleme, internationale Problemverflechtungen (Import von Tropenhölzern und Klimaveränderungen zum Beispiel), Emanzipation, Sinnprobleme bei Jugendlichen, Konsequenzen der Energietechnologie, aber auch in Alltagsfragen (gesunde Ernährung, Versicherung, Partnerschaft und Sexualität) beteiligt. Mit dem wachsenden Bewusstsein entwickelt sich auch ein neues Bewertungssystem für den Sinn und den Nutzen von Produkten und Dienstleistungen. Auf diese differenziertere Einstellung müssen sich wiederum die Bemühungen der Werbung einstellen.
6. Dies zeigt sich insbesondere in den deutlichen Glaubwürdigkeitsdefiziten und Irritationen, die die Massenmedien generell und die Werbung im Besonderen haben erleben müssen. Die abnehmenden Auflagen und Leserreichweiten der allgemein informierenden Illustrierten und der rasche Anstieg der Verbreitungsziffern für Magazine und Illustrierte mit speziellen wirtschaftlichen, kulturellen, gesellschaftspolitischen und ökologischen Fragestellungen dokumentiert die Segmentierung des Bewusstseins auch im publizistischen Bereich. Die werbetreibende Industrie hat auf diese Irritationsprozesse mit einer partiellen Verlagerung ihrer Bemühungen auf werbeverwandte Formen der öffentlichen Ansprache (dabei insbesondere auf das Sponsoring) reagiert, um die Differenzierung des Bewusstseins breiter Bevölkerungsschichten aufzufangen.

8. Fazit

So schließt sich der Kreis, der die genannten Punkte soziologischer, politologischer, psychologischer und kulturwissenschaftlicher Natur berührt, und mündet in der kommunikationswissenschaftlichen Analyse der Möglichkeiten wirkungsvoller Kampagnen in hochkomplexen Gesellschaften.

Dabei ist es keineswegs immer so, dass die Wissenschaft bereits die Konzepte besitzt, die in der Praxis dann umgesetzt werden. Es handelt sich vielmehr um einen wechselseitigen Prozess des Erkenntniszuwachses. Im Falle der „Agenda-Setting"-Theorie bestand sogar das Etikett selbst lange vor seiner wissenschaftlichen Nutzung – es war Teil einer kritischen Kampagne der Politiker gegen die Praxis der Massenmedien.[40] In anderen Bereichen der persuasiven Kommunikation sind die Etikettierungen zwar unterschiedlich, aber bei struktureller Betrachtung Ausdrucksformen gleichartiger Modelle – im „Product Placement" etwa oder im „Sponsoring", mit dessen Hilfe

Unternehmen versuchen, Journalisten auf sanftem Wege zu Meinungsführern zu machen, indem sie die kulturellen Aktivitäten der Unternehmen beschreiben und bewerten. Die kulturellen Aktivitäten selbst sind nach einschlägiger Forschung zum Lebensstil der Zielpublika als Modelle geplant, die sich reibungslos in die Alltagskultur integrieren lassen. Wieder zeigt sich am Beispiel, wie dieser Prozess angelegt ist, und wie nahe sich die wissenschaftlichen Modelle und die pragmatischen Strategien der Werbung sind: Wenn etwa eine Bierfirma solche kulturellen Ereignisse sponsert, zu denen vor allem relativ „werberesistente", formal hochgebildete, kulturell interessierte Leute mit relativ hohem Einkommen und aufstiegsorientierter Zukunft gehen.

An diesen Beispielen und an der Diskussion über die Standortbestimmung kommunikationswissenschaftlicher Theorien der Werbung zeigt sich zweierlei:

1. Es gibt keine genuinen Theorien der Werbung. Das wäre schon deshalb verwunderlich, weil die Werbung Ausdrucksform der publizistischen Gesamtkultur ist und – wie sich an der engen Verbindung von Werbeträger und Werbung zeigt – unmittelbar mit dieser Kultur verflochten ist. Insofern gelten die kommunikationswissenschaftlichen Theorien als Erklärungsansätze hier wie in der Auseinandersetzung mit politischen Fragen oder mit dem Problem der Sozialisation durch Massenmedien bei der Verbreitung von Geschlechts-Stereotypen.
2. Die verschiedenen Ebenen der Theorien sind nur Ausdrucksformen unterschiedlicher Interpretationsreichweiten und unterschiedlicher Blickwinkel auf ein komplexes Phänomen. Die mühsam herausgeputzten so genannten Alternativen zwischen Wirkungs- und Nutzen-Ansätzen erweisen sich bei angemessener empirischer Betrachtung als komplementäre Zugänge zu einer Wirklichkeit, die in ihren Grundcharakteristika durch die kultursoziologischen Modelle beschrieben sind und in denen die Verhaltensweisen von Gruppen und einzelnen Individuen durch eine große Zahl sozial-, wahrnehmungs- und individualpsychologischer Ansätze erfasst werden können. Wir dürfen dabei niemals aus dem Blick verlieren, dass alle diese Modelle, Ansätze und Theorien miteinander in Beziehung stehen, ebenso wie die Werbung mit allen anderen kulturellen Ausdrucksformen unserer komplexen nachindustriellen Gesellschaften in enger Beziehung steht.

9. Nachbemerkung – oder: ein Rückblick nach vorn

Eine Theorie, so haben wir gelernt, ist ein systematisches Gebäude empirisch gesicherter Annahmen, die einen Gegenstand der jeweiligen akademischen Disziplin zweifelsfrei und mit klar umrissenen Kategorien beschreiben hilft, also etwa Unterhaltung, Kommunikationspolitik, Information oder – wie hier – Werbung. Eine Theorie soll darüber hinaus die inneren Elemente des Gegenstands in ihrer Verbundenheit verdeutlichen. Schließlich soll sie die Positionen des Gegenstandes im Kontext angrenzender Gegenstandsbereiche zu verstehen helfen. Nicht zuletzt schreiben sich Theorien die Aufgabe zu, Erklärungen über die Genese der jeweiligen Gegenstandsbereiche beizusteuern, neue empirische Befunde in den bestehenden Kontext einzuordnen und ihn, wo es notwendig erscheint, auch zu erweitern.

Diesem langen und komplexen Absatz folgt ein ganz kurzer und einfacher: Die Praxis stellt sich oft anders dar. So behelfen wir uns denn mit „Idealtypen", mit reinen

Formen, mit gewissermaßen platonischen Ideen von Gegenstandsbereichen. Mit Hilfe dieser Ideen bzw. reinen Formen lassen sich dann signifikante Abweichungen beschreiben, verstehen, erklären und empirisch einordnen.

Das Problem ist nun, dass manche Gegenstandsbereiche von Studierenden nicht nur aus Lust an analytischer Durchdringung behandelt werden, sondern weil sie eines Tages in diesem Kontext arbeiten wollen, praktisch und ganz alltäglich. Da stellt sich dann manches, was man gelernt hat, nur noch als sehr unscharfes Polaroid-Bild des Gegenstandsbereiches dar. Bei der Werbung zum Beispiel.

Schon im Titel des hier wieder abgedruckten Beitrages von 1995 war diese Unschärfe sichtbar: „Theorie der Werbung" hieß es (und heißt es weiter). Nicht „eine" oder „die" Theorie. So stand und steht die Abhandlung im vollen Licht der Vorläufigkeit der Befunde, tastet sich durch eine Reihe von Aussagen, die den Anspruch kommunikationswissenschaftlicher Argumentation formulieren, obwohl deutlich wird, dass Werbung keineswegs der Gegenstand einer einzelnen wissenschaftlichen Disziplin sein kann.

Und doch ist der Anspruch legitim: Phänomene des Alltags, die ja immer Ausdrucksaktivitäten in Kommunikations- und Interaktionsprozessen darstellen, so lange mit Hilfe kommunikationswissenschaftlicher Ansätze zu behandeln, wie es geht. Erst, wenn ein Phänomen nicht mehr mit Hilfe der Kommunikationswissenschaft allein zu beschreiben und in seinen Kontexten zu verstehen ist, wenn seine Genese nicht mehr auf diese Weise zu erklären und seine Konsequenzen so nicht zu prognostizieren sind, treten andere Disziplinen in ihr Recht, die sich demselben Prinzip des perspektivischen Denkens verpflichtet fühlen und somit gleichzeitig auch ihre Grenzen formulieren.

Immer wieder berühren die Argumente, die sich grundsätzlich mit dem Wesen der Werbung beschäftigen und nach „der" Theorie suchen, verwandte Wissenschaften. Im vorstehenden Aufsatz sind es zunächst die sehr nahen Verwandten wie die Psychologie, die Soziologie und die Wirtschaftswissenschaft (schließlich geht es ja nun einmal bei der Werbung um die Beschleunigung der Warenzirkulation, um Marketing mit dem Ziel der Absatzsteigerung). Semiotische, semiologische und linguistische Ansätze wurden aus Gründen der Übersichtlichkeit und der Platzverhältnisse nicht einbezogen, auch wenn wichtige Einsichten, die heute in der Kommunikationswissenschaft diskutiert werden, ihren Ursprung diesen Disziplinen verdanken.

Plädoyer für eine ernsthafte Interdisziplinarität

Heute müssen weit mehr Impulse ausgespart werden, ohne dass damit ihre Bedeutung für Beschreibung, Verständnis und Erklärung der Werbung in Abrede gestellt werden dürfte. Und zwar deshalb, weil sich der „effective scope" der Wissenschaften stark verbreitet hat. In den Jahren, seit dieses Buch auf dem Markt ist, haben sich einige revolutionäre Weiterungen der Wissenschaften ereignet, von denen die meisten die Kommunikationswissenschaft genuin berühren und zu einer Standortrevision zwingen.[41] Gemeint sind die (noch uneinheitlichen) Forschungen der Hirnphysiologie und der Evolutionsbiologie, die sich mit den Mechanismen und neurologischen Vorgängen der Wahrnehmung und des Gedächtnisses beschäftigen; hoch interessant und mit theoretischen Sprengsätzen versehen sind in diesem Zusammenhang der Werbewirkungen die Entschlüsselung der Emotionen als Funktionen neurochemischer Transmissionen im quasi-chaotischen Gespinst unendlich verästelter Schaltkreise; von essenzieller Bedeutung sind weiter die Fragen der genetisch-kulturellen Koevolution bei der Frage nach der Elaboration kulturellen „Sinns", die Edward Wilson in seinem Buch über die „Einheit des Wissens" wieder aktualisiert hat (und die lange schon Forschungsobjekte des Ethologen Irenäus Eibl-Eibesfeldt darstellen). Diese Wissenschaften sind sehr viel deutlicher als 1995 ins öffentliche Bewusstsein gerückt. Niemand, der sich mit kommunikationswissenschaftlichen Fragen beschäftigt, darf heute übersehen, dass es sie gibt und dass sie auf ihre Weise wichtige Antworten auf kommunikationswissenschaftliche Fragen geben.

Aber auch die klassischen Verwandten wie die Soziologie und die Wirtschaftswissenschaften sind munter mit neuen Expeditionskorps auf unwegsamen Trampelpfaden durchs chaotische Terrain unterwegs. Das zunächst mathematische Stichwort des „Chaos" übt seit etwa fünf Jahren seine große Faszination aus, vor allem auf die systemtheoretisch inspirierten Analytiker der Werbung und auf die unter den vollen Segeln einer Modetheorie zu fundamentalen erkenntnistheoretischen Annahmen getriebenen Konstruktivisten. In diesem Zusammenhang sind die neueren Arbeiten zur Komplexitätstheorie in der Soziologie und der Wirtschaftswissenschaften zu erwähnen, die ihrerseits eine Menge Überschneidungen vor allem im Bereich der Entscheidungstheorien aufweisen. Ansätze, die sich mit der Frage beschäftigen, wie Menschen als komplexe adaptive Systeme in nicht minder komplexen adaptiven Umwelten agieren.

Diese Art der hochkomplexen Interaktionssysteme und die in ihnen entstehenden Kommunikationsprozesse und Entscheidungen scheinen überhaupt mehr und mehr Wissenschaften zu faszinieren. Die Erteilung des so genannten „Nobelpreises für Wirtschaftswissenschaften" (präzis: „Bank of Sweden Prize in Economic Sciences in Memory of Alfred Nobel") hat dieser kommunikationswissenschaftlichen und interaktionstheoretischen Öffnung der Wirtschaftswissenschaft einige Glanzlichter aufgesetzt: Am meisten Aufsehen hat die Verleihung (eines Drittels) des Preises an Reinhard Selten für seine Arbeiten auf dem Gebiet der Spieltheorie verursacht (auch, weil Selten Deutscher ist).

Weniger publikumswirksam war im deutschsprachigen Raum die Preisverleihung im Jahr 1996 für William Vickrey und James Mirrlees für ihre Arbeiten auf dem Gebiet der Entscheidungsfindung bei unzureichenden Informationen und 2001 für die Arbeit an der Bedeutung der asymmetrischen Verbreitung von Informationen.

Mittlerweile sind vor allem im Bereich der wirtschaftswissenschaftlich inspirierten Entscheidungstheorien wichtige Impulse erarbeitet worden, die längst die von manchen Kommunikationswissenschaftern ein wenig hochmütig gemutmaßte „neoliberale" Rückständigkeit und Realitätsferne der Wirtschaftswissenschaften überholt haben. Die Mahnung, es müsse eine „kommunikative Wende" in der Wirtschaftswissenschaft geben, wie sie vom Klagenfurter Kommunikationswissenschafter Matthias Karmasin kürzlich formuliert wurde, verkennt offensichtliche Tatsachen. Längst hat sich die Wirtschaftswissenschaft, ähnlich wie die Soziologie und gerade was die kommunikationswissenschaftlich relevanten interaktionistischen Theorien betrifft, inter-diszipliniert, ja versucht sogar, in ihre Modellbildungen die evolutionstheoretischen Annahmen und Einsichten der Biologie zu integrieren.

Ein weiteres hochinteressantes Betätigungsfeld dieser auf neue Weise interdisziplinären Forschung wäre die mutmaßlich in der Semiotik beheimatete Ikonografie des Erfolgs, jene quasi-gentechnische Ausgestaltung, die Dressur des sozialen Körpers nach den Merkmalen einer geradezu biologistisch vorgeformten Vulgärtheorie der persuasiven Durchsetzungskraft: die Zähne, Haare, Physiognomien und Körperattribute, die einen Grundtypus intentionaler Werbung repräsentieren. Diese Ikonografie erfolgreicher Werbe-Typen provoziert wiederum auf der Grundlage einer systematischen Semiotik auch evolutionsbiologische Fragen: Gibt es jenseits der machtvollen Interessen der absatzwirtschaftlichen Marktrationalität (je konformer ein Typus, desto leichter das Marketing) auch Merkmale, die als Universalien einer genetisch-kulturellen Koevolution archetypisch „Erfolg" symbolisieren und deshalb so große Wirkung verursachen? Der Boulevardjournalismus hat sich ja längst solchen populär-populistischen Erklärungen verschrieben (ohne auch nur die geringste Ahnung von derlei Dingen zu haben). In Männer- und Frauenzeitschriften hagelt es billige Theoreme, die Alltagsverhalten auf menschheitsgeschichtlich herausgebildete Grundnormen der Faszination auf das jeweils andere Geschlecht reduzieren.

Im vergangenen Jahrzehnt haben sich also auch im Umfeld der Werbung und im Umfeld der Wissenschaft von der Werbung erhebliche Veränderungen ergeben, die alle Elemente im Kontext neu definieren. Dazu kommen die technologischen Veränderungen der Absatzkanäle. Was damals nur vage vorausgeahnt wurde, ist heute Standard der medialen Alltagskommunikation: die Online-Werbung. Immer noch wissen wir recht wenig über Wirkung und optimale Gestaltung. Eine theoretische Annäherung an das Phänomen der Werbung insgesamt ist allerdings von diesem medialen Strukturwandel weit weniger betroffen als der gestalterische und wirtschaftliche Aspekt der Mediaplanung – also einer der Orte, an dem viele Absolventen dieses Faches arbeiten werden.

In diesem unübersichtlichen Terrain bieten die theoretischen Aussagen einen festen und eigentlich tröstlichen Anhaltspunkt: Psychologie, Soziologie und Kommunikationswissenschaft, auch die hier erwähnten medizinischen und biologischen Disziplinen und die Querschnittmaterie der Komplexitätstheorie werden in diesem technischen Strukturwandel keine fundamentale Andersartigkeit entdecken, die eine Wahrnehmungsrevolution verursacht. Der Gegenstand bleibt gleich. Auch die kommunikationswissenschaftliche Perspektive ist ausgearbeitet. Allerdings muss sie wesentlich mehr interdisziplinäre Impulse verarbeiten als noch vor acht Jahren.

Die kommunikationswissenschaftlichen Diagnosen, die sich beschreibend und verstehend mit der Werbung beschäftigt haben und aus dieser Beschäftigung Erklärungen ableiten – mal als Wirkungsansatz, mal als Nutzenansatz, dann wieder vermittelnd als Transaktionsprozesse, als Kultivationseffekte oder Konstrukte – werden durch diese neuen Perspektiven nicht grundsätzlich in Frage gestellt. Probleme entstehen allerdings in den Bereichen der Erklärungen, die bislang sehr stark von den „cultural studies" beeinflusst waren und die „kulturalistische" Erklärung (vor allem im Rahmen der Sozialisationstheorien und des Symbolischen Interaktionismus) verabsolutieren. Wenn allerdings diese Ansätze als eine konkrete wissenschaftliche Sichtweise ausgewiesen sind, wird die strikte Ausrichtung an kommunikationswissenschaftlichen Rahmenrichtlinien wichtige Aspekte zur Erklärung der anderen Disziplinen beisteuern können – nicht als „die" Theorie der Werbung, sondern als eine theoretische Auseinandersetzung mit der Werbung. Diese ist nötiger denn je.

Abgrenzung von der Pseudowissenschaft

Mittlerweile hat sich in einer Form des vulgären Behaviorismus eine pseudowissenschaftliche Literaturgattung breitgemacht, die als Ratgeber wohlfeile Tipps formuliert, wie Werber, Marketingfachleute, Verkäufer mit allerlei Tricks (in sieben, dreizehn, elf oder wie viel Schritten auch immer) irrsinnige Erfolge zeitigen können. Viele dieser Scharlatanerien berufen sich auf „wissenschaftliche Studien". Der Welterfolg der „emotionalen Intelligenz" zum Beispiel vulgarisierte nichts anderes als eine Reihe alt bekannter sozialpsychologischer Theorien, löste sie aber aus den etwas komplexen Kontexten und gaukelte die Illusion der leichten Machbarkeit vor.

Solche Theorie-Fakes, die immer mehr Bruchstücke aus jeweils aktuellen wissenschaftlichen Diskussionen herausklauben und unter klingenden Anglizismen verhökern, verkaufen sich hervorragend. Interessanterweise zeigen sie, dass Wissenschaft durchaus ihr öffentliches Interesse findet. Warum dieser Typ der marktschreierischen Erfolgsratgeber besser ankommt als seriöse wissenschaftliche Untersuchungen, und das selbst unter den Professionellen des Managements, ja gerade bei ihnen, könnte ein weiteres Thema der Kommunikationswissenschaft sein: eine Defizitanalyse der öffentlichen Attraktivität fundierter und tief greifender Erklärungen.

Unter diesem Effekt leiden zurzeit alle Wissenschaften und mit ihnen die Bemühungen um Theorien: Wirtschaftswissenschaft und Pädagogik, Soziologie und Kommunikationswissenschaft und im Rahmen dieser letzteren auch die Wissenschaft von der Werbung. Wer sich nun theoretisch tief greifend mit Kommunikation beschäftigt, wird dieser Scharlatanerie sicher die geeigneten Argumente entgegenhalten können. Ob diese Argumente dann auch die nötige Werbewirkung besitzen, steht allerdings keineswegs fest – man braucht nur den im Text skizzierten Beitrag „Some Reasons Why Information Campaigns Fail" noch einmal durchzulesen.

ANMERKUNGEN

[1] Vance Packard: The Hidden Persuaders. New York 1957. Von 1958 bis 1967 erschienen vierunddreißig Taschenbuchauflagen des Buches. Auf deutsch erschien „Die geheimen Verführer" mit dem Untertitel „Der Griff nach dem Unbewußten in jedermann" 1958 im Econ-Verlag in Düsseldorf.

[2] Neil Postman: Wir amüsieren uns zu Tode. Frankfurt a. M. 1985.

[3] Jerry Mander: Schafft das Fernsehen ab. Eine Streitschrift gegen das Leben zu zweit. Hamburg 1979.

[4] Michael Schudson: Advertising – The Uneasy Persuasion. New York 1988.

[5] Herbert H. Hyman/Paul B. Sheatsley: Some Reasons Why Information Campaigns Fail. In: The Public Opinion Quarterly, 3/1947, S. 412–423.

[6] Raymond A. Bauer: The Obstinate Audience. In: American Psychologist 1964, S. 319–328.

[7] Harold Mendelsohn: Some Reasons Why Information Campaigns Can Succeed. In: The Public Opinion Quarterly, 1/1973, S. 50–61.

⁸ Theorien „mittlerer" Reichweite beziehen sich als Erklärungssysteme auf überschaubare Teilgebiete der komplexen Gesellschaft. Ihr Ziel ist die umfassende Darstellung bestimmter Phänomene – etwa der Wirkungen bestimmter Medien –, während die ganzheitlich ausgerichteten „Theorien der Gesellschaft" eine umfassende Grundcharakteristik des Sozialen auszuarbeiten suchen. Diese Charakteristik ist entweder in einer normativen oder in einer strukturbezogenen Entscheidung niedergelegt: normativ in den „Theorien des Spätkapitalismus" der Frankfurter Schule, strukturbezogen in den unterschiedlichen Ausprägungen der „Systemtheorien".
⁹ Vgl. Wolfgang F. Haug: Kritik der Warenästhetik. Frankfurt a. M. 1971. Kritisch ergänzend dazu: Tilman Rexroth: Warenästhetik – Produkte und Produzenten. Kronberg im Taunus 1974.
¹⁰ Vgl. Herbert Marcuse/Barrington Moore/Robert Paul Wolff: Kritik der reinen Toleranz. Frankfurt a. M. 1966, S. 91ff.
¹¹ Zur Glaubwürdigkeitsdiskussion siehe Günter Bentele: Der Faktor Glaubwürdigkeit. Forschungsergebnisse und Fragen für die Sozialisationsperspektive. In: Publizistik, 2–3/1988, S. 406–426.
¹² Als erster Zugang zum Problem können die Rahmenrichtlinien für die Gestaltung der Werbung in den öffentlich-rechtlichen Anstalten benutzt werden. Die Kodizes der zulässigen Darstellungsformen und Produkte, die Strategien zur Sicherung von Glaubwürdigkeit und Wahrhaftigkeit, Regulative, die eine Vermischung von Fiktion und Realität in der Darstellung vermeiden sollen, sind hier in geradezu klinischer Form umgesetzt. Quellen sind der ORF-Almanach, der regelmäßig aufgelegt wird, oder die Staatsverträge der Rundfunk- und Fernsehanstalten in den einzelnen Bundesländern der Bundesrepublik Deutschland. Auch in den USA ist, trotz der häufig anders kolportierten Situation, die Fernsehwerbung auf strenge ethische Maßstäbe verpflichtet. Sie lassen sich im Regelwerk der Federal Communications Commission nachlesen. Siehe dazu die kontinuierlich aufgelegten Jahrbücher in den Amerikahäusern. Weitere Zugänge über die kontinuierliche Berichterstattung in Zeitschriften: „Werben & Verkaufen", „Advertising Age" oder über einschlägige Broschüren der Dachverbände der werbetreibenden Industrie. Adressen im „Journalistenjahrbuch" (hrsg. von Bernd Jürgen Martini. München 1984ff.).
¹³ Vgl. etwa Walter Jaide: Junge Hausfrauen im Fernsehen. Empirische Untersuchungen über die Wirkungen von Fernsehfilmen. Opladen 1980; Erich Küchenhoff: Die Darstellung der Frau und die Behandlung von Frauenfragen im Fernsehen. Stuttgart 1975; Friedemann Schulz von Thun u.a.: Das Werbefernsehen als Erzieher von Millionen Zuschauern – eine vergleichende Studie BRD – DDR. In: Psychologie in Erziehung und Unterricht, 21/1974, S. 355–364.
¹⁴ Vgl. Werner Kroeber-Riel: Wirkung von Werbe- und Aufklärungskampagnen (Konsumentenforschung). In: Deutsche Forschungsgemeinschaft (Hrsg.): Medienwirkungsforschung in der Bundesrepublik Deutschland. Teil 1: Berichte und Empfehlungen. Weinheim 1986, S. 61–70; Gerold Behrens: Werbewirkungsanalyse. Opladen 1976; Peter Beike: Werbewirkung – nur wenige generalisierbare Forschungsergebnisse. In: Media Perspektiven, 12/1976, S. 593–601.
¹⁵ Vgl. zum Beispiel Hans Joachim Hoffmann: Psychologie und Massenkommunikation. Planung, Durchführung und Analyse öffentlicher Beeinflussung. Berlin 1976.
¹⁶ Bislang ist zu diesem Aspekt sozialen Wandels keine theoretische Literatur vorhanden, auf die man im Sinne eines fundierten Basiswissens zurückgreifen könnte. Erste Ansätze finden sich allerdings schon bei Ralf Dahrendorf: Gesellschaft und Demokratie in Deutschland, München 1968. Dort wird im Kapitel 6 „Die soziale Schichtung des deutschen Volkes" erstmalig für die deutschsprachige Soziologie die Idee der horizontalen Schichtung formuliert, die später von Jürgen Habermas in seiner kritischen „Theorie des kommunikativen Handelns", in zwei Bänden in Frankfurt a. M. 1981 erschienen, im Begriff der „Lebenswelt" zusammengefasst wird. Dieser Begriff stammt aus der klassischen Soziologie in der Tradition Max Webers, ist also nicht neu. Neu ist allerdings die starke Betonung der konsumorientierten Charakteristika der Lebenswelten aus der Sicht der Werbe- und Marketingmanager. Siehe dazu gelegentliche Beiträge in der Branchenzeitschrift „Werben & Verkaufen".

[17] Zur Übersicht vgl. Michael Schenk: Medienwirkungsforschung. Tübingen 1987, S. 194–228; siehe auch Roland Burkart (Hrsg.): Wirkungen der Massenkommunikation – Theoretische Ansätze und Empirische Ergebnisse, erschienen in dieser Reihe 1987, Teil 1: Stimulusorientierte Perspektive.

[18] Vgl. Michael Kunczik: Gewalt und Medien. Wien, Köln 1987, S. 73–75 zur ersten Literaturbestandsaufnahme.

[19] Gerbners Theorien sind (samt der Kritik seines Kontrahenten Paul M. Hirsch) in handlichen Beiträgen in einem Sonderheft der Zeitschrift „Fernsehen und Bildung" erschienen: Der Vielseher – Herausforderung für Fernsehforschung und Gesellschaft. München 1981.

[20] Zur ersten Orientierung siehe Michael Schenk: Medienwirkungsforschung. Tübingen 1987, S. 369–420.

[21] Der transaktionale Ansatz, der bereits bei Raymond A. Bauer formuliert wird, ist in die neuere deutschsprachige Kommunikationswissenschaft eingeführt worden durch Werner Früh/Klaus Schönbach: Der dynamisch-transaktionale Ansatz. Ein neues Paradigma der Medienwirkungen. In: Publizistik, 1/1982, S. 74–88; ergänzend: dies.: Der dynamisch transaktionale Ansatz II – Konsequenzen. In: Rundfunk und Fernsehen, 3/1984, S. 314–329.

[22] William McGuire: Theoretical Foundations of Campaigns. In: Ronald E. Rice/William J. Paisley: Public Communication Campaigns. Beverly Hills/London 1982, S. 45.

[23] Als „intervenierende" Variable bezeichnet man in der empirischen Kommunikationsforschung Einflussgrößen, die durch ihre Beziehung zu zwei indirekt miteinander in Verbindung stehenden Aspekten charakterisiert sind. Ein treffliches Beispiel aus der Werbeforschung bezieht sich auf die Wirkung von Fernsehspots auf Kinder. Die „unabhängige Variable" ist in diesem Fall die Information der Werbebotschaft. Die abhängige Variable ist die emotionale und kognitive Beschaffenheit der kindlichen Reaktion. Es ist jedoch falsch, eine ursächliche Kausalbeziehung zwischen dem Spot und der Reaktion des Kindes herzustellen. Denn als „intervenierende" (und damit bedeutsamste) Variable fungiert in diesem Zusammenhang das familiäre Umfeld und die durch dieses Umfeld gesetzte Beziehung zu Konsum, Medien und zu bestimmten Produkten.

[24] McGuire: a.a.O., S. 55.

[25] Erläutert in Gordon W. Allport: Persönlichkeit. Struktur, Entwicklung und Erfassung der menschlichen Eigenart. Stuttgart 1963; siehe auch den Aufsatz: Traits Revisited. In: American Psychologist, 1/1966, S. 1–10.

[26] R. B. Zajonc: Preferences Need no Inferences. American Psychologist, Februar 1980.

[27] Michael Ray: Marketing Communication and the Hierarchy of Effects. In: Peter Clarke (Hrsg.): New Models for Communications Research. Beverly Hills, London 1973.

[28] Vgl. dazu die Reichweitendaten in den vergleichenden Erhebungen zur österreichischen Mediensituation: „Optima" und „Media-Analyse" (MA).

[29] Die Auffassung der allenfalls geringfügigen Wirkungen der Massenmedien ist pointiert von Joseph T. Klapper formuliert worden. Vgl. The Effectiveness of Mass Communication. In: Doris A. Graber (Hrsg.): Media Power in Politics. Washington, D.C. 1984, S. 23–35. Wenn auch die generelle Aussage richtig ist, dass Klapper vor einer Überschätzung der Medieneinflüsse in Wahlen warnte, ist es doch von Bedeutung, auf eine häufig überlesene Relativierung aufmerksam zu machen: Klapper verfolgte wissenschaftstheoretisch einen „phänomenologischen Ansatz", d.h. er rief zur ganzheitlichen Betrachtung des publizistischen Geschehens auf. Aus dieser Perspektive zeige sich die langfristige Verbindung von Alltagskommunikation und Massenpublizistik. Wenn in empirischen Erhebungen nur geringe Effekte der Massenmedien festgestellt würden, könne dies ebensogut bedeuten, dass es zuvor starke Sozialisationseffekte gegeben habe, aus denen eine Synchronisation von medialen Informationen und Alltagskommunikation entstanden sei.

[30] Karsten Renckstorf: Zur Hypothese des „Two-Step Flow" der Massenkommunikation. In: Rundfunk und Fernsehen, 3–4/1970, S. 97–118; wiederveröffentlicht in: Roland Burkart (Hrsg.): Wirkungen der Massenkommunikation. Wien 1987, S. 40–56. Renckstorfs Arbeit enthält eine umfangreiche Literaturliste. Die These allerdings, dass das Konzept des „Two Step Flow" belanglos

geworden sei, ist nicht haltbar. Das Konzept erscheint heute gerade in der Gestaltung von Werbebotschaften und im Prozess der Diffusion von Produktinformationen als eines der bedeutsamen Erklärungsmuster (siehe zur theoretischen Erklärung auch die folgende Anm.).

[31] Der Begriff der „strukturellen Relativierung" ist in der theoretischen Tradition des kritischen Rationalismus geprägt worden. Diese Schule, die insbesondere vom deutschen Soziologen Hans Albert (Mannheim) vertreten wird, basiert bei der Bildung von Theorien mittlerer Reichweite (siehe Anm. 8) auf überschaubaren Teilbereichen. So kann beispielsweise ein Zusammenhang von Werbung und Bedeutung der Statussymbole in Österreich, in der Bundesrepublik und in den USA vermutet werden. Um eine solche Hypothese, dass extensive Fernsehwerbung und die Bedeutung von Statussymbolen eng zusammenhängen, zu bestätigen, werden die jeweils geographischen und zeitlichen Bedingungen der Beobachtungen eliminiert, so dass nur noch die Struktur einer empirischen Beobachtung (im Extremfall formalisiert) bleibt. Damit werden Einzelbeobachtungen auf ihren Kern reduziert. Diese Strategie lässt sich auch am Konzept des „Two Step Flow of Communication" (siehe Anm. 30) exemplifizieren: Die Beobachtungen in „People's Choice" 1940 und in einer Reihe anderer Situationen, in denen in irgendeiner Weise ein vermittelndes „Element" (auch: eine intervenierende Variable") zwischen Medienbotschaft und Rezeption eingeschaltet war, können auf bestimmte Grundmuster hin relativiert werden. Diese Grundmuster sind als Wirkungen über Umwege zu beschreiben – also im Prinzip mit dem Grundmuster des „Two Step Flow". In der Werbung wird diese Umwegwirkung durch die Integration der Meinungsführer in das Medium selbst bewerkstelligt – durch die so genannten „Testimonials" von Prominenten, die ihrerseits in der Gruppe der Rezipienten vermittelnde Wirkungen für Gespräche besitzen. Zur Theorie des „kritischen Rationalismus" siehe Hans Albert: Plädoyer für kritischen Rationalismus. München 1971; ders.: Traktat über kritische Vernunft. Tübingen 1969.

[32] Ernest Dichter: Getting Motivated. New York 1979.

[33] Damit ist das Prinzip angesprochen, das in der Soziologie als „Statussymbol" umschrieben wird. Es resultiert aus dem sozialen Vergleich auf der Grundlage einer Selbsteinstufung der jeweiligen Rezipienten von Werbebotschaften. In populärwissenschaftlicher und essayistisch ansprechender Form hat der Soziologe Ralf Dahrendorf dieses Problem erörtert: Lebenschancen. Anläufe zur sozialen und poltischen Theorie. Frankfurt a. M. 1979.

[34] Vgl. Anm. 19.

[35] Als „qualitative Faktorenanalyse" wird hier die Verdichtung von statistisch nachgewiesenen Merkmalen in einer bildhaften Typologie bezeichnet. Manche Werbeagenturen benutzen Foto-Porträts von Repräsentanten und Repräsentantinnen bestimmter Lebensstile, legen diesen Typen die in den jeweiligen Lebenswelten häufigst gebrauchten Namen bei und nutzen gleichzeitig die statistischen Merkmale, um die Verbreitung der jeweiligen Typen in der Gesamtgesellschaft zu kennzeichnen.

[36] Siehe Anm. 35.

[37] David Riesman: Wohlstand wofür. Essays. Frankfurt a. M. 1966; siehe vor allem: Laufbahnen und Konsumverhalten, S. 18–47.

[38] Seit Beginn der Achtzigerjahre gehen die Auflagen der klassischen Illustrierten („General Interest-Medien") kontinuierlich zurück. Die Segmentierung der Gesellschaft (vgl. Anm. 16) hat dazu geführt, dass immer mehr regional- oder interessenorientierte Teilgesellschaften entstanden sind, die (neben den integrativen Medien Hörfunk und Fernsehen) eine spezifische Auswahl aus dem zunehmenden Angebot spezialisierter Illustrierter für Life-Style, Kultur, Wirtschaft, Politik, Motor, Umwelt usw. treffen.

[39] Vgl. dazu die „Langzeitstudie Massenkommunikation III", hrsg. von Klaus Berg und Marie Luise Kiefer. Stuttgart 1987, S. 46 ff; „Dialoge 2", eine empirische Studie des Verlags Gruner + Jahr zum Wertewandel in der Bundesrepublik. 4 Bände. Hamburg 1987/88, insbesondere den Band „Typologien und Fallbeispiele" und „Dialoge 3", ebendort 1990.

[40] Die anschaulichsten Beispiele für Agenda Setting stammen aus der politischen Publizistik im Rahmen von Wahlkämpfen. Im öffentlichen Aufmerksamkeitswert stehen dabei die „großen

Fernsehdebatten" der Spitzenpolitiker vor der Wahl an erster Stelle. Diese Debatten sind Inszenierungen, über die deshalb gesprochen wird, weil sie den Bedürfnissen des Publikums nach Information, Unterhaltung, Sensation und Gegenständen für die Alltagskommunikation auf hervorragende Weise entgegenkommen. Damit dokumentiert sich erneut die enge Verflechtung kommunikationswissenschaftlicher Theorien.

[41] Zum Folgenden vgl. u.a. Thomas Dmoch: Interkulturelle Werbung. Verhaltenswissenschaftliche Grundlagen für die Standardisierung erlebnisbetonter Werbung. Aachen 1997; Klaus Moser: Markt- und Werbepsychologie. Ein Lehrbuch. Göttingen 2002; Lutz von Rosenstiel/Peter Neumann: Marktpsychologie. Ein Handbuch für Studium und Praxis. Darmstadt 2002; Holger Rust: Zurück zur Vernunft. Wenn Gurus, Powertrainer und Trendforscher nicht mehr weiterhelfen. Wiesbaden 2002; Edward O. Wilson: Die Einheit des Wissens. München 2000.

2.4. Medienpädagogik

Dieter Baacke

Theorie der Medienpädagogik

1. Wirklichkeits- und Gegenstandskonstruktionen

Eine „Theorie" der Medienpädagogik gibt es natürlich nicht, denn dies hätte zur Voraussetzung, dass die Teil-Disziplin Medienpädagogik ihre disziplinäre Fasson und ihre binnendisziplinären Facetten aus einer theoretischen Setzung ableitete, von der aus die Logik dieses Lehr-, Forschungs- und Praxisfeldes konturiert wäre. Dies ist ganz offensichtlich nicht der Fall und muss es auch nicht sein. Damit aber ist es unmöglich, eine derart konturierte Theorie einfach darzustellen; vielmehr ist es unabdingbar, zunächst methodologisch kurz darüber nachzudenken, welche „Theorie" der Theorie-Darstellung selbst zugrunde liege. Denn unmittelbar über Theorie zu reden, täte so, als sei diese ein für allemal gegeben und im Konsens der „scientific community" aufgehoben. Auch dies ist nicht der Fall.

Die vorliegende Einführung in kommunikationswissenschaftliche Theorien legt in dem Gliederungs- und Ordnungsversuch der Unterscheidung in universale/funktionale/gegenständliche Theorien selbst einen Versuch vor, die Theorie-Materialien begründet zu sortieren. Dies ist zweckmäßig und mag sich als Folie für den Aufbau des Buches bewähren. Jedoch darf nicht suggeriert werden, dass diese Theorietypen (abgesehen davon, ob sie vollständig aufgelistet sind) voneinander unterscheidbar und derart abgrenzbar sind, dass die Bewegung tatsächlich in jedem Fall vom großen Allgemeinen zum eher Besonderen verliefe. Dies funktionierte nur, wenn die Kommunikationswissenschaft selbst unterschiedliche theoretische Zugangsweisen sich erarbeitet hätte und insbesondere die objektbereichsspezifischen Theorien dieses Abschnittes sich einer ausgearbeiteten Rahmen-Theorie einordnen ließen, die von der Kommunikationswissenschaft gesetzt sei. Wiederum ist dies nicht der Fall. Denn immer noch gilt, was Georg Wodraschke bereits 1979 konstatierte: „Erziehungswissenschaft und Publizistikwissenschaft nahmen bisher nur punktuell voneinander Notiz."[1] Der Autor fährt fort: Getrennt suchten die beiden Disziplinen „mit geisteswissenschaftlichen Methoden erziehliche und publizistische Wirklichkeit auf und erschlossen in Analogie zur philologischen Interpretationsweise die von ihren fachwissenschaftlichen Fragestellungen bestimmten Gegenstandsfelder. In der Regel unterblieb eine Gegenüberstellung dieser Wirklichkeiten mit empirisch belegten Fakten. Die Aufnahme erfahrungswissenschaftlicher Verfahrensweisen in das methodologische Arrangement beider Disziplinen und die zunehmende gesellschaftliche Bedeutung der diese Wissenschaften konstituierenden

---

Originalbeitrag.

Lebensbereiche führten zu ersten Standortbestimmungen mit Blick auf den gegenständlichen Fragehorizont der anderen Disziplin". Dem ist zuzustimmen. Der Weg von eher historisch und philologisch orientierten Geisteswissenschaften zu den empirische Belege zumindest berücksichtigenden Sozialwissenschaften wurde ebenso ein Stück weit gemeinsam zurückgelegt, wie Publizistik und Medienpädagogik von ihrer steigenden Bedeutung profitierten.

Schaut man näher hin, ergeben sich gerade nach den Entwicklungen der letzten Jahre wieder neue Schwierigkeiten. Dies liegt darin, dass die Gegenstands-Konstruktion für beide Disziplinen anders als etwa in der Mathematik nicht durch sich fortschreibende theoretische Ausdifferenzierung gelenkt wird, sondern eher durch technische, ökonomische und politische Veränderungen, die außerhalb des wissenschaftlichen Konstruktionsbereichs an diese Disziplinen herangetragen werden und auf die sie *reagieren* müssen. Die neuen elektronischen Systeme der Informations- und Kommunikationsvermittlung verändern das Kommunikationsfeld der Gesellschaft beispielsweise erheblich.

Dieser Prozess ist längst nicht abgeschlossen. Mit Hilfe neuer Basis-Technologien (Mikro-Elektronik, Satelliten-Technik, optische Nachrichtentechnik, neue Geräte) werden bisher unbekannte Formen des Informationsaustausches entwickelt. Statt *spezialisierter* Systeme (dedicated networks) werden *integrierte* Systeme angestrebt (IDN – Integriertes Daten-Netz). Die bestehenden, noch getrennten Netze sollten in ein Breitbandnetz überführt werden, das die heutigen Sprach-, Text- und Datendienste sowie alle Rundfunkverteildienste in sich aufnehmen kann. Auch Satelliten können als Bestandteil dieses Netzes fungieren. Was bisher undenkbar war, deutet sich an: In den neuen integrierten Netzen werden private, berufliche und öffentliche Nutzung zusammengeschaltet. Damit entfällt zunehmend die bisher strikt eingehaltene, die moderne Gesellschaft kennzeichnende Unterscheidung zwischen privatem, beruflichem und öffentlichem Lebensbereich. Der Computer-Terminal ist funktionsoffen für Telespiele, Verarbeitung beruflicher Informationen, Entertainment durch alle Formen von Programmangeboten etc. Die Daten über diese integrierte Nutzung können jederzeit öffentlich werden, da sie zumindest zu Abrechnungszwecken eine begrenzte Zeit verfügbar bleiben müssen.

Diese hier nur skizzierten Veränderungen führen die Medienpädagogik in eine mit der Publizistikwissenschaft vergleichbare Situation. Manfred Rühl bemerkt dazu: „Weil es gerade die durch die ‚Neuen Medien' veranlassten Rekonstruktionsprozesse des Systems ‚öffentliche Kommunikation' sind, die u.a. die alten Klassifikationsschemata ‚interpersonale Kommunikation' und ‚Massenkommunikation' obsolet machen, wäre es nicht zu rechtfertigen, alte publizistische Verfahrensweisen zu reaktivieren und ein vorweg abgestecktes Feld ‚gegenständlicher' Phänomene wie Zeitungen und Fernsehen oder Bildschirmtext und Kabelrundfunk als Wissenschaftsobjekte zu einer Medienwissenschaft zu aggregieren. Ein solch technizistisch-kumulatives Verständnis einer Disziplin würde auf eine geringe kommunikationstheoretische Sensibilität für soziale und sozialhistorische Zusammenhänge schließen lassen – ganz zu schweigen davon, dass eine Medienwissenschaft bereits dann in arge Verlegenheit geriete, würden humankommunikative Probleme auftauchen, die sich nicht von Medien ableiten oder ihnen zuordnen lassen."[2]

Demnach ist die Theorie-Konstruktion zumindest in der Medienpädagogik nicht autonom, erfolgt keineswegs ausschließlich wissenschaftsintern. Vielmehr ist es so, daß die (Massen-)Medien die soziale Wirklichkeit konstruieren, die Medienpädagogik dann zu verarbeiten hat. So ist beispielsweise „newsmaking" ein wirklichkeitsstiftender Akt, weil die Medien oft mitkonstruieren, was wir als Wirklichkeit von heute erleben. Das, was wirklich „Faktum" ist, und das, was für uns ausgewählt ist oder was wir uns vorstellen, ist grundsätzlich nicht zu unterscheiden. Denn nicht nur die Medien konstruieren Wirklichkeit, sondern jedes Individuum ist an dieser Wirklichkeitskonstruktion seinerseits beteiligt. Erkenntnistheoretisch betrachtet unterscheiden sich Medien und ihre Nutzer nicht. Auch letztere wählen in Zuwendung und Verarbeitung aus den Medienangeboten das aus, was ihrer kognitiven und emotionalen Selbstzuschreibung im Zusammenhang des Medien-Angebots jeweils zur Verfügung steht. Es ist also das kognitive Repertoire, und es sind die in der Biographie erworbenen Einschätzungen und Interessen-Zuwendungen, aus denen sich unsere Wirklichkeitssicht zusammensetzt. Dabei sind wir jedoch keine Monaden, die einander unzugänglich sind. Vielmehr gilt, was Siegfried J. Schmidt in der Darlegung der Theorie des Radikalen Konstruktivismus formuliert: „Lebende Systeme sind interagierende Systeme, die mit anderen Systemen konsensuelle Bereiche als sozial akzeptierte Wirklichkeiten aufbauen. Interaktionen dieser Art gehen also jeder Kommunikation voraus, und jede sprachliche Behauptung setzt solche Interaktionen voraus."[3] Die Welt besteht aus sozialen Kontexten, in denen Individuen, Gruppen, Organisationen und Institutionen (auch die Medien) interagieren.

Damit sind, eher en passant, grundlagentheoretische Argumente eingeführt. Der Radikale Konstruktivismus[4] behauptet ja, Argumente der System- wie Interaktionstheorie sich einverleibend, dass der alte Streit über das, was „wirklich gegeben", was nur „Einbildung" oder „Fiktion" sei, grundsätzlich nicht weiterführe, weil stillschweigend vorausgesetzt sei, hier bestehe ein Gegensatz. Ist die Welt aber das Resultat *kognitiver Wahrnehmungsprozesse,* die alle sozialen und kulturellen Phänomene umfassen, ist dieser Streit hinfällig. Interessanter ist dann zu untersuchen, welche *Zusammenhänge* bestehen zwischen den einzelnen Konstruktionselementen, hier: Medien, Medien-Nutzern und Wissenschaft.

Dies kann hier nicht verfolgt werden. Dennoch sind die eben eingeführten Grundannahmen insofern auch für die Medienpädagogik nützlich, weil es deren Aufgabe ist, über Analysen hinaus anzugeben, an welchen Stellen in die Interaktionen von Medien und Menschen (hier vor allem: Kinder und Jugendliche) erziehend und bildend, lehrend und beratend, orientierend und informierend einzugreifen sei. Auch medienpädagogische Reflexion und Praxis haben, so unterschiedlich sie sein mögen, zwei gemeinsame Ausgangspunkte. Medien sind zum einen Bestandteil der Handlungs- und Erfahrungskontexte, in denen Menschen lernen und leben, sie sind weder „außerhalb" oder „oberhalb" oder gar „unterhalb" der sozialen Interaktionswirklichkeit, sondern ihr Bestandteil. Zum anderen ist unbestreitbar, dass jede Art von Mediennutzung ein aktiver Vorgang ist – insofern, als auch beim Nutzer Selektions- und Wahrnehmungsvorgänge stattfinden, er also die Medienwirkung aktiv mitkonstruiert. Medienpädagogik, die sich als Sozialwissenschaft versteht, geht aus von der Beobachtung und Interpretation *gegebener* oder *sich entwickelnder* Wirklichkeitskonstruktionen, wie sie die Medien einerseits anbieten, die Mediennutzer andererseits immer schon geleistet haben.

Freilich, wenn es die Medien nicht gäbe, sähe das Material für die Wirklichkeitskonstruktion heute anders aus. Auch die Unterschiedlichkeit der Medien (etwa Radio und Fernsehen) setzt Akzente. Die Stellung im Lebenszyklus (Kind, Jugendlicher, Erwachsener, alter Mensch), die soziale Herkunft, die Berufstätigkeit, die Wohnregion (Land, Mittelstadt, Metropole) und viele andere Faktoren bieten eine Fülle von Varianten, die jeweils unterschiedliche Interaktions-Kontexte zwischen Medien und Menschen ergeben. Damit ist ein wesentliches Problem der Medienpädagogik und der Medienpädagogen deutlich: Die Wirklichkeits-Varianten sind so vielfältig, dass nicht nur Wissen dazu gehört, sie zu unterscheiden, sondern auch die Fähigkeit und die Bereitschaft, Orte, Zeitpunkte und Situationen anzugeben, an denen medienpädagogisches Handeln sein Recht hat, ja notwendig ist. Medien (von Print-Medien über Ton-Medien, audiovisuelle Medien bis zu ganzen Medienumgebungen wie Kino, Kaufhaus, Diskothek, Spielhalle etc.) sind wichtige Sozialisationsagenturen und damit Bestandteil lebensweltlicher Alltagspraxis geworden. Medien sind sehr verschieden (ein Buch vermittelt den gleichen Inhalt anders als der entsprechende Fernsehfilm); sie haben sehr verschiedene Inhalte (Horror und Gewalt, aber auch Liebe und Belehrendes – alles kann zum Thema werden); sie wollen informieren, kommentieren, unterhalten, belehren, Lebenshilfe geben; sie haben intendierte und nicht-intendierte Auswirkungen ganz unterschiedlicher Art (Medienaussagen können über die Welt informieren, aber auch verwirren, Ängste erzeugen, den Zuschauer zur Passivität veranlassen oder zu Handlungen stimulieren); sie bauen eine eigene Wirklichkeit auf in ihren Fiktionen, die doch auf mannigfache Art mit unserer Alltagswirklichkeit verbunden ist (wer „Dallas" anschaut, erfährt nicht nur etwas über eine fiktive reiche amerikanische Familie in Texas, sondern auch über Intrigen, Eifersüchteleien, clevere Schachzüge und Gefühlswallungen aller Art von so allgemeiner Struktur, dass sie überall vorkommen könnten).

Medien greifen also auf vielfältige, schwer überschaubare Art in unsere unmittelbaren Erfahrungen und Handlungsabsichten ein, ohne dass wir im Einzelnen wissen, wie dieses geschieht und was daraus folgt. Die öffentlichen Debatten führen es vor: Beeinträchtigen die vermehrten Fernsehprogramm-Angebote in der Bundesrepublik die Lesezeit und Lesefreude? Wird die Bereitschaft zu Gewalthandlungen nicht durch vermehrt gezeigte Filme verstärkt, die Gewalthandlungen zeigen und Aggressivitäten schüren? Erfahren Kinder nicht vieles aus den Medien, was ihnen und ihrer Entwicklung noch gar nicht zuträglich ist (Bilder der Sexualität, fremde Kulturen mit unverständlichen Zeichen usw.)? Andererseits: Helfen Bilder nicht auch, ein Stück fremder Welt zu veranschaulichen? Helfen uns die Medien nicht über manche tote Stunde hinweg? Erweitern sie nicht unseren Horizont, geben uns Diskussionsstoff, überwinden provinzielle Enge? Auf alle diese Fragen soll die Medienpädagogik Antworten geben und zumindest die Entwicklung von Grundhaltungen ermöglichen, wenn sie schon keine probaten Rezepte bereithält. Medienpädagogik soll schließlich ganz praktische Fragen beantworten: Wie könnte Medienerziehung für Kinder und Jugendliche aussehen? Welche Probleme haben Erwachsene und alte Menschen mit Medien? Was muss jemand eigentlich über Medien- und Medienorganisation wissen, um angemessen in der modernen „Informationsgesellschaft" leben zu können? Von der Medienpädagogik wird also nicht nur Analyse erwartet, sondern im Unterschied zu anderen Sozialwissenschaften auch ein Beitrag zu der Frage, wie unser Medienhandeln zu organisieren sei.

Fazit: (1) Medienpädagogik hat spezifische Fragestellungen entwickelt (Gegenstands- oder Objektbereiche: Erziehung und Bildung, Kinder und Jugendliche etc.). Sie ist insofern Bestandteil von *Pädagogik.* (2) Als *Sozialwissenschaft* untersucht sie die ihr aufgegebenen Objektbereiche, bedarf dazu aber der Integration kommunikationswissenschaftlichen, psychologischen, soziologischen – kurz: sozialwissenschaftlichen Wissens in eigene Fragestellungen und Konzepte. (3) Die Wirklichkeits- und Gegenstandskonstruktionen der Medienpädagogik sind in den historisch-gesellschaftlichen *Veränderungs- und Modernisierungsprozess* eingelagert und werden von ihm bestimmt. (4) Da Medienpädagogik auch *praktische Fragen* zu beantworten hat, ist ihr ein Rückzug in die rein wissenschaftliche Reflexion nicht möglich; vielmehr reagiert sie in besonderer Weise auf die Wirklichkeitskonstruktionen, die *außerhalb* der wissenschaftlichen Theorie-Konstruktionen erfolgen. Gerade aus dieser Grenzgängerlage leiten sich ihre Geltung, die Nachfrage nach ihren Leistungen ab.

Dies bedeutet für die Darstellung einer „Theorie der Medienpädagogik", dass weder eine endgültige Ordnung vorliegt noch ein Stillstand zu erwarten ist. Angesichts dieser Sachlage zieht die folgende Darstellung Konsequenzen: Kapitel 2 rekapituliert knapp den medien-*pädagogischen* Diskurs seit der vorletzten Jahrhundertwende. Dieser Diskurs endet derzeit bei dem Postulat einer „Handlungsorientierung". Diese wird im Kapitel 3 in der Darstellung der medienpädagogischen Handlungstheorie vorgestellt. Es handelt sich – in der Diktion dieses Buches – um universale Theoriefragmente. Daneben gibt es subspezifische Ausdifferenzierungen, die sich eine Kreuzung von sozialwissenschaftlichen Erkenntnissen, objektbereichsspezifischen Lagerungen und neuen Entwicklungen verdanken (Kapitel 4). Für diese Theorie-Debatten werden abschließend einige zentrale Beispiele gegeben.

2. Von der Medienkritik zur Handlungsorientierung

Betrachtet man die pädagogisch angeführten oder gemeinten Debatten der neueren Zeit, so sind hier zunächst eigentlich keine Theorien vorfindbar, allenfalls Auffassungen und *Konzepte* von dem, was Medien sind, sein sollten und bewirken (sollen). Sehen wir von den Auseinandersetzungen um das Bücherlesen ab, die bald nach der Aufklärung Aufregung verbreiteten. Konzentrieren wir uns auf die pädagogischen Debatten um Massenmedien im modernen Sinne (Presse, Fotografie, Film und Kino, Radio und Neue Medien), so gibt es unterschiedliche konzeptionelle Etappen.

Wenn wir auf eine detaillierte historische Rekonstruktion medienpädagogischer Debatten verzichten und in theoriegeleitetem Interesse auf ihre Kontur achten, dann laufen stets zwei Argumentationsintentionen parallel: Eine starke Gruppe der Medien-Kritiker steht einer weniger formierten Gruppe der Medien-Befürworter gegenüber. Gleichzeitig zeichnet sich ab, dass zunächst eher praktisch und moralisch orientierte, später auch theoretisch untermauerte Medienkritik zunehmend von einem anderen Blickwinkel abgelöst wird, der mit dem Stichwort „Handlungsorientierung" erfasst werden kann und weniger (im Sinne des Nutzenansatzes) debattiert, was die Medien mit Menschen anrichten können, sondern umgekehrt: was Menschen von Medien erwarten und mit ihnen tun können.[5]

Um die Wende zum 20. Jahrhundert, als die neuen Drucktechniken ermöglichten, Trivialliteratur, Kriminal- und Frauenromane massenhaft zu produzieren, trugen vor allem Pädagogen starke Bedenken vor. Der massenhaft verbreiteten Unterhaltungs- und Trivialliteratur wurde eine jugendgefährdende Wirkung zugesprochen. Symptomatisch für diese Position ist bis heute Heinrich Wolgast, Vorsitzender der Literarischen Kommission der in Hamburg gegründeten „Lehrervereinigung zur Pflege der künstlerischen Bildung in der Schule" und der Sozialdemokratie nahestehend. Im Jahre 1896 erschien sein Buch „Das Elend unserer Jugendliteratur". Nicht nur Trivialliteratur, sondern auch moralisch-belehrende und patriotische wie religiöse Werke werden abgelehnt, alles aus Protest gegen die Gängelung durch den Wilhelminischen Staat und die mit ihm kooperierenden Kirchen. Dies ist der Grund, aus dem Wolgast auch der speziell für Jugendliche geschriebenen Literatur ihre Berechtigung abspricht. Er vermutete auf dem Feld der Kinder- und Jugendliteratur vor allem „Tendenzschriftsteller" und befürchtete eine Verwässerung und Verwüstung des „ästhetischen Sinns". Ziel war ihm die Bildung literarischen Geschmacks, etwa durch die großen Klassiker der deutschen und internationalen Literatur. Wolgast ging es da durchaus um eine Emanzipation der Jugend; er wandte sich gegen Verbote und Zensurmaßnahmen des Staates gegen jede Art von Tendenzliteratur und setzte an diese Stelle den Maßstab literarischer Tradition.

Das Argumentationsmodell ist deutlich: Interessengruppen bedienen sich des Mediums der Unterhaltung (früher deutlicher Trivialität genannt), um auf diese Weise zu beeinflussen. Pädagogen, seit Rousseau auf die Autonomie des Subjekts bedacht, müssen hier Gefahren sehen; sie setzen auf Medien-Gattungen, die absichtsfrei sind *und* Qualitätsmaßstäbe setzen. Hinter beiden gegensätzlichen Positionen steht jedoch die gleiche Figur: Es geht um den Anspruch, jeweils als „gut" oder „schlecht" erachtete Medienprodukte zu klassifizieren und über Wertung zu kontrollieren.

Es war diese pädagogische *Kontroll-Orientierung*, die sich konzeptionell zunächst jahrzehntelang durchsetzte. Ein Beispiel ist die *Kinoreformbewegung*, die den „guten" Film fördern und als erzieherisches Mittel einsetzen wollte. In der Schul-Film-Bewegung der Zwanzigerjahre des vergangenen Jahrhunderts meinten reformpädagogisch gesonnene Lehrer, dass die Schule zu rational und dürr sei. Ihr Curriculum müsse darum ergänzt werden durch das Prinzip der „Anschauung" (das sie von Goethes Symbolbegriff herleiteten: In der Fülle der Dinge selbst, ihrer wohlgeordneten Struktur, scheint ihre nicht nur ästhetische Bedeutung auf). Für solche Formen ganzheitlicher „Verlebendigung" schien das optische Medium sehr geeignet zu sein. Medienpädagogik im neuzeitlichen Sinn begann also als schulisch-orientierte *Mediendidaktik* (Einsatz von Medien als Lehr- und Lernmittel).

Noch deutlicher wird die Kontroll-Orientierung in der Zeit des Nationalsozialismus. Wiederum wurde der Film als Instrument der Propagandaerziehung eingesetzt. Produktionen wie „Hitlerjunge Quex" etwa versuchten, auf unterhaltende Art Jugendliche für die Ideen des Staates zu gewinnen. Medien waren ein Instrument der Politik. Solche Erfahrungen führten nach dem Zweiten Weltkrieg dazu, die Distanz gegenüber den Medien zu vergrößern. Es ging – mit einer viel zitierten Wendung – darum, „in den rechten Umgang mit den Medien" einzuführen im Rahmen einer *Bewahrpädagogik*, deren Ziel es war, das „Gute und Echte" den Kindern zu vermitteln, das „Schlechte und Gefährliche" fernzuhalten. Filmerziehung, Filmgespräch (Verarbeitung des Filmerlebnisses und Erzeugung von Filmverständnis) sollten dazu dienen, den Heranwachsenden Maßstäbe an die Hand zu geben. Diese wiederum waren oft religiös oder konservativ geprägt.

Erst in den Sechzigerjahren, im Zusammenhang der Auseinandersetzung mit dem wirkträchtigen Fernsehen wurden Konzepte entwickelt, die den kritischen, pädagogischen Impetus von seinen konservativen Folien befreiten und ihm eine Theorie zur Seite stellten. Es entwickelte sich, insbesondere im Gefolge der Frankfurter Kritischen Theorie, die ideologie-kritische Pädagogik. Diese ist theoriegeschichtlich gesehen in zweierlei Hinsicht bedeutsam: indem sie theoretische Argumentationsstränge aufnahm und verarbeitete und zugleich sich anschloss an sozialwissenschaftliche Debatten. So befreite sie sich von dem Ruch geisteswissenschaftlich-konservativer Tradition in einem Winkel der pädagogischen Provinz.

In der „Zeitschrift für Sozialforschung" hat die so genannte „Frankfurter Schule" vor und während des Zweiten Weltkrieges wichtige Aufsätze veröffentlicht, die über eine idealistische Kulturkritik an den Medien hinausgingen, vielmehr psychoanalytische und materialistische Elemente einbezogen. Max Horkheimer, Theodor W. Adorno, Walter Benjamin, Herbert Marcuse haben viele der Themen präludiert, die dann in einer kritischen *Medientheorie*[6] weiter bearbeitet wurden.

Schon Adorno hat sich gegen die positivistischen, auf pures Datensammeln angelegten Methoden einer Stimulus-Response-Kommunikations- und Medien-Forschung gewandt. Zum amerikanischen Fernsehen, das der Emigrant aus dem Nazi-Deutschland kennen lernte, bemerkte er: „Da das Material aufs Unbewußte spekuliert, genügt direkte Befragung nicht. Vorbewußte oder unbewußte Wirkungen entziehen sich der unmittelbaren sprachlichen Kundgabe durch die Befragten. Diese werden entweder Rationalisierungen oder abstrakte Aussagen, wie die, daß der Fernsehapparat sie ‚unterhalte', vorbringen. Was eigentlich in ihnen sich ereignet, könnte nur umständlich ermittelt werden, etwa indem man Fernsehbilder ohne Worte als projektive Tests verwendet und die Assoziationen der Versuchspersonen studiert. (...) Als Bild ist die Bilderschrift Mittel einer Regression, in der Produzent und Konsument sich zusammenfinden; als Schrift stellt sie die archaischen Bilder der Moderne zur Verfügung. Entzauberter Zauber, übermitteln sie kein Geheimnis, sondern sind Modelle eines Verhaltens, das der Gravitation des Gesamtsystems ebenso wie dem Willen der Kontrolleure entspricht."[7]

Nicht nur die Industrialisierung von Kultur durch Medien, sondern auch die Tatsache, dass Konsument und Rezipient Handelnde innerhalb des gleichen Bewusstseinsspielraums sind, werden von der Kritischen Theorie gedeutet als „Blockierungszusammenhang spätkapitalistisch kontrollierten Bewußtseins". Die Undurchdringlichkeit der Erscheinung – was das Fernsehen sendet, gilt als „gegeben" und „wirklich" – wird als Ideologie „entlarvt". Solche Argumente haben die Medienpädagogik ein Stück weit in die gesellschaftlichen Debatten hineingeführt. Seit Adorno ist ihr Kulturkritik nicht äußerlich nur Klage über den Verfall bürgerlicher Werte, sondern nur möglich als kritische Gesellschaftsanalyse. So können sich Ökonomie und Psychoanalyse zu einer Gesellschaftstheorie verbinden, die *alle* Funktionen und Funktionäre hinterfragt, also auf „Totalität" aus ist. Objektiv ist nicht, was gegeben ist – dieses bleibt Schein –, sondern was hinter der Ideologie (als falsche Erklärung objektiver Momente) einem hermeneutisch-kritischen Bewusstsein sich darstellt als industrialisierter und von wenigen beherrschter Produktionszusammenhang.

Auf der Grundlage solcher Überlegungen wurden dann die materialistischen Medientheorien der Sechziger- und Siebzigerjahre entwickelt.[8] Sie stellen die Medien in den

Kontext einer konsequent entwickelten materialistischen Gesellschaftstheorie und wenden sich gegen funktionalistische Paradigmata, die auf der Selbststeuerung der am Kommunikationsprozess beteiligten Subsysteme insistieren und damit schnell im Sinn technologischer Zweckrationalität den historischen Prozess in der Bestätigung einer dauernden Wiederkehr des Gleichen verkümmern lassen. Vor allem versuchen sie, Theorie auf die gesellschaftliche Praxis zu beziehen, die unter den kritischen Aspekten der Verteilung ökonomischer Ressourcen und, damit verbunden, von Macht gesehen und als antagonistisches Klassenhandeln verstanden wird. Diese neuen Medientheorien sind nach Dröge nur als Gesellschaftstheorie überhaupt brauchbar. Denn das Medium sei schließlich nichts als „eine Besonderung kapitalistischer Produktion: Produktion von spezifischer Ideologie und spezifischen Verkehrsverhältnissen". Medien*theorie* ist dann entsprechend „Moment der Theorie des Bewußtseins, welche Marx an der politischen Ökonomie als der rationellen, organisierten Form bürgerlichen Bewusstseins in der Form der Ideologiekritik ausgeführt hat (...) Wenn man das Medium als Formbesonderung des Kapitalverhältnisses betrachtet, als Ergebnis kapitalistischer Produktion und als kapitalistische Produktion von Verkehrsverhältnissen, dann ist eine Medientheorie nur im Rahmen der politischen Ökonomie zu entfalten, in der die realen Abstraktionen des gesellschaftlichen Verhältnisses mit den empirischen Bedingungen proletarischer Existenz und seines Klasseninteresses vermittelt sind."[9]

Konzepte dieser Art haben auf die Medienpädagogik durchaus befruchtend gewirkt. Sie besaß nun nicht nur eine Theorie für ihre medien*kritische* Grundhaltung; sie besaß nun auch ein Verfahren der wissenschaftlichen Analyse (stark soziologisch orientiert) sowie mit den Methoden der Ideologiekritik eine mögliche Praxis. Verbunden mit Gedanken einer „Emanzipation" anstrebenden Pädagogik erlaubten diese Medientheorien, das Konzept gesellschaftlicher Veränderung insbesondere auf benachteiligte Gruppen der Gesellschaft anzuwenden. Eine solche Medientheorie kann in den vom Staat getragenen Institutionen (Schule, Erwachsenenbildung, betriebliche Ausbildung) freilich gar nicht gelehrt bzw. vertreten werden, und so sind Elemente dieses theoretischen Konzepts nur in autonomen Lehrlings-, Schüler- und Studentengruppen zu vermitteln gewesen, an Orten also, wo Lehrende und Lernende nicht ständiger öffentlicher Kontrolle unterlagen. Zu sehen ist auch, dass die Theorie-Konjunktur materialistisch-kritischer Argumentationszusammenhänge sich dem Zeitgeist und einer kurzfristigen Schüler- und Studentenrevolte („68er-Bewegung") verdankt. Hinzu kam, dass die Theorie zu anspruchsvoll war, um in gesellschaftliche Praxis umgesetzt zu werden. Pädagogik hätte hier ihre Grenzen überschritten und wäre nur – radikal gedacht – als „Pädagogik zur Revolution", in der die Medien eine zentrale Rolle spielen würden, denkbar. Ein solcher Schritt war nicht möglich in einer Wissenschaft, die selbst Bestandteil gesellschaftlicher Ordnung (verbeamtete Professoren etc.) war und ist.

Auch wenn die Kritische Theorie strukturell die kontrollierende Distanz zu den Medien einbehielt, war es doch sie, die den Weg für neue theoretische Einsichten eröffnete. Die Ziel-Kriterien der Medienpädagogik waren jetzt formaler geworden und hefteten sich nicht mehr inhaltlich an tradierte Werte. Ihr war nun vielmehr die Emanzipation des Individuums aus Bewusstseinszwängen, die Förderung seiner Selbstbestimmung und seiner Partizipationschancen wichtig. Hans Giffhorn formuliert diesen neuen Konsens vieler Medienpädagogen für den Schulunterricht so: Zu vertreten seien insbesondere „langfristige Interessen der nichtprivilegierten Bevölkerung"; dies setze voraus die „Überwindung von als unnötig erkannten Abhängigkeiten" (insbesondere der nichtprivilegierten Bevölkerung); zu lernen sei daher „emanzipatorisches Handeln in relevanten Situationen", wobei „relevant" alle Situationen seien, in denen Abhängigkeiten beständen, die überwunden werden müssten; um angemessen emanzipatorisch handeln zu können, müssten im Unterricht entsprechende „Verhaltensdispositionen als Voraussetzung" entwickelt werden, und ebenso müssten für diesen Zweck „Unterrichtsinhalte als Trainingsmaterial" bereitgehalten werden. Aufklärung im Unterricht über das Bewusstmachen im gelungenen Fall gehe schließlich über in emanzipiertes Handeln.[10]

Parallel entwickelte sich im Bereich der Unterrichtstechnologie eine Medienpädagogik, die ebenfalls nicht mehr von moralischen Postulaten bestimmt war, sondern eher im Rahmen technologischer Rationalität versuchte, die Bedeutung der Medien für Lernprozesse einzuschätzen. So drangen die Medien wiederum in die Schule ein – in der Familie waren sie ja längst – und wurden damit auch für Pädagogen zugänglicher, als handhabbare Instrumente für den Unterricht. Die Berührungsangst blieb zwar bis heute. Aber an die Stelle einer kontrollorientierten Pädagogik traten nun Konzepte, die Interessen und so genannte Bedürfnisse des Rezipienten stärker beachteten und normative Erziehungsvorgaben in Frage stellten. Jetzt gewinnt der *außerschulische* Erziehungsbereich (Freizeitarbeit, Jugendarbeit, Bildungsarbeit, Jugendzentrumsbewegung etc.) zunehmend an Bedeutung. Hier waren Freiräume vorhanden, die Medien nicht nur zu Instrumenten organisierten Lernens machten, sondern den Jugendlichen als Ausdrucks- und Artikulationsinstrumente ihrer eigenen Interessenlagen zur Verfügung stellten.

Damit entstand die *handlungsorientierte* Medienpädagogik, die an die Stelle des „Medienrezipienten" die „Medien-Nutzer" setzt. Medien-Nutzung wird nun *doppelwertig* gesehen: zum einen als „Rezeption" produzierter Botschaften, zum anderen als „Produktion" eigener Inhalte. Insbesondere das Aufkommen des Videos und die damit verbundene *Videobewegung* versuchten gegenüber der hochkomplex organisierten Öffentlichkeit der etablierten Massenmedien eine „alternative Öffentlichkeit" aufzubauen, die sich in „basisbezogenen" Produktionen stadtteilbezogen und kritisch gegenüber der herrschenden Meinung artikulierte. Damit war nach dem Prinzip des „semper aliquid haeret" unter der Prämisse der Handlungsorientierung eine nicht nur abwehrende, sondern auch akzeptierende Einschätzung der Medien möglich geworden. Gerade Medienpädagogik und Medienpädagogen haben seitdem eine differenzierende Position inne, die sich nicht von radikaler Kulturkritik und Medienabwehr, aber auch nicht von euphorischer Zustimmung zu neuen Medien-Angeboten leiten lässt. Geprüft wird die gesamte Medien-Entwicklung unter der medienpädagogischen Prämisse, inwieweit Medien Handlungsmöglichkeiten erschließen, ästhetische Erfahrungen erweitern, anstatt zu unterdrücken und einzuschränken. Beispiele für ein solches „Praxisfeld Medienarbeit" sind jetzt etwa die „Arbeit mit dem Medium Hörfunk im Stadtteil" oder die „Medienarbeit mit ausländischen Jugendlichen"; vorgeschlagen wird die Organisation von „Kinderkino in einem kommerziellen Filmtheater"; ein Filmprojekt wird unter die Devise gestellt „Wir wollen, wie wir sind", und die Medienarbeit an einer Landesbildstelle ebenso vorgestellt wie die „Organisation von Kinderfilmwochen" oder die Arbeit von „Videogruppen".[11] Im Anschluss an handlungstheoretische Überlegungen wurde ein zweiter, eher universal ausgerichteter Theorieschwerpunkt gefunden: die medienpädagogische Handlungstheorie.

3. Medienpädagogische Handlungstheorie

Es ist das zweite Mal, dass die Medienpädagogik sich hier in grundlagentheoretische Debatten einschaltet. Leitbegriffe sind „Kompetenz", „kommunikative Kompetenz", „Lebenswelt", „Alltag", die Spannung zwischen „Konventionalität" und „Intentionalität" sowie schließlich „Handeln" und „Handlungskompetenz".

3.1. Sprachliche Kompetenz und ideale Sprachgemeinschaft

Für die Behauptung einer „kommunikativen Kompetenz" des Menschen hat sich die Pädagogik schnell interessiert, weil diese Arbeitshypothese von der *Erziehbarkeit* des Menschen ausgeht (aufgrund seiner Kompetenz zu sprachlichem Handeln und damit zur Fähigkeit, aktiv an der Weltkonstruktion teilzunehmen). Verbunden mit der Erziehbarkeit/ Bildbarkeit des Individuums ist die Verpflichtung, dies auch zu ermöglichen – es steckt ein Zielwert von Anfang an in dem Konzept, typisch für pädagogische Reflexion.

Der Kompetenzbegriff wurde von Noam Chomsky in Weiterführung von Gedanken Descartes' und Humboldts verwendet für die von ihm angenommene, im Mentalen verankerte Fähigkeit des Menschen, aufgrund eines immanenten (nicht durch Reiz-Reaktion erlernten) Regelsystems eine potenziell unbegrenzte Anzahl von Sätzen zu erzeugen. Er sieht eine wesentliche Eigenschaft der Sprache darin, dass sie die Mittel bereithält, beliebig viele Gedanken auszudrücken, oder ermöglicht, entsprechend den beliebig vielen neuen Situationen adäquat zu reagieren. Chomsky möchte daher die Grammatik einer Einzelsprache „durch eine universelle Grammatik" ergänzen, „die den kreativen Aspekt der Sprachverwendung erfaßt und die profunden Regularitäten ausdrückt, die, da sie universell sind, in der Einzelgrammatik nicht aufgeführt zu werden brauchen".[12]

Es wird also vorausgesetzt, dass alle Menschen potenziell über die Sprachmuster einer Universalsprache verfügen. An solche Überlegungen knüpfen spachphilosophische Erwägungen an, wie sie (im Anschluß an den späten Wittgenstein) durch Karl-Otto Apel und Jürgen Habermas in die Diskussion eingeführt worden sind. Der ideale Diskurs, an dem alle Menschen gleichberechtigt beteiligt sind, setzt als transzendentale Grundlage des Sprachverstehens und der Sprachbeherrschung das transzendentale Sprachspiel einer unbegrenzten Kommunikationsgemeinschaft voraus. Der Mensch gehört nach Apel zum einen einer *realen Kommunikationsgemeinschaft* an, deren Mitglied er selbst durch einen Sozialisationsprozess geworden ist, und zum andern einer *idealen Kommunikationsgemeinschaft,* „die prinzipiell im Stande sein würde, den Sinn seiner Argumente adäquat zu verstehen und ihre Wahrheit definitiv zu beurteilen".[13] Apels „ideale Kommunikationsgemeinschaft" ist diskursfähig, denn in ihr sind Verzerrungen und Störungen der Kommunikation ausgeschlossen und alle Beteiligten haben die gleiche Möglichkeit, über Sprechakte zu verfügen. Hier wird ohne Zweifel ein *normatives Ideal* formuliert, es handelt sich um ein ethisches Postulat. Denn in Wirklichkeit gibt es diese ideale Kommunikationsgemeinschaft nicht. Es handelt sich insofern um eine hyperwirkliche Konstruktion.

3.2. Kommunikative Kompetenz und Lebenswelt

Da Kommunikation nicht nur aus sprachlichen Interaktionen besteht, genügt es nicht, bei der Sprachkompetenz stehenzubleiben. Was Chomsky für die Produktion von grammatisch-sinnvoller Sprache fordert, gilt auch für den Bereich der Wahrnehmung: Auch hier werden nicht nur wahrgenommene (gesehene und gehörte) Gestalten isomorph aufgenommen und im internen Wahrnehmungszentrum abgebildet, sondern der Mensch kann neue Gestalten produzieren, ebenso wie er bisher nicht gehörte oder nicht gelesene Sätze bilden kann. „Kommunikative Kompetenz" ist die Fähigkeit des Menschen, potenziell situations- und aussagenadäquate Kommunikationen auszugeben und zu empfangen, ohne an Reize und von ihnen gesteuerte Lernprozesse gebunden zu sein. Der so weiterentwickelte Kompetenzbegriff bezieht sich auf die *pragmatische* Ebene von Sprache *und* Wahrnehmung. Während sich die Betrachtung der sprachlichen Kompetenz allein der Semantik und der Grammatikalität von Sätzen widmete, bezieht der Begriff der kommunikativen Kompetenz Wahrnehmung ebenso ein wie biographische, sozialstrukturelle und kulturell-gesellschaftliche Ablagerungen.

Die „kommunikative Kompetenz" realisiert sich in der „Lebenswelt" oder „Alltagswelt" von Individuen. Die Lebenswelt ist die für einen Menschen oder eine Gruppe (etwa: Familie, Schulklasse, Arbeitskollegen) konstituierte reale Umwelt von Erfahrungen und Handlungsmöglichkeiten. Sie ist der Lebensraum, in dem sich Erziehung und Sozialisation abspielen und der damit alle Kommunikationen eines Menschen bestimmt und umfasst. Die Struktur der Wiederholung von Handlungen führt auch zur Beschreibung von Lebenswelt als „Alltagswelt", die die alltäglichen Lebensvollzüge von Menschen umfasst. Jede Lebenswelt wird durch historische und gesellschaftliche Bedingungen determiniert, die wiederum Hintergrund sind für die biographische Entwicklung und die Lerngeschichte eines Individuums und damit seine kommunikative Kompetenz. Bleibt diese regulierendes Prinzip, darf sich Forschung nicht begnügen, die unterschiedlichen kommunikativen Kompetenzen unterschiedlicher Gruppen festzustellen. Kompetenz überschreitet jeweils die Möglichkeiten, die der Mensch jeweils für die Bewältigung seiner realen, vorgegebenen Lebenssituation braucht. Würde man sich darauf beschränken, liefe dies auf Einfügung und Anpassung hinaus. Der Arbeiter braucht dann beispielsweise nur beschränkte Fähigkeiten, sich kommunikativ zu verhalten – soviel nämlich, wie er zur Ausübung seines mit beschränkter Verantwortung versehenen Berufes braucht. Andererseits ist es schwierig, eine von allen Menschen erreichbare und zu erreichende „kommunikative Norm" festzulegen, für die erzogen werden muss. Es gibt eine ganze Reihe von Verhaltenskatalogen – etwa: Fähigkeit zur Rollendistanz, zur Ambiguitätstoleranz, zur Ambivalenztoleranz, Fähigkeit zur Entscheidung und zu selbstverantwortlichem Handeln –, für die jeweils die entsprechenden kommunikativen Strategien entwickelt werden müssen.

Bisher wissen wir jedoch kaum etwas darüber, welche Ausdrucksmittel bestimmten Verhaltenszielen zuzuordnen sind. Über welche Mittel muss jemand verfügen (um ein Beispiel zu nehmen), der ein politisch-kritikfähiger Mensch werden soll? Es ist keineswegs erwiesen, dass kommunikative Strategien nicht auch in unterschiedlichen Soziolekten durchführbar sind. Die Diskussion um „restringierten" und „elaborierten" Code und die kompensatorische Spracherziehung ist ein Beispiel für dieses Problem. Gibt es eine „durchschnittliche" Sprache, deren Beherrschung zuallererst soziale Orientierung und persönliche Autonomie erlaubt? Oder ermöglichen unterschiedliche Soziolekte unterschiedlicher sozialer Gruppen unterschiedliche, aber gleichwertige Lebensstrategien? Abgeklärt sind diese Probleme bis heute nicht – unbefriedigend für die Pädagogik, die nicht warten kann, bis Grundlagen gelegt sind. Denn Erziehung lässt sich nicht aufschieben. Hier bleibt nur eins: durch genaue Beobachtung in Erziehungssituationen das jeweils Angemessene zu tun. Was das „jeweils Angemessene" ist, kann durch Lernzielkataloge zwar vorformuliert, aber durch keinen theoretischen Vorgriff, keine praktische Anweisung vorweggenommen werden. Die kommunikative Kompetenz des Pädagogen bleibt im Risiko.

3.3. Konventionalität und Intentionalität

Kommunikative Kompetenz, die sich in der Lebenswelt oder im Alltag realisiert und umsetzt, tut dies immer (sehen wir von dem einsamen Robinson Crusoe auf seiner Insel ab) in Situationen, an denen mehrere Menschen beteiligt sind. Jeder Kommunikator ist ein „actor-in-situation". In der Regel sind zwei oder mehr Personen an einer Kommunikation beteiligt. Eine Beziehungsaufnahme unter ihnen ist dann möglich, wenn die Sprachbeherrschung der verschiedenen Kommunikatoren gleichwertig ist oder die Kommunikatoren entsprechende Sprachmechanismen haben. Darüber hinaus muss zwischen denen, die Kommunikationsakte ausführen, eine *sprachliche Konvention* bestehen. Die Konventionalität von Sprechhandlungen ist Voraussetzung für eine Verständigung. Unsere Alltagssprache ist voll von solchen Übereinkünften.[14] Die Konventionen beginnen bei einer gemeinsamen Grammatik, die es erlaubt, den Typus einer Sprechhandlung deutlich zu machen (Beispiel: „Ich komme morgen zu Dir" bedeutet explizit „ich verspreche, dass ich morgen zu Dir komme") und reicht bis zu Verhaltensübereinkünften (in der Familie wird anders gesprochen als beim Militär). Dabei gehört zu den Konventionen richtigen Sprechens auch, dass mit einer Aussage koordinierte Handlungen verbunden werden. Wer sagt: „Ich komme morgen zu Dir" und dies *nicht* tut, verstößt gegen die Konvention, die darin besteht, dass wir erwarten, dass einer das, was er sagt, auch meint – also ein Versprechen, falls nicht höhere Gewalt dagegensteht, auch ausführt. Konventionen selbst können jederzeit verändert werden. Über *Konventionen* erfolgen unsere *Wirklichkeitskonstruktionen*.

Damit sind wir bei der *Intentionalität* von Sprache. Denn „die Zuordnung einzelner Tätigkeiten von Kommunikatoren erfolgt normalerweise unter dem Gesichtspunkt des Zusammenwirkens der Kommunikatoren im Hinblick auf ein gemeinsames Ziel, z.B. das der sprachlichen Verständigung und der durch sprachliche Verständigung gesteuerten gemeinsamen zielgerichteten Handlungen".[15] Wir instrumentalisieren insofern unsere Konventionen, um die sprachlichen Intentionen wirksam zum Zuge kommen zu lassen. Insgesamt bestimmen Konventionen und Intentionen Sprechen und Handeln und stellen zugleich die *Verbindung* zwischen beiden her. Offen bleibt, ob Konventionen und Intentionen in jedem Fall zusammenfallen. Man kann dieser Meinung sein:

Nur, was konventionalisierbar ist, worüber also gemeinsame Handlungsübereinkünfte bestehen, das kann auch durchgesetzt und erreicht werden. Die alltägliche Erfahrung freilich fordert den Widerspruch zu dieser Behauptung heraus. Praktisch sind Sprech- und Handlungssituationen viel komplizierter: Ein Sprecher kann beispielsweise Redekonventionen befolgen und darum vom Hörer akzeptiert werden, ohne dass dieser seine Intentionen überhaupt versteht oder billigt – und vice versa; es können Sprecher gleiche Konventionen, aber unterschiedliche Intentionen haben, ebenso wie unterschiedliche Konventionen und gleiche Intentionen. Nur zu häufig kommt es schließlich vor, dass Konventionen und Intentionen von Sprechakten nur zum Schein übereinstimmen (jemand kann versprechen, Frieden zu halten, und das Gegenteil beabsichtigen und dann auch tun).

Die Einsicht in die Konventionalität von Handlungen und ihrer intentionalen Struktur ist für die Analyse der Beziehung von Programm-Medien und ihren Nutzern, wie auf der Hand liegt, fruchtbar zu machen. So gibt es journalistische Konventionen, ästhetische Konventionen der Filmemacher usw. Diese entsprechen nicht immer den konventionellen Vorerwartungen des Publikums; oder umgekehrt: Indem sie bestimmte Geschmacks-Konventionen beim Publikum voraussetzen, bewegen sich die Produktionen im Ausdrucksraum der schon vorhandenen Muster. Dass gerade die Intentionalität von Programmen oft den Rezipienten verfehlt, zumal die diffusen Intentionalitäten disperser Nutzer auch gar nicht zu bündeln sind, ist bekannt. Das Verhältnis von Konventionen und Intentionen im Medienbereich erschließt also analytisch vielfache Aspekte und führt damit auch zu möglichen Strategien der Verständigung.

3.4. Kommunikation und Handeln

Ohne dass die Kategorie des Handelns systematisch eingeführt worden wäre, hat sie sich doch quasi automatisch eingestellt, wenn von Sprechakten die Rede ist. Kommunikation (als Verständigung durch Zeichen und Symbole) und Interaktion (Handeln mit anderen) sind, wenn nicht identisch, so doch untrennbar. Sprache erlaubt, zu allererst zu erfahren und zu definieren, was menschliches Handeln sei. Das Schaffen von Konventionen und das Verfolgen von Intentionen ist selbst Handeln und eine Bedingung von Handeln. Ein kleines Kind, das in der Wiege liegt und sich nur durch Schreien verständigen kann, hat nur einen sehr geringen Handlungsspielraum. Erst allmählich erwirbt es die Fähigkeit, bestimmte Handlungen auszuführen, etwa, mit Bauklötzen einen Turm zu bauen. Dies wäre eine durchaus selbstständige Handlung. Utz Maas schlägt daher vor: „Eine Tätigkeit, die über ihre eigenen Bedingungen verfügt, dadurch, dass sie diese geschaffen hat, wollen wir *Handeln* nennen."[16] Ein handelnder Mensch verfügt demnach über sich selbst, kann das, was geschieht, kontrollieren. Wer schläft oder ins Wasser fällt, handelt nicht – es geschieht etwas mit ihm. Wenn der ins Wasser Gefallene sich durch Schwimmen zu retten versucht, beginnt freilich sein Handeln. Auch in der Sprache unterscheiden wir zwischen *Vorgängen* und *Handlungen*. „Listen to me", ist die Aufforderung zu einer Handlung. Hier ist das Verb „hear" nicht zu verwenden, da dies sich auf einen Vorgang bezieht. Oder im Französischen wird unterschieden zwischen „nager" und „flotter": Das erste Verb ist zu verwenden, wenn ein Junge schwimmt, das zweite, wenn ein Stück Holz im Fluß schwimmt. Der böse Witz zu fragen, wenn die Großmutter die Treppe heruntergefallen ist: „Oma, was rennst Du denn so schnell?" entsteht aus der Unterstellung, es handle sich nicht um einen unglücklichen Vorgang, sondern um eine Handlung der Großmutter. Gegenüber dem Verhalten ist das Handeln durch eine Dimension der Unabhängigkeit gegenüber der Situation ausgezeichnet, in der es geschieht; und diese Dimension ist durch die Sprache ermöglicht. Sprache *kennzeichnet* nicht nur Handlungen, sondern sie erlaubt auch, Handlungen zu planen, *über* Handlungen zu berichten, Handlungen anderer Menschen anderen Menschen zu erklären, zu gemeinsamen Handlungen aufzufordern etc. Handlungen sind immer absichtlich – genau, sehen wir einmal vom Plappern und automatischen Sprechen ab, wie Sprache immer nur bewusst und absichtlich verwendet werden kann.

Handeln bedarf der Kommunikation; die Kommunikation bedarf des Handelns. Der immer gleiche Fluß des Geschehens durch Zeiten, das Leben als unverfügbarer Vorgang werden durch Handlungen gegliedert und intentional strukturiert. Die *Erkennbarkeit* und *Bewertbarkeit* von Handlungen, und die Voraussetzung für *gemeinsame* Handlungen schafft die Sprache, die sich verwirklicht über Konventionen, in die die jeweiligen Intentionen eingebunden sind.

Fazit: Eine Kommunikationstheorie ist immer zugleich auch eine Handlungstheorie. Es wäre also falsch, wenn sich Medienwissenschaftler nur mit Kommunikationssituationen und sprachlichen Äußerungen beschäftigten, nicht aber die Handlungssituationen mit untersuchten. Auch Massen-Kommunikation besteht nicht nur aus Symbolvermittlern, sondern damit verbundenen Handlungen, die zu Handlungen bei den Nutzern auffordern bzw. führen. Wenn es schon schwer ist, gemeinsam über Sprachkonventionen und Handlungsintentionen zu verfügen, so kompliziert sich dieses Problem dadurch, dass Sprechen und Handeln zu koordinieren sind. Dies kann kaum erzwungen werden: Dann schweigen die Unterworfenen und handeln nur aus Zwang; oder sie geben vor, dass für sie Handlungen und Sprechakte übereinstimmen; oder sie sprechen nach den konventionellen Regeln, handeln jedoch in unbeobachteten Momenten anders. Kurz: Die Herstellung einer von allen Partnern gemeinschaftlich gewollten Symmetrie von Sprechen und Handeln, von Symbolkonstruktion und Weltkonstruktion, ist ein schwieriges Problem, wie an der Massenkommunikation schnell deutlich werden könnte.

3.5. Medienpädagogische Reflexion

Medienpädagogische Reflexion kann sich in diesem Theoriegerüst fruchtbar entfalten. Programm-Analysen beispielsweise sind auch immer Handlungs-Analysen – mit der impliziten Frage, welche der analysierten Elemente in den Horizont der Konventionalität und Intentionalität der Nutzer gelangen (und unter welchen Bedingungen). Dabei impliziert das Kompetenz-Axiom als Ausgangspunkt einer medienpädagogischen Handlungstheorie das *Postulat*, daß Handlungskompetenz zu entfalten ist, damit sie ausagiert werden kann. Konkret: Die Partizipation von Bürgern im demokratischen Staatswesen besteht daraus, dass diese ihre entsprechenden Kompetenzen auch mit Hilfe von Medien entfalten und verwirklichen; die Angebote ästhetischer Varianten und Ich-Entwürfe treffen auf ästhetische Kompetenzen bei Zuschauern oder Zuhörern. Normative Implikationen sind der hier in groben Zügen entwickelten medienpädagogischen Handlungstheorie inhärent: Sie sind der theoretische Ausgangspunkt, auf den medienpädagogische Handlungsentwürfe (für Schüler, in der Erwachsenenbildung, in der politischen Bildung etc.) sich berufen und auf den sie zurückführen.

4. Gegenstandsorientierte Ausdifferenzierungen

Wie eingangs festgestellt, sind Theorien in der Regel, zumindest in den Sozialwissenschaften, keine Selbstläufer, die sich lediglich aus der Logik der Forschung entwickeln. Gesellschaftliche Veränderungen, Zeitklima und eine Fülle ähnlicher Faktoren führten zu generellen Theorie-Konjunkturen und -Abschwüngen (so ist die „Kritische Theorie" derzeit kaum gefragt – trotz ihres grundsätzlichen Erklärungsanspruchs). Während universale Theorien, hat sie jemand ergriffen, den Anspruch erheben, auch befolgt zu werden – sie zu verlassen ist schlimmer als eine Ehescheidung –, so gibt es objektbezogene Theorien mittlerer oder kleiner Reichweite, die sich mit der Problemstellung entwickeln, in ihr neue Perspektiven eröffnen, ohne den Anspruch zu erheben, eine allgemein gültige und umfassende Sichtweise auf den Gegenstand zu erlauben mit überzeitlichem Geltungsanspruch.

Im Folgenden werden, knapp und akzentuierend, einige gegenstandsgebundene Theoriedebatten exemplarisch vorgeführt.

4.1. Sozialisation und Medien

„Sozialisation" meint als Term mehr als „Erziehung", weil nicht nur intentionale Akte am Zögling, sondern auch dessen Konventionserwerb und Kompetenz-Ausübung über Institutionen, lebensweltliche Erfahrungen und andere gesellschaftliche Agenturen mitgestaltet werden. Gerade Programm-Medien spielen in diesem Zusammenhang als zu Elternhaus, Schule und beruflicher Ausbildung sowie Freizeitorientierung über Peers hinzukommende Sozialisationsinstanzen eine zunehmend wichtige Rolle. Unter dem *sozialisationstheoretischen* Fragehorizont lässt sich die Wirkungsfrage von Programm-Medien ebenso neu fassen, wie die lebensbegleitende, aber auch lebenseingreifende Funktion von Medien deutlich werden kann.

In der letzten Zeit sind gerade im Zusammenhang der Diskussion von Medienkultur und Bildungsprozessen strukturtheoretische Argumente hinzugekommen. Pierre Bourdieu vor allem wird in den späten Achtzigererjahren auch in der Bundesrepublik lebhaft rezipiert, weil er immer wieder auf den *sozialisationsbedingten Charakter kultureller Bedürfnisse hinweist*. Seine Hypothese lautet: „Nicht nur jede kulturelle Praxis (der Besuch von Museen, Ausstellungen, Konzerten, die Lektüre usw.), auch die Präferenz für eine bestimmte Literatur, ein bestimmtes Theater, eine bestimmte Musik erweisen ihren engen Zusammenhang primär mit dem Ausbildungsgrad, sekundär mit der sozialen Herkunft."[17] Damit führt Bourdieu ein bildungstheoretisches Argument in die Diskussion ein: Derart, dass er der Meinung ist, die familiale, aber vor allem auch die schulische Erziehung vermittelten die Anerkennung bestimmter kultureller Praktiken. Dieses formale Argumentationsgerüst füllt Bourdieu inhaltlich aus, indem er des Weiteren postuliert: „Der gesellschaftlich anerkannten Hierarchie der Künste und innerhalb derselben der Gattungen, Schulen und Epochen korrespondiert die gesellschaftliche Hierarchie der Konsumenten." Bourdieus Behauptung ist, dass es nicht nur ökonomisch bedingte Klassendifferenzen gibt, sondern, damit zusammenhängend, auch eine unterschiedliche Ausstattung mit *Bildungskapital*, die zu unterschiedlichen Aspirationsniveaus und kulturellen Interessen führt. Da gibt es den „kulturellen Adel", Menschen, die den „angemessenen" Code besitzen und die besonderen *formalen* Eigenschaften von Kunstprodukten unterscheiden können. Bourdieu macht dies im Bereich der Bildenden Kunst deutlich am „reinen Blick". Seine Überlegungen, die auch für das Fernsehen gelten, führt er ein mit dem Satz: „Das ‚Auge' ist ein durch Erziehung reproduziertes Produkt der Geschichte." Denn nur, wer den „reinen Blick" erworben hat, ist in der Lage, den *Kunstcharakter* eines Kunstwerks angemessen zu rezipieren, eine künstlerische Tradition zu verstehen und damit den gehobenen Ansprüchen ästhetischer Wahrnehmung gerecht zu werden. Ganz anders der *populäre* Geschmack, der naiv verhaftet bleibt ans Gegebene. Während der reine Blick eine frei gewählte Distanz zu den Zwängen und Nöten der natürlichen wie sozialen Umwelt ermöglicht, ist der populäre Geschmack gebunden an elementare ökonomische Zwänge und Notwendigkeiten.

Bourdieu postuliert nicht nur, er zeigt in einer umständlichen (auch in manchen Punkten zu kritisierenden) Untersuchung den Zusammenhang zwischen Schulbildung, Familienherkunft und Geschmacksvorlieben. Es ist oft der Erfolg oder Misserfolg im Bildungssystem und das daraus resultierende Einschätzen der eigenen Bildungskarriere, was die kulturellen Interessen stark beeinflusst. So korrespondiert geringer Schulerfolg mit einer stärkeren Peer-Orientierung und einem stärkeren Interesse für Pop- und Rock-Musik. Für die schul-orientierten Jugendlichen, die damit in ihr auch erfolgreich sind, spielt Fernsehen deswegen keine Rolle, weil dies ihre Aufmerksamkeit von der Schule abzieht, der ihr Hauptinteresse gilt, nicht zuletzt, weil die Schule ihnen den von ihnen geschätzten Status verleiht. Für die weniger erfolgreichen Jugendlichen hingegen ist Fernsehen eine konventionelle, familien-orientierte Erwachsenen-Aktivität, von der sie sich absondern, indem sie in das Peer-Group-Milieu subkultureller oder manieristischer Färbung abdriften. Fernsehen ist eine „normale" Aktivität, die in der *Jugendkultur* wenig Status oder Identität verleiht. Die Zuwendung zu Jugend-Kulturen (und den entsprechenden Programmen in den Medien, die sie begleiten, vom Radio bis zum Film) ist zu verstehen als ein Akt der *Selbstsozialisation* von Jugendlichen.

4.2. Theorie der Kontexte (Sozialökologie)

Die Pluralisierung der Medien und Medien-Angebote führt zum Konzept der „Medienwelten". Damit ist gemeint: Der (unterschiedliche) Kommunikations-Alltag und die lebensweltlichen Bindungen (im Rahmen einer gesellschaftlichen Ordnung und ihrer Umsetzung in institutionelles Handeln, Gruppenhandeln und Handeln von Einzelnen) sind von Medien (von den großen Produktions- und Distributions-Organisationen über die dem Einzelnen verfügbaren Geräte und die Zusammenschaltung in interaktiven Diensten der Computer) derart durchdrungen, dass Medien heute an der Konstruktion sozialer Welt genuin mitwirken und ihr Mitwirken von Heranwachsenden auch so erfahren wird.

Heute realisiert sich menschliche Entwicklung in kommunikativ organisierten, sozialen Kontexten, aus denen eine pluralisierte Struktur von Medien nicht wegzudenken ist. Damit wird Entwicklung zur Sozialisation, in der unterschiedliche Kontexte zugänglich und relevant werden. Medien transzendieren mit ihren symbolischen Signalen über ihre elektronischen Vermittlungskanäle Räume, werden jedoch *kontextgebunden* unterschiedlich benutzt. Zu fragen ist also, ob es einen sozusagen überindividuell gültigen kontextfreien Medienumgang gibt oder nicht. Diese Frage ist rhetorisch, denn selbstverständlich gibt es für ein und denselben Handelnden verschiedene Handlungskontexte mit unterschiedlichen Konventionen und Intentionen, die von ihm auch routinemäßig auseinander gehalten werden, ohne dass sie in seinem Denken als widersprüchlich präsent sein müssen.

Beispielsweise wird Medienrezeption durch ihren Kontext stark beeinflusst. „Arbeiterfilme", die den Zuschauern (Betriebsräten, Arbeitern) zeigen sollten, welche Handlungsalternativen sie in ihren eigenen alltäglichen Interaktionssituationen finden könnten, fanden dann Interesse und Zuspruch, wenn sie im Betrieb oder direkt nach der Arbeit gezeigt wurden; sie wirkten jedoch eher langweilig und wurden abgelehnt, wenn sie zu Hause in der Familie vorgeführt wurden. Die betriebliche Nähe ließ auch die Botschaft der Filme kontextnah relevant erscheinen, während sie in der Freizeit eher als bedrohlich wirken und ihr Inhalt abgewehrt wird.[18] Fernsehen ist Rollenhandeln für den Zuschauer; die Übernahme in seine eigene Handlungskompetenz erfolgt jedoch nicht automatisch, sondern wird durch die Kontext-Stimulation verstärkt oder auch nicht. Ein anderes Beispiel ist die Untersuchung Bettina Hurrelmanns zur Textwahrnehmung kindlicher Lesestoffe in der Schule.[19] In der Schule sind Texte in erster Linie Lerngegenstände; der fiktionale Status wird im Sinne der Isoliertheit von realen Kommunikationsbezügen interpretiert. Die Sinnerwartungen an den literarischen Text entsprechen nicht den Alltagserfahrungen, sondern werden durch schulisch gesteuerte Erwartungen selektiert; so werden beispielsweise Texte als sprachvermittelte Handlungsmodelle für die Applikation moralischer Urteile aufgefasst. Emotionale Beteiligung, kreative oder erfahrungsorientierte Aneignungsversuche sind hier ausgeschlossen. Der Lehrer ist Garant der „richtigen" Deutung des Textes. Dieses ist Ziel des Unterrichtsprozesses und letztlich seine Sache. Sie bleibt von den Fantasien, Bedürfnissen und Erfahrungen der Schüler isoliert.

Diese Beispiele illustrieren, was die sozialökologische Theorie (relativ neu in der Kommunikationsforschung) anstrebt: die Analyse der Interferenz von konkreten Kontext-Situationen in die Aufnahme und Verarbeitung von Medien-Botschaften. Zum Beispiel werden Kinder, die häufig vor dem Fernsehapparat allein gelassen werden, leicht zu Vielsehern, denen die Inhalte der Programme als Realitätsersatz dienen.[20] Medienpädagogisch lassen sich aus den Resultaten solcher Forschung viele Hinweise gewinnen über die Rolle, die Medien bei der Realitätsverarbeitung von Kindern spielen; dies wiederum könnte dabei helfen, Kriterien für Kinder- und Jugendsendungen mit handlungsentbindendem Charakter zu entwickeln.

4.3. Theorie sozialer Probleme

Walter Hornstein hat Elemente einer Theorie der sozialen Probleme für den Bereich der Jugendforschung herangezogen mit der einleitenden Bemerkung, eine problemorientierte Sicht auf gesellschaftliche Vorgänge sei erst in den Siebzigerjahren entwickelt worden, während in den Sechzigerjahren Jugend noch als Faktor sozialen Wandels gesehen worden sei. Eine äquivalente Entwicklung kann man für den Bereich der Technologien feststellen. Während diese in den Sechzigerjahren als Beiträge zu gesellschaftlicher Innovation und gesellschaftlichem Fortschritt gesehen wurden, wird jetzt die Kehrseite betont: Im technischen Expansionsbereich sind die „Grenzen des Wachstums" Diskussionsgegenstand. In Variation von Überlegungen Hornsteins ist zu formulieren: Es gilt, die Problemlagen nicht nur der heranwachsenden Generation, sondern aller Menschen in den verschiedensten Stadien des Lebenszyklus unter medienpädagogischen Gesichtspunkten zu analysieren. Die Entwicklung, Erprobung und Realisierung langfristiger pädagogischer Konzepte ist zu fordern, die pädagogische Antworten auf die neue Situation darstellen; es müssen Spielräume pädagogischen Handelns ausgemacht werden, und schließlich muss „die Sichtweise einer kritischen Pädagogik als kritischer Instanz (...) auch in der öffentlich-politischen Diskussion hörbar bleiben".[21]

In der *Problemlagenorientierung* finden sich Abgrenzungskriterien gegenüber der Publizistik. Diese beschäftigt sich primär mit dem informatorischen Produktionssystem (Personen, Institutionen, wirtschaftliche Rahmenbedingungen) sowie dem allgemein-gesellschaftlichen Wirkungsproblem und interpretiert in einer fortgeschrittenen Version Medienkonsum als soziales Handeln (im so genannten Nutzen-Ansatz). In der Medienpädagogik geht es primär um die Frage, welche Entwicklungschancen für den Nutzer durch Medien zur Verfügung gestellt werden. Die Medien werden nicht nur im organisierten Unterricht als Instrumente zur Optimierung von Lernprozessen eingesetzt; sie werden von Pädagogen insgesamt unter der Fragestellung betrachtet, welche Formen von Lernen sie ermöglichen, welche Chancen von Bildung (als nicht durch Erziehungsprozesse regulierbar) sie möglicherweise eröffnen oder auch verschließen. Schließlich bemüht sich die Medienpädagogik um eine Fülle von Handlungsmodellen im pädagogischen Raum, in denen unter verschiedenen Prämissen und mit verschiedenen Absichten versucht wird, mit Medien so umzugehen, dass menschliche Kompetenz nicht verschüttet wird, sondern zum Tragen kommt.

Eine problemorientierte Sicht im Medienbereich würde *kommunikationskulturelle Problemlagen* zum Ausgangspunkt nehmen. Beispiele für solche Problemlagen sind:

– Die Behauptung einer wachsenden Wissenskluft (Knowledge-Gap-Hypothese) zwischen denen, die sich der neuen Medientechniken erfolgreich bedienen und ihre Handlungs- und Interventionschancen vermehren, und denen, die dies nicht tun, vielmehr zu „Vielsehern" oder „Video-Freaks" werden. Von dieser Problemlage sind vor allem Haupt- und Sonderschüler, alleinstehende Menschen, Alte, Arbeitslose und andere Problemgruppen betroffen;
– die Erfahrung der Wirklichkeit in der Spannung von direktem Handeln und der simulierten Erfahrung über Programm-Medien (Diskussionsrahmen der Agenda-Setting-Hypothese). Welche Wirklichkeitsbilder sind für uns leitend, lassen sich Realerfahrung und mediale Vermittlung überhaupt noch trennen? Indem die neuen

Techniken konstitutiver Bestandteil des Alltags in seinen Dimensionen Privatheit, Öffentlichkeit, Erholung und Beruf werden, lassen sie sich nicht nur als Programm-Lieferanten verstehen, sondern als Instrumente der Welt-Konstruktion: Die Medien sind, was die Welt ist, und die Welt ist, was die Medien sind.

Es liegt auf der Hand, daß ein problemorientierter Ansatz medienkritische Argumente reaktiviert, freilich nicht bei ihnen stehen bleibt; die Theorie-Diskussion hat inzwischen den Zielwert „Erwerb kommunikativer Kompetenz" hinzugewonnen, so dass auch der Ausgangspunkt von sozialen Problemen/kommunikationskulturellen Problemlagen schließlich zur Frage nach konstruktiven Lösungen führt.

4.4. Theorie der Individualisierung

Nach der Überwindung der simplen Manipulationsthese und entsprechender Stimulus-Response-Modelle und der Entdeckung der Bedeutung der sozialen Gruppe als Filter des Aggregats von Medienwirkungen hat sich lange Zeit die General-These durchgesetzt, dass sich lebensweltliche Einbindung und medial produzierte Symbolwelten als unterschiedliche Ensembles gegenüberstehen. Die komplexen Vermittlungsprozesse zwischen beiden Wirklichkeitskonstruktionen sind oben unter anderen theoretischen Anstrahlungen bereits diskutiert worden. Auch die medienpädagogische Debatte insistiert (mit Recht) darauf, dass nicht die Medien Verursacher sozialer Probleme sind, sondern diese im realen Erlebnisraum sich konstituieren und über Medien verstärkt, auch beeinflusst oder sonstwie mitorganisiert, aber nicht generiert werden. Aber die durchaus richtige, durch empirische Forschung hinreichend belegte Einsicht, die Primärgruppen steuerten die Wirkungen des Fernsehens und des Radios, hat dazu geführt, die Interaktionseinlagerung des Medienkonsums zu stark zu gewichten. So hat beispielsweise Michael Schenk darauf hingewiesen, dass das Bild interpersonaler Kommunikation sich im letzten Jahrzehnt verändert hat. Nicht mehr die alten Gruppen wie Familie und lokale Nachbarschaft ermöglichen allein Meinungsführerschaft, sondern in der modernen, großstädtisch differenzierten Gesellschaft kommen ganz andere Einflussbereiche dazu. Nachbarn sind oft persönlich nicht mehr bekannt, während Arbeitskollegen und die Berufssphäre – losgelöst vom familiären oder privaten Lebensraum – häufig einflussreich sind. Schenk resümiert, „daß die Massenkommunikation in modernen Gesellschaften kaum durchgängig auf lokale oder homogene Gruppen trifft, deren Absorptionskraft die Wirkung der Massenmedien begrenzt. Eine selektive Weiterverarbeitung der Medieninhalte findet auch in den weitverzweigten interpersonalen Kommunikationsnetzwerken statt, die die Diffusion von Ideen und Informationen in struktureller Hinsicht einerseits begünstigen, andererseits aber aufgrund ihrer relativ geringen Dichte keinen stabilen Anker für die individuellen Einstellungen und Meinungen offerieren, so daß u.U. auch mit einer größeren Wirkung der Massenmedien zu rechnen ist."[22] Dies bedeutet nicht nur, dass der Filter der Primärgruppe unter bestimmten, häufiger werdenden Bedingungen seine Absorptionskraft verloren hat. Wesentlicher ist die Ansicht, dass es zunehmend schwieriger wird zu erkennen, an welche Identifikations- und Imitationsmodelle ein Mediennutzer seine Erfahrungen und Handlungsimpulse anbindet, da ihm die Selektion *aus* und die Bezugnahme *auf* eine geschlossene Lebenswelt keineswegs durchgängig möglich sind.

Dies gilt besonders für Jugendliche. Die para-soziale Interaktion (mit Medieninhalten) und andere Formen der Beziehungsgestaltung sind in der Handlungswirklichkeit des jugendlichen Mediennutzers relativ diffus und räumlich diffundiert. Die Anknüpfungspunkte, die bei Kindern noch ausschließlich in der Familie liegen, vervielfältigen sich mit dem Aufwachsen, wobei die Segmentierung der Lebensbereiche zunehmend voneinander abgrenzbare, oft in ihren Wertorientierungen und Handlungsformen auch unterschiedliche Szenen schafft. Die *Interferenz* von sozialen Räumen und Medien besteht darin, dass es sich bei beiden um hochaggregierte, mannigfach differenzierte und keineswegs geschlossene Wirklichkeiten handelt.

Das Konzept des sozialen Netzwerks erlaubt, die Einbettung des Individuums in der Sozialität differenzierter als bisher zu beschreiben. Neben persönlichen Netzwerken (enge Verwandte, intime Freunde) und eher intim gestalteten Zonen gibt es auch solche, die eher auf Produktivität oder Effektivität angelegt sind (Ökonomie, Politik), oder andere, die ausschließlich formalen Charakter haben. Viele soziale Stützleistungen werden heute nicht mehr in der direkten Nachbarschaft erbracht. Materielle Hilfe etwa kann durch ein Versorgungsamt geleistet werden, das nicht einmal in dem Ortsteil liegen muss, in dem der Unterstützungsempfänger wohnt. Hier kommen die Medien zum Zuge: Das Telefon kann beispielsweise räumliche Distanzen überbrücken (es wird heute auch als „social support medium" eingesetzt – siehe Telefonseelsorge, Sorgentelefon für Schüler, Drogenberatung). Im Amt selbst können Computerprogramme an die Stelle persönlicher Beratung treten. Regionalisierung, Lokalisierung, Zielgruppenprogramme, Offene Kanäle, Community-TV: dies sind Angebotsformen der Medien, die selbst zum Bestandteil lokaler Netzwerke werden können.

Damit sind Medien wichtiger Bestandteil der neuen Individualisierungsprozesse. Die These von der zunehmenden Individualisierung in unserer Gesellschaft[23] sagt im Wesentlichen, dass unter den Bedingungen des Wohlfahrtsstaats im Gefolge von Modernisierungsprozessen die bisherige Einbindung des Menschen in alltags- und lebensweltlich identifizierbare ständische und Klassenstrukturen an sozialer Evidenz und Bedeutung verlieren. Für die Individuen ist vor dem Hintergrund verblassender traditionaler Lebensformen ein verbindlich vorgezeichneter und in sozialen Lebensmilieus abgestützter Lebensfahrplan immer weniger erwartbar. In diesem Sinne kommt es zu Individualisierungsschüben und einer zunehmenden Biographisierung des Lebenslaufs. Der in Folge von Individualisierungsprozessen auftretende Funktions- und Deutungsverlust ehemals kulturelle Lebensbereiche übergreifender und identitätsstiftender Weltbilder, die in der Hitze des gesellschaftlichen Rationalisierungsprozesses verdampfen, schafft kulturelle Problemlagen, die nun auch die Mediennutzung entscheidend beeinflussen. Gerade die Medien unterstützen *unmittelbare* Beziehungen und tragen dabei erheblich zu Individualisierungsprozessen bei. Die Behauptung, dass Menschen in historisch entstandenen aktuell wirkenden und geregelten sozialen Aggregaten leben, die ihnen zwar spontane Reaktionen und eigenwillige Handlungen eröffnen, aber gleichzeitig ein Set von Regeln und Regularien, Konventionen und Traditionen anbieten, die Verständigung und Verstehen ermöglichen, wird damit in Frage gestellt, und damit eine Reihe von Implikationen, die in anderen Theoriekontexten – auch dieses Beitrags – Voraussetzung waren. Insofern ist die Theorie von der zunehmenden Individualisierung von Lebensläufen diejenige, die bisherige Theoriediskurse und deren Voraussetzungen (Lebenswelt, Alltag etc.) am ehesten in Frage stellt und zu neuen Konstruktionen herausfordert.

5. Schlussbemerkung

Sozialwissenschaftliche Theorien sind keine stehenden Gewässer, sie leben vielmehr von untergründigen Strömungen und werden entsprechend erhitzt oder abgekühlt. Medienpädagogik, eingelagert in die Praxis des Alltags und befragt auf humane Regeln zu deren Regulierung, muss darum einen Kreuzweg aufsuchen, an dem unterschiedliche Perspektiven und universale wie gegenstandsorientierte Theoriestränge zusammenlaufen, um daraus die jeweils problem- und sachangemessenen Konstruktionen aufzubauen. Es sind Konstruktionen auf Zeit und von hoher Vergänglichkeit. Die Historizität der Theorie-Debatten dringt in die Theorien selbst ein und wird zu ihrem Bestandteil. Das ist anregend und aufregend zugleich und erlaubt dem wissenschaftlichen Newcomer relativ schnell, eigene Konstruktionselemente einzubringen.

Es gibt keine autoritative Theorie, die setzt, was wissenschaftlich der Fall sein müsste. Freilich entsteht auch der Eindruck von Zerstreutheit oder gar Unzuverlässigkeit. Dem ist entgegenzuwirken. Am ehesten gelingt es, wenn die handlungstheoretischen Elemente, die in universalen, funktional wie gegenständlich orientierten Theorien auffindbar sind, ein Netzwerk auf der Basis von „theory support" schaffen, das locker genug geknüpft ist, um neue Entwicklungen aufnehmen zu können, aber auch klar genug modelliert, um die scheinbare Disparität von Fragestellungen und Ergebnissen nach wenigen, einleuchtenden Mustern zu ordnen. Dass dies der Fall sein möge, dafür steht theoretische Arbeit ein – auch in der Medienpädagogik.

ANMERKUNGEN

[1] Georg Wodraschke: Vorwort. In: ders. (Hrsg.): Medienpädagogik und Kommunikationslehre. München 1979, S. 11–17, hier S. 11.

[2] Manfred Rühl: Kommunikationswissenschaft zwischen Wunsch und Machbarkeit. Einige Betrachtungen zu ihrer Identität heute. In: Publizistik, 30. Jg. 1985, H. 2–3, S. 229–246, hier S. 235.

[3] Siegfried J. Schmidt: Der Radikale Konstruktivismus: Ein neues Paradigma im interdisziplinären Diskurs. In: ders. (Hrsg.): Der Diskurs des radikalen Konstruktivismus. Frankfurt a. M. 1987, S. 11–88, hier S. 23.

[4] Funkkolleg „Medien und Kommunikation. Konstruktion von Wirklichkeit": Studienbriefe. Weinheim/Basel 1990; Siegfried J. Schmidt (Hrsg.): a.a.O.; Paul Watzlawick (Hrsg.): Die erfundene Wirklichkeit. Wie wissen wir, was wir zu wissen glauben? Beiträge zum Konstruktivismus. München/Zürich [4]1986.

[5] Karsten Renckstorf: Neue Perspektiven in der Massenkommunikationsforschung. Beiträge zur Begründung eines alternativen Forschungsansatzes. Berlin 1977; ders.: Menschen und Medien in der postindustriellen Gesellschaft. Neuere Beiträge zur Begründung eines alternativen Forschungsansatzes. Berlin 1987; Will Teichert: „Fernsehen" als soziales Handeln (II). Entwürfe und Modelle zur dialogischen Kommunikation zwischen Publikum und Massenmedien. In: Rundfunk und Fernsehen, 21. Jg. 1973, H. 4, S. 356–382; ders.: Dem Publikum auf der Spur. Über neue Untersuchungen zur Mediennutzung und Medienwirkung. In: Bertelsmannbriefe, Jg. 1976, H. 87, S. 3–12; Winfried Schulz: Ausblick am Ende des Holzwegs. Eine Übersicht über die Ansätze

der neuen Wirkungsforschung. In: Publizistik, 27 Jg. 1982, H. 1–2, S. 49–73; Michael Schenk: Medienwirkungsforschung. Tübingen 1987.

[6] Dieter Baacke (Hrsg.): Kritische Medientheorien. Konzepte und Kommentare. München 1974.

[7] Theodor W. Adorno: Eingriffe. Neun kritische Modelle. Frankfurt a.M. 1963, S. 69–80, hier S. 75f.

[8] Zu den materialistischen Medientheorien der Sechziger- und Siebzigerjahre und ihrer Umsetzung siehe zum Beispiel: Johannes Borchardt/Ole Dunkel/Joachim Stüber: Audiovisuelle Medien in der Schule. Zur politischen Ökonomie visueller Kommunikation. 2 Teile. Ravensburg 1972, 1973. Weitere Literatur bei Baacke (Hrsg.): Kritische Medientheorien, a.a.O.

[9] Franz Dröge: Medien und gesellschaftliches Bewußtsein. In: Baacke (Hrsg.): Kritische Medientheorien, a.a.O., S. 74–106, hier S. 78f.

[10] Hans Giffhorn: Zeitschriften als Mittel der politischen Erziehung. In: Dieter Baacke (Hrsg.): Mediendidaktische Modelle: Zeitung und Zeitschrift. München 1973, S. 50–88, hier S. 58.

[11] Vgl. etwa Dieter Baacke/Theda Kluth (Hrsg.): Praxisfeld Medienarbeit. Beispiele und Informationen. München 1980.

[12] Dieter Baacke: Kommunikation und Kompetenz. Grundlegung einer Didaktik der Kommunikation und ihrer Medien. München ³1980, S. 100.

[13] Utz Maas: Grammatik und Handlungstheorie. In: Utz Maas/Dieter Wunderlich: Pragmatik und sprachliches Handeln. Frankfurt a.M. 1972, S. 180–198, hier S. 192.

[14] Vgl. dazu Dieter Wunderlich: Zur Konventionalität von Sprechhandlungen. In: ders.: Linguistische Pragmatik. Frankfurt a.M. 1972, S. 22–64.

[15] Helmut Schnelle: Sprachphilosophie und Linguistik. Reinbek 1973, hier S. 28f.

[16] Utz Maas: Zur Konventionalität von Sprechhandlungen, a.a.O.

[17] Pierre Bourdieu: Die feinen Unterschiede. Kritik der gesellschaftlichen Urteilskraft. Frankfurt a.M. 1982 (Originalausgabe: La Distinction. Critique social du jugement. Paris 1979). Das Zitat findet sich – wie die folgenden – in der übersetzten Ausgabe auf den S. 17 ff.

[18] Martin Kohli: Fernsehen und Alltagswelt. In: Rundfunk und Fernsehen, 25. Jg. 1977, H. 1–2, S. 70–85.

[19] Bettina Hurrelmann: Kinderliteratur im sozialen Kontext. Eine Rezeptionsanalyse am Beispiel schulischer Literaturverarbeitung. Weinheim 1982.

[20] Vgl. schon Herta Sturm/J. Roy Brown (Hrsg.): Wie Kinder mit dem Fernsehen umgehen. Nutzen und Wirkung eines Mediums. Stuttgart 1979; Dieter Baacke/Uwe Sander/Ralf Vollbrecht: Lebenswelten Jugendlicher. 2 Bände. Opladen 1990.

[21] Walter Hornstein: Jugend als Problem. In: Zeitschrift für Pädagogik, 25. Jg. 1979, H. 5, S. 671–688. Vgl. auch Dieter Baacke: Zum ethischen Orientierungsrahmen der Medienpädagogik. In: Ludwig J. Issing (Hrsg.): Medienpädagogik im Informationszeitalter. Weinheim 1987, S. 53–72.

[22] Michael Schenk: Meinungsführer und Netzwerke persönlicher Kommunikation. In: Rundfunk und Fernsehen, 31. Jg. 1983, H. 3–4, S. 326–336.

[23] Vgl. Ulrich Beck: Risikogesellschaft. Auf dem Weg in eine andere Moderne. Frankfurt a.M. 1986.

2.5. Kommunikationspolitik

Franz Ronneberger

Theorie der Kommunikationspolitik

Kommunikationspolitik hat sich selbst in der wissenschaftlich-technischen Zivilisation zunächst als Praxis entwickelt, wobei die Bezeichnung zeitlich mit dem Versuch zusammenfiel, das Fach Kommunikationswissenschaft an den deutschen Hochschulen zu etablieren. Alsbald tauchte auch der Name Medienpolitik auf. Sie umfasste Presse-, Film- und Rundfunkpolitik als die älteren Gegenstandsbereiche. Man verstand darunter vornehmlich legislative Entscheidungen und exekutive Akte des Staates zur Sicherung von verfassungsrechtlich geschützten Gütern. Nach dem Aufkommen des Fernsehens häuften sich diese Regelungsbedürfnisse. Inzwischen hatte der aus dem Angelsächsischen kommende Begriff des Massenmediums Eingang in den deutschen Sprachgebrauch gefunden, und zwar nicht nur in seiner Bedeutung als Vermittler von öffentlichen Informationen, sondern auch als Adressat von „Medienpolitik". Dieser Entwicklungsstand war etwa in der Mitte der Sechzigerjahre erreicht und hat sich im wissenschaftlichen Sprachgebrauch wie in der Praxis bis heute erhalten.

Kommunikationswissenschaft ist jedoch ihren eigenen Weg weitergegangen. Im gleichen Sinne wie sie öffentliche Kommunikation als einen Zweig der Humankommunikation versteht und behandelt, beginnt sie Kommunikationspolitik als einen allgemeinen und übergreifenden Gegenstand zu entwerfen.[1] Medienpolitik erscheint hierbei lediglich als Teilbereich umfassender kommunikationspolitischer Aktivitäten. Das bedeutet: So wie sich Kommunikationswissenschaft nicht auf die Behandlung der Medienkommunikation beschränkt, reicht auch der Horizont der Kommunikationspolitik entschieden über die Rechtsvorschriften für die Tätigkeiten von öffentlichen Medienorganisationen hinaus, und zwar in doppelter Hinsicht: Außer rechtlichen Regelungen handelt es sich um nicht minder bedeutsame soziale Verhaltensweisen und Verhaltensstrukturen sowie um deren Bezugnahmen auf andere soziale Gebilde. Es sind „zahlreiche dezentral organisierte gesellschaftliche Teilsysteme, die aufgrund ihres strukturierten Entscheidungshandelns ein eigenes, nämlich das gesellschaftliche Teilsystem Kommunikationspolitik bilden. In dieses Sozialsystem Kommunikationspolitik sind so heterogene Einrichtungen wie Parlamente, Regierungen (einschließlich Verwaltungen!) und Gerichte, Parteien, Verbände, Kirchen und – nicht zuletzt – die Massenmedien einbezogen. Sie und andere kommunizieren (u.a. durch Pressedienste und Akademietagungen) miteinander über kommunikationspolitische Themen, sie beobachten und kontrollieren sich gegenseitig und sie vertreten mehr oder weniger unterschiedliche, aber nie ‚sichere' kommunikationspolitische Positionen."[2]

Gegenwärtig befinden wir uns in einer Phase der kommunikationspolitischen Theoriediskussion, die noch nicht abgeschlossen ist. Im folgenden einige Hinweise

---

Originalbeitrag.

auf den erreichten Wissensstand (der Sicherheit halber sei vorangestellt, dass sich die Ausführungen allein auf politische Systeme von der Art der Bundesrepublik beziehen: verfassungsgrundrechtlich geschützte Freiheit der öffentlichen Meinungsäußerung mit allen Folgen für das Mediensystem, Einschränkungen nur durch Gesetze und aufgrund von Gesetzen, freier Zugang zum Journalismus).

1. Interdisziplinarität

Zuständig sind wenigstens vier wissenschaftliche Disziplinen: Kommunikationswissenschaft, Rechtswissenschaft, Politikwissenschaft sowie Wirtschafts- und Sozialwissenschaft. Während zu Beginn der Entwicklung der rechtswissenschaftliche Aspekt überwog, weil sich Kommunikationspolitik hauptsächlich in Landesgesetzen, verfassungsgerichtlichen Urteilen und Staatsverträgen kundgab, gesellten sich alsbald partei- und verbandspolitische Aktivitäten hinzu. Politische Parteien, Gewerkschaften und Wirtschaftsverbände, Journalisten- und Verlegerverbände, Kirchen und andere sich als betroffen definierende Organisationen begannen, Medienpapiere zu produzieren und eine öffentliche Diskussion über die einzuschlagenden Wege der Ordnung des Mediensystems zu eröffnen. Als Beispiel sei auf die von Eberhard Witte vorgelegte Systematik von Zielen der in solchen Äußerungen zum Ausdruck kommenden Medienpolitik verwiesen.[3] In einer Inhaltsanalyse wurden folgende Zielinhalte identifiziert und gewogen: Individualzwecke (persönliche Autonomie), Autonomie der Gruppen, Institutionen und Verbände, Pluralität der Machtherrschaftsträger, individuelle Chancengleichheit, Eröffnung von Zugangsmöglichkeiten, regionale Gleichbehandlung, gegenseitige Hilfe, Integration von Gruppen, Sozialbindung, Machbarkeit, Akzeptanz, Nutzen für die öffentliche Verwaltung, gesamtwirtschaftlicher Nutzen, wirtschaftlicher Nutzen in den Medien. Hinter diesen Zielen verbergen sich akute und lösungsbedürftige Sachverhalte der praktischen Medienkommunikation wie: Pressefreiheit und Pressekonzentration, Einseitigkeit und Ausgewogenheit publizistischer Aussagen, besonders im Rundfunk und Fernsehen, Machtfülle und Machtbegrenzung des Journalismus, ökonomische Zwänge der Medienproduktion und Interessen des Publikums.

Die Auflistung zeigt, dass auch psychologische Gesichtspunkte zu berücksichtigen sind. Je mehr sich das Spektrum erweitert, um so schwieriger gestaltet sich der Ansatz für eine einheitliche Theorie. Jede der zu beteiligenden wissenschaftlichen Disziplinen besitzt eigene Problemfelder, Denktraditionen, Forschungsansätze, Forschungsmethoden usw. Wenn die Entwicklung nicht bei der Multidisziplinarität stehen bleiben soll, was im Forschungsbetrieb gegenwärtig die Regel ist, muss danach gefragt werden, ob nicht wenigstens die Kommunikationswissenschaft als Leitdisziplin die Führung übernehmen kann. Etwa der Art, dass sie die Probleme benennt, die Fragen stellt, zu deren Beantwortung die anderen Disziplinen Hilfsdienste leisten. Dieser Weg führt freilich nicht zur Entwicklung einer Metatheorie; eine solche zu entwickeln, muss in jedem Falle vorbehalten bleiben.

Immerhin ist zu bedenken, dass ja auch die Kommunikationswissenschaft und speziell die Wissenschaft von der öffentlichen Kommunikation nicht über eine umfassende und allgemein gültige Theorie verfügt, sondern dass sie es mit einer Vielzahl von theoretischen Ansätzen zu tun hat. Insofern ringt sie selbst mit der Problematik der

Interdisziplinarität. Soweit sie sich als Sozialwissenschaft versteht, die ausschließlich nach dem Sein und nicht nach dem Sollen fragt, kann sie Informations- und Kommunikationsbegriffe entwickeln, die nichts anderes als kommunikatives Handeln erklären. In dieser Rolle ist sie jedoch stets umstellt von normativen Vorstellungen, voran aus der Rechtswissenschaft, die nach dem „richtigen" oder „rechten" Kommunizieren fragen und damit nach Bewertungen. So bewegt sich etwa das Teilgebiet der Nutzungs- und Wirkungsforschung stets hart an der Grenze der Wünschbarkeit oder Vermeidbarkeit bestimmter Wirkungen. Die Forschungsfragen sind häufig so angelegt und formuliert, dass sie diesen Hintergrund zumindest durchscheinen lassen.

Bei der Kommunikationspolitik geht es erst recht um solche Zielvorstellungen: Welche allgemeinen sozialen und rechtlichen Vorbedingungen müssen gegeben sein bzw. geschaffen werden, damit sich öffentliche Kommunikation entfalten kann? Wie muss ein Mediensystem beschaffen sein, damit es bestimmte als erstrebenswert erkannte oder vermutete Ziele (z.B. Herstellung und Erhaltung von Öffentlichkeit, Vielfalt der Themen und Meinungen) erreicht? Was muss geschehen, damit ein Mediensystem nicht von einem als richtig erkannten Kurs (z.B Verhinderung von monopolistischer Einseitigkeit) abweicht? Welche Funktionen können die einzelnen Medien ohne staatliche Zuweisung erfüllen, und wie müssen sie hierfür instand gesetzt werden?

Somit entzieht sich die wissenschaftliche Kommunikationspolitik einem rein analytischen Verständnis. Wir wissen inzwischen, dass dies auch dem modernen Verständnis von Naturwissenschaft entspricht, das die jeweilige Subjekt- und Kulturbezogenheit der Fragestellung wie der Fragesteller anerkennt. Ein Politikverständnis ohne jegliche Reflexion auf die in einer gegebenen Gesellschaft bestehenden bzw. für sie gesetzten Normen und Werte wäre verfehlt.

Zusammenfassend: Als interdisziplinär wird sich die Theorie der Kommunikationspolitik erst dann erweisen können, wenn es gelungen ist, aufgrund von begrifflichen Annäherungen der beteiligten Disziplinen gemeinsame Erklärungsmuster für die Prozesse des kommunikationspolitischen Handelns zu finden, die im Idealfalle auch Prognosen für künftiges Handeln ermöglichen. Davon sind wir gewiß noch weit entfernt, doch ohne dieses Ziel vor Augen zu haben, werden keine Fortschritte zu erzielen sein.

2. Politikverständnis

Wie auf wenigen Feldern der Berührung von Wissenschaft und Praxis laufen wissenschaftliche und alltägliche Politikverständnisse auseinander. Fast alle Gebiete des täglichen Lebens schmücken sich indessen in bestimmten Zusammenhängen bedeutungsvoll mit der Vokabel Politik: Von der Familienpolitik bis zur Einkaufspolitik der privaten Haushalte, von der Unternehmenspolitik bis zur Freizeitpolitik; überall, wo es um planvolles Handeln, um die Durchsetzung von (privaten) Interessen, um das Eingehen von Kompromissen geht, ist von Politik die Rede. Diese sprachliche Verwilderung mag mit der seit langem zu beobachtenden Verschränkung von Gesellschaft und Staat, von privatem und öffentlichem Interesse zusammenhängen, sie besitzt jedoch auch einen ideologischen Hintergrund, der gerade für das Verständnis von Kommunikationspolitik zu beachten ist.

Lässt man sich auf die These vom Absterben des Staates bei der Verwirklichung der proletarischen Revolution und der Heraufkunft der sozialistisch-kommunistischen Gesellschaft ein, so verschwindet die Politik entweder, oder alles soziale Dasein ist Politik. Es kann unter diesen Bedingungen keine Privatsphäre im Sinne eines vor- oder außerpolitischen Raumes mehr geben. Doch auch ohne diese extreme Konsequenz können wir in den hochorganisierten Gesellschaften der westlichen Zivilisation und freiheitlichen Demokratie die Tendenz erkennen, die gesellschaftlichen Konflikte als politische zu betrachten und zu bezeichnen. Damit verschwindet das überkommene Verständnis von Politik als das Allgemeine, als das dem Gesamtinteresse dienende Handeln, als die Orientierung am Allgemeinwohl immer mehr im Hintergrund. Das ist die eine Seite der zu bedenkenden Problematik.

Das für das wissenschaftliche Befassen mit Politik bedeutungsvollere Moment betrifft das Verhältnis von Politikwissenschaft und politischem Handeln. Es geht um die Fragwürdigkeit einer strengen Unterscheidung und Trennung von Politik als praktischem Handeln und Politikwissenschaft als theoretischem Analysieren, Verstehen, Begreifen, Erklären des praktischen Handelns. Wenn es auch richtig ist, im modernen Wissenschaftsbetrieb allgemein zwischen Praxis und Theorie zu unterscheiden, so widersteht das theoretische Verständnis von Politik in gewisser Weise der Trennung vom politischen Handeln. Die Lehre von der Politik wurzelt schließlich in der Philosophie und damit im Denken über das politische Denken und Handeln als einer Einheit. Für die in der Tradition der aristotelischen praktischen Philosophie stehenden Politikwissenschaftler (z.B. Arnold Bergsträsser, Manfred Hättich, Hans Maier, Wilhelm Hennis, Werner Kaltefleiter, Dieter Oberndörfer) gehören theoretisches Denken und praktisches Handeln „wesensgemäß" zusammen.[4] Politik sei ein Wissen vom Handeln und eine Orientierung und Bestimmung, die durch Vorbild, Überlieferung, Berechnung und Beurteilung, die Mittel der Leitung, Ordnung, Sicherung und Beeinflussung erklären. Die Korrelation von Idee und Aktion sei die notwendige Voraussetzung der Politik, wenn Theorie nicht nur auf das widerspruchslose System allgemein gültiger Gesetze ausgehe. Ziel der Erkenntnis sei also das Handeln, nicht das Erkennen um seiner selbst Willen.

In diesem Verständnis von Politikwissenschaft sind also Analyse mit Normsetzung und Handlungsanweisung weitgehend verbunden. Der Politikwissenschaftler fragt, was im Lichte des Möglichen und wünschbar Guten geschehen soll und könne.[5]

Wenn Erkennen und Handeln einander so sehr bedingen, dass das eine ohne das andere nicht denkbar ist, besteht freilich die Gefahr, dass sich Politik als Wissenschaft angesichts der Tendenz moderner Gesellschaften, Politik zu professionalisieren, auf die aktiven Politiker beschränkt. Nur sie seien in der Lage, wissenschaftliche Aussagen über Politikinhalte, politische Sinnzusammenhänge, politische Organisationen wie den Staat oder die Parteien zu machen. So einleuchtend also die Bezugnahme auf die Praxis ist und so wünschenswert es sein mag, dass der Politikwissenschaftler wie jeder Sozialwissenschaftler Erfahrungen aus der Praxis besitzt, so kann eine solche radikale Konsequenz doch nicht befriedigen.

Bei der Suche nach der Lösung des Dilemmas bietet sich das Rollenkonzept an. Wissenschaftler und Praktiker der Politik unterliegen einem unterschiedlichen Rollenverständnis. Wohl kann der einzelne in seiner Person sowohl wissenschaftliche Reflexionsfähigkeit wie praktisches Handeln vereinen, er handelt aber jeweils in unterschiedlichen Rollen, je nachdem ob er wissenschaftlich reflektiert und arbeitet oder ob er politische Entscheidungen trifft. So wie von ihm in der einen Rolle geduldige Behandlung des Details, theoretische Abstraktionsfähigkeit, strenges logisches Denken und Phantasie der Zusammenschau von komplexen Sachverhalten erwartet wird, verlangt die andere Rolle schnelles Erfassen und Reagieren auf neue Lagen, kurzfristiges Entscheidungsvermögen, geschickte Menschenbehandlung, intuitives Einfühlen und Suchen nach brauchbaren Kompromissen. „Versteht indessen der Politikwissenschaftler sein Tun in der Weise, daß er sich der raum-zeitlichen Begrenztheit seines Standortes bewußt ist, daß er nur das erkennen kann, was innerhalb seines Vorstellungshorizontes liegt und was in diesen an Wertungen eingegangen ist, daß er gleichzeitig seine Entwürfe auf reale Situationen und Vorgänge bezieht, sie also als Beiträge zu Möglichkeiten des politischen Handelns versteht, dann läßt sich Politikwissenschaft als praktische Wissenschaft vertreten. Das muß nicht bedeuten, daß der Politikwissenschaftler Normen setzt; es muß von ihm jedoch erwartet werden, daß er die bestehenden Normen kritisiert und sie auf das Maß ihrer Realisierbarkeit unter gewandelten Bedingungen hin prüft. Das Diskutieren von bestehenden und möglichen anderen Normen trägt in der wissenschaftlich-technischen Zivilisation entscheidend zur Normfindung bei, wenn es auch mit ihr nicht identisch ist. Entsprechendes gilt für das Aufzeigen anderer und alternativer Möglichkeiten des politischen Handelns: Welche alternativen Möglichkeiten politischen Handelns sind in der jeweiligen Situation geschichtlich enthalten? Das gilt auch für die Analyse von politischen Programmen, ihre Konfrontation mit der politischen Wirklichkeit und die Untersuchung möglicher Folgen aus der Verwirklichung dieser Programme."[6] Von hier aus öffnet sich auch das Verständnis für die wissenschaftliche Beratung der Politik. Sie wird mehr und mehr als unumgänglich und nötig erkannt. Der „gesunde Menschenverstand", die Normen der Institutionen, das Fingerspitzengefühl des Politikers reichen nicht mehr aus, um Zielsetzungen und Entscheidungen rational zu finden und herbeizuführen. Zugleich eröffnet die Beratungstätigkeit dem Politikwissenschaftler eine Chance zur Überprüfung von Theorien an der Realität.

Für die Bedürfnisse einer Theorie der Kommunikationspolitik dürfte sich somit ein Politikverständnis empfehlen, das Denken über Politik und politisches Handeln nicht als miteinander unvereinbar unterstellt. Dies gilt erst recht, wenn politische Ethik ins Spiel kommt. Die Forderung in der Praxis ist ebenso berechtigt wie die Theorie seit Aristoteles schwankt. Dies gilt im gleichen Maße für die journalistische Ethik. Wir können an dieser Stelle auf ihre Problematik lediglich verweisen.[7] Sie lässt sich jedenfalls nicht an allgemeinen philosophischen und christlichen Normen allein festmachen, sie verlangt die Einbeziehung des spezifischen beruflichen Handelns von Journalisten in einem hochorganisierten und differenzierten Mediensystem.

3. Öffentliche Kommunikationssysteme

So unscharf die Grenzen zwischen privater und öffentlicher Kommunikation auch sein mögen: Kommunikationspolitik kann sich vernünftigerweise allein auf öffentliche Kommunikation beziehen, und das bedeutet schwergewichtig auf Medienkommunikation. Freilich darf öffentliche Kommunikation nicht auf Medienkommunikation reduziert werden. Sie umfasst die vielfältigen Möglichkeiten und Äußerungsweisen der Menschen in der Öffentlichkeit und für die Öffentlichkeit. Öffentliche Kommunikation unterscheidet sich von der privaten in erster Linie durch das Fehlen eines Kommunikationspartners als Person, selbst wenn sich der Kommunikator einen solchen vorstellen mag. Wer sich öffentlich äußert, wendet sich prinzipiell an alle, und indem er dies tut, bringt er Öffentlichkeit hervor. Das tat der Redner auf der Agora im antiken Griechenland und auf dem Forum im antiken Rom ebenso wie der Redner heute mit seinen Mikrofonen und der Träger eines Spruchbandes bei einer Demonstration. Öffentlichkeiten in diesem Sinne bilden sich ebenso spontan wie organisiert, und sie sind mehr oder weniger dauerhaft. Öffentlichkeit existiert aber auch im funktionalen Sinne als Menschenmenge, die durch bestimmte Merkmale (Geschlecht, Beruf, Religion, Alter, Interessen u.a.) definierbar ist oder sich aktiv handelnd für gemeinsame Ziele einsetzt (Demonstranten, Parteigänger, Vereinsmitglieder u.a.). In pluralen Gesellschaften sind der Ausdifferenzierung solcher Teilöffentlichkeiten keine Grenzen gesetzt. Man kann schließlich Teilöffentlichkeiten auch nach der Art und Weise des Kommunizierens und dem Inhalt der Kommunikate unterscheiden (historisch gesehen: bürgerliche und proletarische, obrigkeitliche, publizistische; aktuell: institutionelle, nationale und internationale, direkte und indirekte, agierende, agitierende u.a.).

Von einem öffentlichen Kommunikationssystem kann und muss in dem Sinne gesprochen werden, als Teilöffentlichkeiten innerhalb bestimmter Grenzen voneinander unterschieden, untereinander verzahnt, aufeinander angewiesen, miteinander handelnd zu diagnostizieren sind. Dieses System konstituiert sich in der Regel innerhalb von nationalen (Staats-)Grenzen, oft aber auch in vielerlei Hinsicht darüber hinaus.

Das System der öffentlichen Kommunikation stellt sich also keineswegs als die Summe einseitiger Aktionen zwischen Kommunikatoren und Kommunikanten dar, sie vollzieht sich vielmehr in unübersehbar vielfältigen Kommunikationsbeziehungen und Kommunikationsformen. Es ist eine offene Frage, ob bestimmte gesellschaftliche Beziehungen Voraussetzungen für öffentliche Kommunikation sind oder ob öffentliche Kommunikation solche gesellschaftlichen Beziehungen konstituiert. Im Effekt kann davon ausgegangen werden, dass beide einander auf vielfältigste Weise bedingen und stützen. Das lässt sich am besten für lokale und regionale Tageszeitungen und ihre Verbreitungsgebiete nachweisen. Sie bewirken um so mehr Dauerhaftigkeit, je genauer sie einander entsprechen.[8] Öffentlichkeiten, wie immer sie beschaffen sind und wie immer sie entstehen, können ebenso zerfallen wie gesellschaftliche Systeme. Umgekehrt trägt öffentliche Kommunikation zur Stabilisierung solcher Systeme bei. Angesichts der Tatsache, dass in den modernen hochorganisierten Gesellschaften öffentliche Kommunikation sich durchdringend auswirkt, bilden sich unterschiedliche Kommunikationsräume aus, in denen bestimmte Themen und Formen der öffentlichen Kommunikation jeweils dominieren. Diese Räume lassen sich sowohl geographisch wie auch sozial abgrenzen. Sie betreffen ebenso Regionen wie soziale Gruppen (Völker, Sprachgemeinschaften, Glaubensgemeinschaften, Berufsgemeinschaften usf.).

4. Kommunikationsordnung

Die Analyse der öffentlichen Kommunikationsbeziehungen führt zu der Annahme, dass in einer definierbaren Gesellschaft sich eine bestimmte Ordnung entwickelt, die man als Kommunikationsordnung bezeichnen kann, in gewisser Hinsicht vergleichbar mit einer Marktordnung, die sich zugleich nach den „Gesetzen" des Marktes wie nach legislativen und administrativen Vorgaben und Eingriffen bildet. Es liegt nahe, bei der Kommunikationsordnung in erster Linie an nationale oder staatlich begrenzbare Gebilde zu denken. Besteht in der Bundesrepublik Deutschland eine „Ordnung" der öffentlichen Kommunikation? Man kann auch fragen: Besteht ein Interesse daran, dass es eine solche Ordnung gibt? Ohne auf die Bedeutung von Ordnungsvorstellungen für das Denken und Handeln von Menschen im philosophischen und psychologischen Sinne eingehen zu müssen, dürfte weitgehend Konsens darüber bestehen, dass moderne Gesellschaften gar nicht mehr anders zu denken sind als nach erkennbaren Kriterien geordnet. Wobei es entscheidend darauf ankommt, dass diese Ordnung als legitim anerkannt ist, zumindest in dem Sinne, dass sie auf die Dauer einer Legitimation bedarf. In dem Maße wie sich das gesamte öffentliche Leben in diesen modernen Gesellschaften rechtsförmig vollzieht, wird die Legitimation fälschlich mit Legalität verwechselt, also mit Existenz und Anerkennung von Gesetzen. Wir haben erlebt, wie in der DDR eine politisch erzwungene Legalität zerbrochen ist; dies bestätigt erneut, dass Rechtmäßigkeit nicht allein formal bestimmt werden darf.

Unter einer Kommunikationsordnung sind auf dem Boden gewordener und vorfindbarer Kommunikationsstrukturen mehr oder weniger rechtlich fixierte Formen der öffentlichen Kommunikation zu verstehen. Sie betrifft nicht allein, wenn auch überwiegend, die Medien, sie bezieht sich auch auf die Regelung für jegliche öffentliche Meinungsäußerungen, sei es in öffentlicher Rede oder sonstiger Meinungskundgebung.

Hauptsächlicher Gegenstand des öffentlichen Interesses ist freilich die Ordnung der Medienkommunikation. Sie wurde in den letzten Jahrzehnten mehr und mehr rechtlich formalisiert, wobei nicht nur die Gesetzgeber, sondern in zunehmendem Maße die Verfassungsrichter tätig sind. Einen beachtenswerten Anteil an der Herstellung und Erhaltung der Kommunikationsordnung nimmt auch die Administration wahr. Sie muss auf akute Konflikte und Störungen auf vielfältige Weise reagieren.

Ordnungen des menschlichen Zusammenlebens unterliegen stets der Gefahr, sich gegenüber neu auftretenden Bedürfnissen und Ideen zu verschließen und zu verhärten. Sie sind prinzipiell eher auf das Bestehende als auf Veränderungen hin ausgelegt. Wenn dieser Zwiespalt schon deutlich auf politischem Gebiet erkennbar ist, wie erst in den Bereichen der Kommunikation, die ja gerade von der Vermittlung des jeweils Neuen lebt, ja, die allein vom Begriff der Information her auf die Übermittlung von Neuem festgelegt ist.[9]

Kommunikationsordnung darf daher nicht als statisch missverstanden werden. Allein die Entwicklung der Kommunikationsordnung in der Bundesrepublik Deutschland in der Nachkriegszeit zeigt an, dass sie nicht nur auf technische Innovationen reagieren musste, sondern wesentliche Wandlungen des Wirtschaftssystems und der gesellschaftlichen Verhältnisse zu berücksichtigen hatte, von den politischen Vorgaben ganz zu schweigen (Aufteilung des Bundesgebiets in Besatzungszonen, Auflagen für Rundfunk und Presse in der Besatzungszeit, Neuordnung des Pressesystems nach dem Ende des Lizenzsystems, föderative Struktur mit Kulturhoheit der Bundesländer, Beginn des öffentlich-rechtlichen Fernsehens auf föderativer Grundlage mit den mehrmaligen Wandlungen bis zum dualen System).

Eine Kommunikationspolitik, die allein der Stabilerhaltung des Bestehenden verpflichtet wäre, müsste also scheitern. Soweit Politik im allgemeinen das Ziel der Stabilerhaltung von Systemen verfolgt, bedeutet dies nicht, dass die jeweiligen Strukturen nicht verändert werden dürfen, sondern dass das System als ganzes instandgesetzt wird, auf Herausforderungen angemessen zu reagieren und mit sich selbst identisch zu bleiben. Gerade die kommunikationspolitischen Aktivitäten der Nachkriegszeit haben ein hohes Maß an Anpassung an neue Techniksysteme ebenso wie an veränderte soziale und politische Strukturen nötig gemacht. Kommunikationsordnung muss sich daher prinzipiell als offen für Künftiges verstehen und kann Ordnung jeweils nur auf Zeit herbeiführen. Damit verbunden ist notwendigerweise der Appell an die Rechtsetzung zur Flexibilität. Weil der Gesetzesweg schwerfällig ist und durch das föderative System eingeengt, wurde und wird die Kommunikationsordnung als Rechtsordnung auch durch Verfassungsgerichtsurteile konstituiert. Prinzipiell muss jedoch auf einem politischen und nicht allein juristischen Verständnis von Kommunikationsordnung bestanden werden.

In diesem Sinne kann der Definitionsversuch von Manfred Rühl als wegweisend gelten: Kommunikationspolitik sei zu verstehen „als die relative Fixierung von Entscheidungsprämissen für öffentlich-kommunikatives Entscheidungshandeln und damit als eine Möglichkeit sozialer Interaktion unter den Bedingungen weitgehend fiktiver Erwartungen. Durch Kommunikationspolitik werden Entscheidungen herbeigeführt, die den Strukturrahmen für künftiges öffentlich-kommunikatives Verhalten abstecken. Die dadurch gesetzten und angewandten Regeln strukturieren öffentliche Kommunikationssituationen, determinieren jedoch nicht das Kommunikationshandeln im Einzelfalle, sondern schränken nur die Wahlmöglichkeiten ein."[10]

5. Kommunikationspolitik als soziales Handlungssystem

Wer aktiv oder passiv in kommunikationspolitischen Aktivitäten einbezogen ist, befindet sich in einem Handlungsfeld oder Handlungsrahmen, der – wie im vorangegangenen Abschnitt gezeigt – als ein kompliziertes Netz von grundsätzlichen wie speziellen Entscheidungen bezeichnet werden kann, die tagtäglich in den Medienorganisationen, in politischen Körperschaften und Parteien, Verbänden von öffentlicher Bedeutung, Kirchen, Kultureinrichtungen usf. getroffen werden. Schließlich und vor allem stellt das Medienpublikum in seinen täglichen Entscheidungen über seine Präferenzen einen bedeutsamen Faktor des kommunikationspolitischen Handelns dar. Wenn sich auch der Begriff des Netzes in der Sozialwissenschaft neuerlich einer stärkeren Beachtung erfreut, dürfte doch der Begriff des Handlungssystems brauchbarer sein. Er vermittelt eher das Bild von Beweglichkeit, Veränderbarkeit, aber auch gegenseitiger Bedingtheit und Wirksamkeit von Entscheidungen unterschiedlicher Art.

Gemeinsam ist allen kommunikationspolitischen Entscheidungen im gegebenen Handlungssystem der bewusste oder faktische Bezug zur Kommunikationsordnung. Bewusst ist dieser Bezug in erster Linie bei legislativen und judikativen in Verbindung mit administrativen Akten. Sie richten sich allesamt auf die Gewährung von Rechten und die Auferlegung von Pflichten. Sie wollen entweder bestehende Beziehungen und praktisches Handeln festschreiben oder/und neue Beziehungen und vor allem neues Handeln normativ bestimmen.

So einleuchtend und abgrenzbar das so entstehende System der rechtlichen Regelungen ist, so schwierig gestaltet sich die Eliminierung von kommunikationspolitisch relevanten Handlungen und Entscheidungen im praktischen Tätigkeitsbereich der Medien und kommunikationspolitisch relevanten Organisationen. Wir haben es mit außerordentlich komplexen Sachverhalten zu tun. Wie stark sich auch ökonomische Zwänge auf das kommunikationspolitische Handlungssystem auswirken, wird gegenwärtig eindrucksvoll an der Bedeutung von Werbeeinnahmen der privaten Rundfunkveranstalter demonstriert. Wenn das aus medientechnischen Gründen mögliche und von einer politischen Mehrheit geforderte duale Rundfunksystem arbeiten soll, muss es finanziert werden. Da die nötigen Werbeeinnahmen nur allmählich steigen, lassen sich viele als qualitative Alternative zum öffentlich-rechtlichen Rundfunk vorgestellte Leistungen nicht oder nur ungenügend erbringen. Die immer heftiger einsetzende Kritik mündet in der Frage, ob es überhaupt sinnvoll ist, dem öffentlich-rechtlichen Rundfunk einen privaten gegenüberzustellen: Der Markt erlaube keine vertretbare Alternative. Diese Frage nach dem Sinn des dualen Systems stellt sich ihrerseits für unterschiedliche und oft auch gegensätzliche Interessenten: für das Publikum, das sich durch Zustimmung oder Verweigerung äußert, für politische Gruppierungen, die sich vom dualen System Vorteile für die von ihnen vertretenen Positionen versprechen, für die Medienindustrie, die an der Ausweitung des Absatzes von Übertragungsgeräten (z.B. Rundfunkgeräte, Kabel, Parabolantennen) interessiert ist, für die kulturelle Elite mitsamt den kulturellen Institutionen, die für wie immer zu definierende höhere Qualität der Medienleistungen eintreten, für die Medienschaffenden, die von einem größeren Markt bessere Beschäftigungsmöglichkeiten erwarten usf.

Wie die jeweilige kommunikationspolitische Relevanz von Aktivitäten im Einzelnen zu eliminieren und zu bestimmen ist, lässt sich prinzipiell nur im nachhinein feststellen. Immerhin kann man davon ausgehen, dass sich besonders in den letzten Jahrzehnten nicht nur bei Wissenschaftlern eine gewisse Übung im Erkennen von solchen Relevanzen ergeben hat. Man weiß, worauf es zu achten gilt. Wir wollen auf dieses Thema später noch im Zusammenhang mit strategischen und taktischen Überlegungen eingehen.

Ein eigener Punkt, der für den Beobachter der kommunikationspolitischen Szenerie zunehmend in den Vordergrund tritt, sind seit den Sechzigerjahren die Entscheidungen des Bundesverfassungsgerichts und in den Achzigerjahren die Tätigkeiten der Landesmedienanstalten in Verbindung mit neuen Mediengesetzen. Juristen pflegen darauf zu achten, das System des Rechts in sich möglichst widerspruchsfrei zu erhalten. So hat sich beim Bundesverfassungsgericht von Urteil zu Urteil eine eigene kommunikationspolitische Rechtsprechung entwickelt, an der sich etwa der Wandel von einschlägigen Leitvorstellungen ablesen lässt. Das Bundesverfassungsgericht genießt hohes soziales Ansehen, und seine Normen werden in der öffentlichen Diskussion wie in der kommunikationspolitischen Praxis weitgehend akzeptiert. Sie haben erheblich dazu beigetragen, den Rechtscharakter von kommunikationspolitischem Handeln zu vertiefen und womöglich zu usurpieren. Eher auf den Einzelfall ausgerichtet sind dagegen die Entscheidungen von Staatsverträgen zwischen den Bundesländern, insbesondere der Staatsvertrag von 1987, aber auch die Entscheidungen der Landesmedienanstalten für neue Medien. Am nachhaltigsten kommt die Verrechtlichung der Kommunikationspolitik freilich in den Mediengesetzen der Bundesländer zum Ausdruck, die der Reihe nach in den Achtzigerjahren entstanden sind und die gleiche Materie keineswegs übereinstimmend beurteilen und normieren.

So konsequent es sein mag, in demokratischen Rechtsstaaten allen in die Öffentlichkeit hineinwirkenden Aktivitäten zur Vermeidung und Minderung von Willkür und Machtmissbrauch rechtliche Grenzen zu setzen, so problematisch ist es gerade auf dem Gebiet der öffentlichen Kommunikation, dem schnellen und notwendigen Wandel gewissermaßen in den Rücken zu fallen. Wenn man bedenkt, in welchem Tempo sich allein das Rundfunksystem seit dem Aufkommen des Fernsehens verändert hat und welche grundlegenden Veränderungen im Zusammenhang mit der Nutzung von Bildplatte, Videorecorder, Btx und Videotext eingetreten sind, muss die jeweilige rechtliche Fixierung von Tatbeständen und die Festlegung von Normen des Verhaltens als bedenklich erscheinen. Das Recht gerät dabei in Verdacht, den tatsächlich stattfindenden Wandel lediglich zu sanktionieren und als Folge davon die erforderliche Entscheidungsfreiheit unnötig einzuengen. Die Gegenstände der Kommunikationspolitik sind nicht ohne weiteres mit anderen gesetzlich zu normierenden Vorgängen des gesellschaftlichen Lebens zu vergleichen. Sie sind schließlich die „Medien" der öffentlichen Diskussion und des öffentlichen Handelns. Sie pflegen die Symptome des sozialen Wandels und der Entwicklung aufzugreifen und der öffentlichen Kritik anheim zu geben. Insofern wirken sie an der vordersten Front der gesellschaftlichen Existenz und ihrer Veränderungen.

6. Strategie und Taktik

Das Verständnis von wissenschaftlicher Kommunikationspolitik als dem praktischen Handeln zugewandte Theorie ermöglicht es, zwei Begriffe zu verwenden, die aus der praktischen Politik stammen: Strategie und Taktik. Manfred Rühl hat sie aus der verwaltungswissenschaftlichen Diskussion anhand der theoretischen Bemühungen von Niklas Luhmann für die Kommunikationswissenschaft dienstbar gemacht. Er geht davon aus, dass kommunikationspolitisches Handeln sich nicht ungeplant vollzieht, sondern aufgrund festgesetzter Regeln. Es werden Entscheidungen über kommunikationspolitische Entscheidungsprämissen herbeigeführt. Sie lassen sich in drei verschiedenen, analytisch gut trennbaren Dimensionen identifizieren: der organisatorischen, der programmatischen und der personalen Dimension. „Sie ergeben zusammengenommen die strategischen Strukturen des gesellschaftlichen Systems Kommunikationspolitik."[11]

Angesichts der Tendenz zu großbetrieblichen Strukturen in allen Medienbetrieben kommt der organisatorischen Dimension eine besondere Bedeutung zu. Es müssen unentwegt Zuständigkeiten und Verantwortlichkeiten festgelegt werden. Rundfunkanstalten mit einem Personalbestand von tausenden von Mitarbeitern sind heute in vielerlei Hinsicht Großbetrieben der Industrie vergleichbar. Wenn man bedenkt, dass auch Rundfunk- bzw. Fernsehräte neben Verwaltungsräten in die Organisationen einbezogen werden müssen, wird offenbar, wie vielfältig die zu definierenden Rollen sind und wie komplex und vielfach gestuft die Entscheidungsprozesse ablaufen.

Zu erinnern ist in diesem Zusammenhang auch an die während weniger Jahrzehnte entstandenen Medienproduktionsbetriebe in der Gestalt von nationalen und weitgehend auch internationalen Konzernen. Dort geht es sogar um volkswirtschaftlich hochbedeutsame Größenordnungen. Strategische Fehlplanungen und Fehlentscheidungen können Wirkungen weit über den einzelnen Konzern hinaus verursachen. Daher werden strategische Entscheidungen von Jahr zu Jahr wichtiger, und wenn man in Betracht zieht, dass sich bereits europäische Positionen im internationalen Filmgeschäft anbahnen, hinter denen gewiss auch nationale Interessen stehen (Ringen um die Durchsetzung von Quotenregelungen in Europa), dann wird offenbar, dass die Dimension Strategie eine eigene Qualität besitzt.

Kommunikationspolitische Entscheidungsprogramme umfassen jene Prämissen der Planung, die das entsprechende Entscheidungshandeln im Alltag ermöglichen und die somit die zu lösenden planerischen Detailprobleme definieren. Rühl macht darauf aufmerksam, dass in der Kommunikationspolitik physischer Zwang als prominente Handlungsalternative versagt.[12] Um so mehr Bedeutung kommt der Vielfalt subtilerer Machtmöglichkeiten zu (Entzug der Mitgliedschaft in Organisationen, die an der kommunikationspolitischen Strategiefindung mitwirken, Störung besonders anfälliger kommunikationspolitischer Organisationen, Diskreditierung von Selbstdarstellungen solcher Organisationen). Die Personalisationsdimension kommt in der Ausbildung von Rollen zum Vorschein. Dabei handelt es sich nicht allein um die Rollen innerhalb der Medienorganisationen wie Intendant, Chefredakteur, Mitglied von Rundfunkräten bis zu den Werbefachleuten, sondern auch und gerade um Rollen in Gremien und Organisationen, die an kommunikationspolitischen Entscheidungen außerhalb der Medien beteiligt sind, wie Richter in Verfassungsgerichtshöfen, führende Mitglieder in Medienkommissionen von Parteien und Gewerkschaften, Beamte in Medienreferaten von Ministerien und vor allem dem Bundespresseamt, nicht zuletzt beratende Wissenschaftler. Wer immer als Einzelperson zu diesen Rollenträgern gehört, kann bezeugen, dass sie einander auf Akademietagungen, Vortragsveranstaltungen, Expertengremien immer wieder persönlich begegnen. Bei aller Unterschiedlichkeit der Positionen und Gegensätzlichkeit der Standpunkte bilden sich im Zeitverlauf gewisse Übereinstimmungen und Regeln im Umgang miteinander heraus, die dazu führen, dass Grundentscheidungen letztlich doch einvernehmlich getragen werden können.

Der zweite Prozessbereich umfasst die Gesamtheit der taktischen Entscheidungsaktivitäten, soweit sie auf Kommunikationspolitik gerichtet sind. Hier treffen wir auf eine große Fülle von Formen und Inhalten, die sich allerdings im Einzelfalle durchaus auf die strategisch gewonnenen Grundlagen und Ziele beziehen lassen. In den Medienorganisationen fallen in Verbindung mit redaktionellen, produktionellen, unternehmerischen Entscheidungen ad hoc stets auch taktische Entscheidungen im kommunikationspolitischen Gesamtrahmen. Dies gilt selbstverständlich ebenso für die den Medien zugewandten Funktionen in anderen Organisationen. So haben vor allem Personalentscheidungen häufig hochgradige Signalwirkungen für den Rang einer Zeitung oder Rundfunkanstalt und damit auf Struktur, Bedeutung und Funktion von Subsystemen wie der Presse oder des Rundfunks. Das Auf und Ab der Gewichte von Film und Fernsehen ist wiederum erheblich abhängig von Entscheidungen über Ressourcen aller Art, nicht zuletzt des Werbevolumens. Entscheidungen in den Rundfunkräten über Einzelfälle von Missachtung rechtlicher, gesellschaftlicher oder ethischer Normen gewinnen häufig Bedeutung für das gesamte Mediensystem und können auf die Dauer das Urteil über die Funktionalität einer bestimmten Systemstruktur (z.B. duales Rundfunksystem) gewinnen.

7. Wandlungen des Kommunikationssystems

Abschließend sei auf einige Entwicklungen hingewiesen, die gegenwärtig besonders deutlich ins Licht der Öffentlichkeit getreten sind: Die mit der unzutreffenden Bezeichnung „neue Medien" gemeinten Wandlungen der Medientechniken und in ihrem Gefolge der Kommunikationsstrukturen und Kommunikationsformen sowohl bei den öffentlichen Medien wie bei der innerorganisationalen wie zwischenorganisationalen Kommunikation. Dank der riesigen Fortschritte der Mikroelektronik in den letzten Jahrzehnten ist auch im Medienbereich eine ganze Kette von Verbesserungen und Innovationen zu verzeichnen. Sie betreffen neben der Miniaturisierung fast aller Geräte die Entwicklung neuer Trägersysteme wie Breitbandkabel und Satellitenübertragung (in Verbindung mit der Raketentechnik). Davon profitierte zunächst die Zeitungsherstellung (Übergang vom Bleisatz zum elektronisch gesteuerten Lichtsatz), sodann die Entwicklung von Bildschirmtechniken. Gleichzeitig machte die gesamte Bürotechnik und Bürokommunikation einen Sprung nach vorn. Der Einsatz von Computern in der Produktionstechnik veränderte die Betriebe von Grund auf.[13] Viele Anwendungsgebiete, die noch vor wenigen Jahrzehnten nichts als Zukunftsvisionen waren, sind verwirklicht worden, weitere werden schon bald erwartet. Neue Bezeichnungen tauchen auf und werden auf unterschiedliche Gegenstände angewendet, z.B. Telekommunikation, Telematik.

In diesem Zusammenhang kann allein die kommunikationspolitische Bedeutung dieser Innovationen interessieren. Kommunikationswandel ist als Unterfall von sozialem Wandel zu verstehen, der auf eine längere Forschungstradition zurückblicken kann. Theorien des sozialen Wandels beziehen sich auf eine große Zahl verschiedener sozialer Prozesse wie Differenzierung, Zunahme von Komplexität, Rationalisierung, Modernisierung. Michael Schmid[14] ordnet die Theorien des sozialen Wandels einigen in den Sozialwissenschaften erprobten umfassenderen Handlungstheorien zu, wobei sich Lerntheorien, Nutzentheorien, Motivationstheorien und Theorien zur symbolischen Interaktion auch in der Kommunikationswissenschaft bewährt haben.[15] Er übt jedoch mit Recht Kritik an diesen individualistischen Theorien. Sie seien aus rein logischen Gründen nicht in der Lage, strukturelle Wandlungen zu erklären. Man müsse daher strukturelle Theorien zu Hilfe nehmen wie Theorien des sozialen Gleichgewichts, struktureller Differenzierung und Selektion. Daraus entwickelt er ein „indikatives Modell" im Sinne der Komplementarität von individualistischen und strukturellen Theorien.

Dass das Mediensystem am sozialen Wandel hervorragenden Anteil hat, wird nicht bestritten, doch wie dies in ein theoretisches Konzept zu bringen ist, kann vorerst nur geschätzt werden. Grundlegend dürfte sein, daß die öffentlichen Medien dank ihrer vordringlichen Orientierung an der Aktualität die Wandlungsimpulse aus allen Bereichen des gesellschaftlichen Daseins bevorzugt aufgreifen, bekannt machen und durch die Gewinnung des öffentlichen Interesses verstärken. Ebenso ist nicht zu bestreiten, dass diese Wandlungsimpulse auf das eigene System zurückwirken: Wandel auf technischökonomischem Gebiet, Wandel der Organisationsformen, Wandel der Ausdrucksweisen und publizistischen Formen. Vor allem aber wandelt sich das System im inneren wie im

Verhältnis zu seinen sozialen Umwelten. Man kann davon ausgehen, dass die deutlich erkennbaren Wandlungstendenzen wie publizistische (thematische) Vielfalt und Vielfalt der Meinungen, Autonomie des Mediensystems innerhalb des gesellschaftlichen Gesamtsystems, Ausgewogenheit der politischen Berichterstattung im Sinne der Ausbalancierung von Macht in einer pluralistischen Gesellschaft, föderative Strukturmerkmale u.a. ihre Entsprechung in den kulturellen und politischen Strukturen finden. Es war daher zu erwarten, dass – wo ausgesprochener Regelungsbedarf bestand – der Wandel auch seitens des Staates bestätigt und gefördert wurde. Dies geschah hauptsächlich in der Gestalt von sechs Fernsehurteilen des Bundesverfassungsgerichtes von 1961 bis 1991. Das Bundesverfassungsgericht war aufgerufen, weil es gegenüber der Kulturhoheit der Bundesländer über eine Bundeskompetenz verfügt und im Gegensatz zu den Wechselfällen der parlamentarischen Mehrheiten in Bund und Ländern über eine weitgehende Autonomie und damit Kontinuität verfügt.

Ohne auf Einzelheiten der Urteile eingehen zu müssen, lassen sich einige Stufen oder Etappen eines Entwicklungsprozesses deutlich erkennen: Ausgehend von der Bekräftigung der föderativen Struktur des Rundfunks im ersten BVG-Urteil vom 28.2.1961, regelten die folgenden Urteile das Prinzip der Staatsfreiheit des Rundfunks und seine pluralistische gesellschaftliche Kontrolle. Im fünften Fernsehurteil vom 24.3.1987, das die Existenz privater Anbieter sanktionierte und legitimierte, wurde dem öffentlich-rechtlichen Rundfunk die Aufgabe der „Grundversorgung" zugewiesen. Damit schuf das BVG einen neuen Tatbestand und Begriff, der noch theoretisch einzuordnen ist. Im Hinblick auf die Einbettung des privaten Rundfunks in das gesamte Mediensystem lassen sich nunmehr drei Modelle unterscheiden: ein binnenplurales (durch anstaltseigene Kontrollgremien), ein außenplurales (durch Konkurrenz der Anstalten untereinander) und ein gemischtes.[16] Das Prinzip der Grundversorgung verweist zugleich auf eine dem Mediensystem in einer gegebenen Gesellschaft zuschreibbare Integrationsfunktion.[17] Sie ist so wichtig, dass die durch den Staat repräsentierten Interessen der Gemeinschaft ihren Ausdruck in der Struktur des Mediensystems wiederfinden müssen.

Die Dialektik von Wandel und Kontinuität zeigt sich an kaum einer anderen Stelle des Gemeinwesens so deutlich und wirkungsvoll wie im Wechselspiel zwischen gesamtgesellschaftlichen Bedürfnissen und den strukturellen Entwicklungen des Mediensystems.

ANMERKUNGEN

[1] Otto B. Roegele (Hrsg.) unter Mitwirkung von Peter Glotz: Pressereform und Fernsehstreit. Texte zur Kommunikationspolitik 1932 bis heute. Gütersloh 1965; Franz Ronneberger: Ziele und Formen der Kommunikationspolitik. In: Publizistik, 11. Jg. 1966, S. 399–406; Peter Glotz: Demokratische Kommunikationspolitik in der entwickelten Industriegesellschaft. In: Michael Hereth (Hrsg.): Junge Republik. Beiträge zur Mobilisierung der Demokratie. München, Wien 1966, S. 75–102.

[2] Manfred Rühl: Franz Ronneberger – Zur Entwicklung eines kommunikationspolitischen Theorieprogramms. In: Manfred Rühl/Heinz-Werner Stuiber (Hrsg.): Kommunikationspolitik in Forschung und Anwendung. Festschrift für Franz Ronneberger. Düsseldorf 1983, S. 17.

[3] Eberhard Witte: Ziele deutscher Medienpolitik. München, Wien 1982.

[4] Gottfried Salomon-Delatour: Politische Soziologie. Stuttgart 1959.

⁵ Dieter Oberndörfer (Hrsg.): Wissenschaftliche Politik. 2. Aufl. Freiburg 1966.
⁶ Franz Ronneberger: Kommunikationspolitik. Band I: Institutionen, Prozesse, Ziele. Mainz 1978, S. 56.
⁷ Manfred Rühl: Journalismus und Gesellschaft. Bestandsaufnahme und Theorieentwurf. Mainz 1980, S. 212ff. Neuerdings wächst das Interesse an dem Thema wieder.
⁸ Heinz-Werner Stuiber: Kommunikationsräume der lokal informierenden Tagespresse. Pressestatistische Typenbildung und raumstrukturelle Analyse. Nürnberg 1975.
⁹ Manfred Rühl: Journalismus und Gesellschaft, a.a.O.
¹⁰ Manfred Rühl: Politik und öffentliche Kommunikation. Auf dem Wege zu einer Theorie der Kommunikationspolitik. In: Publizistik, 18. Jg. 1973, S. 5–25.
¹¹ Ebenda, S. 12.
¹² Ebenda, S. 14. So auch Franz Ronneberger: Kommunikationspolitik. Band 11: Kommunikationspolitik als Gesellschaftspolitik. Mainz 1980, S. 79ff.
¹³ Aus der breiten Literatur sei vornehmlich auf zwei Übersichtswerke hingewiesen: Dietrich Ratzke: Handbuch der Neuen Medien. Informationen und Kommunikation, Fernsehen und Hörfunk, Presse und Audiovision heute und morgen. Stuttgart 1982; Bruno Tietz: Wege in die Informationsgesellschaft. Szenarien und Optionen für Wirtschaft und Gesellschaft. Ein Handbuch für Entscheidungsträger. Stuttgart 1987.
¹⁴ Michael Schmid: Theorie des sozialen Wandels. Opladen 1982.
¹⁵ Das zeigt sich vornehmlich bei den Theorien der Medienwirkung. Vgl. u.a. Michael Schenk: Kommunikationstheorien. In: Elisabeth Noelle-Neumann u.a. (Hrsg.): Fischer Lexikon Publizistik/Massenkommunikation. 2. Aufl. Frankfurt a.M. 1989, S. 123–143.
¹⁶ Eingehender dazu Franz Ronneberger: Die Rolle der Verfassungsgerichtsbarkeit beim Wandel des Rundfunksystems. In: Kaase, Max/Schulz, Winfried (Hrsg.): Massenkommunikation. Theorien, Methoden, Befunde. Opladen 1989, S. 72–84.
¹⁷ Franz Ronneberger: Integration durch Massenkommunikation. In: Ulrich Saxer (Hrsg.): Gleichheit oder Ungleichheit durch Massenmedien. München 1985, S. 3–18.

2.6. Kommunikationsgeschichte

Michael Schmolke

Theorie der Kommunikationsgeschichte

1. Geschichte und Theorie

Von einer oder gar *der* Theorie der Kommunikationsgeschichte zu reden, wäre vermessen. Gäbe es sie, so könnte ein großes Diskussionsthema der allgemeinen Geschichte abgehakt werden; denn man muss, wie Lynn Hunt schreibt, „einräumen, daß das Verhältnis von Geschichtswissenschaft und Theorie, gleich welcher Art, schon immer problematisch war, vor allem für diejenigen, die als Berufshistoriker tatsächlich Geschichte erforschen und schreiben (im Unterschied zu denen, die sich mit der Geschichte der Geschichtsschreibung oder mit Geschichtsphilosophie beschäftigen). Ob in Rezensionen von Büchern mit theoretischem Interesse, in Berufungskommissionen historischer Fakultäten oder in Hauptseminaren, es zeigt sich immer wieder eine tiefsitzende Abneigung der Historiker gegen theoretisches Denken."[1]

Auch in der Abneigung offenbart sich die Faszination, die von der Vorstellung ausgeht, es könne einmal eine *Theorie der Geschichte* und ein gesichertes Arbeitsfeld *Geschichtstheorie* geben. Einschlägige Gedankengebäude werden heutzutage meist unter Geschichtsphilosophie abgelegt, und was wir dort vorfinden, reicht von historischen Eschatologien über den dialektischen sowie historischen Materialismus eines Karl Marx bis zu Kreislauf- oder Analogietheorien, nach denen Untergänge à la Oswald Spengler heraufziehen müssten.[2] Hinter den Fragen nach Heils- oder auch Unheilsgeschichte steht letzten Endes immer die Suche nach dem *Sinn der Geschichte*. So fragt z.B. Hans Erich Stier in der Eröffnung des letzten Kapitels seiner griechischen Geschichte mit fast naiv wirkender Direktheit, „welches der welthistorische Sinn dieser reichhaltigen und folgerichtigen Entwicklung gewesen ist"; er glaubt an die Idee vom Sinn der Geschichte.[3] Aber Karl-Georg Faber berichtet unter Berufung auf viele prominente Zeugen, dass die Wissenschaftstheorie in der Regel auf die Erörterung „solcher philosophischer Entwürfe" verzichte, „die das ‚Ganze' der Geschichte ... zu erklären, ihm einen Sinn zu geben suchen". Er verweist auf die „große Tradition" insbesondere der deutschen Geschichtswissenschaft, wonach es Aufgabe des Historikers sei, „im Erkennen geschichtlicher Dinge ihr Anderssein, ihre Eigentümlichkeit, ihre Individualität zu verstehen" (Friedrich Meinecke), und er zitiert Gerhard Ritter: „Die geschichtliche Welt besteht aus einer unendlichen Fülle von Individualitäten."[4]

Mit diesen Befunden – also einerseits der Suche nach dem Allgemeinen, dem Sinn der Geschichte, und andererseits der Individualitäten-Bindung des Historismus – wird sich auch der Kommunikationshistoriker fürs Erste begnügen, wenngleich er in der publizistik- und kommunikationswissenschaftlichen Fachliteratur durchaus der Versu-

---

Originalbeitrag.

chung begegnet, nach dem „Sinn der Publizistik" zu fragen oder fragen zu sollen. Wer diese Frage – in unserem Falle z.B. mit Henk Prakke – stellt, stößt auf die Kategorie des Wandels, d.h. er trifft die aktuelle Kommunikation der Gesellschaft als einen per definitionem stets geschichtswirksamen Vorgang an. Dabei spielt es keine große Rolle, ob man mit William F. Ogburn (social change) weiter denkt oder mit dem von Prakke besonders geschätzten Bronislaw Malinowski und dessen Begriff des Kulturwandels: „Die Publizistik begleitet den Kulturwandel, manchmal bewirkt sie ihn auch und nicht nur den Kulturwandel, sondern auch die großen Kulturwenden."[5]

Folgt man dieser These, so akzeptiert man die Historizität publizistischen Geschehens und kommunikativen Handelns, wobei man, diesen historischen Faden zurückverfolgend, auf „Kommunikation als anthropologische Grundkonstante" (Burkart, Wilke, Prakke[6]) trifft: „Der Mensch ist somit schon qua Natur ein kommunikatives Wesen."[7] Für die weiteren Überlegungen soll diese These als Axiom[8] gelten, und zwar ohne besondere Diskussion der Frage, wann die Menschen begonnen haben, sich durch *Sprechen* zu verständigen; denn darüber gibt es nur Vermutungen.

Theoretisch klingende Sätze wie (1) „Kommunikation hat stets mit Wandel zu tun" oder (2) „Kommunikation ist eine anthropologische Konstante" geben aber auch nicht mehr her als Axiome, d.h. sie erklären nur wenig. Eine „Theorie der Kommunikationsgeschichte" aber sollte viel erklären können. Trotzdem brauchen Kommunikationshistoriker nicht in die eingangs zitierte „Abneigung der Historiker gegen theoretisches Denken" zu verfallen, und zwar aus (mindestens) drei Gründen.

Zum Ersten ist es zweifellos sinnvoll und in vielen Fällen forschungsdienlich, Kommunikationsgeschichte theoriegeleitet zu betreiben, wie es Winfried B. Lerg mehrfach gefordert hat. Sein ebenfalls unter dem Titel „Theorie der Kommunikationsgeschichte" publizierter Aufsatz befasst sich mit der Anwendung vorhandener Theoriekomplexe, näherhin der Anwendung von System-, Verhaltens-, Handlungs- und Rahmentheorien auf kommunikationshistorisches Arbeiten, mit dem Ziel, „am Ende eine Antwort geben zu können, die nicht nur die *Interpretation* früherer Antworten, sondern eine *Begründung* zur wissenschaftlichen Disposition stellt".[9]

Zum Zweiten erscheint es uns möglich und gerechtfertigt, aus vergleichender Sichtung „früherer Antworten" der kommunikationshistorischen Forschung Sätze abzuleiten, die theoretische Qualität haben. Denn ungeachtet der Erkenntnis, dass Geschichte (in der Bedeutung von einmal und eigenartig *Geschehenem*) sich nicht wiederholt, wiederholen sich doch – gar nicht so selten – Konstellationen und damit Wenn-dann-Beziehungen (Hypothesen also), die den historisch geschulten Beobachter auf ihre Prüfung geradezu lauern lassen. Sich wiederholende Konstellationen sind in der Kommunikationsgeschichte durchaus anzutreffen, und wenn die Zeitspanne, in der sie aufgetreten sind, lang genug ist, besteht auch Gelegenheit, ihre bereits vollzogene *Prüfung durch die Geschichte* zu analysieren.[10] Ein klassisches Beobachtungsfeld ist etwa der Eintritt so genannter neuer Medien in die Geschichte, wobei hier unter Medien keineswegs beliebige Kommunikationsphänomene und/oder -hilfen im Verständnis modischer Medienwissenschafter verstanden werden, sondern gesellschaftliche Institutionen, die sich nach allgemeiner Akzeptanz auf Dauer etabliert haben.[11]

Zum Dritten gibt uns die zünftige Geschichtswissenschaft seit mehr als einem halben Jahrhundert Denkmodelle an die Hand, mit deren Hilfe sich kommunikationsgeschichtliche Themen, sofern sie über die Erforschung von „Individualitäten" oder „Situationen in ihrer unverwechselbaren Einmaligkeit" hinausgehen, mit Aussicht auf Erkenntnis angehen lassen. Wir erinnern im Folgenden an die Strukturgeschichte und ganz besonders an Fernand Braudels *longue durée* sowie an seine Begriffspaare des Unbewegten und des Bewegten, des Langsamen und des Schnellen sowie des Veränderlichen und des Bleibenden, die für die Erforschung des kommunikativen Alltags in seinen historischen Dimensionen besonders geeignet sind und weiter unten behandelt werden.

2. Einteilungen der Zeit

Geschichten lassen sich nicht erzählen ohne Einteilung. Geschichte auch nicht. Wir müssen uns also zum Abschluss der Einleitung mit „Periodisierungen und Epochalisierungen" (Lerg) befassen sowie mit einem Begriff, der zum Schlagwort geronnen und entsprechend verschlissen ist, mit dem Begriff der Kommunikationsrevolution. Der Periodisierung bzw. Epochenbildung spricht Lerg sogar mit dem Blick auf die allgemeine Geschichte, die Literatur- und Kulturgeschichte theoretisierende Qualität ab; es handele sich allenfalls um „chronikalische Klassifizierungen". „Eigene konsistente Epochalisierungen der Kommunikationsgeschichte fehlen jedoch ..."[12]

Seither haben z.B. Faulstich[13] und Wilke Vorschläge gemacht; Letzterer spricht von „Entwicklungsstufen" der Kommunikationsgeschichte. Er verwendet in diesem Zusammenhang den Begriff „Phasen" und schlägt vor, sich bei deren Abgrenzung „an den wechselnden Kommunikationsmodalitäten und medienspezifischen Eigenarten" zu orientieren. Wilke benennt folgende Phasen: ausschließliche Oralität (vom Auftreten der Sprache bis zur Erfindung der Schrift: 34 000 v. Chr. bis zum 3. Jahrtausend v. Chr.); Schrift und literalisierte Kommunikation (Mitte des 3. Jahrtausends v. Chr. bis zum 15. Jahrhundert n. Chr.); druckbasierte Kommunikation (Gutenberg [1450] bis ins 19. Jahrhundert); Bild- und Tonmedien (vom 19. Jahrhundert bis zum Fernsehen) und schließlich „Multimedialisierung" (in unserer Gegenwart). Die Entwicklung werde „von verschiedenen Determinanten bestimmt und vorangetrieben", die Wilke nicht als Einzelphänomene definiert, sondern in größeren Feldern ansiedelt: „anthropologische Konstante", Gesellschaft, Technik, Politik und Recht – Staat und Militär, Ökonomie und Finanzen sowie Akteure und Personen.

Diese Anregung wird gänzlich undogmatisch vorgetragen; „man kann Phasen der Kommunikationsgeschichte im Prinzip aber auch anders gliedern, beispielsweise in Abhängigkeit von der allgemeinen Geschichte."[14] In der Tat muss man das gar nicht so selten, dann aber in der Regel in Verbindung mit anderen Determinanten, die genuin kommunikationsgeschichtlicher Natur sind. Eines sollte man jedenfalls nicht versuchen: kommunikationsgeschichtliche Epochengrenzen allein an das Auftreten neuer Kommunikations*techniken* zu koppeln. Nicht angebracht sei es, eine „technische Monokausalität" zu unterstellen.

Die Koppelung von Wandel bewirkenden Phänomenen aus verschiedenen Determinantenfeldern schärft den Blick für Einschnitte der kommunikationshistorischen Entwicklung, die so deutlich sind, dass sie Epochengrenzen markieren. Für meine eigenen einschlägigen Arbeiten und besonders für die universitäre Lehre gehe ich – für Mittelalter und Neuzeit[15] – von folgenden Determinantenfeldern aus:

- Technik
- Geistige Bewegungen/Ideologien
- Wirtschaft
- Medium.

Als konkrete Indikatoren ziehe ich unter den vorfindlichen Entwicklungen und Innovationen nicht in erster Linie jene heran, die eine neue Epoche *bedingt*, sondern jene, die den Durchbruch des Neuen *ermöglicht* bzw. *forciert* haben. Auf der Zeitachse finde ich drei Einschnitte, die sich allerdings in keinem Falle an einem „Epochenjahr" festmachen lassen, sondern eher jeweils ein Jahrhundert beanspruchen:

1) den Beginn der (kommunikativen) Neuzeit (1450–1550),
2) die Entfesselung der Öffentlichen Meinung (1770–1850),
3) die Entmaterialisierung der Nachricht (1880–1950).

Die *Epochengrenze 1* geht primär aus den Feldern Technik (Erfindung des Druckens mit beweglichen Buchstaben, um 1450) und Geistige Bewegungen (Reformation, 1517–1555) hervor. Ihr Medium ist das Buch (und in der Folge Zeitung [1605] und die Zeitschrift [1665]). Gesellschaftliche Folgen sind nicht nur die rasche Ausbreitung von Individualisierung und – jedenfalls im Prinzip – Gewissensfreiheit, sondern auch der Beginn planmäßiger obrigkeitlicher Medienpolitik (Zensur, Index librorum prohibitorum).

Die *Epochengrenze 2* resultiert aus einem Determinantenbündel aus den Sektoren Geistige Bewegungen/Ideologien und Wirtschaft: Die Französische Revolution beendet – in Frankreich de facto, für andere Länder mindestens symbolisch – Feudalismus und Absolutismus. Der Kapitalismus verändert die Welt der Wirtschaft, die industrielle Revolution den Stil der Produktion. Nicht ein neues Medium, sondern alte Medien wie Broschüre, Zeitung und Zeitschrift setzen ein kommunikativ-politisches Kraftfeld frei, das fortan Gewinnung und Erhaltung von Macht bestimmt: die Öffentliche Meinung.[16] Das typische *neue* Kommunikationsinstrument dieser in jeder Hinsicht – auch in ihrer Restaurationsphase – revolutionären Transitionszeit ist bezeichnenderweise der Telegraph, und zwar sowohl der (wieder belebte) optische als auch – ab 1837 – der elektrische: Zeit beginnt Geld zu werden. Im Sektor Technik schaffen Physik und Chemie neue Grundlagen der industriellen Produktion. Die jetzt erst im Vollsinne *Massen*medien werdenden Alt-Medien profitieren davon. Die Gutenberg-Presse wird von der maschinell betreibbaren Schnellpresse abgelöst, die Photographie verändert die Möglichkeiten des Abbildens grundlegend.

Die *Epochengrenze 3* entbindet die Übermittlung von Informationen von der Materie (in der Regel Papier) und vom bis dahin fortschrittlichsten Kommunikationskanal, dem Draht. Die Namen James Clerk Maxwell, Heinrich Hertz und Guglielmo Marconi[17] bezeichnen den Beginn einer Epochengrenze, deren Ende wir in die Mitte der 1920er Jahre (wegen der allgemeinen Einführung des öffentlichen Rundfunks) oder in unsere Gegenwart legen können: Die heute geläufige Technik, Information in elektronisierter „Gestalt" transportieren zu können, geht auf die drei genannten Erfinder zurück, wobei die Drahtlosigkeit der neuen Übermittlungstechnik wohl das größte Staunen seit Gutenberg ausgelöst hat. Mindestens genau so folgenreich aber waren der Reichweitengewinn („Weltrundfunk") und die gegenüber dem elektrischen Telegraphen abermalige Beschleunigung durch die Vereinfachung von Enkodierung und Dekodierung. Ob die mit den Hertz-Experimenten eröffnete Epoche der Elektronisierung nahtlos in jene der Digitalisierung übergegangen ist, in der wir seit der Implementation des Computers begriffen sind, muss schon deshalb Gegenstand der Diskussion bleiben, weil wir uns mitten in dieser Veränderung befinden, uns also die Distanz des historischen Beobachters fehlt.

Soll man nun außer von Epochen der Kommunikationsgeschichte auch noch von *Kommunikationsrevolutionen* sprechen, und was unterscheidet den bisher erörterten Begriff der Epochengrenze von dem der Kommunikationsrevolution? Lerg sieht beides kritisch: ebenso wenig erhellend wie Epochalisierungsversuche sei „die periodisierende Bemühung, beim Eintritt eines neuen Mediums in die publizistische Geschichte eine ‚Kommunikationsrevolution' auszurufen". Am Ende seien es doch Evolutionen gewesen.[18]

Lerg hat Recht und auch nicht Recht. Denn was wir nachträglich als Kommunikationsrevolutionen einzustufen geneigt sind, ist niemals als Revolution „ausgerufen" worden. Gutenberg wollte eigentlich nur noch schönere Bücher herstellen, als sie in den Schreibwerkstätten seiner Zeit geschrieben und gemalt wurden. Aber nachdem das quasi-industriell produzierte Buch erst einmal in der Welt war, ließ es sich nicht mehr zurückrufen. Eine Zeit lang noch arbeiteten Scriptorien und typographische Werkstätten nebeneinander her, so wie heute trotz allgegenwärtiger PCs immer noch Schreibmaschinen verwendet werden. Aber das Druckwerk hat, besonders wo es ums Publizieren und damit um die öffentliche Kommunikation der Gesellschaft ging, das Handgeschriebene übertrumpft, abgesehen von Situationen, in denen Satz- und Druckgeräte nicht zur Verfügung standen. Gutenbergs Technik hat die Produktion von Schriftstücken aller Art um und um gedreht, auf den Kopf oder auch erst auf die Füße gestellt. Und dieses Umwälzen macht schließlich den Begriff der Revolution aus, umso mehr als sie auf dem Feld der Kommunikation stets auch eine gesellschaftliche Dimension hatte in Gestalt des Bedarfs.[19]

Man sollte also den Begriff Kommunikationsrevolution nicht wegen Populismusverdachts aus der Fachsprache ausschließen, dies umso weniger, als er in seriösen Buchtiteln der Fachliteratur präsent ist und auch des Populismus gewiss unverdächtige Autoren wie Elizabeth Eisenstein oder Michael Giesecke mit ihm umgehen. Sven Hanuschek und andere machen – als Herausgeber des Sammelbandes „Die Struktur medialer Revolutionen" – in ihrer Vorbemerkung auf einen un-revolutionären Aspekt medialer Revolutionen aufmerksam: *neue* Medien würden nicht verlangen, „altehrwürdige … Vorgänger zurückzuweisen".[20] Wir kommen auf dieses Phänomen im Zusammenhang mit Wolfgang Riepl zurück.

Allerdings sollte man den Begriff Kommunikationsrevolution nur mit Bedacht verwenden, und zwar dann, wenn man darunter jene Erfindungen, Entwicklungen, Systematisierungen zusammenfassen kann, die durchgreifende und global wirksam werdende Veränderungen eingeleitet haben. Aus meiner Sicht sind dies die Verschriftlichung, das Drucken, die Telegraphie, die Kinematographie, die Drahtlosigkeit der Kommunikation und die Digitalisierung der Information.

Kommunikationsrevolutionen müssen nicht notwendig den Beginn einer neuen Epoche der Kommunikationsgeschichte bewirken. Aber häufig sind Innovationen, die unser kommunikatives Handeln revolutionieren, dabei, wenn die oben besprochenen Determinanten verschiedener Herkunft eine neue Epoche heraufkommen machen.

3. Was ist eigentlich Kommunikationsgeschichte?

„Kommunikationsgeschichte" ist fürs erste nur ein Wort. In meiner Antwort auf die erste der von der Zeitschrift „Medien und Zeit" veranstalteten Rundfragen[21] konnte ich mutig sagen, was es meint: „Kommunikationsgeschichte soll mehr sein als Mediengeschichte, und Mediengeschichte ist, wenn der Begriff taugen soll, umfassender als Pressegeschichte oder Filmgeschichte oder …". Dabei konnte ich mich auf tüchtige Gewährsleute verlassen. Winfried B. Lerg z.B. hatte es – wiederum zehn Jahre früher – etwas wissenschaftlicher ausgedrückt und die „Entlassung der Medienhistoriographien aus ihrer Isolation" gefordert.[22] Ich versuchte zu konkretisieren: Kommunikationsgeschichtliche Forschung solle „nicht (korrekt: nicht nur) die Geschichte der Zeitung X oder der Presse des Landes Y oder des Senders Z erhellen".

Später habe ich eine Metapher zu Hilfe genommen: Kommunikationsgeschichte schreiben heißt die Geschichte des Meeres schreiben und nicht nur die Geschichte des berühmten Kapitäns, der schnellen Schiffe und des sicheren Hafens.[23] Dieses Konzept ist Studierenden nicht immer leicht zu vermitteln, und die sich sträuben, haben manchmal gute Gründe; wer schreibt die Geschichte des Meeres, wenn die der Werften noch nicht geschrieben ist; und wer die Werftengeschichte, wo wir doch nicht wissen, wann das Schiff seine weltgeschichtliche Premiere hatte?

Kommunikationsgeschichte schreiben kann aber auch, sofern man sich allein am Gegenstand orientiert, die Bedeutung haben, die „Geschichte der öffentlichen Kommunikation" zu schreiben. Das ist nicht von der Hand zu weisen, und mit Recht macht Bernd Sösemann auf die Zweideutigkeit des Begriffs Kommunikationsgeschichte aufmerksam.[24] In unserem Zusammenhang ist jedoch nicht das Themenfeld Kommunikationsgeschichte gemeint, sondern der *approach*, die Annäherungsweise also, aus der sich die Methodologie der ganzheitlichen Betrachtungsweise abzuleiten hat.[25] Den Unterschied zwischen *Kommunikationsgeschichte als Themenfeld* und *Kommunikationsgeschichte als Konzept* macht folgender Vergleich deutlich: Man kann an die Geschichte einer Kleinstadtzeitung auf kommunikationshistorische Weise herangehen, indem man sie in den Strukturen ihrer Öffentlichkeit analysiert. Und man kann umgekehrt die Geschichte der öffentlichen Kommunikation (à la Sösemann) zu schreiben versuchen, dies aber in Stil und Habitus der politischen Geschichte. Dabei kommt dann eben politische Geschichte heraus und nicht Kommunikationsgeschichte.

3.1. Kommunikationsgeschichte: ein neues Konzept

In der Studienordnung für Publizistik- und Kommunikationswissenschaft an österreichischen Universitäten gab es erstmalig in den 1970er Jahren das Pflichtfach Medien- und Kommunikationsgeschichte. Bei dieser Formulierung im ersten Salzburger Studienordnungsentwurf von 1973 dürfte es sich um eine der frühesten Festschreibungen des Begriffs Kommunikationsgeschichte handeln, wenn auch in der milder wirkenden

Koppelung mit der schon vorher geläufigen Mediengeschichte. In den Registern des dtv-Wörterbuchs zur Publizistik (1969) und des Fischer-Lexikons Publizistik (1971) suchen wir vergeblich nach dem Begriff Kommunikationsgeschichte. Das gilt auch für die Nachfolgewerke.[26] Der Begriff war also noch nicht kanonisiert.

Dafür wurde und wird das hinter ihm stehende Konzept umso mehr diskutiert, nachdem Lerg 1977 sein erstes Plädoyer für den Paradigmenwechsel zur Kommunikationsgeschichte vorgetragen hatte, damals noch in der Frageform „Pressegeschichte oder Kommunikationsgeschichte?".[27] 1980 erschien in den USA das sich selbst als programmatisch verstehende Buch „Communication History" von John D. Stevens und Hazel Dicken Garcia. Es sei, sagten die Autoren von ihrem Werk, „more suggestive than exhaustive; but suggestions are precisely what the field of communication history scholarship needs so desperately."[28] Das Ziel war, von der – als unkritisch erachteten – „journalism history" wegzukommen, über sie, d.h. über den Trampelpfad der amerikanischen „journalism history", hinaus- und fortzuschreiten, zunächst zu einer „critical historiography" und – auf diesem höheren methodologischen Niveau – zu einem weiteren inhaltlichen Feld, eben zur „communication history" zu gelangen.

Von ähnlichen Gewissensbissen muss in der gleichen Zeit eine erhebliche Zahl europäischer Kollegen geplagt gewesen sein. Die in den 1960er Jahren beginnende Adoption der damals als ausschließlich empirisch-analytisch geltenden amerikanischen Kommunikationswissenschaft und die Emeritierung historisch orientierter Alt-Ordinarien ungefähr in der gleichen Zeit verdrängten publizistikhistorische Themen aus dem Lehrangebot. Für die Forschung galt das nicht. Selbst solche Fachkollegen, die sich vehement für die Transformation der geisteswissenschaftlich-historisch gedachten Publizistikwissenschaft zu einer sozialwissenschaftlich orientierten Kommunikationswissenschaft einsetzten, arbeiteten mit (modernisierter) historischer Methode weiter.[29] Das modernisierte historische Arbeiten innerhalb der Publizistikwissenschaft griff strukturgeschichtliche wie funktionalistische Anregungen auf und bediente sich neuer Methoden ganz verschiedener Herkunft, so etwa der damals frisch importierten „oral history" oder der Inhaltsanalyse zur Erhellung historischer Sachverhalte.

3.2. Diskussionsplattformen und organisatorische Ansätze

Gerade an jenem Publizistik-Institut, wo die Auseinandersetzung zwischen der „empirisch-analytischen" und der „historisch-deskriptiven" Richtung so heftig tobte, dass Studienplan-Entwürfe der 1970er Jahre wie der Augsburger Religionsfrieden anmuteten, in Münster nämlich, wurde die historische Forschung besonders ehrgeizig und intensiv gepflegt. Folgerichtig kamen die ersten ausgefeilten Anstöße für den Aufbruch zur Kommunikationsgeschichte und, was ja manchmal sehr wichtig ist, zur Kodifizierung dieses Begriffs aus jenem westfälischen Seminar, was ja „Pflanzstätte" heißt.

Mit diesem Hinweis soll keine Premieren-Historiographie getrieben werden. Denn kaum war die Sache beim Namen genannt, mit Lergs erwähntem Aufsatz von 1977, zeigte sich, dass an anderen Orten längst ähnlich gedacht und gearbeitet wurde. Schon in derselben Publikation trug Kurt Koszyk die „Probleme einer Sozialgeschichte der öffentlichen Kommunikation" vor.[30] Aus dem Wiener Institut für Publizistik- und Kommunikationswissenschaft, das, in diesem Punkt München vergleichbar, als Zentrum der konventionellen Pressegeschichtsforschung galt[31], kamen in den nächsten Jahren die für den deutschsprachigen Raum wahrscheinlich wichtigsten Initiativen.

Hier kann nur knapp zusammengefasst werden: Wer heute Publizistik- und Kommunikationswissenschaft studiert und sich für Kommunikationsgeschichte interessiert, oder wer, aus einer anderen Disziplin kommend, sich mit kommunikationshistorischen Gedankengängen vertraut machen will, findet ein gut beschicktes Diskussionsfeld vor, das sich – für den ersten Zugriff – an bestimmten Anlässen und sogar Institutionalisierungen sowie in den daraus hervorgegangenen Publikationen dokumentiert:

- An erster Stelle sind zwei von der Deutschen Presseforschung Bremen 1976 bzw. 1984 veranstaltete internationale Fachkonferenzen zu nennen, die dem Thema „Presse und Geschichte" galten. In zwei ebenso betitelten Berichtsbänden wurden die Tagungsbeiträge 1977 bzw. 1987 veröffentlicht. In ihnen finden sich mehrheitlich pressehistorische Beiträge klassischen Typs, aber eben auch einige wesentliche Überlegungen zur Fortentwicklung der historischen Kommunikationsforschung (Lerg, Koszyk, Blühm, Gebhardt, Wilke und Rollka).
- Zum Zentralthema einer gemeinsamen Jahrestagung der Deutschen und der Österreichischen Gesellschaft für Publizistik- und Kommunikationswissenschaft wurde unser Thema 1986 in Wien gewählt: „Wege zur Kommunikationsgeschichte". Der Berichtsband[32] enthält auf 800 Seiten 56 Beiträge, von denen etwa ein Drittel das Thema mehr oder weniger genau trifft und vorantreibt, während für ein weiteres Drittel Jürgen Wilkes Vermutung gilt, „daß zahlreiche der Beiträger zu der Wiener Tagung und dem Sammelband ... nur einen einmaligen ‚Ausflug' in dieses Gebiet gemacht hatten".[33] Eine kritische, sehr pointierte Leseanleitung für den Wälzer stammt von Wolfgang R. Langenbucher.[34]

Konsequenzen aus der Wiener Tagung zog die im gleichen Jahr 1986 gegründete und von einem Arbeitskreis für historische Kommunikationsforschung getragene Zeitschrift „Medien & Zeit. Forum für historische Kommunikationsforschung" in zwei „Rundfragen" zu den Themen „Welche Zukunft hat die Kommunikationsgeschichte?" und „Neue Positionen zur Kommunikationsgeschichte?", die in den Jahrgängen 1987 bzw. 1992 publiziert wurden. Es antworteten 1987 Ulrich Saxer, Jürgen Wilke, Michael Schmolke, Kurt Koszyk, Walter Hömberg und Bodo Rollka, ergänzt durch Beiträge von Wolfgang R. Langenbucher, Wolfgang Duchkowitsch, Winfried B. Lerg und Anton Austermann, und 1992 Verena Blaum, Gerhard Botz, Wolfgang Donsbach/Bettina Klett, Franz Dröge, Hans Heinz Fabris, Hanno Hardt, Joan Hemels, Knut Hickethier, Hans-Dieter Kübler, Wolfgang R. Langenbucher, Peter Malina, Horst Pöttker, Holger Rust, Winfried Schulz und Jürgen Wilke. Einige Autoren bezogen prononcierte Positionen.

Als 1991 innerhalb der DGPuK Arbeitsgruppen gegründet wurden, war das Thema Geschichte so weit wieder auferstanden, dass es keinen Zweifel an der Gründung einer Fachgruppe Kommunikationsgeschichte gab. Ins Umfeld der kommunikationshistorischen Konferenzdiskussion gehören – mindestens zum Teil – das Lazarsfeld-Symposium 1988 der Österreichischen Gesellschaft für Publizistik und Kommunikationswissenschaft in Wien[35] und die gemeinsame DGPuK- und ÖGPuK-Jahrestagung 1990 in Salzburg.[36] Die beiden Festschriften für Marianne Lunzer[37] dokumentieren die Befestigung kommunikationsgeschichtlichen Denkens ebenso wie das Textbuch „Medien- und Kommunikationsgeschichte"³⁸ sowie die Aufnahme des Themas „Theorie der Kommunikationsgeschichte" in das vorliegende Textbuch „Kommunikationstheorien".³⁹ 1993 ist es Wiener Publizistikwissenschaftlern gelungen, ein Ludwig-Boltzmann-Institut für österreichische Kommunikationsgeschichte zu gründen, und seit 1994 gibt es an der Österreichischen Akademie der Wissenschaften die Kommission für historische Pressedokumentation. Die ersten Hefte ihrer 1994 gegründeten Zeitschrift „Relation. Medien, Gesellschaft, Geschichte" demonstrieren, dass auch hier das kommunikationsgeschichtliche Denken Platz gegriffen hat.

Die Akademie-Kommission pflegt in besonderer Weise die Zusammenarbeit mit Berliner Politik- und Kommunikationswissenschaftlern, und so liegt ein Hinweis auf die dort 1994 von Bernd Sösemann begründete Schriftenreihe „Beiträge zur Kommunikationsgeschichte" nahe.⁴⁰ In der seit 1997 von Walter Hömberg und Arnulf Kutsch edierten Buchreihe „Kommunikationsgeschichte" sind bisher 30 Bände erschienen (Lit Verlag, Münster), und die Reihe „Journalismus und Geschichte", herausgegeben von Hans Bohrmann und Horst Pöttker, hat es seit 1999 auf fünf Bände gebracht (UVK Verlagsgesellschaft Konstanz).

Schließlich gibt es seit 1999 das „Jahrbuch für Kommunikationsgeschichte", von dem bisher 13 Bände vorliegen. Im Vorwort zum ersten Band beklagen die Herausgeber, dass die kommunikationshistorische Forschung am Ende des 20. Jahrhunderts „schwächer als noch vor einem Jahrzehnt institutionalisiert" sei, während das Interesse an der Kommunikationsgeschichte in anderen Disziplinen stark gestiegen sei.⁴¹

3.3. Positionen

In der Tat war die innerfachliche Diskussion Ende der 1980er Jahre stärker. Seither ist es nicht leichter geworden, eine Summe zu ziehen und wenigstens zu einer Arbeitsdefinition zu finden. Aus den bisherigen konzeptionellen Beiträgen drängen sich einige Ideen wegen ihrer klaren Ausprägung zur Weiterentwicklung auf. Ich verbinde diese Konzepte mit Namen, nicht um diese besonders hervorzuheben (oder gar andere, die ähnlich denken, auszuschließen), sondern einfach um der Benennung willen. Sprechen wir also vom

– Konzept Lerg: Kommunikationsgeschichte müsse theorie- und systemorientiert arbeiten
– Konzept Dröge: Kommunikationsgeschichte wirke sich theorie-fundierend aus
– Konzept Saxer: Kommunikationsgeschichte sei die „komplementäre Perspektive" der synchronisch-systematischen Kommunikationswissenschaft
– Konzept Koszyk: Klassisch sozialgeschichtlich zu arbeiten, erfülle kommunikationsgeschichtlichen Anspruch
– Konzept Rollka: Komparatistisch-interdisziplinär zu arbeiten, sei Hauptaufgabe der historischen Kommunikationsforschung.

Lerg († 1995) war bei aller Quellen-, Daten- und Fakten-Besessenheit ein (zuweilen leidenschaftlicher) Systematiker und Theoretiker. So zieht sich durch seine reflektierenden Texte zur Kommunikationsgeschichte konsequent der Hinweis, dass Kommunikationsgeschichte erst dann wissenschaftlich ernst zu nehmen sei, wenn die systematische und theoretische Orientierung am Anfang Fundament historischen Arbeitens sei und am Ende der Überhöhung der Resultate diene. Die Kategorien der Systematisierung sind verschieden, je nachdem ob es sich um die Erforschung von historischen Kommunikationsprozessen, um Quellenausschöpfung oder um Quellenselektion handelt. Den Kern seines Konzepts erwartet man vom Titel her in dem zuerst 1992 publizierten Aufsatz „Theorie der Kommunikationsgeschichte". Wir finden hier jedoch nicht „die" Theorie der Kommunikationsgeschichte, sondern das mit großer Strenge vorgetragene Postulat, dass der Forscher nie anders als mit theoretischer Fragestellung an seinen historischen Gegenstand herangehen solle.[42]

Dröge († 2003) bindet sich in seinem Theorie-Anspruch ähnlich streng, sieht aber ein Nacheinander: Die Kommunikationsgeschichte sei „begründend" für die kommunikationswissenschaftliche Theoriearbeit, sie liege vor ihr. Die „Grundbegriffe der Theorie selbst" müssten historische sein, und Theorien seien immer wieder am historischen Material zu prüfen. Dieser Ansatz wird von Burkart noch zugespitzt und mit dem Blick auf konkrete Problemfelder der kommunikationswissenschaftlichen Forschung exemplifiziert: „Die Relevanz kommunikationshistorischer Fragestellungen bemißt sich an ihrer Funktionalität für die Behandlung aktueller [!] Kommunikationsprobleme."[43]

Saxers und Dröges Ansätzen gemeinsam ist der nicht nur feuilletonistisch gemeinte Hinweis auf das „stete Altern neuer Daten". Die theoretische Einbindung der Kommunikationsgeschichte in die Kommunikationswissenschaft als ganze erscheint bei Saxer weniger integrativ: Die Hauptaufgabe der kommunikationsgeschichtlichen Forschung werde die „historische Falsifikation/Verifikation von historischen Paradigmen" sein: „komplementäre Perspektive", „gesamtdisziplinäre Vergegenwärtigung der eigenen Historizität und derjenigen des Gegenstandes".[44]

Koszyks pointierteste Stellungnahme zur Kommunikationsgeschichte klingt fast polemisch: „Der Begriff Kommunikationsgeschichte bedeutet, dass die Perspektive weg von den Medien hin auf die Rezipienten gerichtet werden soll. Das liegt im Trend der Epoche der Einschaltquoten und der Leserschaftsforschung. Leider ist dies leichter gefordert als erfüllt. Die Quellenanlage steht einer Rezipienten-Historiographie und damit der Kommunikationsgeschichte sehr hinderlich im Wege."[45] Nun meint er „weg von den Medien" nicht wörtlich, und dass es mit „hin auf die Rezipienten" allein nicht getan ist, belegen seine größeren Arbeiten zum Thema. Sein Idealtypus ist die „Sozialgeschichte der öffentlichen Kommunikation"[46]; sie solle nicht soziologisch, sondern zünftig historisch arbeiten.

Rollkas Kernbegriff ist die „vergleichende historische Kommunikationsforschung", und zwar „im Rahmen der Publizistikwissenschaft". Er sieht vier, noch zu liefernde, „Bausteine": (1) den Gesamtbereich gesellschaftlicher Kommunikation zeitübergreifend erfassen, (2) sozialgeschichtliche Zusammenhänge aufdecken, (3) interdisziplinär zusammenarbeiten und (4) die Forschung internationalisieren oder mindestens entnationalisieren.[47]

Lässt sich aus den fünf Konzepten eine Summe ziehen, etwa in dem Sinne, dass gesagt werden könnte: Wer a und b und c und ... beachtet, arbeitet kommunikationshistorisch und nicht mehr nur medienhistorisch (= „isoliert" im Sinne Lergs)? Eine Summe lässt sich m.E. noch nicht ziehen, aber folgende Gemeinsamkeiten sind erkennbar:

- Es gibt zwei Denkrichtungen: die primär kommunikationswissenschaftlich orientierten Systematiker/Theoretiker (Lerg, Dröge, Saxer) und die Sozialhistoriker (Koszyk, Rollka).[48]
- Gemeinsam ist diesen und den meisten anderen Mit-Diskutanten das Nicht-vorbeigehen-Wollen und -Können an der Sozialgeschichte und oft auch am strukturgeschichtlichen Denken. Häufig genannte Inspiratoren sind hier für die Sozialgeschichte Hans-Ulrich Wehler und – weiter zurückreichend und auf strukturgeschichtliche Anregungen bezogen – Werner Conze und Fernand Braudel bzw. die Zeitschrift „Annales".[49] Lassen sich hier Anregungen gewinnen, die einerseits von der dünnen Luft der Lergschen Abstraktionen und andererseits von Koszyks Dictum (weg vom Medium hin zum Rezipienten) zum einerseits Anschaulicheren und andererseits Umfassenderen führen?

4. Kommunikationsgeschichte als Strukturgeschichte

Die ersten Anregungen zu strukturgeschichtlichem Denken hat der Autor dieses Beitrags, Mitte der 1950er Jahre im neuhistorischen Proseminar sitzend, von Werner Conze vermittelt bekommen. Es handelte sich dabei nicht um ein theoretisches Lehrgebäude, sondern um wiederholte Hinweise, die man als Negativ-Abgrenzung zusammenfassen konnte: Geschichtsforschung und -darstellung lasse sich nicht mehr nur als „Ereignisgeschichte" und als Geschichte der großen Männer und ihrer Taten angehen. Das „Blasserwerden des Episch-Dramatischen, des Heroischen, des Persönlichen in der Geschichte", von dem Conze unter Berufung auf Johan Huizinga spricht, sieht er als Hintergrundfolie, vor der neue Notwendigkeiten heraufziehen.[50] Über einen „großen Dreischritt primärer weltgeschichtlicher Epochen" (Primitiv-Kulturen, Hochkulturen, technisch-industrielles Zeitalter), den er auch „Dreischritt der Strukturgeschichte als ... Rahmen weltgeschichtlicher Periodisierung" nennt, gelangt er zum „vornehmsten Gegenstand" der modernen Geschichte, der Erfassung und Darstellung der „Formverwandlung" (Huizinga): „Die res gestae im alten Sinne können wohl nur dann mit gutem Gewissen zum Inhalt der Forschung gemacht werden, wenn sie einen strukturgeschichtlich tragenden Grund erhalten haben, der dieser Formverwandlung voll Rechnung trägt. Fernand Braudels Mahnung, daß die histoire des événements ohne Erforschung der géo-histoire und der histoire des structures nicht zu befriedigenden Ergebnissen führen könne, ist für das Industriezeitalter noch unerläßlicher als für das 16. Jahrhundert, an dem Braudel seine Methodik erhärtet hat."[51]

Sich mit Braudel, einem der Inspiratoren der Strukturgeschichte, auseinanderzusetzen, würde im Rahmen dieses Beitrags zu weit führen. Er hat in seiner oben erwähnten Geschichte des Mittelmeeres[52] verwirklicht, was ihm unter Strukturgeschichte vorschwebte. Im zweiten Teil schreibt er die „Geschichte langsamer Rhythmen", die Geschichte der Ökonomien, Staaten, Gesellschaften, Zivilisationen, und dort liefert er auch ein Begriffspaar, das für eine strukturgeschichtlich ausgerichtete Kommunikationsgeschichte eine wichtige Anregung gibt: „Struktur und Konjunktur": „das Unbewegte und das Bewegte, das Langsame und das Schnelle. Im Alltagsleben sind diese beiden Wirklichkeiten unzertrennlich miteinander verbunden; dort herrscht ein ewiger Widerstreit zwischen dem Veränderlichen und dem Bleibenden."[53]

In der Kommunikationsgeschichte wären als Strukturen, „die sich nur langsam abnutzen", etwa Hierarchien und überhaupt Gesellschaftsordnungen zu nennen, Geheimnisträgerschaften und Öffentlichkeiten, Kommunikatoren und Rezipienten (soweit es nicht um Individuen geht), Verkehrssysteme und Grenzen, Nachrichtenerzeuger und Nachrichtenhändler, Zensoren und Befreier, Alphabetisierte und Analphabeten.

Das Begriffspaar vom „Langsamen" und „Schnellen" lässt nach anderen Dichotomien fragen, die der kommunikationshistorischen Analyse dienlich sein könnten. Arnold J. Toynbees „challenge and response" ist nicht zu hoch gegriffen, denn wie diese „Beziehung ... zwischen Herausforderung und Erwiderung" das „Entstehen und Werden, das Wachstum, den Niedergang und den Zerfall der Kulturen erklärt"[54], so taugt sie durchaus dazu, manches an „neuen" und „alten" Medien verstehbar zu machen. Inhaltlich entspricht ihr, wenn auch im verkleinerten Maßstab, das Begriffspaar „Knappheit" und „Überfluss", das, im Verlauf der erst ein Dreiviertel-Jahrhundert alten Rundfunkgeschichte erkannt, möglicherweise ein Grundmuster der jüngeren Kommunikationsgeschichte überhaupt ist. Und auch der Wechsel und Rückwechsel von Kollektivierung und Vereinzelung und wieder Kollektivierung und (möglicherweise ein weiteres Mal) Vereinzelung hilft Strukturen der Kommunikationsgeschichte erkennen. Gibt es dafür Exempel, „Strukturtypen", ungeachtet der Erkenntnis, dass die Geschichte „erfinderischer in der Hervorbringung einer Unzahl von ‚individuellen' Geschehnissen als in der Erzeugung von Strukturen" ist?[55] Gibt es vielleicht „anschauliche Abstraktionen"?[56]

5. Resultate kommunikationsgeschichtlichen Arbeitens

Einige Strukturbegriffe der Kommunikationswissenschaft sind ahistorisch. Sie entsprechen – cum grano salis – der „géohistoire" Braudels oder dem „Milieu". Frühe Systematisierungen (Walter Hagemanns Prozess-Konstellation, Aussage-Träger, Aussage, Aussage-Mittel, Aussage-Empfänger, Aussage-Wirkung [1947!] und Harold D. Lasswells „Formel", ebenfalls von 1947, die übrigens auf „rhetorische Ahnen" in der Antike zurückgehen[57]) strukturieren Kommunikationsforschung generell, und jüngere Anregungen zur Kommunikationsgeschichte greifen auf sie zurück.[58] Andere Vorschläge allgemeiner Strukturierung enthalten Momente der Entwicklung und klassifizieren damit bereits historisch, so etwa Harry Pross' ganz wichtige Unterscheidung in primäre, sekundäre und tertiäre Medien: „Wir bezeichnen die personalen Formen der Kommunikation im Primärgruppenbereich (von Angesicht zu Angesicht) als Primärmedien (Rede, Gestik, Mimik, Tanz), Sekundärmedien sollen Übermittlungstechniken heißen, die auf physikalisches Gerät angewiesen sind (Schrift, Musik, Druck, Graphik). Tertiärmedien nennen wir Transporttechniken, die zur Produktion und zum Konsum Geräte erfordern (Telegraph, Telefon, Fernschreiber, Radio, Television, Film)."[59]

Aus der historischen Abfolge von der Primärkommunikation zur medial vermittelten Kommunikation des tertiären Typs ersehen wir eine Entwicklung der „Transporttechniken". Wir nennen sie meist Medien, die verbreitungsstärksten von ihnen Massenmedien.[59a]

Sie haben sich, bei allem Respekt vor menschlicher Kreativität, nicht aufgrund individueller Erfindungen entwickelt, sondern weil im Zusammenhang mit gesellschaftlichen Entwicklungen Bedarf für ihr Eintreten in die Kommunikationsgeschichte bestand.

Wenn sie – zweitens – erst einmal da waren (und auf real existierenden Bedarf trafen), sind sie nie wieder verschwunden. Und drittens sind (neue!) Medien in immer schnellerer Abfolge entwickelt worden.

Wir können also, was in der Kommunikationswissenschaft selten vorkommt, drei gesetzesähnliche Aussagen machen:

1. Medien entstehen dann (und als dauerhafte Institutionen nur dann), wenn gesellschaftlicher Bedarf für sie erwachsen ist (*Bedarfsgesetz*).
2. Medien sterben nicht (*Unverdrängbarkeitsgesetz*).
3. Medien treten in progressiv kürzer werdenden Abständen auf die Bühne der gesellschaftlichen Kommunikation (*Beschleunigungsgesetz*).

Von „gesetzesähnlichen Aussagen" spreche ich, weil jeder dieser drei Sätze als Hypothese (und zwar in strenger Wenn-dann-Form) formuliert werden könnte und weil die Hypothesenprüfung von „der Geschichte" durchgeführt wurde, ohne dass bisher eine Falsifizierung eingetreten ist.[60]

Die eindrucksvollsten Belege zu Satz 1 liefern die Erfindung und Implementierung des Druckens mit beweglichen Buchstaben, die Johann Gutenberg zugeschrieben wird. Im 15. Jahrhundert waren Sozial- und Siedlungsstrukturen (Städte!), Wirtschaft, Administration und Wissenschaft in starker Ausdifferenzierung begriffen. Massenhafte Verschriftlichung tat not. Wenig später überforcierte die Reformation den Bedarf an Gedrucktem. Auf die *Knappheit* an Codices (Umberto Ecos Bibliothekssturm) folgte der *Überfluss* an Gedrucktem, der alsbald eine neue Ordnungspolitik (Index librorum prohibitorum 1558) provozierte. Den treffendsten Satz über das „neue Medium" hat Robert Eduard Prutz (als Kommunikationshistoriker) geschrieben: „Die Buchdruckerkunst ist erfunden worden, weil der geistige Zustand der Welt ein solches Mittel allgemeinster Mittheilung nöthig machte; nicht eine Ursache war sie, sondern eine Folge, nicht eine Veranlassung, sondern ein Instrument. ... die großen Erfindungen werden nur da gemacht, wo eine große Idee ins Leben treten will: und dann werden sie gemacht, weil sie gemacht werden müssen."[61]

Satz 2 ist eine zum Slogan vereinfachte Fassung des so genannten Rieplschen Gesetzes. Riepl spricht von einem „Grundgesetz der Entwicklung des Nachrichtenwesens, daß die einfachsten Mittel, Formen und Methoden, wenn sie nur einmal eingebürgert und brauchbar befunden worden sind, auch von den vollkommensten und höchst entwickelten niemals wieder gänzlich und dauernd verdrängt und außer Gebrauch gesetzt werden können ... Sie machen einander die einzelnen Felder dieses Gebietes streitig, finden aber in dem fortschreitenden Prozeß der Arbeitsteilung alle nebeneinander genügend Raum und Aufgaben zu ihrer Entfaltung, bemächtigen sich verlorener Gebiete wieder und erobern Neuland dazu. So ist, um nur eines zu erwähnen, die mündliche Nachricht, welche am Anfang der Entwicklungsreihe steht, durch die schriftliche und später durch die telegraphische stark zurückgedrängt, wenn auch keineswegs verdrängt worden, hat jedoch im Laufe der letzten drei Jahrzehnte mit Hilfe des Telefons gewaltige Gebiete zurückerobert, ohne ihrerseits die schriftliche oder telegraphische verdrängen, ja auch deren Tätigkeit nur wesentlich verringern zu können."[62] Das Telefon kehrt zur Zeit – in Gestalt der SMS-Nachrichten – zum Telegramm zurück.

Lerg hat diesen Befund generalisiert, systematisiert und mit einer Vier-Felder-Hypothese unter die Frage nach einer „Theorie des publizistischen Wandels" gestellt, ausgehend von der Riepl-Interpretation: „Tatsächlich kann als Konstante der Kommunikationsgeschichte gelten, daß noch niemals ein neues Medium ein älteres verdrängt hat. Ebenfalls ist kommunikationshistorisch unbestritten, daß neue Medien jeweils bestimmte publizistische Formen und Funktionen älterer Medien verändern."[63]

Satz 3 enthält eine Erkenntnis, die sich Kommunikationswissenschaftlern seit den 1970er Jahren aufdrängt, nachdem sie begonnen hatten, sich die Zeittafeln kommunikationsdienlicher Innovationen (im Sinne von Mitteln, Instrumenten, Techniken) anzuschauen.

„Neue Medien", um es einmal ganz platt zu sagen, tauchen in der Vor- und Frühgeschichte selten und in sehr weiten Abständen auf; auch im Altertum und Mittelalter bleiben sie rar, aber die Abstände zwischen den Auftritten werden kürzer. Mit dem Beginn des Industriezeitalters häufen sich die Innovationen[64] und verkürzen sich die Abstände, und zwar so sehr, dass wir am Ende des 20. Jahrhunderts alles in einen Punkt konzentriert zu sehen glauben: Alle noch vorstellbaren Kommunikationsinnovationen scheinen bereits fertig in der Schublade zu liegen. Dass und wann sie herausgeholt und implementiert werden, ist (was den Satz vom Bedarf zu widerlegen geeignet wäre) nur mehr eine Frage des Marketings. Die Prognosen der Internet-Gurus versprechen nichts weniger, als dass durch Digitalisierung und Vernetzung jegliche Kommunikation zu jeder Zeit und in kürzester Zeit an- und verknüpfbar sein werde.

Entsprechende Darstellungen der historischen Kommunikationsmittel-Entwicklung bieten sich für graphische Umsetzungen an. Ohne dass ich nach ihnen gesucht hätte, haben sich bei mir einige Entwürfe angesammelt, nachdem ich selber 1978 eine erste eigene Fassung für meine Vorlesung zur Geschichte der Publizistik entwickelt hatte.

Eine originelle Darstellungsweise wählte Wilbur Schramm mit seiner „24-hour clock for Man's Day on Earth", wobei das 24-Stunden-Zifferblatt eine Million Jahre (bis zur Gegenwart) abbildet. Das Vorhandensein menschlicher Sprache setzt er für die Zeit um das Jahr 100 000 vor Christi Geburt an, d.h. um 21.33 Uhr, die Erfindung des Schreibens für etwa 3 000 v. Chr., also um 23.52 Uhr. Alle modernen Medien, beginnend mit Gutenberg, treten erst in der letzten Minute des 24-Stunden-Tages auf. Diese letzte Minute ist, wie Abbildung 1 zeigt, so voll, dass die Anschauung verloren geht.

Mein eigener Versuch von 1978 (Abbildung 2) operierte mit der Markierung der entscheidenden Ereignisse auf einer Zeitachse von (unverkleinert) 252 Millimeter Länge (= 252 000 Jahre). Die letzten zwei Millimeter habe ich hundertfach vergrößert; „it is impossible to examine such a schedule ... without being impressed by the enormous acceleration."[65]

Drei weitere Darstellungen begnügen sich mit der Neuzeit: Claudia Mast beginnt einmal mit Gutenberg und nur auf die Drucktechnik bezogen (Abbildung 3) und ein zweites Mal (hier nicht abgebildet) mit der Telegraphie (elektrische, elektronische und AV-Medien).[66] Merten (Abbildung 4) und Prognos (Abbildung 5) setzen bei der Zeitung bzw. beim Buchdruck an.[67] Das Ergebnis ist jeweils eine Hyperbel, die asymptotisch ausläuft, also die oben behauptete gegenwärtige „Punktförmigkeit" der Innovationsdichte durch den Stillstand auf der Zeitachse anzeigt.

Zur „Punktförmigkeit" ist ein aktuelles Postscriptum fällig: Wann immer ich Abbildung 2 seit 1978 in Lehrveranstaltungen vorstellte und interpretierte, riskierte ich eine

– stets von Vorsichtsfloskeln begleitete – Prognose: Die durch immer rascheres Aufeinanderfolgen von kommunikativen Innovationen eingetretene Konzentration erlaubt zwei Perspektiven: entweder eine Tendenz zu wieder größer werdenden Innovationsschritten weg vom „Punkt" oder eine Art Implosion: *alle* Medien im Pross'schen Sinne konvergieren – jedenfalls prinzipiell – in *einem* Kommunikationsapparat (im technischen und wohl auch im soziologischen Verständnis), durch welchen letzten Endes nicht nur Ferne und Nähe, sondern auch der Unterschied zwischen Kommunikator und Rezipient aufgehoben werden.

Die prinzipielle Gleichartigkeit der graphischen Darstellungen zeigt zunächst nur Gegebenheiten, die nicht bewiesen werden müssen.

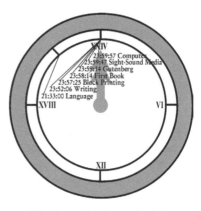

Abb. 1: „A 24-hour clock for Man's Day on Earth" (Schramm 1979/81, S. 203)

Sie bedürfen, wie ich es mit dem Postscriptum versucht habe, der Interpretation. Erst mit ihr beginnt Kommunikationsgeschichte. Klaus Merten z.B. erklärt die auffällige Punktförmigkeit in unserer Gegenwart nicht

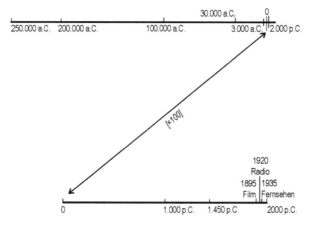

Abb. 2: Das Auftreten global wirksam gewordener Medien (Schmolke 1978)

als solche, sondern als den derzeit erreichten Höhepunkt einer „Steigerung", die sich keineswegs auf die Medien beschränke. Er bedient sich dafür einer allgemeinen Evolutionstheorie; die Beziehung zwischen einem „Evolutionspotential" und der Zeit stelle eine Evolutionsfunktion dar: „Sie besagt: Die Möglichkeiten von Kommunikation vergrößern sich evolutionär in der Zeit. Den Beweis für die Richtigkeit dieser Entwicklung kann man anhand vieler Trends von Kommunikator-, Medien-, Kommunikat- oder Rezipientenvariablen führen, z.B. anhand der Steigerung des täglichen Kommunikationsangebots, an der Zahl der Neuerscheinungen von Büchern pro Jahr, am Gewicht von Telefonbüchern oder an der Zahl verfügbarer Massenmedien."[68]

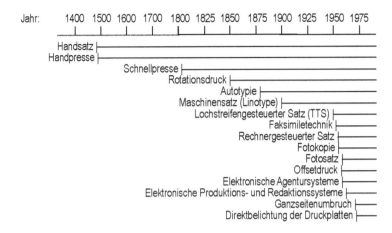

Abb. 3: Technische Innovationen in der Printkommunikation (Mast 1986, S. 21)

Friedrich A. Kittler sieht im Gefolge der Digitalisierung die Grenzen physikalischer Machbarkeit von Signalverarbeitung voraus. „An dieser absoluten Grenze wird die Geschichte der Kommunikationstechniken buchstäblich abgeschlossen. Theoretisch bleibt damit nur die Frage, welcher Logik die Vollendung gehorcht haben wird."[69] Im Unterschied zu Francis Fukuyamas missverständlichem „Ende der Geschichte" meint er es auf apokalyptische Weise ernst: „Ohne Referenz auf den oder die Menschen haben Kommunikationstechniken einander überholt, bis schließlich eine künstliche Intelligenz zur Interzeption möglicher Intelligenzen im Weltraum schreitet." Es könnte, so mutmaße ich, auch anders weitergehen: Die möglicherweise bevorstehende Generaldigitalisierung jeglicher Information eröffnet eine Phase der Beruhigung, weil sie die derzeitige Aufregung um die Beschleunigung, zu deren Entstehung die Autoren der Postmoderne nicht wenig beigetragen haben, zu beenden in der Lage wäre.

Ein zweiter Interpretationsansatz hätte die Frage zu stellen, unter welchen strukturellen Konditionen eine Innovation gerade zu „ihrer" Zeit reif für ihren Auftritt wurde. Über die Vor- und Frühgeschichte können wir nur spekulieren[70], aber schon zur Entwicklung der Schrift lässt sich die Hypothese aufstellen, dass die um 3000 v. Chr. im Alten Reich (Ägypten) notwendig werdende Verschriftlichung der Administration struk-

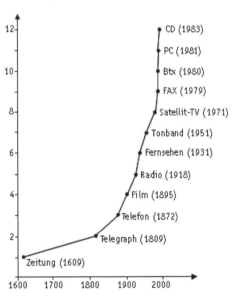

Abb. 4: Evolution der Kommunikation (Merten 1994, S. 142)

turgeschichtlich erklärbar ist und überdies folgenreich für die weitere Entwicklung im Mittelmeerraum war.[71]

Der Buchdruck war zwar „High Tech des 15. Jahrhunderts"[72], aber als solche hatte der „geistige Zustand der Welt" ihn „nöthig" gemacht; zahlreiche wesentliche Strukturen (Europas) waren in Erneuerung und Expansion begriffen, und die Reformation, also ein Ideen- oder ideologischer Kampfplatz, bezeugte die Funktionalität des neuen Mediums, das längst seine eigene Strukturen über die damals bekannte Welt erstreckt hatte.

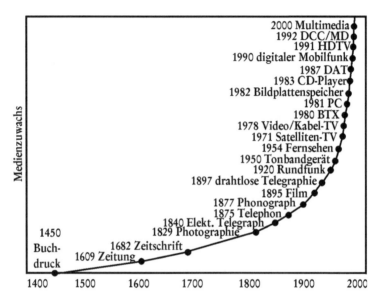

Abb. 5: Evolution der Medien 1450 – 2000 (Prognos 1995, S. 77)

Als aus Aufklärung und Französischer Revolution die Öffentliche Meinung als eine zunächst nicht medienfixierte neue politische Struktur hervorgegangen war, folgte prompt die Erhöhung der technischen Kapazitäten in der Medienproduktion (Schnellpresse, Lithographie) und im Nachrichtenverkehr (elektrische Telegraphie). Das ging mit überraschender Geschwindigkeit vor sich, die nur dann verständlich wird, wenn man den mit Napoleons Niedergang einsetzenden Sprung der industriellen Revolution von England auf den Kontinent in Rechnung stellt. (Preußen baute noch ab 1832 neue optische Telegraphen-Linien, die ab 1840 obsolet wurden.[73])

Die Frage nach den strukturellen Konditionen, unter denen es in ziemlich genau abgrenzbaren Zeitabschnitten – manche von ihnen weniger als zehn Jahre kurz – zur Implementation neuer „Medien" kam, könnte auch zur Lösung des Periodisierungsproblems genutzt werden, das die Historiker in großen und die Strukturhistoriker in besonderen Maßstäben beschäftigt.[74] Die Periodengrenzen der Kommunikationsgeschichte werden nicht immer mit jenen der allgemeinen Geschichte übereinstimmen. Für das 50-Jahres-Umfeld der Französischen Revolution ist Übereinstimmung gegeben, aber schon die Frage, ob Gutenbergs Erfindung sicherer Indikator für das Ende des

„mittleren Zeitalters" war oder Vorbereiter der Neuen Zeit, ist nicht zu beantworten, ehe die Historiker ihre Frage nach einer Grenze zwischen Mittelalter und Neuzeit (ob überhaupt und, wenn ja, wann) entschlossen beantwortet haben.

Was sind entscheidende Epochen-Indikatoren in der Kommunikationsgeschichte?[75] Schramm nennt die Sprache „man's greatest intellectual achievement" und die Schrift „his greatest invention".[76] Kittler sieht in der Unterwerfung der Kommunikationstechnik unter den physikalischen Frequenzbegriff eine „Zäsur, die wohl nur an der Schrifterfindung ihresgleichen hatte", während er „Gutenbergs Erfindung" geringer wertet („wohl keine Revolution"). Die Digitaltechnik sieht er als das „Ende des Alphabets", also aus seiner Sicht wohl als eine Periodenschwelle kurz vor dem Ende aller Perioden.[77]

Sehr skeptisch beurteilt Lerg – wie oben berichtet – die Periodisierungskompetenz der Kommunikationsgeschichte. Weniger pessimistisch sage ich, dass konsistente Epochalisierungen der Kommunikationsgeschichte innerhalb der Disziplin noch nicht ernsthaft diskutiert worden sind, sodass vorerst jeder Hinweis dazu als marginal abgetan wird – dass es aber durchaus Merkmale gibt, deren jeweils gemeinsames Auftreten es rechtfertigt, von einem Periodenabschnitt zu sprechen. Dafür halte ich z.B. die Entstehung der Schrift im vorderen Orient, und zwar vornehmlich im alten Ägypten, weil sie nicht nur „erfunden" wurde, sondern die „Verschriftlichung" von Religion (Kult) und Verwaltung einleitete und von Anfang an auch die umfassende Speicherung von Gedachtem ermöglichte: Das Reich zerfiel, eine Epoche begann, und zwar am Ende für die ganze Welt.[78]

Ebenfalls epochemachend war Gutenbergs Zusammenstellung von allerlei vorhandenen Kenntnissen und Werkzeugen zum System der Typographie. Nicht nur die (prinzipiell unbegrenzte) Reproduzierbarkeit und Disponibilität des neuen Mediums Druckwerk, sondern auch Serienfertigung und Arbeitsteilung wurden miterfunden. Die Auswirkungen waren binnen erstaunlich kurzer Zeit global.

Die „Öffentliche Meinung" ist weder Produktions- noch Informationstechnik; sie ist auch nicht erfunden worden und, wie Noelle-Neumann aufgezeigt hat, schon gar nicht in der Französischen Revolution. Dennoch erwies sich das so bezeichnete Denk- und Kommunikationsmuster als eine weltverändernde Novität, weil es im Zusammenhang mit den Ereignissen der Französischen Revolution das Mitreden-Können der Untertanen und die Funktion von Medien in diesem Zusammenhang zu erklären schien: eine kommunikationsgeschichtliche Epochengrenze ohne „neues Medium".

Aus jüngster Zeit besitzen Drahtlosigkeit der Übermittlung und Digitalisierung sowie Vernetzung der Information alle Merkmale des Epoche-Machenden. Wie sie die Welt verändert haben und noch verändern, erleben wir mit.

6. Ausblick

Langenbuchers Beitrag zur Rundfrage 1987 von „Medien und Zeit" bekam auf der Titelseite die verkürzte Überschrift verpasst: „Kommunikationsgeschichte endlich schreiben!" Das klang erfrischend, wurde aber schon damals der Situation nicht gerecht. Denn kommunikationsgeschichtlich gearbeitet und geschrieben wurde lange vor der Erfindung des Begriffs, der m.E. eher eine Arbeitsweise als eine Teil-Disziplin bezeichnet.

Kommunikationsgeschichtliches Denken finde ich bei Robert Prutz, und zwar nicht nur im Aufsatz über die Unterhaltungsliteratur der Deutschen[79], sondern auch im ersten Kapitel der Einleitung zur Geschichte des deutschen Journalismus: „Die ganze Geschichte", so schreibt er, „drohte sich aufzulösen in Biographien und Specialgeschichten: und man mußte zum Wenigsten ein regierender Herr, ein Fürst, ein Feldherr sein, man mußte eine Schlacht gewonnen, eine Stadt erobert, einen Friedensschluß unterzeichnet haben, um hoffähig zu werden bei den Geschichtschreibern der alten Zeit. Die eigentlichen Zustände des Volks dagegen, das, was eigentlich seine Geschichte bildet, die Entwicklung also seiner inneren Verhältnisse, die Ausbildung seiner Nationalität, seines Rechts, seiner Sitten und Gesetze, blieben entweder völlig unberührt: oder mit ekler Geringschätzung überließ man sie den Antiquitätensammlern ..." Und: „Im Journalismus ... liegen die geheimsten Nerven, die verborgensten Adern unsrer Zeit sichtbar zu Tage. Wir treten, indem wir uns in die vergelbten Jahrgänge alter Zeitungen vertiefen, wie in eine Todtenstadt, ein anderes Pompeji, in welchem wir ein längst entschwundenes Geschlecht plötzlich, als ob wir das Rad der Zeit zurückbewegen könnten, in der ganzen Unmittelbarkeit seines täglichen Daseins, im Innersten seiner häuslichen Zustände überraschen."[80]

Kommunikationsgeschichtlich lesen kann ich so manches Kapitel in Karl Knies' Buch vom Telegraphen als Verkehrsmittel oder in Wilhelm Bauers Weltgeschichte der öffentlichen Meinung. Jürgen Habermas' „Strukturwandel der Öffentlichkeit" ist in weiten Teilen – nicht wegen, sondern mit seinem Titel – auch Strukturgeschichte. Nie berühmt geworden, aber kommunikationsgeschichtlich wichtig ist Hans-Friedrich Meyers Dissertation über „Zeitungspreise in Deutschland im 19. Jahrhundert".[81] Aus jüngster Zeit sind Michael Giesekes „Buchdruck in der frühen Neuzeit" zu nennen, Klaus Mertens hier mehrfach erwähnter Evolutionsaufsatz und auch Thomas Steinmaurers Dissertation „Zur Theorie und Geschichte des Fernsehempfangs"[82], in welcher er politische und soziale Realsituationen nicht nur mit Raymond Williams „mobiler Privatisierung", sondern auch mit den technisch betonten TV-Implementationswellen konfrontiert. Ebenfalls jungen Datums ist Rudolf Stöbers unter dem Titel „Die erfolgverführte Nation" publizierte Habilitationsschrift, die auf der Grundlage einer Kommunikationshistorik die Multidimensionalität kommunikationshistorischer Forschung exemplarisch demonstriert.[83]

In Umkehrung eines Werbeslogans lässt sich sagen, dass eher dort, wo nicht Kommunikationsgeschichte draufsteht, Kommunikationsgeschichte enthalten sein kann. Auch jene Teil-Disziplinen, die sich abgrenzend „Medienwissenschaften" nennen, schreiben inzwischen Kommunikationsgeschichte. Zwar scheint ihnen der Begriff Unbehagen zu bereiten, und so kehren sie gern und immer wieder zur „Mediengeschichte" zurück. Auch gibt es verschiedene Grade der Annäherung. Knut Hickethier hat die „Notwendigkeit" genau erkannt; sie bestehe darin, „Zusammenhänge in der Geschichte zu denken, die historischen Prozesse auch danach zu sichten, wie die aus der Wechselwirkung einzelner Faktoren resultierenden mediengeschichtlichen Veränderungen zustande kamen".[84]

Andere wollen Sonderwege gehen. Friedrich Kittler greift hoch, wenn er seine „Geschichte der Kommunikationstechniken" einen „ersten [!] Versuch" nennt, „über die Geschichte der Kommunikationstechniken ... im ganzen und allgemeinen zu sprechen".[85]

Aber er schafft es, unter Ausklammerung nahezu aller publizistikwissenschaftlicher Fachliteratur auch eine Kommunikationsgeschichte zu schreiben, die dort, wo er zum inneren Kern seines Themas kommt (Digitaltechnik), Dichte gewinnt. Sein Vorhaben, zum „Entwurf einer historischen Medienwissenschaft" zu gelangen, führt jedoch in genau jene Isolierung zurück, die Lerg mit seiner Formel von 1977 verbannt wissen wollte.

Deshalb sei zum Schluss auf einen verwiesen, der Kommunikationsgeschichte „endlich schreibt", und zwar nicht nur, weil es ihm, dem Historiker vom Fach, so gerät, sondern durchaus bewusst. Jörg Requate hat an den Anfang seiner umfassenden Studie über „Journalismus als Beruf" „Überlegungen zu einem theoretischen Gerüst" gestellt und findet sich mit seiner Aufgabe in drei Forschungszusammenhängen wieder: in der Professionalisierungsforschung, im Problem des Strukturwandels der Öffentlichkeit und „wohl auch im Rahmen einer sich bislang nur sehr unscharf abzeichnenden ‚Kommunikationsgeschichte'".[86] Er erkennt die der Kommunikationsgeschichte von kommunikationswissenschaftlicher Seite aufgebürdete Theorieverpflichtung sehr genau, indem er die Widersprüchlichkeit der „aktuellen Theorien zur Massenkommunikation" anspricht (und also – m.E. mit Recht – ihren theoretischen Wert in Frage stellt); er hält sie jedoch besonders deshalb für problematisch in Bezug auf historische Anwendung, weil die Theorien „anhand der Massenkommunikationsmittel des 20. Jahrhunderts" entwickelt wurden.

In summa sieht er in allen drei genannten Forschungszusammenhängen „Ansätze für die Untersuchung der Sozial- und Berufsgeschichte der Journalisten", jeder sei für sich allein nicht tragfähig. Wie lassen sie sich verbinden?[87] Mit dieser Frage sind wir mitten in der Kommunikationsgeschichte, und die auf die Frage folgende These (verkürzt: von der politischen Artikulation nicht-expertischer „Aktivbürger" zur Ausdifferenzierung eines autonomen Berufs) verbindet sozial- und strukturgeschichtliche Aspekte. Die Durchführung weiß sie auf die Basis exakter Datenerhebung[88] zu stellen, und aus der Interpretation entsteht ein exemplarisches Stück Kommunikationsgeschichte.

ANMERKUNGEN

[1] Lynn Hunt: Geschichte jenseits von Gesellschaftstheorie. In: Christoph Conrad/Meinrad Kessel (Hrsg.): Geschichte schreiben in der Postmoderne. Stuttgart 1994, S. 98–122, hier 98. Zur speziellen Theoriefrage der Kommunikationsgeschichte vgl. Rudolf Stöber: Die erfolgverführte Nation. Deutschlands öffentliche Stimmungen 1866 bis 1945. Stuttgart 1998, S. 1–9.

[2] Vgl. Oswald Spengler: Der Untergang des Abendlandes. Umriss einer Morphologie der Weltgeschichte. 2 Bde., München 1979 (Erstveröffentlichung 1918 bzw. 1922).

[3] Hans Erich Stier: Grundlagen und Sinn der griechischen Geschichte. Stuttgart o.J., S. 317 (Neudruck nach der Erstauflage 1945).

[4] Karl-Georg Faber: Theorie der Geschichtswissenschaft. München 1971, S. 22 und 45f.

[5] Henk Prakke: Vom Sinn der Publizistik. Assen 1965, S. 21.

[6] Vgl. Roland Burkart: Kommunikationswissenschaft. 3. Aufl. Wien, Köln, Weimar 1998, S. 129; Jürgen Wilke: Entwicklungsstufen und Determinanten der Kommunikationsgeschichte. In: Geschichte in Wissenschaft und Unterricht, 53. Jg. 2002, S. 410–423; Henk Prakke: Zur Frage der Urpublizistik. Assen 1964.

[7] Wilke: a.a.O., S. 414.

[8] Zu axiomatischen Grundsätzen in geschichtswissenschaftlichen Theorien vgl. Kurt Hübner: Erkenntnistheoretische Fragen der Geschichtswissenschaften. In: Eberhard Jäckel/Ernst Weymar (Hrsg.): Die Funktion der Geschichte in unserer Zeit. Stuttgart 1975, S. 41–58, hier 47–49.

[9] Winfried B. Lerg: Theorie der Kommunikationsgeschichte. In: Roland Burkart/Walter Hömberg (Hrsg.): Kommunikationstheorien. Ein Textbuch zur Einführung. 2. Aufl. Wien 1995, S. 204–229, hier 227.

[10] Es handelt sich hier selbstverständlich nicht um Hypothesenprüfung im strengen Sinne, insbesondere deshalb nicht, weil die Variablen nicht vom Experimentator definiert, sondern von ihm allenfalls beobachtet werden können. Stöber (siehe Anm. 1, S. 5) argumentiert mit Karl Popper: „Es ist nicht möglich, eine Theorie aus Beobachtungssätzen abzuleiten. Aber das berührt nicht die Möglichkeit, ‚eine Theorie durch Beobachtungssätze zu widerlegen'."

[11] Zum hier verwendeten Medienbegriff vgl. Michael Schmolke: Medien-Institutionen. In: Arnulf Kutsch/Rudolf Stöber (Hrsg.): Einführung in die Kommunikationsgeschichte (im Druck).

[12] Lerg: a.a.O. (Anm. 9), S. 225.

[13] Vgl. Werner Faulstich: Das Medium als Kult. Göttingen 1997 (= Bd. 1 der auf 6 Bände angelegten „Geschichte der Medien"), S. 9–17.

[14] Zum Komplex „Entwicklungsstufen und Determinanten" vgl. Wilke: a.a.O. (Anm. 6), S. 412.

[15] Zweifellos müssen – für das Altertum – auch das Aufkommen von Sprache und Schrift als „epochemachend" eingestuft werden. Aber im ersten Fall ist die Analyse des Determinantenfeldes allenfalls spekulativ möglich, im zweiten Fall (Schrift) kenne ich zwar Determinanten, bin aber mit den Quellen nicht so gut vertraut, dass ich mir ein Urteil erlaube.

[16] Als Begriff seit dem Ende des 16. Jahrhunderts bekannt, wird die Öffentliche Meinung erst mit der Französischen Revolution zur allgemein respektierten Kraft. Vgl. Elisabeth Noelle-Neumann: Die Schweigespirale. Öffentliche Meinung – unsere soziale Haut. 2. Aufl. Frankfurt am Main, Wien, Berlin 1980, S. II.

[17] Einen sehr knappen Überblick bieten Sydney W. Head und Mitarbeiter in den Abschnitten 1.2 (Wire Communication) und 1.3 (Invention of Wireless Services) ihres Buches „Broadcasting in America", 7. Aufl. Boston, Toronto 1994. – Noch kürzer: Maxwell lieferte die Theorie der elektromagnetischen Wellen (1873), Hertz wies im physikalischen Experiment ihre Existenz nach (1888) und Marconi nutzte sie für die drahtlose Telegraphie/Telephonie. Zu Hertz siehe Albrecht Fölsing: Heinrich Hertz: eine Biographie. Hamburg 1997.

[18] Lerg: a.a.O. (Anm. 9), S. 225.

[19] Vorzüglich drucken konnte man in Korea bereits im 11. Jahrhundert; aber es fehlte am gesellschaftlichen Bedarf, und so ist Gutenberg als „Erfinder" in die Geschichte eingegangen. Vgl. dazu Michael Schmolke: Religionskommunikation durch Medien. In: Ulrich Saxer (Hrsg.): Medien-Kulturkommunikation. Wiesbaden 1998 (=Publizistik Sonderheft 2/1998), S. 199–214, hier 205.

[20] Eisenstein spricht von Kulturrevolutionen, Giesecke von Medienrevolutionen. Dazu Elizabeth L. Eisenstein: Die Druckerpresse. Kulturrevolutionen im frühen modernen Europa. Wien, New York 1997; Michael Giesecke: Der Buchdruck in der frühen Neuzeit. Frankfurt am Main 1991, S. 34. – Vgl. auch Sven Hanuschek et al. (Hrsg.): Die Struktur medialer Revolutionen. Frankfurt am Main 2000 und Michael North (Hrsg.): Kommunikationsrevolutionen. Die neuen Medien im 16. und 19. Jahrhundert. 2. Aufl. Köln, Weimar, Wien 2001.

[21] Die Zeitschrift „Medien und Zeit" veranstaltete 1987 bzw. 1992 zwei Rundfragen zum Thema Kommunikationsgeschichte: Rundfrage 1987 „Welche Zukunft hat die Kommunikationsgeschichte?" = Medien & Zeit, 2. Jg. 1987, Heft 3 (Antworten von Ulrich Saxer, Jürgen Wilke, Michael Schmolke, Kurt Koszyk, Walter Hömberg, Bodo Rollka).

Rundfrage 1992 „Neue Positionen zur Kommunikationsgeschichte" = Medien & Zeit, 7. Jg. 1992, Teil 1 = Heft 2, Teil 2 = Heft 3 (Beiträge von Verena Blaum, Gerhard Botz, Wolfgang Donsbach/Bettina Klett, Franz Dröge, Hans Heinz Fabris, Hanno Hardt, Joan Hemels, Knut Hickethier, Hans-Dieter Kübler, Wolfgang R. Langenbucher, Peter Malina, Horst Pöttker, Holger Rust, Winfried Schulz, Jürgen Wilke).

Zitate aus diesen Rundfragen werden im Folgenden nur mit „Rundfrage + Jahreszahl" und ggf. Seitenangabe belegt. – Hier: Rundfrage 1987, S. 5.

[22] Winfried B. Lerg: Pressegeschichte oder Kommunikationsgeschichte? In: Presse und Geschichte [I]. München 1977, S. 9–24, hier 22. – Eine frühere Fassung der folgenden Teile meines

Beitrags ist erschienen in Rudi Renger/Gabriele Siegert (Hrsg.): Kommunikationswelten. Wissenschaftliche Perspektiven zur Medien- und Informationsgesellschaft. 2. Aufl. Innsbruck, Wien 1999, S. 19–44.

[23] Historiker vom Fach kommen mir leicht auf die Spur: Ich mache Anleihen bei Fernand Braudel: Das Mittelmeer und die mediterrane Welt in der Epoche Philipps II. 2 Bde., Frankfurt am Main 1990 (Erstveröffentlichung 1949).

[24] Vgl. Bernd Sösemann: Einführende Bemerkungen zur Erforschung der Geschichte der Medien und der öffentlichen Kommunikation in Preußen. In: derselbe (Hrsg.): Kommunikation und Medien in Preußen vom 16. bis zum 19. Jahrhundert. Stuttgart 2002, S. 9–21, hier 10, Anm. 4.

[25] Dazu macht Sösemann (ebd., S. 13) einen konkreten Vorschlag: „Untersuchungen auf dem Gebiet der ‚Geschichte der öffentlichen Kommunikation' sollten
- den Prinzipien einer systematischen (kritischen) Quelleninterpretation folgen;
- kulturhistorisch akzentuiert sowie mit sozial-, mentalitäts- und alltagsgeschichtlichen Fragestellungen eng verknüpft sein;
- multiperspektivisch angelegt und zumindest die allgemeinen (historischen) Situationen und die speziellen Rahmenbedingungen, die Strukturen der Öffentlichkeit, Initiatoren, Kommunikatoren, Medien, Adressaten, Publika, Rezipienten, Motive, Stimmungen und Erwartungen, intendierte und realisierte Ziele und Wirkungen in angemessener Form und im nötigen Umfang berücksichtigen;
- ereignis-, biographie- und strukturgeschichtliche Elemente im historischen Prozeß so miteinander verbinden, dass sie die Grundlage für vergleichende, transnationale und interdisziplinäre Bearbeitungen bieten; und
- in der Analyse rezeptions- und wirkungsgeschichtlicher Fragen den ‚Medienverbund' und das Zusammenwirken der Medien mit behandeln."

[26] Kurt Koszyk/Karl Hugo Pruys: Handbuch der Massenkommunikation. München 1981; Elisabeth Noelle-Neumann/Winfried Schulz/Jürgen Wilke (Hrsg.): Publizistik Massenkommunikation. Frankfurt am Main 1994.

[27] Lerg: a.a.O. (Anm. 22)

[28] John D. Stevens/Hazel Dicken Garcia: Communication History. Beverly Hills, London 1980.

[29] Als Beispiel Franz W. Dröge: Der zerredete Widerstand. Soziologie und Publizistik des Gerüchts im 2. Weltkrieg. Düsseldorf 1970.

[30] Presse und Geschichte [I]: Beiträge zur historischen Kommunikationsforschung. Referate einer internationalen Fachkonferenz der Deutschen Forschungsgemeinschaft und der Deutschen Presseforschung/Universität Bremen 5.–8. Oktober 1976 in Bremen. München 1977.

[31] Vgl. Michael Schmolke: Zeitungswissenschaft, Publizistik, Kommunikationswissenschaft. Die Entfaltung des Lehrangebots an den Universitäten Wien und Salzburg 1948–1978. In: Österreichisches Jahrbuch für Kommunikationswissenschaft 1/1979, S. 17–34.

[32] Manfred Bobrowsky/Wolfgang R. Langenbucher (Hrsg.): Wege zur Kommunikationsgeschichte. München 1987.

[33] Wilke: Rundfrage 1992, S. 24.

[34] Rundfrage 1987, S. 13–16.

[35] Wolfgang R. Langenbucher (Hrsg.): Paul F. Lazarsfeld. Die Wiener Tradition der empirischen Sozial- und Kommunikationsforschung. München 1990.

[36] Walter Hömberg/Michael Schmolke (Hrsg.): Zeit, Raum, Kommunikation. München 1992.

[37] Wolfgang Duchkowitsch (Hrsg.): Mediengeschichte, Forschung und Praxis. Wien, Köln, Graz 1985 und Wolfgang Duchkowitsch/Hannes Haas/Klaus Lojka (Hrsg.): Kreativität aus der Krise. Konzepte zur gesellschaftlichen Kommunikation. Wien 1991.

[38] Manfred Bobrowsky/Wolfgang Duchkowitsch/Hannes Haas (Hrsg.): Medien- und Kommunikationsgeschichte. Ein Textbuch zur Einführung, Wien 1987.

[39] Die erste Auflage ist 1992 erschienen.

[40] Der erste Band der Reihe, „Kirche im Aufbruch" von Jürgen Schulz (Berlin 1994), ist ein Stück Kommunikationsgeschichte des Berliner Katholizismus, geschrieben als Struktur- und Prozessgeschichte.

[41] Holger Böning/Arnulf Kutsch/Rudolf Stöber: Vorwort. In: Jahrbuch für Kommunikationsgeschichte, 1/1999, S. Vf.

[42] Lerg (siehe Anm. 9) schlägt vier Felder vor: Systemtheorien, Verhaltenstheorien, Handlungstheorien und Rahmentheorien.

[43] Dröge: Rundfrage 1992, sowie Roland Burkart: Kommunikationstheorie und Kommunikationsgeschichte. In: Bobrowsky/Langenbucher a.a.O. (siehe Anm. 32), S. 58–70, hier 59.

[44] Rundfrage 1987, S. 3. – Bei Dröge heißt es: „Empirische Kommunikationsforschung ist deshalb im strengen Sinne zum Zeitpunkt ihres Abschlusses nichts weiter als eine historische Untersuchung" (Rundfrage 1992, 2/S.12).

[45] Rundfrage 1987, S. 7

[46] Kurt Koszyk: Probleme einer Sozialgeschichte der öffentlichen Kommunikation. In: Presse und Geschichte [I]. München 1977, S. 25–34.

[47] Bodo Rollka: Perspektiven einer vergleichenden historischen Kommunikationsforschung und ihre Lokalisierung im Rahmen der Publizistikwissenschaft. In: Presse und Geschichte II. Neue Beiträge zur historischen Kommunikationsforschung. München u.a. 1987, S. 413–425, hier 413 und 416–418.

[48] Ich weise hier nochmals hin, dass meine Autoren-Auswahl ziemlich willkürlich ist, begründet durch die Profilierung der Stellungnahmen, und dass sie kein Werturteil darstellt.

[49] Ausführlicher dazu Wolfgang Duchkowitsch: Mediengeschichte vor neuen Einsichten. In: Bobrowsky/Duchkowitsch/Haas: a.a.O. (siehe Anm. 38), S. 23–28.

[50] Werner Conze: Die Strukturgeschichte des technisch-industriellen Zeitalters. In: derselbe: Gesellschaft – Staat – Nation. Gesammelte Aufsätze. Stuttgart 1992, S. 66–94, hier 66f. (Erstveröffentlichung 1957).

[51] Ebd., S. 76.

[52] Siehe Anm. 23.

[53] Braudel: a.a.O. (vgl. Anm. 23), Bd. II, S. 15.

[54] Alfred Stern: Geschichtsphilosophie und Wertproblem. München, Basel 1967, S. 74.

[55] Theodor Schieder: Der Typus in der Geschichtswissenschaft. In: derselbe: Staat und Gesellschaft im Wandel unserer Zeit. München 1958, S. 172–187, hier 182.

[56] Otto Hintze: Wesen und Verbreitung des Feudalismus. In: derselbe: Staat und Verfassung. 2. Aufl. Göttingen 1962, S. 84–119, hier 85 (Erstveröffentlichung 1929).

[57] Vgl. Henk Prakke: Die Lasswell-Formel und ihre rhetorischen Ahnen. In: Publizistik, 10. Jg. 1965, S. 285–291.

[58] Vgl. Lerg: Pressegeschichte (siehe Anm. 22) und Lerg: Theorie (siehe Anm. 9).

[59] Harry Pross: Publizistik. Thesen zu einem Grundcolloquium. Neuwied, Berlin 1970, S. 129. – Später, in „Medienforschung" (Darmstadt o.J.) hat Pross es einprägsamer formuliert. Primäre Medien: Kein Gerät erforderlich; sekundäre Medien: Der Kommunikator braucht ein Gerät; tertiäre Medien: Kommunikatoren und Rezipienten brauchen Geräte (S. 127–262).

[59a] Was den Medienbegriff angeht, teile ich Roland Burkarts Auffassung, wonach es nicht genügt, technische Innovationen bzw. deren Etablierung („kommunikative Infrastruktur") zum „Medium" zu erklären, sondern dass ein publizistisches Medium erst gegeben ist, wenn es sich als Organisation manifestiert und in der Gesellschaft als Institution funktioniert. Vgl. Roland Burkart: Was ist eigentlich ein „Medium"? In: Michael Latzer et al. (Hrsg.): Die Zukunft der Kommunikation. Innsbruck 1999, S. 61–71.

[60] Die Begriffe Gesetz und Theorie benutze ich für sozialwissenschaftliche Sätze nur mit großer Zurückhaltung – allenfalls nur dann, wenn es sich um vielfach geprüfte und in der Prüfung bewährte Hypothesen handelt. Deshalb wäre ich auch im hier gegebenen Fall mit dem schönen Ausdruck „‚Fünf-Sterne'-Feststellung" zufrieden, den wir Alemann/Tönnesmann verdanken. Vgl. Ulrich von Alemann/Wolfgang Tönnesmann: Grundriß: Methoden in der Politikwissenschaft. In: Ulrich Alemann (Hrsg.): Politikwissenschaftliche Methoden. Opladen 1995, S. 17–140.

[61] Robert E. Prutz: Über die Unterhaltungsliteratur, insbesondere der Deutschen. In: Literarhistorisches Taschenbuch [Hannover], 3. Jg. 1845, S. 433–454, hier 438. (Nachgedruckt in der von Bernd Hüppauf hrsg. Sammlung: Robert Prutz: Schriften zur Literatur und Politik. Tübingen 1973.)

⁶² Wolfgang Riepl: Das Nachrichtenwesen des Altertums. Mit besonderer Rücksicht auf die Römer. Leipzig, Berlin 1913; Faksimile-Nachdruck Hildesheim, New York 1972, S. 5.

⁶³ Winfried B. Lerg: Verdrängen oder ergänzen die Medien einander? In: Publizistik, 26. Jg. 1981, S. 193–201, hier 193.

⁶⁴ Das trifft für Technik und Wirtschaft generell zu; wir beobachten den Sektor Kommunikation, und er liefert gutes, weil deutlich umrissenes Anschauungsmaterial. Zu „neuen Medien" in alter Zeit vgl. Michael North (Hrsg.): Kommunikationsrevolutionen. Die neuen Medien des 16. und 19. Jahrhunderts. Köln, Weimar, Wien 1995.

⁶⁵ Wilbur Schramm: What is a long time? In: Mass Communication Review Yearbook, Bd. 2, 1981, S. 202–206, hier 205 (Erstveröffentlichung 1979).

⁶⁶ Claudia Mast: Was leisten die Medien? Funktionaler Strukturwandel in den Kommunikationssystemen, Osnabrück 1986, S. 21 und 30.

⁶⁷ Klaus Merten: Evolution der Kommunikation. In: Klaus Merten/Siegfried J. Schmidt/Siegfried Weischenberg (Hrsg.): Die Wirklichkeit der Medien. Opladen 1994, S. 141–162, hier 142, sowie Prognos AG: Digitales Fernsehen – Marktchancen und ordnungspolitischer Regelungsbedarf. München 1995, S. 77.

⁶⁸ Merten: a.a.O. (siehe Anm. 67), S. 142; vgl. auch S. 153.

⁶⁹ Friedrich A. Kittler: Geschichte der Kommunikationsmedien. In: Jörg Müller/Alois Martin Müller (Hrsg.): Raum und Verfahren: Interventionen. Basel, Frankfurt am Main 1993, S. 169–188, hier 188.

⁷⁰ Prakke: Urpublizistik (siehe Anm. 6).

⁷¹ Vgl. Wolfgang Schenkel: Wozu die Ägypter die Schrift brauchten. In: Aleida Assmann/Jan Assmann/Christof Hardmeier (Hrsg.): Schrift und Gedächtnis. 2. Aufl. München 1993, S. 45–63.

⁷² Giesecke: a.a.O. (siehe Anm. 20), S. 6.

⁷³ Vgl. Horst Drogge: Die Entwicklung der optischen Telegrafie in Preußen und ihre Wegbereiter. In: Archiv für deutsche Postgeschichte, Heft 2/1982, S. 5–26.

⁷⁴ Vgl. Conze: a.a.O. (siehe Anm. 50), S. 70.

⁷⁵ Vgl. dazu Kapitel 2.

⁷⁶ Schramm: a.a.O. (siehe Anm. 65), S. 204.

⁷⁷ Kittler: a.a.O. (siehe Anm. 69), S. 183, 177 und 187.

⁷⁸ Vgl. Eberhard Otto: Ägypten. Der Weg des Pharaonenreiches. 3. Aufl. Stuttgart 1953, S. 35f.

⁷⁹ Prutz: a.a.O. (siehe Anm. 61).

⁸⁰ Robert E. Prutz: Geschichte des deutschen Journalismus. Erster [einziger] Teil. Hannover 1845; Faksimile-Nachdruck Göttingen 1971, S. 2 und 7.

⁸¹ Hans-Friedrich Meyer: Zeitungspreise in Deutschland im 19. Jahrhundert und ihre gesellschaftliche Bedeutung. Phil. Diss. Münster 1969.

⁸² Thomas Steinmaurer: Tele-Visionen. Zur Theorie und Geschichte des Fernsehempfangs. Innsbruck, Wien 1999.

⁸³ Stöber: a.a. O. (siehe Anm. 1).

⁸⁴ Rundfrage 1992, S. 27.

⁸⁵ Kittler: a.a.O. (siehe Anm. 69), S. 169. „Entwurf deshalb, weil die Medienwissenschaft ein junges Forschungsfeld ist, das es ohne den Siegeszug moderner Informationstechnologien gar nicht geben würde."

⁸⁶ Jörg Requate: Journalismus als Beruf, Entstehung und Entwicklung des Journalismus im 19. Jahrhundert. Deutschland im internationalen Vergleich. Göttingen 1995, S. 15.

⁸⁷ Ebd., S. 23.

⁸⁸ Das gilt allgemein: Ohne sorgfältig recherchierte Daten- und Faktengeschichte keine Kommunikationsgeschichte. In diesem Sinne haben in jüngerer Zeit wertvolle Beiträge geleistet: Jürgen Wilke: Grundzüge der Medien- und Kommunikationsgeschichte. Von den Anfängen bis ins 20. Jahrhundert. Köln, Weimar, Wien 2000; derselbe (Hrsg.): Mediengeschichte der Bundesrepublik Deutschland. Köln, Weimar, Wien 1999; Rudolf Stöber: Deutsche Pressegeschichte. Einführung, Systematik, Glossar. Konstanz 2000.

2.7. Neue Kommunikationsräume

Roland Burkart/Walter Hömberg

Elektronisch mediatisierte Gemeinschaftskommunikation
Eine Herausforderung für die kommunikationswissenschaftliche Modellbildung

Immer wenn ein neues Medium auf die Welt kommt, entsteht sogleich eine scharfe Prognose-Front: Auf der einen Seite die Apologeten, die die Zukunftschancen beschwören, die kulturellen oder ökonomischen Vorteile, den Nutzen für jeden Einzelnen – auf der anderen Seite die Apokalyptiker, die vor allem die gesellschaftlichen Folgen ins Visier nehmen und vor Kulturverfall, Desintegration, rückläufigen Sozialbeziehungen warnen.[1]

Während bei der Einführung des Kabel- und Satellitenfernsehens vor zwei Jahrzehnten die skeptischen Stimmen überwogen, sind heute die euphorischen Stimmen in der Überzahl. Angesichts der Multimedia-Entwicklung haben Trendpropheten bereits die ersten Todesanzeigen für die klassischen Massenmedien formuliert: „Die Zeit der Massenmedien ist vorbei. Sowohl in der Medientheorie wie auch in der praktischen Realität."[2]

Auch wenn solche Aussagen viel zu pauschal sind – eine Herausforderung für die theoretische Reflexion und Diskussion stellen die neuesten der „Neuen Medien" allemal dar. Der folgende Beitrag fragt nach den Konsequenzen der aktuellen Entwicklungen für die kommunikationswissenschaftliche Modellbildung.

Kommunikationsmodelle verallgemeinern konkrete Ereignisabläufe und heben die als wesentlich erachteten Faktoren eines Prozesses hervor. Die wichtigsten Leistungen eines Modells bestehen darin, Einzelaspekte in einen Gesamtzusammenhang zu integrieren (Organisationsfunktion) und dadurch zu neuen Einsichten zu verhelfen (heuristische Funktion). Weil ein Modell per definitionem niemals alle Merkmale der Realität erfassen kann, impliziert es in der Regel auch eine theoretische Perspektive, d.h. eine bestimmte Sichtweise, aus der heraus der Modellkonstrukteur die Wirklichkeit betrachtet.

Ausgangspunkt unserer Überlegungen ist das „Feldschema der Massenkommunikation" von Gerhard Maletzke.[3] Dieses wohl bekannteste und am häufigsten zitierte Modell des Massenkommunikationsprozesses hat auch international Beachtung gefunden.[4] Wie dieses Modell rezipiert, integriert und adaptiert worden ist und wie sein heuristisches Potenzial vor dem Hintergrund des aktuellen Technisierungsschubs in Richtung

---

Gekürzte Fassung von: Roland Burkart/Walter Hömberg: Elektronisch mediatisierte Gemeinschaftskommunikation. Eine Herausforderung für die kommunikationswissenschaftliche Modellbildung. In: René Pfammatter (Hg.): Multi Media Mania. Reflexionen zu Aspekten Neuer Medien. Konstanz: UVK Medien 1998, S. 19–36.

einer computervermittelten öffentlichen Kommunikation einzuschätzen ist, dazu will unser Beitrag einige Anmerkungen liefern.

Das Feldschema von Gerhard Maletzke als modelltheoretische Innovation

Als Maletzke das Feldschema im Rahmen seines Werks „Psychologie der Massenkommunikation" entwickelte und veröffentlichte[5], waren im deutschen Sprachraum zwei publizistikwissenschaftliche Schulen dominierend: die normative und die systematische Publizistik.

Die „normative Publizistik" verbindet sich insbesondere mit dem Namen Emil Dovifat.[6] Sein Publizistik-Begriff ist, von weltanschaulichen Grundhaltungen ausgehend, stark aktivistisch geprägt. Dovifats Ansatz lässt sich knapp mit der Formel „vertikale Zielpublizistik" charakterisieren. Dahinter steht die modelltheoretische Vorstellung, dass Publizistik vertikal vom Sender („oben") zum Empfänger („unten") verläuft.[7]

Während Dovifat die Publizistikwissenschaft expressis verbis zu den „normativen Disziplinen" rechnet[8] und vor allem den publizistischen „Führungsmitteln" Aufmerksamkeit widmet, hatte Walter Hagemann schon 1947 mit seinen „Grundzügen der Publizistik" ein stärker analytisch ausgerichtetes Einführungs- und Überblickswerk veröffentlicht. Hagemann, dessen Ansatz üblicherweise als „systematische Publizistikwissenschaft"[9] bezeichnet wird, liefert einen typologischen Überblick über historische und aktuelle publizistische Phänomene. Auch hier werden Öffentlichkeit und Aktualität als zentrale Definitionsmerkmale identifiziert. Im Mittelpunkt steht jedoch „die Aussage als Verständigungsmittel zwischen Mensch und Mensch".[10]

Den publizistischen Prozess beschreibt Hagemann als vertikalen Vorgang.[11] Hier liegt ebenfalls die Modellvorstellung der Einbahnstraße zugrunde, an deren Ausgangspunkt freilich das „Ereignis" genannt wird. Der Verzicht auf den Führungsaspekt, der vor allem in der Nazi-Zeit von regimekonformen Zeitungswissenschaftlern betont wurde, impliziert eine größere Offenheit gegenüber (sozial-)psychologischen Faktoren im Wirkungsprozess.

Die beiden skizzierten Ansätze beziehen sich auf die Publizistik, d.h. auf aktuelle öffentliche Kommunikationsformen, die entweder originär oder medial vermittelt ablaufen. Im Unterschied dazu beschäftigt sich Maletzke, der angloamerikanischen Forschungstradition folgend, mit Massenkommunikation. Das dadurch abgegrenzte Forschungsfeld ist einerseits enger – originärpublizistische Formen wie öffentliche Rede und politisches Theater bleiben ausgeblendet –, andererseits weiter gefasst als in der kontinental-europäischen Tradition: Auch nicht-aktuelle Medieninhalte, etwa aus dem Bereich der Unterhaltungskommunikation, werden so zu Untersuchungsobjekten.

Im Mittelpunkt von Maletzkes – in heutiger Sprache: systemischem – Denkansatz[12] stehen Beziehungen und Wechselbeziehungen im Kommunikationsprozess. Er begreift Massenkommunikation als ein Beziehungssystem zwischen den Grundfaktoren Kommunikator, Aussage, Medium und Rezipient und zeigt auf, wie jeder Teil auf die anderen verweist und auch umgekehrt von den anderen beeinflusst wird (Schaubild 1).[13]

Zunächst führt das Modell vor Augen, dass sowohl Kommunikator als auch Rezipient nicht voraussetzungslos in den Massenkommunikationsprozess eintreten, sondern stets in Abhängigkeit von ihren subjektiven, psychischen und sozialen Dispositionen

Schaubild 1: Feldschema der Massenkommunikation von Gerhard Maletzke

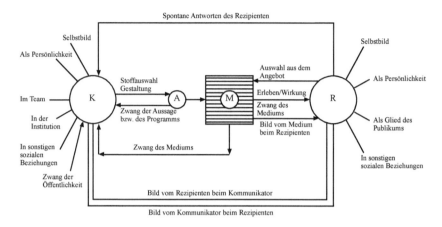

handeln. So wird der Kommunikator, was Inhalt (Stoffauswahl) und Gestaltung der zu produzierenden Aussage betrifft, beeinflusst von seiner Persönlichkeit und seinem Selbstbild (d.h. von den Vorstellungen, die er von seinem Beruf und seinen Aufgaben hat), von seiner Stellung im jeweiligen Redaktionsteam, von der publizistischen Institution, der er angehört, aber auch von seinen sonstigen sozialen Beziehungen. Desgleichen darf auch der Rezipient nicht unabhängig gesehen werden von seiner Persönlichkeit, seiner Selbstsicht, seinen sonstigen Gruppenzugehörigkeiten sowie von der konkreten Situation, in der er sich als Glied des dispersen Publikums den Aussagen der Massenmedien zuwendet. Diese Faktoren sich nicht nur mitverantwortlich für die Auswahl, die er aus dem massenkommunikativen Angebot trifft, sie beeinflussen auch seine Wahrnehmung, sein Erleben und damit die Wirkung der jeweils vermittelten Botschaften.

Kommunikator und Rezipient handeln aber auch nicht unabhängig voneinander, sondern sind in ihrem Produktions- und Rezeptionsverhalten vom wechselseitig vorhandenen Fremdbild beeinflusst. Wie das Bild, das der Kommunikator vom Rezipienten hat, Inhalt und Form seiner Aussagen mitbestimmt, so kommt auch den Vorstellungen, die der Rezipient vom Kommunikator hat, bei der Aufnahme und Interpretation der vermittelten Botschaften große Bedeutung zu. Darüber hinaus verweist das Modell auf spontane Antworten des Rezipienten (wie Leserbriefe, Telefonanrufe etc.) und damit auf die grundsätzliche Möglichkeit, durch ein derartiges Feedback die Einseitigkeit des Massenkommunikationsprozesses zu durchbrechen.

Schließlich wird das Handeln der Kommunikatoren und Rezipienten in der Massenkommunikation noch von verschiedenen Zwängen beeinflusst. So steht der Kommunikator unter dem Zwang der Öffentlichkeit (sein Handeln wird von Parteien, Interessengruppen, aber auch von anderen Journalisten kritisch beobachtet), er befindet sich unter dem Zwang der Aussage (mit seiner Aussage legt er sich öffentlich fest und kann daher „beim Wort genommen" werden); und schließlich zwingt das Medium selbst durch seine dramaturgischen und technisch-organisatorischen Voraussetzungen zur Aussageproduktion unter jeweils spezifischen Bedingungen. Die Medien ihrerseits üben wiederum einen Zwang auf den Rezipienten aus, indem sie ihm bestimmte Verhaltens- und Erlebnisweisen nahe legen. So ist – bedingt durch die jeweils spezifischen Verbreitungstechniken – bereits die Rezeptionsweise (nur optisch, nur akustisch, optisch-akustisch) vorgegeben; Hörfunk und Fernsehen verlangen darüber hinaus z.b. die Akzeptanz fester Sendezeiten, das Ansehen eines Kinofilmes zwingt sogar zu einer bestimmten Rezeptionssituation (Gemeinschaftsempfang).

Insgesamt verkörpert das Feldschema somit eine sozialpsychologisch orientierte Darstellung des Massenkommunikationsprozesses: Im Mittelpunkt stehen Kommunikatoren und Rezipienten als durch psychische bzw. soziale Merkmale bestimmbare Personen(-gruppen), die über eine von technischen Verbreitungsmitteln transportierte Aussage zueinander in Beziehung treten. Dabei ist es das Anliegen Maletzkes, die verhaltensbeeinflussenden (psychischen bzw. sozialen) Merkmale dieser beiden Personen(-gruppen) herauszustellen und darüber hinaus auf das komplexe Interdependenzverhältnis zu verweisen, das er zwischen allen genannten Feldfaktoren sieht. In seinem Standardwerk von 1963 stellt er dies unter Rückgriff auf die damals vorwiegend aus dem angloamerikanischen Sprachraum vorliegenden empirischen Befunde ausführlich dar. Diese prozessorientierte Sichtweise von Massenkommunikation ist vor allem deshalb innovativ, weil sie die bis dato in der deutschsprachigen Literatur vorherrschende lineare Ursache-Wirkungs-Position ablöst.

Gegenwärtige Trends in der Massenkommunikation und ihr kommunikationstheoretisches Potenzial

Die derzeitige kommunikationstechnische Entwicklung lässt markante Konvergenztendenzen zwischen Telekommunikation, Computerisierung und den herkömmlichen elektronischen Massenmedien erkennen. Seit Mitte der Neunzigerjahre wird diese Entwicklung meist mit Begriffen wie „Communication Highway" bzw. „Datenautobahn", „Virtual Reality" oder „Multimedia" etikettiert. Gemeint sind damit mediale Produkte und Dienstleistungen, die im wesentlichen drei gemeinsame Merkmale haben:

- die Möglichkeit der interaktiven Nutzung, d.h. der Nutzer kann über entsprechende Rückkanäle Inhalte verändern oder Aktionen auslösen und ist damit nicht mehr in einer bloßen Rezipientenrolle gefangen;
- die integrative Verwendung verschiedener Medientypen, d.h. dynamische Medien (Audio- und Videosequenzen) werden mit statischen (z.B. Text- und Grafikbausteinen) kombiniert;
- die digitale Technik als Basis dieser Anwendungen, die sowohl die Speicherung als auch die spätere Bearbeitung der übermittelten Daten durch entsprechende Kompressionsverfahren vereinfacht bzw. überhaupt erst ermöglicht.[14]

Das Multimedia-Gerät als zukünftiges Kommunikationszentrum im Haushalt vereinigt dann Telefon, Fernsehen, Hörfunk und die vielfältigen Möglichkeiten des Personalcomputers auf einer einzigen Bildschirmoberfläche. Das technisch machbare kommunikative Spektrum erstreckt sich bereits heute quer durch den Unterhaltungs- und

Informationsbereich und beginnt, mit Produkten wie Gameboys (Spielecomputer) und Dienstleistungen (Video on Demand) im privaten Bereich bis hin zu Videokonferenz- sowie Datenbank-Diensten im geschäftlichen Bereich, Arbeit und Freizeit zu durchdringen.

Die Publizistik- und Kommunikationswissenschaft ist mit dieser Entwicklung zu einem Überdenken des Massenkommunikationsbegriffes aufgefordert. Historisch befindet sich das Fach damit in einer Situation wie vor einigen Jahrzehnten, als das Aufkommen der seinerzeit „neuen Medien" Hörfunk und Fernsehen dazu herausforderte, die durch das Materialobjekt Zeitung vorgeprägten analytischen Kategorien zu überarbeiten.

„Das Sterben der Massenmedien beginnt."[15] Solche Diagnosen, wie man sie vor allem bei „Anhängern des Techno-Diskurses"[16] findet, lassen historische Tiefenschärfe vermissen. Trotz technischer Konvergenz von Telefon, Fernsehen und Computer werden sich Institutionen wie etwa das Programmfernsehen nicht so schnell überleben. Es fungiert inzwischen als sozialer Zeitgeber[17] und dient zur Komplexitätsreduktion, indem es bestimmte Inhalte selektiert und dadurch erst der massenhaften Rezeption zugänglich macht.[18] Eher dürften sich allgemeine „kommunikative Grundorientierungen"[19] herausbilden, in denen verschiedenen medialen Angeboten ein unterschiedlicher Stellenwert im Informationshaushalt der Rezipienten zukommt.

Es sollte allerdings im kommunikationswissenschaftlichen Interesse sein, zu prüfen, ob und inwieweit die neuen technologischen Möglichkeiten strukturelle Innovationen im Massenkommunikationsprozess mit sich bringen, die auch funktionale Differenzierungen bedeuten. Im Rahmen des Feldschemas lässt sich dies zeigen, wenn man z.B. von der Feedback-Beziehung zwischen Kommunikator und Rezipient ausgeht. Maletzke versteht darunter insbesondere spontane Antworten des Rezipienten, die sich vor allem in Form von Leserbriefen oder Telefonanrufen manifestieren, eben weil die Massenkommunikation immer einseitig von den Kommunikatoren bzw. den Medienorganisationen zu den Rezipienten verläuft.[20] Die Rezipienten etikettiert Maletzke als „disperses Publikum", das weder strukturiert noch organisiert ist, keine Rollenspezialisierung aufweist, keine Sitte und Tradition, keine Verhaltensregeln und Riten besitzt und über keine Institutionen verfügt.[21]

Gerade diese Einseitigkeit im Massenkommunikationsprozess könnte sich nun durch die neuen Dienste in eine wachsende Interaktivität verwandeln. So sollen Rezipienten in naher Zukunft die Chance erhalten, in eine Fernsehübertragung durch eigene Auswahl der Kameraeinstellungen einzugreifen oder einzelne Szenen bzw. den dramaturgischen Verlauf eines Spielfilmes zu variieren. Und es gibt heute bereits via Internet in Form von Mail-Box-Systemen oder Electronic Bulletin Boards eine Vielzahl „elektronischer Gemeinschaften", die statt einer „one-to-many"-Kommunikation wie bei der herkömmlichen Massenkommunikation eine „many-to-many"-Kommunikation ermöglichen.[22] Für die Teilnehmer an solchen „communities" ist der Begriff des dispersen Publikums nicht mehr angemessen, denn es handelt sich dabei um öffentliche Kommunikationsforen, die dem Ziel sehr nahe sind, das Brecht in seiner „Radiotheorie" forderte: „den Zuhörer nicht nur hören, sondern auch sprechen zu machen und ihn nicht zu isolieren, sondern in Beziehung zu setzen" und damit das Medium Rundfunk partizipativ zu öffnen.[23] Wenig überraschend scheinen in diesem Zusammenhang daher auch Bezeichnungen wie

„elektronische" Marktplätze, Cafés, Pubs oder wie beim Kultautor Rheingold „elektronische Agora"[24] für diese Art computervermittelter Kommunikation.

Wenn die Einseitigkeit im Massenkommunikationsprozess nun aber kein strukturelles Kriterium mehr ist, dann erscheinen auch die Begriffe „Kommunikator" und „Rezipient" nicht mehr ganz angemessen. So hat Lutz Goertz bereits vorgeschlagen, statt vom „Rezipienten" künftig vom „Beteiligten" zu sprechen, weil es sich bei dieser Rolle ja nicht mehr bloß um ein Aufnehmen, sondern auch um ein Eingreifen handelt.[25] Der „Kommunikator", der im Extremfall (etwa als Betreiber einer Mail-Box oder eines Newsservers) gar keine Aussagen produziert, sondern nur noch den technischen Ablauf der Kommunikation ermöglicht und überwacht, wäre dann als „organisierender Beteiligter" zu begreifen. Damit ist verdeutlicht, dass beide (Beteiligter und organisierender Beteiligter) theoretisch auf einer Stufe stehen können. Das „Medium" kann schließlich zunächst rein technisch als „Kommunikationsstruktur" begriffen werden, weil ein bestimmtes Gerät (z.B. der Personalcomputer) ja verschiedene Funktionen (Textverarbeitung, Datenübertragung und sogar Fernsehapparat) übernehmen kann. Aus der Perspektive des jeweils genutzten Angebots wird deshalb die „Medienanwendung" begrifflich herausgestellt: nämlich diejenige Leistung des Endgeräts (z.B. Electronic Mail, Fax oder Fernsehempfang), die jeweils in Anspruch genommen wird.

Will man die bisherigen Überlegungen kommunikationstheoretisch positionieren, dann geraten sowohl die übertragungsorientierte als auch die interaktionistische Sichtweise von Kommunikation in den Blick.[26] So ist es einerseits wichtig, die jeweiligen Enkodierungs- und Dekodierungsleistungen von Anbieter und Benutzer als bestimmende Momente im Kommunikationsprozess zu begreifen. Dabei geht es sowohl um die rein technische Verfügbarkeit (etwa von Fax-Gerät, E-Mail-Anschluss oder Internet-Zugang) als auch um die jeweils vorhandene Kodier-Kompetenz (im Sinne einer „information literacy"). Andererseits ist es aber genauso wichtig, die zur Verfügung stehenden Interaktionsmöglichkeiten von Anbieter und Benutzer zu berücksichtigen. Denn was nützt der technisch einwandfreie E-Mail-Anschluss, wenn eine Botschaft nur ins (elektronische) Vorzimmer ihres Adressaten gelangt, dort mit einer routinemäßig vorbereiteten Antwort versehen wird und Verständigung zwischen Informationsanbieter und Benutzer – als eigentliches Ziel dieser kommunikativen Interaktion – dennoch nicht zustande kommt?

Damit machen die zwei unterschiedlichen theoretischen Perspektiven nun auch zwei verschiedene Dimensionen der viel beschworenen elektronischen Interaktivität deutlich. Dies hat Rupert Schmutzer in seinem Kommunikationsmodell der „doppelten Mittelbarkeit" gezeigt.[27] Schmutzer geht zunächst davon aus, dass ein Kommunikationsangebot stets in einem ersten Sinn „mittelbar" ist, weil es gezwungenermaßen medial gestaltet wird. Er nennt diesen Vermittlungsaspekt die „Inanspruchnahme" von Material durch den Kommunikator, also z.B. das Schreiben auf Papier (Schrift), das Modulieren von Schallwellen (Sprache), das Inszenieren von Zeit und Raum (Gestik). Die Mittelbarkeit in einem zweiten Sinn besteht dann in der „Indienstnahme" von Material durch den Kommunikator; das kann u.a. der Druck von Schrift (Buch, Zeitung) oder die Aufzeichnung von Bild und Ton (Film, Fernsehen, Video) sein. Die Inanspruchnahme von Material verweist auf den gestalterischen Aspekt des Kommunizierens (so nimmt der Autor eines Multimedia-Lexikons neben der Schrift auch Bild und

Ton „in Anspruch"; die Indienstnahme von Material erklärt den Moment, durch den die Gestaltung wahrnehmbar gemacht wird (so kann der Lexikon-Autor nun die CD-ROM „in Dienst" nehmen, oder sein Verlag entschließt sich, das Werk auf einer Homepage im World Wide Web zu offerieren, dann nimmt er das Internet „in Dienst").

Analytisch wichtig ist an dieser Unterscheidung vor allem, dass mit dem Begriff „Inanspruchnahme" der Kommunikationsgegenstand, mit dem Begriff „Indienstnahme" dagegen die Kommunikationsbeziehung in den Mittelpunkt rückt, weil sich damit der vielfach unzureichend reflektierte „interaktive" Aspekt der neuen elektronischen Kommunikationstechniken angemessen erfassen läßt. Schmutzer gesellt nun zu den Momenten der Inanspruchnahme und Indienstnahme des Kommunikations-Anbieters die Momente der Teilhabe und Teilnahme des Benutzers von solchen Angeboten. Die „Teilhabe" am Kommunikationsangebot wird dadurch garantiert, dass der Anbieter Material in Dienst nimmt und einen Kanal schafft, der dem Benutzer die „Teilnahme" am Kommunikationsangebot erst ermöglicht.

Damit haben wir es jedoch abermals – wie in Maletzkes Feldschema – mit zwei unterscheidbaren Rollenbildern zu tun: mit dem Rollenbild des Produzenten, das geprägt ist von Inanspruchnahme und Indienstnahme, und dem Rollenbild des Konsumenten, das geprägt ist von Teilhabe und Teilnahme. Die Frage ist nun, inwieweit die neuen „interaktiven" Medien tatsächlich einen Rollentausch ermöglichen, und zwar in dem Sinne, daß es zu einer Verlagerung der Inanspruchnahme und Indienstnahme auf den Rezipienten kommt. Schmutzers nüchterne These dazu lautet, „dass es sich bei diesen Entwicklungen lediglich um neue Qualitäten der Teilhabe und Teilnahme des Rezipienten und nicht um eine Verlagerung der Inanspruchnahme und Indienstnahme auf den Rezipienten handelt".[28]

Bleibt aller Online-Euphorie zum Trotz somit dennoch alles beim Alten? Wie auch immer: Die analytischen Kategorien zur Beobachtung dieser Entwicklung liegen hiermit vor.

Feldschema revisited – Ein Modell elektronisch mediatisierter Gemeinschaftskommunikation

Was bedeuten die hier angesprochenen aktuellen Veränderungen in der Kommunikationsrealität im Lichte des von Maletzke entwickelten Feldschemas bzw. für dessen heuristisches Potenzial?

Zunächst einmal scheint es sinnvoll – getreu nach Riepl – die Komplementärthese zu vertreten und nicht vom Ende, sondern von einer Erweiterung des Massenkommunikationsfeldes auszugehen.[29] Der Prozess, den Maletzke in seinem Modell abbildet, wird wohl auch künftig als eine Ausprägung von Massenkommunikation erhalten bleiben. Allerdings wird dies nicht mehr die einzige Variante und in weiterer Zukunft vielleicht auch nicht mehr die prototypische Ausprägung sein.[30]

Sollten sich die skizzierten interaktiven Szenarien massenhaft verbreiten und immer stärker die kommunikative Alltagsrealität prägen, tritt vor allem ein Defizit des Feldschemas in den Vordergrund, das schon in den Siebzigerjahren aus materialistischer Perspektive kritisiert worden ist: die zu starke Reduktion des gesamten Geschehens auf psychologische Prozesse. Diese Kritik wird neuerdings auch von Wolfgang Hoffmann-Riem und Thomas Vesting wieder geäußert, und zwar mit dem Hinweis, dass im Grunde jede Form der Massenkommunikation „nicht in erster Linie durch eine spezifische Rezeptionsweise gekennzeichnet [ist], sondern vor allem durch bestimmte Produktionsformen, Produktionswerte und […] Beeinflussungsmöglichkeiten, die sich daraus ableiten".[31]

Eine der zentralen technischen Veränderungen in Richtung einer „Mediamatik", wie Michael Latzer das Zusammenwachsen von Telematik (Telefon und Computer) mit den Rundfunkmedien nennt, besteht seiner Meinung nach darin, dass die zunehmende Entkoppelung der Elemente der traditionellen Medien – von Dienst, Netz und Endgerät – deren vielfältige Variierbarkeit zu neuen Systemen erlaubt.[32] Alle kommunikationstheoretischen Klassifizierungen, die bloß auf technischen Kriterien beruhen, müssen daher in Frage gestellt werden, weil von der verwendeten Technik nicht mehr auf das Dienstangebot und damit auf die gesellschaftlichen Auswirkungen des Mediensystems geschlossen werden kann.

Diese neuen Kommunikationssysteme erlauben klassische Individual-, Gruppen- und Massenkommunikation gleichermaßen. Deshalb kann auch das Geschehen im „elektronisch mediatisierten Kommunikationsraum" nicht mehr allein als Massenkommunikation beschrieben werden, „vielmehr finden auf den gleichen Übertragungswegen Gruppen- und Individualkommunikation statt".[33] Dadurch verliert die Dichotomie von Individual- und Massenmedien an analytischem Wert. Außerdem löst sich, so Latzer weiter, die strikte Trennung zwischen Sender (Dienstanbieter) und Empfänger (Nachfrager) tendenziell auf. So kann beispielsweise im Internet jeder Nachfrager auch Anbieter sein. Dadurch aber wird die Unterteilung in öffentliche und private Kommunikation, die traditionell an die Wahl der Medientechnik geknüpft wurde, bedeutend erschwert.

Unter Rückgriff auf das heuristische Potenzial von Maletzkes Feldschema wollen wir nun versuchen, ein neues „Modell elektronisch mediatisierter Gemeinschaftskommunikation" zu entwerfen (Schaubild 2).

Zunächst soll erkennbar werden, dass sich die Unterschiede zwischen Kommunikator- und Rezipientenrolle tendenziell einebnen, jedoch – entgegen aller Online-Euphorie – nicht vollständig auflösen. Zwar scheint es im Sinne von Goertz im elektronisch mediatisierten Kommunikationsraum nur mehr „Beteiligte" (B) zu geben, gemäß der Differenzierung von Schmutzer halten wir aber daran fest, dass eine Gruppe von Beteiligten (B_{1-n}), die nach wie vor dem ursprünglichen Kommunikator ähnlich ist, die Rollenmacht über die Inanspruch- und Indienstnahme von Kommunikationsmitteln besitzt, während für die andere – dem ursprünglichen Rezipienten ähnliche – Gruppe von Beteiligten (B_{2-n}) vorrangig die (sich technisch ständig verändernden) Möglichkeiten der Teilhabe und der Teilnahme reserviert sind.

Wer nun als Beteiligter (B_1) Kommunikationsmittel in Anspruch bzw. in Dienst nimmt, prägt seine Aussage – wie ehedem in Maletzkes Feldschema – allein schon durch Stoffauswahl und Gestaltung. Er steht aber auch unter dem Zwang der medialen Anwendungspotenziale. So wird eine Botschaft, die eine Vielzahl von Personen erreichen soll, die über keinen Internet-Anschluss verfügt, eben sinnvollerweise nicht (bloß) über Internet verbreitet werden. Oder: Wenn ein Lexikon-Redakteur von seinem Verleger

Schaubild 2: Modell elektronisch mediatisierter Gemeinschaftskommunikation

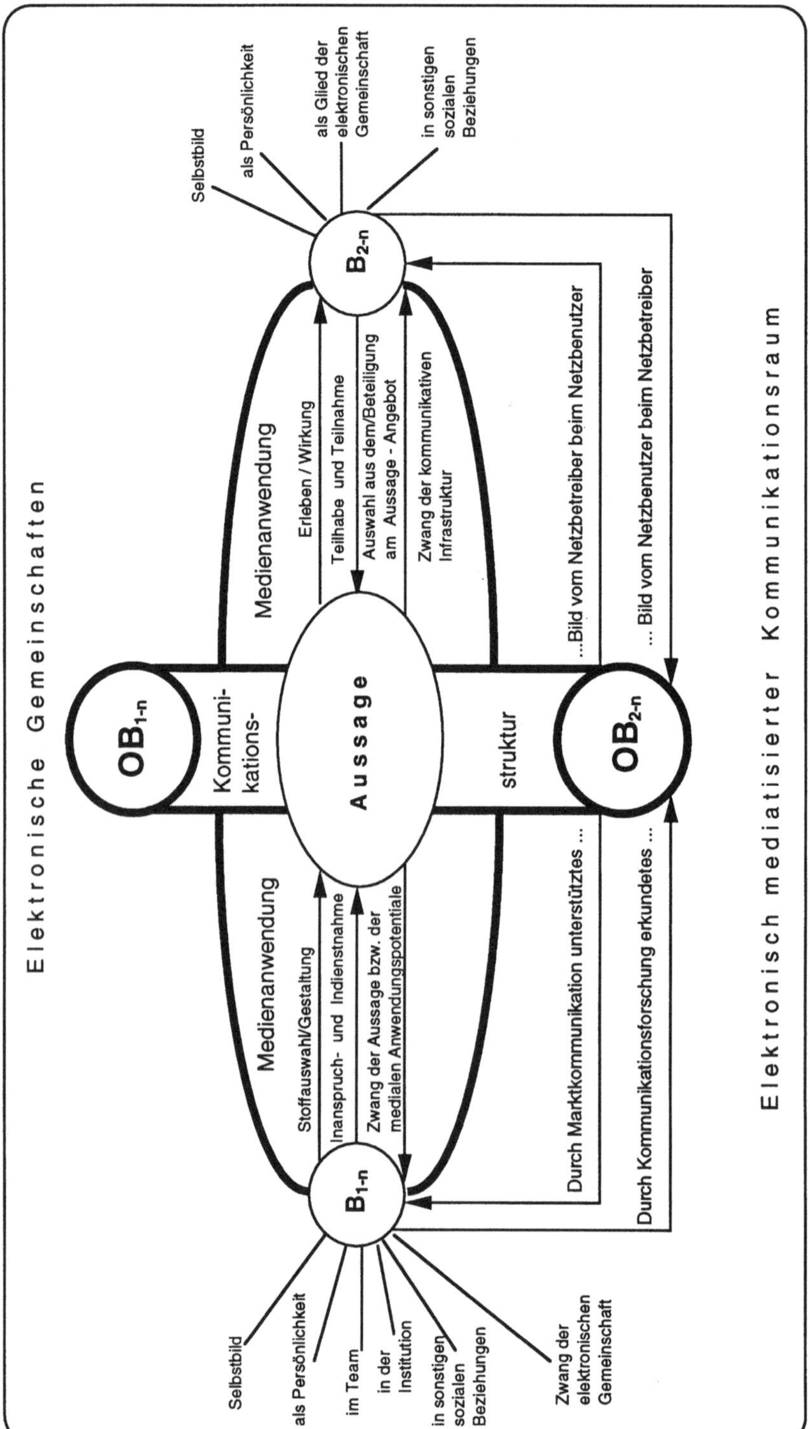

Burkart/Hömberg 1998, S. 34

aufgefordert wird, seine Inhalte für eine CD-ROM aufzubereiten, dann ist er „gezwungen", sich dieser neuen „multimedialen" Form der Vermittlung zu bedienen.

Damit ist klar: Nicht allein die technische Ausstattung der ehemals bloß als „Medium" begriffenen Vermittlungsinstanz einer Botschaft ist die Einflussgröße, der sich alle Beteiligten im elektronischen Kommunikationsraum unterwerfen müssen, sondern auch die jeweils vorhandenen Anwendungspotenziale üben einen Zwang auf alle Beteiligten aus – sowohl, was den realen Einsatz der technischen Möglichkeiten auf der einen Seite (B_1) betrifft, als auch, was die Auswahl aus dem/oder die Beteiligung am Aussage-Angebot und damit auch das Erleben sowie die Wirkung der Aussagen auf der anderen Seite (B_2) angeht. Beide stehen unter dem Zwang der jeweils verfügbaren Kommunikationsstruktur und der jeweils verbreiteten und auch tatsächlich genutzten Medienanwendung.

Die hier vorwiegend technisch verstandene Kommunikationsstruktur wird von Beteiligten am elektronisch mediatisierten Kommunikationsraum bereitgestellt, die wir im Anschluss an Goertz als „organisierende Beteiligte" (OB) bezeichnen wollen. Das sind z.B. die verschiedenen Internet-Provider, die die Auffahrt auf die Datenautobahn ermöglichen bzw. kontrollieren, indem sie Zugang zu anderen Beteiligten (Benutzergruppen, Datenbanken etc.) schaffen. Die verschiedenen Unternehmen (Rundfunkanstalten, Post, Telekom, Mailbox-Betreiber) – in der Grafik veranschaulicht als OB_{1-n} und OB_{2-n} – stehen nicht nur in Konkurrenz zueinander, sondern sind zugleich auch auf Kooperationen angewiesen: In der Regel verlangt die Indienstnahme von oder die Teilnahme an Kommunikationsangeboten mehr als einen organisierenden Beteiligten. So setzt die Auffahrt auf den Datenhighway eine entsprechende Leitungsinfrastruktur, eine bestimmte PC-Hardware und Software, die Existenz von Net-Providern mit Suchsystemen etc. voraus.

Alle diese Netzbetreiber, die sich um die Organisation der kommunikativen Infrastruktur kümmern, sind in marktwirtschaftlich funktionierenden Gesellschaften an der Pflege bzw. Ausweitung ihres Kundenkreises interessiert. Sie wollen daher wissen, welchen Eindruck sie ihren Kunden vermitteln, welches Bild von ihnen beim Netzbenutzer existiert. Dazu bedienen sie sich der Kommunikationsforschung, insbesondere der Markt- und Meinungsforschung. Zugleich versuchen sie durch strategische Marktkommunikation (Werbung und Public Relations) ein bestimmtes Image, ihr gewünschtes Selbstbild beim Netzbenutzer herzustellen, um ihre Klientel bei der Stange zu halten.

Was schließlich die subjektiven (psychischen und sozialen) Dispositionen der am jeweiligen Kommunikationsgeschehen Beteiligten betrifft (vom Selbstbild bzw. der Persönlichkeit über die Stellung im Team oder der Institution bis hin zu den sonstigen sozialen Beziehungen), so gibt es keinen Grund, das heuristische Potenzial dieser Kategorien aus dem „klassischen" Feldschema nicht auch für den elektronisch mediatisierten Kommunikationsraum auszuschöpfen bzw. für das neue kommunikative Umfeld zu adaptieren. In Bezug auf den Aspekt des Zwangs, dem man als Glied der elektronischen Gemeinschaft unterliegt, sind z.B. längst schon ethische Richtlinien und rechtlich abgesicherte Normen in der Diskussion, an denen das Verhalten aller Beteiligten gemessen wird (etwa was die Verbreitung gewalttätiger oder pornographischer Inhalte betrifft). Im Übrigen ist auch die elektronisch mediatisierte Gemeinschaftskommunikation an die Rahmenbedingungen des jeweiligen sozioökonomischen und soziokulturellen Systems gebunden.

Kommunikationsmodelle stehen immer in der Gefahr, dass sie entweder zu komplex (und damit empirisch nicht mehr umzusetzen) oder dass sie trivial sind. Maletzke hat beide Gefahren gemieden. Dass sein Feldschema auch unter geänderten Medienbedingungen zum Weiterdenken anregt, spricht für die heuristische Qualität.

ANMERKUNGEN

[1] Vgl. auch Walter Hömberg: Transformation statt Revolution. In: Walter Hömberg/Heinz Pürer (Hrsg.): Medien-Transformation. Zehn Jahre dualer Rundfunk in Deutschland. Konstanz 1996, S. 11–16.

[2] Thomas A. Bauer: Neue Medien und Politik. Eine medienpädagogische Betrachtung. In: Medienimpulse 4 (1996), S. 51–54, hier S. 51.

[3] Eine andere Fassung unseres Aufsatzes ist erschienen in der Festschrift für Gerhard Maletzke (Hermann Fünfgeld/Claudia Mast [Hrsg.]: Massenkommunikation. Ergebnisse und Perspektiven. Opladen 1997, S. 71–88).

[4] Vgl. Denis McQuail/Sven Windahl: Communication models for the study of mass communications. London, New York 1981, S. 36–41. In dieser Überblicksdarstellung wird aus dem deutschen Sprachraum neben dem Feldschema Maletzkes nur die Theorie der „Schweigespirale" von Elisabeth Noelle-Neumann ausführlich erwähnt.

[5] Gerhard Maletzke: Psychologie der Massenkommunikation. Theorie und Systematik. Hamburg 1963. 1972 ist ein um ein Nachwort erweiterter, sonst unveränderter Neudruck erschienen, der 1978 nochmals aufgelegt wurde. Im Folgenden wird nach der Ausgabe von 1978 zitiert.

[6] Siehe vor allem Emil Dovifat: Handbuch der Publizistik. Bd. 1: Allgemeine Publizistik. Berlin 1968, S. 5. Der Verfasser hat in diesem Band viele ältere Publikationen zusammengefasst.

[7] Vgl. hierzu und zum Folgenden Heinz Pürer: Einführung in die Publizistikwissenschaft. Systematik, Fragestellungen, Theorieansätze, Forschungstechniken. München 1993⁵, S. 141ff.

[8] Dovifat 1968, S. 4

[9] So Henk Prakke im Vorwort zur von ihm herausgegebenen, überarbeiteten und ergänzten Neuausgabe von Walter Hagemann: Grundzüge der Publizistik. Münster 1966², S. 10.

[10] Ebenda, S. 23 (im Original kursiv).

[11] Ebenda, S. 99.

[12] Im Appendix zur Neuauflage seines Standardwerks weist Maletzke selbst auf diese Nähe zum Systemdenken hin (S. 315–329).

[13] Vgl. Maletzke 1978, S. 37–41. Der Verfasser entwickelt sein Modell in mehreren Schritten. Das vollständige Schema ist auf S. 41 abgedruckt.

[14] Vgl. Booz, Allen & Hamilton (Hrsg.): Zukunft Multimedia. Grundlagen, Märkte und Perspektiven in Deutschland. Frankfurt a.M. 1995², S. 27. Siehe auch Jürgen Wilke/Christiane Imhoff (Hrsg.): Multimedia. Voraussetzungen, Anwendungen, Probleme. Berlin 1996.

[15] Gerd Gerken/Michael-A. Konitzer: Trends 2015. Ideen, Fakten, Perspektiven. München 1996, S. 263.

[16] Wolfgang Hoffmann-Riem/Thomas Vesting: Ende der Massenkommunikation? Zum Strukturwandel der technischen Medien. In: Media Perspektiven 4 (1994), S. 382–391, hier S. 382. Siehe insbesondere Norbert Bolz: Am Ende der Gutenberg-Galaxis. Die neuen Kommunikationsverhältnisse. München 1993, S. 201ff.; Siegfried Zielinsky: Audiovisionen. Kino und Fernsehen als Zwischenspiele der Geschichte. Reinbek bei Hamburg 1989, S. 212ff.; Friedrich Kittler: Grammophon, Film, Typewriter. Berlin 1986, S. 7. Auch einige Gurus der neuesten „Neuen Medien" haben sich jüngst im alten Medium Buch geäußert; vgl. Bill Gates: Der Weg nach vorn. Die Zukunft der Informationsgesellschaft. Hamburg 1995 sowie Nicholas Negroponte: Total digital. Die Welt zwischen 0 und 1 oder die Zukunft der Kommunikation. München 1995.

[17] Vgl. Irene Neverla: Fernseh-Zeit. Zuschauer zwischen Zeitkalkül und Zeitvertreib. Eine Untersuchung zur Fernsehnutzung. München 1992, S. 59ff. sowie Walter Hömberg: Zeit, Zeitung,

Zeitbewußtsein. Massenmedien und Temporalstrukturen. In: Publizistik 1 (1990), S. 5–17.

[18] Vgl. Hoffmann-Riem/Vesting 1994, S. 385.

[19] Marie-Luise Kiefer: Massenkommunikation IV. In: Klaus Berg/Marie-Luise Kiefer (Hrsg.): Massenkommunikation IV. Eine Langzeitstudie zur Mediennutzung und Medienbewertung 1964–1990. Baden-Baden 1992, S. 281.

[20] Vgl. Maletzke 1978, S. 41 und 109f.

[21] Vgl. ebenda, S. 30.

[22] Joachim R. Höflich: Vom dispersen Publikum zu „elektronischen Gemeinschaften". Plädoyer für einen erweiterten kommunikationswissenschaftlichen Blickwinkel. In: Rundfunk und Fernsehen 4 (1995), S. 518–537, hier S. 521f.

[23] Bertolt Brecht: Der Rundfunk als Kommunikationsapparat. Rede über die Funktion des Rundfunks (1932). In: Gesammelte Werke. Bd. 18: Schriften zur Literatur und Kunst 1. Frankfurt a. M. 1967, S. 127–134, hier S. 131.

[24] Howard Rheingold: The Virtual Community. Homesteading on the Electronic Frontier. Reading, MA u.a. 1993, S. 14 und 60.

[25] Lutz Goertz: Wie interaktiv sind Medien? Auf dem Weg zu einer Definition von Interaktivität. In: Rundfunk und Fernsehen 4 (1995), S. 477–493.

[26] Vgl. Roland Burkart: Kommunikationswissenschaft. Grundlagen und Problemfelder. Umrisse einer interdisziplinären Sozialwissenschaft. Wien, Köln, Weimar 1995^2, S. 398ff.

[27] Rupert Schmutzer: Erhellung oder Verblendung durch „interaktive" Medien? Überlegungen zu einem angemessenen Kommunikationsmodell. In: Fakten, Daten, Zitate 1–2 (1995), S. 1–10.

[28] Ebenda, S. 7.

[29] Das so genannte „Rieplsche Gesetz von der Komplementarität" besagt, dass niemals in der Geschichte ein bereits existierendes Kommunikationsmedium durch ein anderes ersetzt worden ist, sondern dass einmal etablierte Formen der Kommunikation – wohl in modifizierter Form und mit geänderten Funktionen – bestehen bleiben und durch neue ergänzt werden. Vgl. Wolfgang Riepl: Das Nachrichtenwesen des Altertums. Mit besonderer Rücksicht auf die Römer. Leipzig, Berlin 1913, S. 4ff.

[30] Die Betonung liegt hier auf „vielleicht"; möglicherweise kommt alles ganz anders, und die seitens der Elektronikindustrie gegenwärtig euphorisch propagierte kommunikative Individualisierung wird zur Spielwiese einer über Zeit und Geld verfügenden Elite. Denn – wie Hoffmann-Riem/Vesting kritisch anmerken – auch ein 500-Kanal-Fernsehen bedarf ja der individuellen Aufbereitung. Dann entsteht vielleicht so etwas wie eine EDV-gestützte „Paradoxie der individualisierten Massenkommunikation", wenn nämlich „nur der konventionelle Redakteur durch einen computerisierten Gatekeeper ausgetauscht [wird], der sich bei seiner Programmierung der individuellen Menüwahl in erster Linie an dem bewährten Muster bereits früher artikulierter Bedürfnisse orientiert" (1994, S. 385).

[31] Ebenda, S. 386.

[32] Vgl. Michael Latzer: Mediamatik – Die Konvergenz von Telekommunikation, Computer und Rundfunk. Opladen 1997.

[33] Friedrich Krotz: Elektronisch mediatisierte Kommunikation. Überlegungen zur Konzeption einiger zukünftiger Forschungsfelder der Kommunikationswissenschaft. In: Rundfunk und Fernsehen 4 (1995), S. 445–462, hier S. 450. Die Bezeichnung „elektronischer Kommunikationsraum" schlägt auch Ursula Maier-Rabler vor, weil Etikettierungen wie „digitaler Datenhighway" oder „Informationsinfrastruktur" im deutschsprachigen Umfeld wenig geeignet sind, persönliche Betroffenheit auszulösen (Die neuen Informations- und Kommunikationsthechnologien als gesellschaftspolitische Herausforderung. In: Informatik Forum 4 [1995], S. 157–168, hier S. 167). Darin sieht sie den Grund, weshalb dieses politisch wichtige Thema bislang nur relativ abgehoben in Expertenkreisen diskutiert wird. Dieses Faktum lässt sich empirisch bestätigen; vgl. Klaus Beck/Gerhard Vowe: Multimedia aus der Sicht der Medien. Argumentationsmuster und Sichtweisen in der medialen Konstruktion. In: Rundfunk und Fernsehen 4 (1995), S. 549–563.

Weiterführende Literatur zu Teil II

2.1. Journalismus

Altmeppen, Klaus-Dieter: Journalismus und Medien als Organisationssysteme. Leistungen, Strukturen und Management. Wiesbaden: VS Verlag 2006.
Altmeppen, Klaus-Dieter/Arnold, Klaus: Journalistik. Grundlagen eines organisationalen Handlungsfeldes. München: Oldenbourg 2013.
Altmeppen, Klaus-Dieter/Hömberg, Walter (Hrsg.): Journalistenausbildung für eine veränderte Medienwelt. Diagnosen – Institutionen – Projekte. Wiesbaden: Westdeutscher Verlag 2002.
Altmeppen, Klaus-Dieter/Röttger, Ulrike/Bentele, Günter (Hrsg.): Schwierige Verhältnisse. Interdependenzen zwischen Journalismus und PR. Wiesbaden: VS Verlag 2004.
Arnold, Klaus: Qualitätsjournalismus. Die Zeitung und ihr Publikum. Konstanz: UVK 2009.
Baum, Achim: Journalistisches Handeln. Eine kommunikationstheoretisch begründete Kritik der Journalismusforschung. Opladen: Westdeutscher Verlag 1994.
Blöbaum, Bernd: Journalismus als soziales System. Geschichte, Ausdifferenzierung und Verselbständigung. Opladen: Westdeutscher Verlag 1994.
Böckelmann, Frank: Journalismus als Beruf. Bilanz der Kommunikatorforschung im deutschsprachigen Raum von 1945 bis 1990. Konstanz: Universitätsverlag 1994.
Brosda, Carsten: Diskursiver Journalismus. Journalistisches Handeln zwischen kommunikativer Vernunft und mediensystemischem Zwang. Wiesbaden: VS Verlag 2008.
Bucher, Hans-Jürgen/Altmeppen, Klaus-Dieter (Hrsg.): Qualität im Journalismus. Grundlagen – Dimensionen – Praxismodelle. Wiesbaden: Westdeutscher Verlag 2003.
Burkart, Roland/Rußmann, Uta/Grimm, Jürgen: Wie verständigungsorientiert ist Journalismus? Ein empirischer Messversuch anhand der Berichterstattung über Europathemen im Rahmen des Nationalratswahlkampfes 2008 in Österreich. In: Pöttker, Horst/Schwarzenegger, Christian (Hrsg.): Europäische Öffentlichkeit und journalistische Verantwortung. Köln: von Halem 2010, S. 256–281.
Dernbach, Beatrice/Loosen, Wiebke (Hrsg.): Didaktik der Journalistik. Konzepte, Methoden und Beispiele aus der Journalistenausbildung. Wiesbaden: Springer VS 2012.
Duchkowitsch, Wolfgang/Hausjell, Fritz/Pöttker, Horst/Semrad, Bernd (Hrsg.): Journalistische Persönlichkeit. Fall und Aufstieg eines Phänomens. Köln: von Halem 2009.
Eberwein, Tobias/Müller, Daniel (Hrsg.): Journalismus und Öffentlichkeit. Eine Profession und ihr gesellschaftlicher Auftrag. Festschrift für Horst Pöttker. Wiesbaden: VS Verlag 2010.
Esser, Frank: Die Kräfte hinter den Schlagzeilen. Englischer und deutscher Journalismus im Vergleich. Freiburg, München: Alber 1998.
Fabris, Hans Heinz: Angewandte Kommunikationswissenschaft. Problemfelder, Fragestellungen, Theorie. Herausgegeben von Rudi Renger. München: Reinhard Fischer 2002.
Fassihi, Floria Fee: Werbebotschaften aus der Redaktion? Journalismus im Spannungsfeld zwischen Instrumentalisierung und Informationsauftrag. Konstanz: UVK 2008.
Haas, Hannes: Empirischer Journalismus. Verfahren zur Erkundung gesellschaftlicher Wirklichkeit. Wien, Köln, Weimar: Böhlau 1999.
Hanitzsch, Thomas/Seethaler, Josef: Journalismuswelten. Ein Vergleich von Journalismuskulturen in 17 Ländern. In: Medien & Kommunikationswissenschaft, 57. Jg. 2009, H. 4, S. 464–483.
Harnischmacher, Michael: Journalistenausbildung im Umbruch. Zwischen Medienwandel und Hochschulreform: Deutschland und USA im Vergleich. Konstanz: UVK 2010.
Hohlfeld, Ralf: Journalismus und Medienforschung. Theorie, Empirie, Transfer. Konstanz: UVK 2003.
Hohlfeld, Ralf/Müller, Philipp/Richter, Annekathrin/Zacher, Franziska (Hrsg.): Crossmedia – Wer bleibt auf der Strecke? Beiträge aus Wissenschaft und Praxis. Berlin: Lit Verlag 2010.
Hömberg, Walter (Hrsg.): Journalistenausbildung. Modelle, Erfahrungen, Analysen. München: Ölschläger 1978.

Hömberg, Walter: Das verspätete Ressort. Die Situation des Wissenschaftsjournalismus. Konstanz: Universitätsverlag 1989.
Hömberg, Walter: Brauchen wir noch Journalisten? Ein Blick zurück nach vorn. In: Jäckel, Michael/Haase, Frank (Hrsg.): In medias res: Herausforderung Informationsgesellschaft. München: Kopaed 2005, S. 187–204.
Hömberg, Walter: Ratlose Ratgeber? Prämissen, Probleme und Perspektiven journalistischer Lebenshilfe. In: Communicatio Socialis, 42. Jg. 2009, H. 1, S. 3–20.
Hömberg, Walter/Hackel-de Latour, Renate (Hrsg.): Studienführer Journalismus, Medien, Kommunikation. 3. Aufl. Konstanz: UVK/UTB 2005.
Hömberg Walter/Klenk, Christian: Die Verantwortung des Journalisten. Individual- und professionsethische Maximen. Wiesbaden: Springer VS 2014.
Kaltenbrunner, Andy/Karmasin, Matthias/Kraus, Daniela/Zimmermann, Astrid (Hrsg.): Der Journalisten-Report. Österreichs Medien und ihre Macher. Eine empirische Erhebung. Wien: Facultas 2007.
Kaltenbrunner, Andy/Karmasin, Matthias/Kraus, Daniela/Zimmermann, Astrid (Hrsg.): Der Journalisten-Report II. Österreichs Medienmacher und ihre Motive. Eine repräsentative Befragung. Wien: Facultas 2008.
Karmasin, Matthias: Journalismus: Beruf ohne Moral? Journalistisches Berufshandeln in Österreich. Wien: Linde 1996.
Keel, Guido: Journalisten in der Schweiz. Eine Berufsfeldstudie im Zeitverlauf. Konstanz: UVK 2011.
Langenbucher, Wolfgang R.: Kommunikation als Beruf. Ansätze und Konsequenzen kommunikationswissenschaftlicher Berufsforschung. In: Publizistik, 19. Jg. 1974, H. 3–4, 20. Jg. 1975, H. 1–2, S. 256–277.
Langenbucher, Wolfgang R.: Journalismus als Kulturleistung. Aufklärung, Wahrheitssuche, Realitätserkundung. In: Aviso, Jg. 1994, No. 11, S. 7–10.
Löffelholz, Martin (Hrsg.): Theorien des Journalismus. Ein diskursives Handbuch. 2. Aufl. Wiesbaden: VS Verlag 2004.
Lorenz, Dagmar: Journalismus. 2. Aufl. Stuttgart, Weimar: Metzler 2009.
Lünenborg, Margret: Journalistinnen in Europa. Eine international vergleichende Analyse zum Gendering im sozialen System Journalismus. Opladen: Westdeutscher Verlag 1997.
Meier, Klaus: Ressort, Sparte, Team. Wahrnehmungsstrukturen und Redaktionsorganisation im Zeitungsjournalismus. Konstanz: UVK 2002.
Meier, Klaus: „Cross Media": Konsequenzen für den Journalismus. In: Communicatio Socialis, 40. Jg. 2007, H. 4, S. 350–364.
Meier, Klaus: Journalistik. 3. Aufl. Konstanz: UVK 2013.
Meier, Klaus/Neuberger, Christoph (Hrsg.): Journalismusforschung. Stand und Perspektiven. Baden-Baden: Nomos 2013.
Meyen, Michael: Das journalistische Feld in Deutschland. Ein theoretischer und empirischer Beitrag zur Journalismusforschung. In: Publizistik, 54. Jg. 2009, H. 3, S. 323–345.
Nawratil, Ute/Schönhagen, Philomen/Starkulla jr., Heinz (Hrsg.): Medien und Mittler sozialer Kommunikation. Beiträge zu Theorie, Geschichte und Kritik von Journalismus und Publizistik. Leipzig: Universitätsverlag 2002.
Neuberger, Christoph: Journalismus als Problembearbeitung. Objektivität und Relevanz in der öffentlichen Kommunikation. Konstanz: UVK 1996.
Neuberger, Christoph/Kapern, Peter: Grundlagen des Journalismus. Wiesbaden: Springer VS 2013.
Neverla, Irene/Grittmann, Elke/Pater, Monika (Hrsg.): Grundlagentexte zur Journalistik. Konstanz: UVK/UTB 2002.
Neverla, Irene/Kanzleiter, Gerda: Journalistinnen. Frauen in einem Männerberuf. Frankfurt am Main, New York: Campus 1984.
Pörksen, Bernhard/Loosen, Wiebke/Scholl, Armin (Hrsg.): Paradoxien des Journalismus. Theorie – Empirie – Praxis. Festschrift für Siegfried Weischenberg. Wiesbaden: VS Verlag 2008.
Preisinger, Irene: Information zwischen Interpretation und Kritik. Das Berufsverständnis politischer Journalisten in Frankreich und Deutschland. Wiesbaden: Westdeutscher Verlag 2002.
Pürer, Heinz: Journalismusforschung. Konstanz: UVK/UTB 2015.

Pürer, Heinz/Rahofer, Meinrad/Reitan, Claus (Hrsg.): Praktischer Journalismus. Presse, Radio, Fernsehen, Online. 5. Aufl. Konstanz: UVK 2004.
Roegele, Otto B.: Plädoyer für publizistische Verantwortung. Beiträge zu Journalismus, Medien und Kommunikation. Herausgegeben von Petra E. Dorsch-Jungsberger, Walter Hömberg und Walter J. Schütz. Konstanz: UVK 2000.
Rühl, Manfred: Die Zeitungsredaktion als organisiertes soziales System. 2. Aufl. Freiburg (Schweiz): Universitätsverlag 1979.
Rühl, Manfred: Journalismus und Gesellschaft. Bestandsaufnahme und Theorieentwurf. Mainz: v. Hase & Koehler 1980.
Rühl, Manfred: Journalistik und Journalismus im Wandel. Eine kommunikationswissenschaftliche Perspektive. Wiesbaden: VS Verlag 2011.
Ruß-Mohl, Stephan: Journalismus. Das Lehr- und Handbuch. 2. Aufl. Frankfurt am Main: F.A.Z.-Institut 2010.
Saxer, Ulrich: Journalisten in der Medienkonkurrenz. Thesen aus kommunikationswissenschaftlicher Sicht. In: Publizistik, 39. Jg. 1994, H. 1, S. 4–12.
Scholl, Armin/Weischenberg, Siegfried: Journalismus in der Gesellschaft. Theorie, Methodologie und Empirie. Opladen, Wiesbaden: Westdeutscher Verlag 1998.
Schröder, Michael/Schwanebeck, Axel (Hrsg.): Live dabei. Echtzeitjournalismus im Zeitalter des Internets. Baden-Baden: Nomos 2014.
Springer, Nina/Raabe, Johannes/Haas, Hannes/Eichhorn, Wolfgang (Hrsg.): Medien- und Journalismus im 21. Jahrhundert. Herausforderungen für Kommunikationswissenschaft, Journalistenausbildung und Medienpraxis. Konstanz, München: UVK 2012.
Thomaß, Barbara: Journalistische Ethik. Ein Vergleich der Diskurse in Frankreich, Großbritannien und Deutschland. Opladen, Wiesbaden: Westdeutscher Verlag 1998.
Wagner, Hans (Hrsg.): Idee und Wirklichkeit des Journalismus. Festschrift für Heinz Starkulla. München: Olzog 1988.
Wagner, Hans (Hrsg.): Objektivität im Journalismus. Baden-Baden: Nomos 2012.
Wallisch, Gianluca: Journalistische Qualität. Definitionen – Modelle – Kritik. Konstanz: Universitätsverlag/Ölschläger 1995.
Weber, Stefan: Was steuert Journalismus? Ein System zwischen Selbstreferenz und Fremdsteuerung. Konstanz: UVK 2000.
Weischenberg, Siegfried: Journalistik. Theorie und Praxis aktueller Medienkommunikation. 3 Bände, Opladen: Westdeutscher Verlag 1992–1998.
Weischenberg, Siegfried/Malik, Maja/Scholl, Armin: Die Souffleure der Mediengesellschaft. Report über die Journalisten in Deutschland. Konstanz: UVK 2006.
Weiß, Hans-Jürgen: Journalismus als Beruf. Forschungssynopse. In: Presse- und Informationsamt der Bundesregierung: Kommunikationspolitische und kommunikationswissenschaftliche Forschungsprojekte der Bundesregierung (1974–1978). Bonn 1978, S. 109–139.
Wolf, Cornelia: Mobiler Journalismus. Angebote, Produktionsroutinen und redaktionelle Strategien deutscher Print- und Rundfunkredaktionen. Baden-Baden: Nomos 2014.
Wyss, Vinzenz: Redaktionelles Qualitätsmanagement. Ziele, Normen, Ressourcen. Konstanz: UVK 2002.

2.2. Public Relations

Avenarius, Horst: Public Relations. Die Grundform der gesellschaftlichen Kommunikation. 2. Aufl. Darmstadt: Wissenschaftliche Buchgesellschaft 2000.
Baerns, Barbara: Öffentlichkeitsarbeit oder Journalismus? Zum Einfluß im Mediensystem. 2. Aufl. Köln: von Nottbeck 1991.
Baerns, Barbara (Hrsg.): Leitbilder von gestern? Zur Trennung von Werbung und Programm. Eine Problemskizze und Einführung. Wiesbaden: VS Verlag 2004.
Bartoschek, Dominik/Wolff, Volker: Vorsicht Schleichwerbung! Konstanz: UVK 2010.
Bentele, Günter: Public Relations und Wirklichkeit. Beitrag zu einer Theorie der Öffentlichkeitsarbeit. In: Bentele, Günter/Hesse, Kurt R. (Hrsg.): Publizistik in der Gesellschaft. Festschrift für Manfred Rühl. Konstanz: Universitätsverlag 1994, S. 237–267.

Bentele, Günter: Kommunikatorforschung: Public Relations. In: Bentele, Günter/Brosius, Hans-Bernd/Jarren, Otfried (Hrsg.): Öffentliche Kommunikation. Handbuch Kommunikations- und Medienwissenschaft. Wiesbaden: Westdeutscher Verlag 2003, S. 54–78.

Bentele, Günter/Liebert, Tobias/Seeling Stefan: Von der Determination zur Intereffikation. Ein integriertes Modell zum Verhältnis von Public Relations und Journalismus. In: Bentele, Günter/Haller, Michael (Hrsg.): Aktuelle Entstehung von Öffentlichkeit: Akteure – Strukturen – Veränderungen. Konstanz: UVK 1997, S. 225–250.

Besson, Nanette Aimée (Hrsg.): Strategische PR-Evaluation. Erfassung, Bewertung und Kontrolle von Öffentlichkeitsarbeit. 2. Aufl. Wiesbaden: VS Verlag 2004.

Bogner, Franz M.: Das Neue PR-Denken. Strategien, Konzepte, Aktivitäten. 3. Aufl. Wien, Frankfurt am Main: Ueberreuter 1999.

Botan, Carl H./Hazleton, Vincent Jr. (Hrsg.): Public Relations Theory II. Mahwah, New Jersey: Erlbaum 2006.

Brauer, Gernot: Presse- und Öffentlichkeitsarbeit. Ein Handbuch. Konstanz: UVK 2005.

Burkart, Roland: On Habermas: Understanding and Public Relations. In: Ihlen, Øyvind/Ruler, Betteke van/Fredriksson, Magnus (Hrsg.): Public Relations and Social Theory. Key Figures and Concepts. New York, London: Routledge 2009, S. 141–165.

Burkart, Roland: Der liebe Gott, Moses und Public Relations. Was die Kommunikationswissenschaft aus dem Alten Testament lernen kann. In: Hackel-de Latour, Renate/Klenk, Christian/Schmolke, Michael/Stenert, Ute (Hrsg.): Vom Vorwort bis zum Friedhofsgespräch. Randlinien gesellschaftlicher Kommunikation. Festschrift für Walter Hömberg. Osttildern-Ruit: Grünewald 2010 (= Beiheft 11 von Communicatio Socialis), S. 22–31.

Burkart, Roland: Verständigungsorientierte Öffentlichkeitsarbeit (VÖA): Das Konzept und seine Rezeption. In: Fröhlich, Romy/Szyszka, Peter/Bentele, Günter (Hrsg.): Handbuch der Public Relations. Wissenschaftliche Grundlagen und berufliches Handeln. Mit Lexikon. 3. Aufl. Wiesbaden: Springer VS 2015, S. 277–304.

Cutlip, Scott M./Center, Allen H./Broom, Glen M.: Effective Public Relations. 8. Aufl. New Jersey: Prentice-Hall 2001.

Dorer, Johanna/Lojka, Klaus (Hrsg.): Öffentlichkeitsarbeit. Theoretische Ansätze, empirische Befunde und Berufspraxis der Public Relations. Wien: Braumüller 1991 (= Studienbücher zur Publizistik- und Kommunikationswissenschaft 7).

Förg, Birgit: Moral und Ethik der PR. Grundlagen – theoretische und empirische Analysen – Perspektiven. Wiesbaden: VS Verlag 2004.

Fröhlich, Romy/Szyszka, Peter/Bentele, Günter (Hrsg.): Handbuch der Public Relations. Wissenschaftliche Grundlagen und berufliches Handeln. Mit Lexikon. 3. Aufl. Wiesbaden: Springer VS 2015.

Grunig, James E./Grunig, Larissa A./Dozier, David M.: Das situative Modell exzellenter Public Relations: Schlussfolgerungen aus einer internationalen Studie. In: Bentele, Günter/Steinmann, Horst/Zerfaß, Ansgar (Hrsg.): Dialogorientierte Unternehmenskommunikation. Grundlagen – Praxiserfahrungen – Perspektiven. Berlin: Vistas 1996, S. 199–228.

Grunig, James E./Hunt, Todd: Managing Public Relations. New York u.a.: Holt, Rinehart and Winston 1984.

Heath, Robert L. (Hrsg.): Handbook of Public Relations. Thousand Oaks, London, New Delhi Sage 2001.

Heath, Robert L./Palencha, Michael J. (Hrsg.): Strategic Issues Management: Organizations and Public Policy Challenges. Thousand Oaks, CA: Sage 2009.

Hömberg, Walter/Hahn, Daniela/Schaffer, Timon B. (Hrsg.): Kommunikation und Verständigung. Theorie – Empirie – Praxis. Festschrift für Roland Burkart. 2. Aufl. Wiesbaden: Springer VS 2012.

Hoffjann, Olaf: Public Relations. Konstanz, München: UVK/UTB 2015.

Hoffjann, Olaf/Huck-Sandhu, Simone (Hrsg.): UnVergessene Diskurse. 20 Jahre PR- und Organisationskommunikationsforschung. Wiesbaden: Springer VS 2013.

Hribal, Lucie: Public Relations-Kultur und Risikokommunikation. Organisationskommunikation als Schadensbegrenzung. Konstanz: UVK 1999.

Ingenhoff, Diana: Corporate Issues Management in multinationalen Unternehmen. Wiesbaden: VS Verlag 2004.

Ingenhoff, Diana (Hrsg.): Internationale PR-Forschung. Konstanz, München: UVK 2013.
Kleinfeld, Ralf/Zimmer, Annette/Willems, Ulrich (Hrsg.): Lobbying. Strukturen, Akteure, Strategien. Wiesbaden: VS Verlag 2007.
Köhler, Tanja/Schaffranietz, Adrian (Hrsg.): Public Relations – Perspektiven und Potenziale im 21. Jahrhundert. 2. Aufl. Wiesbaden: VS Verlag 2005.
Kunczik, Michael: Public Relations. Konzepte und Theorien. 5. Aufl. Köln, Weimar, Wien: Böhlau/UTB 2010.
Lies, Jan (Hrsg.): Public Relations. Ein Handbuch. Konstanz: UVK 2008.
Mast, Claudia: Unternehmenskommunikation. Ein Leitfaden. Stuttgart: Lucius & Lucius/UTB 2002.
Pfannenberg, Jörg/Zerfaß, Ansgar (Hrsg.): Wertschöpfung durch Kommunikation. Kommunikations-Controlling in der Unternehmenspraxis. 2. Aufl. Frankfurt am Main: F.A.Z.-Institut 2009.
Pleil, Thomas (Hrsg.): Online-PR im Web 2.0. Fallbeispiele aus Wirtschaft und Politik. Konstanz: UVK 2007.
Rademacher, Lars: Public Relations und Kommunikationsmanagement. Eine medienwissenschaftliche Grundlegung. Wiesbaden: VS Verlag 2009.
Raupp, Juliana/Jarolimek, Stefan/Schultz, Friederike (Hrsg.): Handbuch CSR. Kommunikationswissenschaftliche Zugänge und methodische Herausforderungen. Mit Glossar. Wiesbaden: VS Verlag 2011.
Raupp, Juliana/Klewes, Joachim (Hrsg.): Quo vadis Public Relations? Auf dem Weg zum Kommunikationsmanagement: Bestandsaufnahme und Entwicklungen. Wiesbaden: VS Verlag 2004.
Riesmeyer, Claudia: Wie unabhängig ist Journalismus? Zur Konkretisierung der Determinationsthese. Konstanz: UVK 2007.
Rolke, Lothar/Wolff, Volker (Hrsg.): Wie die Medien die Wirklichkeit steuern und selber gesteuert werden. Opladen, Wiesbaden: Westdeutscher Verlag 1999.
Ronneberger, Franz/Rühl, Manfred: Theorie der Public Relations. Ein Entwurf. Opladen: Westdeutscher Verlag 1992.
Röttger, Ulrike (Hrsg.): Theorien der Public Relations. Grundlagen und Perspektiven der PR-Forschung. 2. Aufl. Wiesbaden: VS Verlag 2009.
Röttger, Ulrike (Hrsg.): PR-Kampagnen. Über die Inszenierung von Öffentlichkeit. 4. Aufl. Wiesbaden: VS Verlag 2009.
Röttger, Ulrike: Public Relations – Organisation und Profession. Öffentlichkeitsarbeit als Organisationsfunktion. Eine Berufsfeldstudie. 2. Aufl. Wiesbaden: VS Verlag 2010.
Röttger, Ulrike/Hoffmann, Jochen/Jarren, Otfried: Public Relations in der Schweiz. Eine empirische Studie zum Berufsfeld Öffentlichkeitsarbeit. Konstanz: UVK 2003.
Röttger, Ulrike/Preusse, Joachim/Schmitt, Jana: Grundlagen der Public Relations. Eine kommunikationswissenschaftliche Einführung. 2. Aufl. Wiesbaden: Springer VS 2014.
Röttger, Ulrike/Zielmann, Sarah (Hrsg.) PR-Beratung. Theoretische Konzepte und empirische Befunde. Wiesbaden: VS Verlag 2009.
Ruler, Betteke van/Vercic, Dejan (Hrsg.): Public Relations in Europe. A Nation-by-Nation Introduction to Public Relations Theory and Practice. Berlin, New York: Mouton/de Gruyter 2004.
Schmidt, Siegfried J./Tropp, Jörg (Hrsg.): Die Moral der Unternehmenskommunikation. Lohnt es sich, gut zu sein? Köln: von Halem 2009.
Schönhagen, Philomen: Ko-Evolution von Public Relations und Journalismus: Ein erster Beitrag zur ihrer systematischen Aufarbeitung. In: Publizistik, 53. Jg. 2008, H. 1, S. 9–24.
Schweiger, Wolfgang: Determination, Intereffikation, Medialisierung. Theorien zur Beziehung zwischen PR und Journalismus. Baden-Baden: Nomos 2013.
Spiller, Ralf/Scheurer, Hans (Hrsg.): Grundlagentexte Public Relations. Konstanz, München: UVK/UTB 2014.
Sriramesh, Krishnamurthy (Hrsg.): The global public relations handbook: theory, research and practice. Mahwah, New Jersey: Erlbaum 2003.
Szyszka, Peter (Hrsg.): Auf der Suche nach Identität. PR-Geschichte als Theoriebaustein. Berlin: Vistas 1997.

Szyszka, Peter/Schütte, Dagmar/Urbahn, Katharina: Public Relations in Deutschland. Eine empirische Studie zum Berufsfeld Öffentlichkeitsarbeit. Konstanz: UVK 2009.
Weder, Franzisca: Organisationskommunikation und PR. Wien: Facultas/UTB 2010.
Wehmeier, Stefan: PR-Forschung: Status und Zukunft eines Forschungsfeldes. Wien: Springer 2011.
Wienand, Edith: Public Relations als Beruf. Kritische Analyse eines aufstrebenden Kommunikationsberufes. Wiesbaden: Westdeutscher Verlag 2003.
Wilcox, Dennis L./Ault, Phillip H./Agee, Warren K./Cameron, Glen T.: Public Relations. Strategies and Tactics. 10. Aufl. New York u.a.: Longman 2011.
Windahl, Sven/Signitzer, Benno: Using Communication Theory. An Introduction to Planned Communication. 12. Aufl. London: Sage 2002.
Wippersberg, Julia: Ziele, Evaluation und Qualität in der Auftragskommunikation. Grundlagen für Public Relations, Werbung und Public Affairs. Konstanz: UVK 2012.
Zerfaß, Ansgar: Unternehmensführung und Öffentlichkeitsarbeit. Grundlegung einer Theorie der Unternehmenskommunikation und Public Relations. 3. Aufl. Wiesbaden: VS Verlag 2010.
Zerfaß, Ansgar/Piwinger, Manfred (Hrsg.): Handbuch Unternehmenskommunikation. Strategie – Management – Wertschöpfung. 2. Aufl. Wiesbaden: Springer Gabler 2014.
Zerfaß, Ansgar/Pleil, Thomas (Hrsg.): Handbuch Online-PR. Strategische Kommunikation in Internet und Social Web. 2. Aufl. Konstanz: UVK 2015.
Zerfaß, Ansgar/Rademacher, Lars/Wehmeier, Stefan (Hrsg.): Organisationskommunikation und Public Relations. Forschungsparadigmen und neue Perspektiven. Wiesbaden: Springer VS 2013.
Zerfaß, Ansgar/Ruler, Betteke van/Sriramesh, Krishnamurthy (Hrsg.): Public Relations Research. European and International Perspectives and Innovations. Festschrift for Günter Bentele. Wiesbaden: VS Verlag 2008.

2.3. Werbung

Brosius, Hans-Bernd/Fahr, Andreas: Werbewirkung im Fernsehen. Aktuelle Befunde der Medienforschung. München: Reinhard Fischer 1996.
Friedrichsen, Mike/Friedrichsen, Syster (Hrsg.): Fernsehwerbung – Quo vadis? Der Anfang vom Ende oder das Ende vom Anfang? Wiesbaden: VS Verlag 2004.
Gadringer, Stefan/Kweton, Sabrina/ Trappel, Josef/Vieth, Teresa (Hrsg.): Journalismus und Werbung. Kommerzielle Grenzen der redaktionellen Autonomie. Wiesbaden: Springer VS 2012.
Gries, Rainer/Ilgen, Volker/Schindelbeck, Dirk: „Ins Gehirn der Masse kriechen!" Werbung und Mentalitätsgeschichte. Darmstadt: Wissenschaftliche Buchgesellschaft 1995.
Haas, Hannes/Lobinger, Katharina (Hrsg.): Qualitäten der Werbung – Qualitäten der Werbeforschung. Köln: von Halem 2012.
Heller, Eva: Wie Werbung wirkt: Theorien und Tatsachen. Frankfurt am Main: Fischer Taschenbuch Verlag 1984.
Jäckel, Michael (Hrsg.): Die umworbene Gesellschaft. Analysen zur Entwicklung der Werbekommunikation. Opladen, Wiesbaden: Westdeutscher Verlag 1998.
Kroeber-Riehl, Werner/Esch, Franz-Rudolf: Strategie und Technik der Werbung. Verhaltenswissenschaftliche Ansätze für Offline- und Online-Werbung. 7. Aufl. Stuttgart u.a.: Kohlhammer 2011.
Lehn, Isabella: Rhetorik der Werbung. Grundzüge einer rhetorischen Werbetheorie. Konstanz: UVK 2011.
Matthes, Jörg/Marquart, Franziska: Werbung auf niedrigem Niveau? Die Wirkung negativemotionalisierender politischer Werbung auf Einstellungen gegenüber Ausländern. In: Publizistik, 58. Jg. 2013, H. 3, S. 247-266.
Reimann, Sandra (Hrsg.): Werbung hören. Beiträge zur interdisziplinären Erforschung der Werbung im Hörfunk. Münster: Lit Verlag 2008.
Rosenstiel, Lutz von/ Neumann, Peter: Marktpsychologie. Ein Handbuch für Studium und Praxis. Darmstadt: Primus Verlag 2002.

Schenk, Michael/Donnerstag, Joachim/Höflich, Joachim: Wirkungen der Werbekommunikation. Köln, Wien: Böhlau 1990.
Schmidt, Siegfried J./Spieß, Brigitte (Hrsg.): Werbung, Medien und Kultur. Opladen: Westdeutscher Verlag 1995.
Schnierer, Thomas: Soziologie der Werbung. Ein Überblick zum Forschungsstand einschließlich zentraler Aspekte der Werbepsychologie. Opladen: Leske + Budrich 1999.
Schwender, Clemens/Schlütz, Daniela/Zurstiege, Guido (Hrsg.): Werbung im sozialen Wandel. Köln: von Halem 2014.
Schönbach, Klaus: Verkaufen, Flirten, Führen. Persuasive Kommunikation – ein Überblick. 2. Aufl. Wiesbaden: Springer VS 2013.
Schweiger, Günter/Schrattenecker, Gertraud: Werbung. Eine Einführung. 7. Aufl. Stuttgart: Lucius & Lucius/UTB 2009.
Siegert, Gabriele/Brecheis, Dieter: Werbung in der Medien- und Informationsgesellschaft. Eine kommunikationswissenschaftliche Einführung. 2. Aufl. Wiesbaden: VS Verlag 2010.
Zurstiege, Guido: Werbeforschung. Konstanz: UVK/UTB 2007.
Zurstiege, Guido: Medien und Werbung. Wiesbaden: Springer VS 2015.

2.4. Medienpädagogik

Baacke, Dieter: Kommunikation und Kompetenz. Grundlegung einer Didaktik der Kommunikation und ihrer Medien. 3. Aufl. München: Juventa 1980.
Baacke, Dieter: Medienpädagogik. Tübingen: Niemeyer 1997.
Bauer, Thomas A.: Medienpädagogik. Einführung und Grundlegung. Band 1: Theorie-Diskussion: Der Kommunikationssinn. Köln, Wien: Böhlau 1979.
Bellut, Thomas (Hrsg.): Jugendmedienschutz in der digitalen Generation. Fakten und Positionen aus Wissenschaft und Praxis. München: Kopaed 2012.
Hiegemann, Susanna/Swoboda, Wolfgang (Hrsg.): Handbuch der Medienpädagogik. Theorieansätze – Traditionen – Praxisfelder – Forschungsperspektiven. Opladen: Leske + Budrich 1994.
Hüther, Jürgen/Schorb, Bernd (Hrsg.): Grundbegriffe der Medienpädagogik. 4. Aufl. München: Kopäd 2005.
Issing, Ludwig J. (Hrsg.): Medienpädagogik im Informationszeitalter. Weinheim: Deutscher Studienverlag 1987.
Junge, Thorsten: Jugendmedienschutz und Medienerziehung im digitalen Zeitalter. Ein explorative Studie zur Rolle der Eltern. Wiesbaden: Springer VS 2013.
Moser, Heinz: Einführung in die Medienpädagogik. Aufwachsen im Medienzeitalter. 5. Aufl. Wiesbaden: VS Verlag 2010.
Moser, Heinz/Grell, Petra/Niesyto, Horst (Hrsg.): Medienbildung und Medienkompetenz. Beiträge zu Schlüsselbegriffen der Medienpädagogik. München: Kopaed 2011.
Paus-Haase, Ingrid/Lampert, Claudia/Süss, Daniel (Hrsg.): Medienpädagogik in der Kommunikationswissenschaft. Positionen, Perspektiven, Potenziale. Wiesbaden: Westdeutscher Verlag 2002.
Schorb, Bernd: Medienalltag und Handeln. Medienpädagogik im Spiegel von Geschichte, Forschung und Praxis. Opladen: Leske + Budrich 1995.
Stotz, Günther: Kommunikations- und Medienpädagogik. Die Entwicklung der pädagogischen Mediendisziplinen. Eine meta-theoretische Analyse. Alsbach: Leuchtturm-Verlag 1986.
Süss, Daniel/Lampert, Claudia/Wijnen, Christine W. (Hrsg.): Medienpädagogik. Ein Studienbuch zur Einführung. 2. Aufl. Wiesbaden: Springer VS 2013.
Wagner, Wolf-Rüdiger: Medienkompetenz revisited. Medien als Werkzeuge der Weltaneignung: ein pädagogisches Programm. München: Kopaed 2004.
Wagner, Wolf-Rüdiger: Bildungsziel Medialitätsbewusstsein. Einladung zum Perspektivwechsel in der Medienbildung. München: Kopaed 2013.
Wiedemann, Dieter/Volkmer, Ingrid (Hrsg.): Schöne neue Medienwelten? Konzepte und Visionen für eine Medienpädagogik der Zukunft. Bielefeld: AJZ-Druck & Verlag 2006.

2.5. Kommunikationspolitik

Arnold, Dirk: Medienregulierung in Europa. Vergleich der Medienregulierungsinstrumente und -formen der EU-Mitgliedstaaten vor dem Hintergrund technischer Konvergenz und Europäisierung. Baden-Baden: Nomos 2014.
Benz, Arthur/Lütz, Susanne/Schimank, Uwe/Simonis, Georg (Hrsg.): Handbuch Governance. Theoretische Grundlagen und empirische Anwendungsfelder. Wiesbaden: VS Verlag 2007.
Blum, Roger: Lautsprecher und Widersprecher. Ein Ansatz zum Vergleich der Mediensysteme. Köln: von Halem 2014.
Donges, Patrick (Hrsg.): Von der Medienpolitik zur Media Governance? Köln: von Halem 2007.
Donsbach, Wolfgang/Jandura, Olaf (Hrsg.): Chancen und Gefahren der Mediendemokratie. Konstanz: UVK 2003.
Emmer, Martin/Vowe, Gerhard/Wolling, Jens: Bürger online. Die Entwicklung der politischen Online-Kommunikation in Deutschland. Konstanz: UVK 2011.
Fidler, Harald: Im Vorhof der Schlacht. Österreichs alte Medienmonopole und neue Zeitungskriege. Wien: Falter 2004.
Fidler, Harald/Merkle, Andreas: Sendepause. Medien und Medienpolitik in Österreich. Oberwart: Edition lex liszt 12 1999.
Geißler, Rainer: Massenmedien, Basiskommunikation und Demokratie. Ansätze zu einer normativ-empirischen Theorie. Tübingen: Mohr-Siebeck 1973.
Glotz, Peter: Das Gespräch ist die Seele der Demokratie. Beiträge zur Kommunikations-, Medien- und Kulturpolitik. Herausgegeben von Wolfgang R. Langenbucher und Hans Wagner. Baden-Baden: Nomos 2014.
Haas, Hannes/Langenbucher, Wolfgang R. (Hrsg.): Medien- und Kommunikationspolitik. Ein Textbuch zur Einführung. Wien: Braumüller 2002 (= Studienbücher zur Publizistik- und Kommunikationswissenschaft 12).
Hallin, Daniel C./Mancini, Paolo (Hrsg.): Comparing Media Systems beyond the Western World. Cambridge, New York: Cambridge University Press 2012.
Hömberg, Walter/Pürer, Heinz (Hrsg.): Medien-Transformation. Zehn Jahre dualer Rundfunk in Deutschland. Konstanz: UVK 1996.
Jarren, Otfried/Sarcinelli, Ulrich/Saxer, Ulrich (Hrsg.): Politische Kommunikation in der demokratischen Gesellschaft. Ein Handbuch mit Lexikonteil. Opladen, Wiesbaden: Westdeutscher Verlag 1998.
Kops, Manfred (Hrsg.): Öffentlich-rechtlicher Rundfunk in gesellschaftlicher Verantwortung. Anspruch und Wirklichkeit. Münster: Lit Verlag 2003.
Langenbucher, Wolfgang R. (Hrsg.): Elektronische Medien, Gesellschaft und Demokratie. Wien: Braumüller 2000 (= Studienbücher zur Publizistik- und Kommunikationswissenschaft 11).
Langenbucher, Wolfgang R. (Hrsg.): Die Kommunikationsfreiheit der Gesellschaft. Die demokratischen Funktionen eines Grundrechts. Wiesbaden: Westdeutscher Verlag 2003 (= Sonderheft 4 der Publizistik).
Langenbucher, Wolfgang R./Latzer, Michael (Hrsg.): Europäische Öffentlichkeit und medialer Wandel. Eine transdisziplinäre Perspektive. Wiesbaden: VS Verlag 2006.
Lilienthal, Volker (Hrsg.): Professionalisierung der Medienaufsicht. Neue Aufgaben für Rundfunkräte. Die Gremiendebatte in epd medien. Wiesbaden: VS Verlag 2009.
Puppis, Manuel: Einführung in die Medienpolitik. Konstanz: UVK/UTB 2007.
Ridder, Christa-Marie/Langenbucher, Wolfgang R./Saxer, Ulrich/Steininger, Christian (Hrsg.): Bausteine einer Theorie des öffentlich-rechtlichen Rundfunks. Festschrift für Marie Luise Kiefer. Wiesbaden: VS Verlag 2005.
Roegele, Otto B. (Hrsg.) unter Mitwirkung von Peter Glotz: Pressereform und Fernsehstreit. Texte zur Kommunikationspolitik 1932 bis heute. Gütersloh: Bertelsmann 1965.
Ronneberger, Franz: Kommunikationspolitik. 3 Bände, Mainz: v. Hase & Koehler 1978–1986.
Rühl, Manfred: Kommunikationspolitik in der Entwicklung zu einem wissenschaftlichen Spezialgebiet. In: Schreiber, Erhard/Langenbucher, Wolfgang R./Hömberg, Walter (Hrsg.): Kommunikation im Wandel der Gesellschaft. Festschrift für Otto B. Roegele. 2. Aufl. Konstanz: Universitätsverlag 1985, S. 303–312.

Saxer, Ulrich: Konstituenten wissenschaftlicher Kommunikationspolitik. In: Bentele, Günter/ Hesse, Kurt R. (Hrsg.): Publizistik in der Gesellschaft. Festschrift für Manfred Rühl. Konstanz: Universitätsverlag 1994, S. 15–50.
Saxer, Ulrich: Politik und Unterhaltung. Zum Wandel politischer Öffentlichkeit in der Mediengesellschaft. Konstanz: UVK 2007.
Schulz, Winfried: Politische Kommunikation. Theoretische Ansätze und Ergebnisse empirischer Forschung zur Rolle der Massenmedien in der Politik. 3. Aufl. Wiesbaden: VS Verlag 2011.
Schütz, Walter J. (Hrsg.): Medienpolitik. Dokumentation der Kommunikationspolitik in der Bundesrepublik Deutschland von 1945 bis 1990. Konstanz: UVK 1999.
Schwarzkopf, Dietrich (Hrsg.): Rundfunkpolitik in Deutschland. Wettbewerb und Öffentlichkeit. 2 Bände, München: Deutscher Taschenbuch Verlag 1999.
Seufert, Wolfgang/Gundlach, Hardy: Medienregulierung in Deutschland. Ziele, Konzepte, Maßnahmen. Lehr- und Handbuch. Baden-Baden: Nomos 2012.
Stock, Martin: Medienfreiheit als Funktionsgrundrecht. Die journalistische Freiheit des Rundfunks als Voraussetzung allgemeiner Kommunikationsfreiheit. München: Beck 1985.
Thomaß, Barbara (Hrsg.): Mediensysteme im internationalen Vergleich. 2. Aufl. Konstanz: UVK/UTB 2013.
Tonnemacher, Jan: Kommunikationspolitik in Deutschland. Eine Einführung. 2. Aufl. Konstanz: UVK/UTB 2003.

2.6. Kommunikationsgeschichte

Arnold, Klaus/Behmer, Markus/Semrad, Bernd (Hrsg.): Kommunikationsgeschichte. Positionen und Werkzeuge. Ein diskursives Hand- und Lehrbuch. Berlin: Lit Verlag 2008.
Arnold, Klaus/Hömberg, Walter/Kinnebrock, Susanne (Hrsg.): Geschichtsjournalismus. Zwischen Information und Inszenierung. 2. Aufl. Berlin: Lit Verlag 2012.
Averbeck-Lietz, Stefanie/Klein, Petra/Meyen, Michael (Hrsg.): Historische und systematische Kommunikationswissenschaft. Festschrift für Arnulf Kutsch. Bremen: Edition Lumière 2009.
Baumert, Dieter Paul: Die Entstehung des deutschen Journalismus. Eine sozialgeschichtliche Studie. München, Leipzig: Duncker & Humblot 1928. Neuausgabe, herausgegeben. und eingeleitet von Walter Hömberg. Baden-Baden: Nomos 2013.
Behmer, Markus/Krotz, Friedrich/Stöber, Rudolf/Winter, Carsten (Hrsg.): Medienentwicklung und gesellschaftlicher Wandel. Beiträge zu einer theoretischen und empirischen Herausforderung. Wiesbaden: Westdeutscher Verlag 2003.
Birkner, Thomas: Das Selbstgespräch der Zeit. Die Geschichte des Journalismus in Deutschland 1605-1914. Köln: von Halem 2012.
Bobrowsky, Manfred/Duchkowitsch, Wolfgang/Haas, Hannes (Hrsg.): Medien- und Kommunikationsgeschichte. Ein Textbuch zur Einführung. Wien: Braumüller 1987 (= Studienbücher zur Publizistik- und Kommunikationswissenschaft 6).
Bobrowsky, Manfred/Langenbucher, Wolfgang R. (Hrsg.): Wege zur Kommunikationsgeschichte. München: Ölschläger 1987.
Bösch, Frank: Mediengeschichte. Vom asiatischen Buchdruck zum Fernsehen. Frankfurt am Main, New York: Campus 2011.
Burke, Peter: Die Explosion des Wissens. Vom der Encyclopédie bis Wikipedia. Berlin: Wagenbach 2014.
Dörfler, Edith/Pensold, Wolfgang: Die Macht der Nachricht. Die Geschichte der Nachrichtenagenturen in Österreich. Herausgegeben von Wolfgang Vyslozil. Wien: Molden 2001.
Dussel, Konrad: Deutsche Rundfunkgeschichte. 3. Aufl. Konstanz: UVK/UTB 2010.
Faulstich, Werner: Mediengeschichte von den Anfängen bis 1700. Göttingen: Vandenhoeck & Ruprecht/UTB 2006.
Faulstich, Werner: Mediengeschichte von 1700 bis ins 3. Jahrtausend. Göttingen: Vandenhoeck & Ruprecht 2006.
Giesecke, Michael: Die Entdeckung der kommunikativen Welt. Studien zur kulturvergleichenden Mediengeschichte. Frankfurt am Main: Suhrkamp 2007.

Hickethier, Knut: Geschichte des Deutschen Fernsehens. Stuttgart, Weimar: Metzler 1998.
Hodenberg, Christina von: Konsens und Krise. Eine Geschichte der westdeutschen Medienöffentlichkeit 1945–1973. Göttingen: Wallstein 2006.
Hömberg, Walter: Vom Wissen des Nichtwissens. Medien und Kommunikation in der „Wissensgesellschaft". In: Diedrich, Ralf/Heilemann, Ulrich (Hrsg.): Ökonomisierung der Wissensgesellschaft. Wie viel Ökonomie braucht und wie viel Ökonomie verträgt die Wissensgesellschaft? Berlin: Duncker & Humblot 2011, S. 417–437.
Hömberg, Walter: Lob der Periodizität. In: Medien & Zeit, 27. Jg. 2012, H. 2, S. 7-14.
Hömberg, Walter/Pittrof, Thomas (Hrsg.): Katholische Publizistik im 20. Jahrhundert. Positionen, Probleme, Profile. Freiburg i.Br., Berlin, Wien: Rombach 2014.
Klaus, Elisabeth/Wischermann, Ulla: Journalistinnen. Eine Geschichte in Biographien und Texten 1848-1990. Wien, Berlin: Lit Verlag 2013.
Koszyk, Kurt: Kommunikationsgeschichte als Sozialgeschichte. In: Kaase, Max/Schulz, Winfried (Hrsg.): Massenkommunikation. Theorien, Methoden, Befunde. Opladen: Westdeutscher Verlag 1989, S. 46–56 (= Sonderheft 30 der Kölner Zeitschrift für Soziologie und Sozialpsychologie).
Koszyk, Kurt: Publizistik und politisches Engagement. Lebensbilder publizistischer Persönlichkeiten. Herausgegeben und eingeleitet von Walter Hömberg, Arnulf Kutsch und Horst Pöttker. Münster: Lit Verlag 1999.
Lerg, Winfried B.: Verdrängen oder ergänzen die Medien einander? Innovation und Wandel in Kommunikationssystemen. In: Publizistik, 26. Jg. 1981, H. 2, S. 193–201.
Pensold, Wolfgang: Eine Geschichte des Fotojournalismus. Was zählt, sind die Bilder. Wiesbaden: Springer VS 2015.
Prokop, Dieter: Der Kampf um die Medien. Das Geschichtsbuch der neuen kritischen Medienforschung. Hamburg: VSA 2001.
Requate, Jörg: Journalismus als Beruf. Entstehung und Entwicklung des Journalistenberufs im 19. Jahrhundert. Deutschland im internationalen Vergleich. Göttingen: Vandenhoeck & Ruprecht 1995.
Riepl, Wolfgang: Das Nachrichtenwesen des Altertums. Mit besonderer Rücksicht auf die Römer. Leipzig, Berlin: Teubner 1913 (Reprodruck Hildesheim, New York: Olms 1972).
Schütz, Arthur: Der Grubenhund. Experimente mit der Wahrheit. Herausgegeben von Walter Hömberg. München: Reinhard Fischer 1996.
Stöber, Rudolf: Mediengeschichte. Die Evolution „neuer" Medien von Gutenberg bis Gates. 2 Bände, Wiesbaden: Westdeutscher Verlag 2003.
Stöber, Rudolf: Neue Medien. Geschichte. Von Gutenberg bis Apple und Google. Bremen: Edition Lumière 2013.
Stöber, Rudolf: Deutsche Pressegeschichte. Von den Anfängen bis zur Gegenwart. 3. Aufl. Konstanz: UVK 2014.
Wilke, Jürgen: Nachrichtenauswahl und Medienrealität in vier Jahrhunderten. Eine Modellstudie zur Verbindung von historischer und empirischer Publizistikwissenschaft. Berlin: de Gruyter 1984.
Wilke, Jürgen: Grundzüge der Medien- und Kommunikationsgeschichte. Von den Anfängen bis ins 20. Jahrhundert. 2. Aufl. Köln, Weimar, Wien: Böhlau 2008.

2.7. Neue Kommunikationsräume

Beck, Klaus/Glotz, Peter/Vogelsang, Gregor: Die Zukunft des Internet. Internationale Delphi-Befragung zur Entwicklung der Online-Kommunikation. Konstanz: UVK 2000.
Bollmann, Stefan (Hrsg.): Kursbuch Neue Medien. Trends in Wirtschaft und Politik, Wissenschaft und Kultur. 2. Aufl. Mannheim: Bollmann 1996.
Bleicher, Joan Kristin: Internet. Konstanz: UVK/UTB 2010.

Bucher, Hans-Jürgen: Online-Interaktivität – Ein hybrider Begriff für eine hybride Kommunikationsform. In: Bieber, Christoph/Leggewie, Claus (Hrsg.): Interaktivität. Ein transdisziplinärer Schlüsselbegriff. Frankfurt am Main, New York: Campus Verlag 2004, S. 132–167.

Burkart, Roland/Stalzer, Lieselotte: Polarisieren Weblogs die Markenwahrnehmung? Eine Evaluation des Antarctica-Projekts der Bank Austria. In: Zerfaß, Ansgar/Welker, Martin/Schmidt, Jan (Hrsg.): Kommunikation, Partizipation, und Wirkungen im Social Web. Band 2, Köln: von Halem 2008, S. 444–461.

Ebersbach, Anja/Glaser, Markus/Heigl, Richard: Social Web. 3. Aufl. Konstanz: UVK/UTB 2015.

Fraas, Claudia/Meier, Stefan/Pentzold, Christian: Online-Kommunikation. Grundlagen, Praxisfelder und Methoden. München: Oldenbourg 2012.

Götzenbrucker, Gerit: Soziale Netzwerke und Internet-Spielewelten. Eine empirische Analyse der Transformation virtueller in realweltliche Gemeinschaften am Beispiel von MUDs (Multi User Dimensions). Wiesbaden: Westdeutscher Verlag 2001.

Götzenbrucker, Gerit: Soziale Netzwerke im Unternehmen. Potenziale computergestützter Kommunikation in Anwendungsprozessen. Wiesbaden: DUV 2005.

Hahn, Oliver/Hohlfeld, Ralf/Knieper, Thomas (Hrsg.): Digitale Öffentlichkeit(en). Konstanz, München: UVK 2015.

Höflich, Joachim R.: Technisch vermittelte interpersonale Kommunikation. Grundlagen, organisatorische Medienverwendung, Konstitution „elektronischer Gemeinschaften". Opladen: Westdeutscher Verlag 1996.

Kirchhoff, Sabine (Hrsg.): Online-Kommunikation im Social Web. Mythen, Theorien und Praxisbeispiele. Opladen, Toronto: Budrich 2015.

Latzer, Michael: Mediamatik – Die Konvergenz von Telekommunikation, Computer und Rundfunk. Opladen: Westdeutscher Verlag 1997.

Meier, Klaus (Hrsg.): Internet-Journalismus. 3. Aufl. Konstanz: UVK 2002.

Michelis, Daniel/Schildhauer, Thomas (Hrsg.): Social Media Handbuch. Theorien, Methoden, Modelle und Praxis. 3. Aufl. Baden-Baden: Nomos 2015.

Neuberger, Christoph/Nuernbergk, Christian/Rischke, Melanie (Hrsg.): Journalismus im Internet. Profession – Partizipation – Technisierung. Wiesbaden: VS Verlag 2009.

Neuberger, Christoph/Tonnemacher, Jan (Hrsg.): Online – Die Zukunft der Zeitung? Das Engagement deutscher Tageszeitungen im Internet. 2. Aufl. Wiesbaden: Westdeutscher Verlag 2003.

Neverla, Irene (Hrsg.): Das Netz-Medium. Kommunikationswissenschaftliche Aspekte eines Mediums in Entwicklung. Opladen, Wiesbaden: Westdeutscher Verlag 1998.

Quandt, Thorsten: Journalisten im Netz. Eine Untersuchung journalistischen Handelns in Online-Redaktionen. Wiesbaden: VS Verlag 2005.

Quandt, Thorsten/Wimmer, Jeffrey/Wolling, Jens (Hrsg.): Die Computerspieler. Studien zur Nutzung von Computergames. 2. Aufl. Wiesbaden: VS Verlag 2009.

Schmidt, Jan: Weblog. Eine kommunikationssoziologische Studie. Konstanz: UVK 2006.

Schmidt, Jan: Das neue Netz. Merkmale, Praktiken und Folgen des Web 2.0. Konstanz: UVK 2009.

Schweiger, Wolfgang/Beck, Klaus (Hrsg.): Handbuch Online-Kommunikation: Wiesbaden: VS Verlag 2010.

Stegbauer, Christian: Grenzen virtueller Gemeinschaft. Strukturen internetbasierter Kommunikationsforen. Wiesbaden: Westdeutscher Verlag 2001.

Thiedeke, Udo (Hrsg.): Soziologie des Cyberspace. Medien, Strukturen und Semantiken. Wiesbaden: VS Verlag 2004.

Wimmer, Jeffrey: Massenphänomen Computerspiele. Soziale, kulturelle und wirtschaftliche Aspekte. Konstanz, München: UVK 2013.

Zerfaß, Ansgar/Welker, Martin/Schmidt, Jan (Hrsg.): Kommunikation, Partizipation, und Wirkungen im Social Web. 2 Bände, Köln: von Halem 2008.

Die Autoren

DIETER BAACKE
Geboren 1934 in Hannover; Univ.-Prof. Dr.phil.; Studium der Germanistik, Altphilologie, Theologie, Philosophie und Pädagogik an verschiedenen Universitäten; freier Mitarbeiter bei Hörfunk und Fernsehen; Habilitationsstipendium der Deutschen Forschungsgemeinschaft; von 1972 bis zu seinem Tod im Juli 1999 Professor für außerschulische Pädagogik an der Universität Bielefeld. Forschungsschwerpunkte: Medienpädagogik, Jugend-, Erwachsenen- und Weiterbildung. Publikationen u.a.: Kommunikation und Kompetenz. Grundlegung einer Didaktik der Kommunikation und ihrer Medien. München 1973, 3. Aufl. 1980; Mediendidaktische Modelle: Fernsehen. München 1973 (Hrsg.); Mediendidaktische Modelle: Zeitung und Zeitschrift. München 1973 (Hrsg.); Kritische Medientheorien. Konzepte und Kommentare. München 1974 (Hrsg.); Praxisfeld Medienarbeit. Beispiele und Informationen. München 1980 (Hrsg. mit Theda Kluth); Medienpädagogik. Tübingen 1997.

BERNHARD BADURA
Geboren 1943 in Oppeln (Oberschlesien); Univ.-Prof. Dr.rer.soc.; Studium der Soziologie, Philosophie, Geschichte und Politikwissenschaft in Tübingen, Freiburg und Konstanz; Habilitation in Konstanz 1973; von 1975 bis 1991 Professuren in Konstanz, Oldenburg und an der Technischen Universität Berlin; bis 2008 Professor für Gesundheitswissenschaft an der Universität Bielefeld. Forschungsschwerpunkte: Stressforschung, Sozialepidemiologie, Techniksoziologie. Publikationen u.a.: Sprachbarrieren. Zur Soziologie der Kommunikation. 2. Aufl. Stuttgart 1973; Soziale Unterstützung und chronische Krankheit. Frankfurt am Main 1981 (Hrsg.); Selbsthilfe und Selbstorganisation im Gesundheitswesen. München 1981 (mit Christian von Ferber); Leben mit dem Herzinfarkt. Eine sozialepidemiologische Studie. Berlin, Heidelberg 1987 (mit Gary Kaufhold u.a.); Towards a New Social Epidemiology. Kopenhagen 1991 (mit Ilona Kickbusch); Betriebliche Gesundheitspolitik. Berlin 2003 (mit Thomas Hehlmann).

HERBERT BLUMER
Geboren 1900 in St. Louis, Missouri; 1928 Promotion an der University of Chicago; erste Lehrtätigkeit an der University of Missouri; später Professor für Soziologie an der University of Chicago. Er starb 1987 als Emeritus der University of California, Berkeley. Herbert Blumer gilt als führender Theoretiker der sozialpsychologischen Schule. Auf der Grundlage der Theorie des symbolischen Handelns von George Herbert Mead entwickelte er die Theorie der „Symbolischen Interaktion" weiter. Publikationen u.a.: What is Wrong with Social Theory? In: American Sociological Review, 19. Jg. 1954, S. 3–10; Symbolic Interactionism: Perspective and Method. Englewood Cliffs, N.J. 1969.

ROLAND BURKART
Geboren 1950 in Wien; A.o. Univ.-Prof. Dr.phil., studierte Publizistik- und Kommunikationswissenschaft, Psychologie und Philosophie in Wien; Promotion 1976; Habilitation 1984; Lehrstuhlvertretung bzw. Gastdozenturen u.a. an den Universitäten Eichstätt, Klagenfurt, Innsbruck, Bern, Jyväskylä (Finnland) und Sofia. Seit 1988 Assistenzprofessor am Institut für Publizistik- und Kommunikationswissenschaft der Universität Wien; seit 1997 außerordentlicher Universitätsprofessor. Forschungsschwerpunkte: Kommunikationstheorie, Medienwirkungen, Rezeptionsforschung, Onlinekommunikation und Public Relations. 2003 Ehrendoktor der Kliment-Ohridski-Universität Sofia. Publikationen u.a.: Kommunikationswissenschaft. Grundlagen und Problemfelder. Umrisse einer interdisziplinären Sozialwissenschaft. Wien 1983, 4. Aufl. 2002; Politikdiskussion im Fernsehen. Eine Rezeptionsanalyse der TV-

Diskussion zwischen Bruno Kreisky und Alois Mock aus Anlaß der Nationalratswahl 1983. Wien 1983; Public Relations als Konfliktmanagement. Ein Konzept für verständigungsorientierte Öffentlichkeitsarbeit. Wien 1993.

HORST HOLZER
Geboren 1935 in Wiesbaden; Dr.oec.publ., Privatdozent; 1957 bis 1963 Studium der Soziologie, Volkswirtschaft, Psychologie und des Öffentlichen Rechts in Frankfurt am Main, Wilhelmshaven und München; 1963/64 Tätigkeit in der Markt- und Meinungsforschung; 1966 Promotion, 1970 Habilitation; 1971 bis 1981 Professor und Wissenschaftlicher Rat für Soziologie in München. Bis zu seinem Tod im Mai 2000 freiberufliche Forschung (Medienanalyse), Lehrtätigkeit in München (Soziologie) und Lehrauftrag in Klagenfurt (Soziologie der Massenkommunikation). Forschungsschwerpunkte: Soziologische Theorie; Massenkommunikation und Demokratie; öffentlich-rechtlicher und kommerzieller Rundfunk; Kommunikationsansprüche und Medienhandeln des Publikums; Kinder, Jugend und Fernsehen. Publikationen u.a.: Illustrierte und Gesellschaft. Freiburg 1967; Massenkommunikation und Demokratie. Opladen 1969; Gescheiterte Aufklärung. München 1971; Kommunikationssoziologie. Reinbek 1973; Kinder und Fernsehen. München 1974; Theorie des Fernsehens. Hamburg 1975; Die Privaten. Köln 1989; Medienkommunikation. Opladen 1994.

WALTER HÖMBERG
Geboren 1944 in Meschede (Westfalen); Univ.-Prof. Dr.phil.; studierte an den Universitäten Kiel, Berlin (FU), Tübingen und Salzburg geistes- und sozialwissenschaftliche Fächer; Mitarbeit bei Presse und Rundfunk; 1973 Promotion in Publizistik und Kommunikationstheorie; 1974 Mitglied der Studiengruppe „Wissenschaft und Journalismus" am Zentrum für interdisziplinäre Forschung der Universität Bielefeld; Lehrtätigkeit an den Universitäten Salzburg, München und Zürich; seit 1986 Professor für Kommunikationswissenschaft an der Universität Bamberg; 1988 bis 2010 Inhaber des Lehrstuhls für Journalistik I der Katholischen Universität Eichstätt. Gastprofessuren in Fribourg und Wien. Forschungsschwerpunkte: Journalismusforschung, Kultur- und Wissenschaftskommunikation, Medien- und Kommunikationsgeschichte. Publikationen u.a.: Zeitgeist und Ideenschmuggel. Die Kommunikationsstrategie des Jungen Deutschland. Stuttgart 1975; Journalistenausbildung. München 1978 (Hrsg.); Das verspätete Ressort. Die Situation des Wissenschaftsjournalismus. Konstanz 1989; Medien-Transformation. Zehn Jahre dualer Rundfunk in Deutschland. Konstanz 1996 (Hrsg. mit Heinz Pürer); Rundfunk-Kultur und Kultur-Rundfunk. Münster 2000 (Hrsg.); Journalistenausbildung für eine veränderte Medienwelt. Wiesbaden 2002 (Hrsg. mit Klaus-Dieter Altmeppen); Lektor im Buchverlag. Konstanz 2010, 2. Aufl. 2011; Katholische Publizistik im 20. Jahrhundert. Freiburg i. Br. 2014 (Hrsg. mit Thomas Pittrof). Herausgeber mehrerer Buchreihen. 2003 bis 2010 Mitherausgeber der Fachzeitschrift „Communicatio Socialis".

ALFRED LANG
Geboren 1959 in Wien; Studium der Kommunikationswissenschaft und der Politikwissenschaft an der Universität Wien; Tätigkeit in der Erwachsenenbildung; Projektmitarbeit am Institut für Publizistik- und Kommunikationswissenschaft in Wien und in der Burgenländischen Forschungsgesellschaft; Volontariat beim ORF im Landesstudio Burgenland; seit 1995 Geschäftsführer der Burgenländischen Forschungsgesellschaft.

FRANZ RONNEBERGER
Geboren 1913 in Auma (Thüringen); Univ.-Prof. Dr.jur.; Studium der Rechtswissenschaft in Kiel und München; 1944 Habilitation in Staatswissenschaften, 1960 in Verwaltungs- und Verfassungslehre. 1964 bis 1980 Inhaber des Lehrstuhls für Politik- und Kommunikationswissenschaft der Universität Erlangen-Nürnberg. 1972 bis 1993 Mitherausgeber der „Publizistik". Er starb im März 1999. Forschungsschwerpunkte: Kommunikationspolitik, Theorie

der Massenkommunikation und der Public Relations, Osteuropaforschung. Publikationen u.a.: Sozialisation durch Massenkommunikation. Stuttgart 1971 (Hrsg.); Kommunikationspolitik. 3 Bände, Mainz 1978–1986; Theorie der Public Relations. Opladen 1992 (mit Manfred Rühl).

MANFRED RÜHL
Geboren 1933 in Nürnberg; Univ.-Prof. Dr.rer.pol.habil.; Studium der Wirtschafts- und Sozialwissenschaften, der Publizistik- und Kommunikationswissenschaft sowie der Philosophie in Erlangen, Berlin und Nürnberg; Lehrtätigkeit in Erlangen-Nürnberg, Mainz, Philadelphia, Regensburg und Zürich; 1976 Professor für Kommunikationswissenschaft an der Universität Hohenheim; von 1983 bis 1999 Ordinarius für Kommunikationswissenschaft an der Universität Bamberg. Forschungsschwerpunkte: Theorie und Politik der öffentlichen Kommunikation, Journalistik, Public Relations, Wissenschaftstheorie. Publikationen u.a.: Die Zeitungsredaktion als organisiertes soziales System. 2. Aufl. Fribourg 1979; Journalismus und Gesellschaft. Mainz 1980; Publizieren. Eine Sinngeschichte öffentlicher Kommunikation. Opladen, Wiesbaden 1999; Kommunikationskulturen der Weltgesellschaft. Theorie der Kommunikationswissenschaft. Wiesbaden 2008; Journalistik und Journalismen im Wandel. Wiesbaden 2011.

HOLGER RUST
Geboren 1946 in Kranenburg (Rheinland); Prof. Dr.phil.habil.; Hochschullehrer an den Universitäten Hamburg und Hannover; studierte Soziologie, Politische Wissenschaft und Philosophie an der Universität Hamburg; war Gastdozent an den Instituten für Publizistik und Kommunikationswissenschaft der Universitäten Salzburg und Wien, Lehrbeauftragter am Institut für Kommunikationswissenschaft der Universität München und an einer Reihe anderer Institute; seit 2011 im Ruhestand; Mitarbeiter mehrerer Magazine und Tageszeitungen; Berater einer Reihe publizistischer Großkonzerne in Marketingfragen. Forschungsschwerpunkte: Medienkultur, Journalismus, Arbeits- und Wirtschaftssoziologie. Publikationen u.a.: Massenmedien und Öffentlichkeit. Berlin 1977; Jugendliche und Gesellschaftsbilder im Fernsehen. Berlin 1978; Medienbetrieb. Spiel zwischen Mythos und Aufklärung. Berlin 1980; Methoden und Probleme der Inhaltsanalyse. Tübingen 1981; Die Zukunft der Mediengesellschaft. Berlin 1984; Trendforschung. Das Geschäft mit der Zukunft. Reinbek 1996; Die sanften Managementrebellen. Wiesbaden 2003.

ULRICH SAXER
Geboren 1931 in Küsnacht (Zürich); Univ.-Prof. Dr.phil.; Studium der Rechtswissenschaft, Germanistik und Anglistik an der Universität Zürich; Promotion 1957. 1973 Ernennung zum Assistenzprofessor, 1978 zum außerordentlichen Professor für Publizistik und Leiter des Seminars für Publizistikwissenschaft der Universität Zürich; Ausbau dieser Institution zu einem sozialwissenschaftlich ausgerichteten Forschungsinstitut; Gastprofessur in Mainz; Ordinarius in Zürich 1983 bis 1996. Gründungspräsident der Schweizerischen Gesellschaft für Kommunikations- und Medienwissenschaft; Mitglied diverser Expertenkommissionen. Gastprofessor in Lugano und Wien. 1985 bis 2001 Mitherausgeber der „Publizistik". Er starb im Juni 2012. Forschungsschwerpunkte: Kommunikationsforschung, Kommunikationssoziologie, Kommunikationspolitik, Aussagenanalyse, Journalistenausbildung. Publikationen u.a.: Die Massenmedien im Leben der Kinder und Jugendlichen. Zug 1980 (mit Heinz Bonfadelli und Walter Hättenschwiler); Politik und Kommunikation. München 1983 (Hrsg.); Gleichheit oder Ungleichheit durch Massenmedien? München 1985 (Hrsg.); Kommunikationsverhalten und Medien. Gütersloh 1989 (mit Angela Fritz und Wolfgang R. Langenbucher); Lokalradios in der Schweiz. Zürich 1989; Medien-Gefühlskultur. München 1992 (mit Martina Märki-Koepp); Mass media e società. Locarno 2000; Politik als Unterhaltung. Konstanz 2007; Mediengesellschaft. Eine kommunikationssoziologische Perspektive. Wiesbaden 2012.

MICHAEL SCHMOLKE
Geboren 1934 in Gleiwitz (Oberschlesien); Univ.-Prof. Dr.phil.; Studium der Publizistik, Geschichte, Germanistik und Alten Geschichte an den Universitäten Münster, Göttingen und München; 1970 Habilitation an der Universität Münster. 1973 bis 2002 Ordinarius am Institut für Publizistik und Kommunikationswissenschaft der Universität Salzburg. Forschungsschwerpunkte: Medienforschung, Kommunikationsgeschichte, Religiöse Publizistik. Publikationen u.a.: Die schlechte Presse. Münster 1971; „Publik" – Episode oder Lehrstück? Paderborn 1974; Wegbereiter der Publizistik in Österreich. Wien, St. Johann 1992 (Hrsg.); Kirchenpresse am Ende des Jahrtausends. Paderborn 1992 (Hrsg.); Zeit, Raum, Kommunikation. München 1992 (Hrsg. mit Walter Hömberg); Aufklärung und Aberwissen. München 1999; Der Generalintendant. Wien 2000. Mitarbeit u.a. bei: Handbuch der Weltpresse, österreichische Medienberichte, Staatslexikon, Österreich-Lexikon, Theologische Realenzyklopädie. 1968 bis 2012 Mitherausgeber der Fachzeitschrift „Communicatio Socialis".

BENNO SIGNITZER
Geboren 1948 in Mürzzuschlag (Steiermark); A.o. Univ.-Prof. Dr.phil. Dr.jur.; Studium der Rechts- und Staatswissenschaften an der Universität Salzburg, Studium am Institut Français de Presse et des Sciences de l'Information der Universität Paris II sowie Studium der Speech-Communication an der Bowling Green State University, Ohio (Master of Arts 1973; Doctor of Philosophy 1975); 1983 Habilitation; seit 1985 Leiter der Abteilung „Öffentlichkeitsarbeit und Organisationskommunikation" und seit 1988 Assistenzprofessor am Institut für Publizistik und Kommunikationswissenschaft der Universität Salzburg; 1990 Lehrstuhlvertretung an der Katholischen Universität Eichstätt; seit 2013 im Ruhestand. Forschungsschwerpunkte: Public Relations, Organisations- und Unternehmenskommunikation, Gesundheitskommunikation. Publikationen u.a.: Regulation of Direct Broadcasting from Satellites. The UN Involvement. New York 1976; Massenmedien in Österreich. Wien 1977 (Projektleiter); Public Relations. Praxis in Österreich. Wien 1983 (Hrsg.); Using Communication Theory. An Introduction to Planned Communication. 12. Aufl. London 2002 (mit Sven Windahl).